Hywel ab Owain Gwynedd

Llawysgrif Hendregadredd, ffolio 123ʳ, llaw α, dechrau
'Gorhoffedd Hywel' (cerdd 6 yn Atodiad A).

Hywel ab Owain Gwynedd Bardd-Dywysog

golygwyd gan

NERYS ANN JONES

GWASG PRIFYSGOL CYMRU
CAERDYDD
2009

Hawlfraint © y Cyfranwyr, 2009

Cedwir pob hawl. Ni cheir atgynhyrchu unrhyw ran o'r llyfr hwn na'i gadw mewn cyfundrefn adferadwy na'i drosglwyddo mewn unrhyw ddull na thrwy unrhyw gyfrwng electronig, mecanyddol, ffotogopïo, recordio nac fel arall heb ganiatâd ymlaen llaw gan Wasg Prifysgol Cymru, 10 Rhodfa Columbus, Maes Brigantîn, Caerdydd, CF10 4UP, neu yn unol ag amodau trwyddedu gan y Copyright Licensing Agency Ltd, Saffron House, 6–10 Kirby Street, Llundain, EC1N 8TS.

www.gwasg-prifysgol-cymru.com

Mae cofnod catalogio'r llyfr hwn ar gael gan y Llyfrgell Brydeinig.

ISBN 978-0-7083-2162-1

Datganwyd gan y Cyfranwyr eu hawl foesol i'w cydnabod yn awduron y gwaith hwn yn unol ag adrannau 77, 78 a 79 o Ddeddf Hawlfraint, Dyluniadau a Phatentau 1988.

Argraffwyd yng Nghymru gan Wasg Dinefwr, Llandybïe

Cynnwys

Rhagair	vii
Lluniau	ix
Byrfoddau	xi
Crynodeb Cronolegol	xv
Y Cyfranwyr	xix

Rhagymadrodd NERYS ANN JONES	1
1 Byd Hywel ab Owain Gwynedd MORFYDD E. OWEN	31
2 Hywel ab Owain a Gwleidyddiaeth Gwynedd J. BEVERLEY SMITH	61
3 Canu Serch Hywel ab Owain Gwynedd HUW MEIRION EDWARDS	88
4 'Gorhoffedd Hywel ab Owain' NERYS ANN JONES	111
5 Hywel ab Owain a Beirdd yr Uchelwyr DAFYDD JOHNSTON	134
6 Cynganeddion Hywel ab Owain RHIAN M. ANDREWS	152

Atodiad A: Cerddi Hywel ab Owain	194
Atodiad B: 'Plant Owain Gwynedd'	211
Atodiad C: Y Cofnodion yn *Annales Cambriae* ac yn fersiwn Llyfr Coch Hergest o *Frut y Tywysogyon* lle yr enwir Hywel ab Owain	213
Atodiad Ch: Detholiad o Ganu Cynddelw Brydydd Mawr i Hywel ab Owain Gwynedd	220
Atodiad D: Marwnadau Peryf ap Cedifor i'w frodyr ac i'w frawd maeth, Hywel ab Owain	232
Mynegai	241

Rhagair

Dyma'r gyfrol gyntaf erioed i'w chyhoeddi ar Hywel ab Owain Gwynedd, y bardd serch cynharaf yn y traddodiad llenyddol Cymraeg a'r tywysog a laddwyd yn anterth ei nerth gan ei hanner brawd, Dafydd, yn fuan wedi marwolaeth eu tad ym 1170. Prin a bratiog yw'r deunydd hanesyddol sydd yn olrhain gyrfa filwrol a gwleidyddol Hywel a phrin hefyd yw'r enghreifftiau o'i gynnyrch llenyddol sydd ar glawr. O ganlyniad, y mae'n anochel fod cwestiynau yn aros ynglŷn ag amryw agweddau ar ei fywyd a'i waith. Fy ngobaith, fodd bynnag, o drafod y dystiolaeth hanesyddol a'r dystiolaeth lenyddol ochr yn ochr yw cyfrannu at ddealltwriaeth well o Hywel a'i gyfnod a hybu ymchwil pellach. I'r perwyl hwn, cynhwysir ar ddiwedd y gyfrol nid yn unig destunau o'r cerddi a briodolir iddo, ond hefyd ddetholiad o'r canu o waith Cynddelw Brydydd Mawr a gomisiynwyd ganddo, y marwnadau a luniwyd gan ei frawd maeth, Peryf ap Cedifor, y rhestr o blant Owain Gwynedd sydd yn enwi ei fam a'i hanner brodyr a'r rhannau o'r croniclau Lladin a Chymraeg sydd yn cofnodi troeon ei yrfa.

    Pleser yw cael diolch i Rhian Andrews am ei chyngor doeth ac am sawl trafodaeth ddifyr. Diolch hefyd i Dauvit Broun a Huw Pryce am eu cymorth gwerthfawr wrth imi baratoi'r cyfieithiad o'r *Annales Cambriae*. Diolch i staff Llyfrgell Genedlaethol Cymru am eu cydweithrediad wrth i mi ddewis ac archebu lluniau o Lawysgrif Hendregadredd ac i Sean Peredur Brown am dynnu llun y clawr. Yn olaf y mae fy nyled yn fawr i Wasg Prifysgol Cymru am ymgymryd â chyhoeddi'r gyfrol ac yn arbennig i Dafydd Jones am ei ofal wrth ei llywio drwy'r wasg.

NERYS ANN JONES
Tachwedd 2008

Lluniau

Llawysgrif Hendregadredd, ffolio 123ʳ   ii

Llawysgrif Hendregadredd, ffolio 124ᵛ   193

Llawysgrif Hendregadredd, ffolio 125ʳ   219

Byrfoddau

AAST	*Anglesey Antiquarian Society and Field Club Transactions*, 1913–
AC	*Annales Cambriae*, gol. J. Williams ab Ithel (Llundain, 1860)
AP	*Yr Areithiau Pros*, gol. D. Gwenallt Jones (Caerdydd, 1934)
B	*Bwletin y Bwrdd Gwybodau Celtaidd*, 1921–1994
BaTh	*Beirdd a Thywysogion: Barddoniaeth Llys yng Nghymru, Iwerddon a'r Alban*, gol. M. E. Owen a B. F. Roberts (Caerdydd ac Aberystwyth, 1996)
BL	Llawysgrif yng nghasgliad y Llyfrgell Brydeinig
BRon	*Breudwyt Ronabwy*, gol. Melville Richards (Caerdydd, 1948)
BT (Pen 20)	*Brut y Tywysogyon, Peniarth MS. 20*, gol. T. Jones (Caerdydd, 1941)
BT (Pen 20 cyf)	*Brut y Tywysogyon, or, The Chronicle of the Princes, Peniarth MS. 20 Version*, cyf. T. Jones (Caerdydd, 1952)
BT (RB)	*Brut y Tywysogyon, or, The Chronicle of the Princes, Red Book of Hergest Version*, gol. a chyf. T. Jones (Caerdydd, 1955; 2il arg. 1973)
ByCy	*Y Bywgraffiadur Cymreig hyd 1940* (Llundain, 1953)
CCC	R. R. Davies, *Conquest, Coexistence and Change: Wales 1063–1415* (Rhydychen, 1987)
CD	John Morris-Jones, *Cerdd Dafod* (Rhydychen, 1925)
CHC	*Cylchgrawn Hanes Cymru*, 1960–

CLlGC	*Cylchgrawn Llyfrgell Genedlaethol Cymru*, 1939–
CLlH	*Canu Llywarch Hen*, gol. Ifor Williams (Caerdydd, 1935)
CMCP	*Canhwyll Marchogyon: Cyd-destunoli Peredur*, gol. Sioned Davies a Peter Wynn Thomas (Caerdydd, 2000)
CMCS	*Cambridge Medieval Celtic Studies*, 1981–1993; *Cambrian Medieval Celtic Studies*, 1993–
CO	*Culhwch ac Olwen*, gol. Rachel Bromwich a D. Simon Evans (Caerdydd, 1988)
CT	*Canu Taliesin*, gol. Ifor Williams (Caerdydd, 1960)
DGG	*Cywyddau Dafydd ap Gwilym a'i Gyfoeswyr*, gol. Ifor Williams a T. Roberts (2il arg., Caerdydd, 1935).
EAWD	*Episcopal Acts and Cognate Documents Relating to Welsh Dioceses 1066–1272*, gol. J. Conway Davies (2 gyf., Caerdydd, 1946–8)
EC	*Études Celtiques*, 1936–
EWGT	*Early Welsh Genealogical Tracts*, gol. P. C. Bartrum (Caerdydd, 1966)
EWSP	Jenny Rowland, *Early Welsh Saga Poetry* (Caer-grawnt, 1990)
G	*Geirfa Barddoniaeth Gynnar Gymraeg*, gol. J. Lloyd-Jones (Caerdydd, 1931–63)
GBF	*Gwaith Bleddyn Fardd a Beirdd Eraill Ail Hanner y Drydedd Ganrif ar Ddeg*, gol. Rhian M. Andrews et al. (Cyfres Beirdd y Tywysogion VII, Caerdydd, 1996)
GCas	*Gwaith Casnodyn*, gol. Iestyn Daniel (Aberystwyth, 1999)
GCBM i.	*Gwaith Cynddelw Brydydd Mawr* i., gol. N. A. Jones ac A. Parry Owen (Cyfres Beirdd y Tywysogion III, Caerdydd, 1991)
GCBM ii.	*Gwaith Cynddelw Brydydd Mawr* ii., gol. Nerys Ann Jones ac Ann Parry Owen (Cyfres Beirdd y Tywysogion IV, Caerdydd, 1995)
GCCB	*Gruffudd ap Cynan: A Collaborative Biography*, ed. K. L. Maund (Woodbridge, 1996)
GDB	*Gwaith Dafydd Benfras ac Eraill o Feirdd Hanner Cyntaf y Drydedd Ganrif ar Ddeg*, gol. N. G. Costigan et al. (Cyfres Beirdd y Tywysogion VI, Caerdydd, 1995)

GDG	*Gwaith Dafydd ap Gwilym*, gol. Thomas Parry (3ydd arg., Caerdydd, 1979)
GG	*Gerallt Gymro: Hanes y Daith trwy Gymru, Disgrifiad o Gymru*, cyf. T. Jones (Caerdydd, 1938)
GGDT	*Gwaith Gruffudd ap Dafydd ap Tudur, Gwilym Ddu o Arfon, Trahaearn Brydydd Mawr ac Iorwerth Beli*, gol. N. G. Costigan (Bosco) et al. (Aberystwyth, 1995)
GGGr	*Gwaith Gronw Gyriog, Iorwerth ab y Cyriog ac eraill*, gol. Rhiannon Ifans et al. (Aberystwyth, 1997)
GGM i.	*Gwaith Gruffudd ap Maredudd i. Canu i Deulu Penmynydd*, gol. Barry J. Lewis, (Aberystwyth, 2003)
GIG	*Gwaith Iolo Goch*, gol. D. R. Johnston (Caerdydd, 1988)
GLlBH	*Gwaith Llywelyn Brydydd Hoddnant, Dafydd ap Gwilym, Hillyn ac Eraill*, gol. Ann Parry Owen, ynghyd â dwy awdl gan Lywelyn Ddu ap y Pastard, gol. Dylan Foster Evans (Aberystwyth, 1996)
GLlF	*Gwaith Llywelyn Fardd ac Eraill o Feirdd y Ddeuddegfed Ganrif*, gol. K. A. Bramley et al. (Cyfres Beirdd y Tywysogion II, Caerdydd, 1994)
GLlLl	*Gwaith Llywarch ap Llywelyn 'Prydydd y Moch'*, gol. Elin M. Jones (Cyfres Beirdd y Tywysogion V, Caerdydd, 1991)
GMB	*Gwaith Meilyr Brydydd a'i Ddisgynyddion*, gol. J. E. Caerwyn Williams et al. (Cyfres Beirdd y Tywysogion I, Caerdydd, 1994)
GMW	D. Simon Evans, *A Grammar of Middle Welsh* (Dulyn, 1964)
GP	*Gramadegau'r Penceirddiaid*, gol. G. J. Williams ac E. J. Jones (Caerdydd, 1934)
GPC	*Geiriadur Prifysgol Cymru* (Caerdydd, 1950–)
GSRh	*Gwaith Sefnyn, Rhisierdyn ac Eraill*, gol. N. A. Jones ac Erwain Haf Rheinallt (Aberystwyth, 1995)
HCC	*The Horse in Celtic Culture*, gol. Sioned Davies a Nerys Ann Jones (Caerdydd, 1997)
HGK	*Historia Gruffud vab Kenan*, gol. D. Simon Evans (Caerdydd, 1970)
HistMer	*History of Merioneth Vol. II: The Middle Ages*, gol. J. Beverley Smith a Llinos Beverley Smith (Caerdydd, 2001)

HW	J. E. Lloyd, *A History of Wales* (3ydd arg., 2 gyf., Llundain, 1939)
J	Llawysgrif yng nghasgliad Coleg Iesu, Rhydychen
LGO	*The Letters of Goronwy Owen (1746–69)*, gol. J. H. Davies (Llundain, 1924)
LlC	*Llên Cymru*, 1950–
LlDC	*Llyfr Du Caerfyrddin*, gol. A. O. H. Jarman (Caerdydd, 1982)
LlGC	Llawysgrif yng nghasgliad Llyfrgell Genedlaethol Cymru
LlI	*Llyfr Iorwerth*, gol. Aled Rhys Williams (Caerdydd, 1960)
MA	*The Myvyrian Archaiology of Wales* (2il arg., Dinbych, 1870)
OP	*The Description of Penbrokshire by George Owen*, gol. Henry Owen (Llundain, 1892–1936)
PBA	*Proceedings of the British Academy*, 1903–
PKM	*Pedeir Keinc y Mabinogi*, gol. Ifor Williams (Caerdydd, 1930)
RecCaern	*Registrum vulgariter nuncupatum 'The Record of Caernarvon'*, gol. H. Ellis (Llundain, 1838)
SC	*Studia Celtica*, 1966–
THSC	*The Transactions of the Honourable Society of Cymmrodorion*, 1892/3–
TYP	*Trioedd Ynys Prydein, The Triads of the Island of Britain*, gol. Rachel Bromwich (3ydd arg., Caerdydd, 2006)
WG1	*Welsh Genealogies AD 300–1400*, gol. P. C. Bartrum (Caerdydd, 1974)
WKC	*The Welsh King and his Court*, gol. T. M. Charles-Edwards, Morfydd E. Owen a Paul Russell (Caerdydd, 2000)
YB	*Ysgrifau Beirniadol*, 1965–
ZCP	*Zeitschrift fur celtische Philologie*, 1896–

Crynodeb Cronolegol

c.1120	Ganed Hywel ab Owain.
c.1124	Cymerodd Owain a'i frawd hŷn, Cadwallon, Feirionnydd. Rhoddwyd yr ardal, yn ôl pob tebyg, i'w brawd iau, Cadwaladr, tua'r adeg hon.
1136–7	Ymosododd gwŷr Gwynedd dan arweiniad Owain a Chadwaladr deirgwaith ar y Normanaid a ddaliai gestyll yng Ngheredigion. Rhywbryd wedi hyn rhannwyd Ceredigion rhwng Cadwaladr a ddaliai'r gogledd a Hywel a ddaliai'r de.
1137	Bu farw Gruffudd ap Cynan a daeth Owain Gwynedd i'r orsedd. Bu farw Gruffudd ap Rhys, arglwydd Deheubarth, gan adael meibion ifanc, Anarawd, Cadell, Maredudd a Rhys.
1138	Daeth Owain a Chadwaladr, Anarawd a Chadell â llynges o wŷr Dulyn i aber Afon Teifi i osod gwarchae ar y castell Normanaidd yno ond methwyd â'i gipio.
1141	Ymunodd Cadwaladr â'i frawd-yng-nghyfraith, Madog ap Maredudd, i arwain byddin fawr o Gymry i Frwydr Lincoln gan gefnogi Iarll Caer yn erbyn y Brenin Steffan.
1143	Lladdodd teulu Cadwaladr Anarawd ap Gruffudd, etifedd ifanc tywysog Deheubarth a mab i'w chwaer, gan ennyn dicter ei frawd, Owain Gwynedd. Cipiodd Hywel ran Cadwaladr o Geredigion a llosgi ei gastell yn Aberystwyth.
1144	Dychwelodd Cadwaladr o Iwerddon gyda llynges o Ddulyn i ymosod ar Wynedd. Daeth y brodyr i gytundeb a'r tebyg yw fod tiroedd Cadwaladr wedi eu hadfer iddo. Bu'n rhaid i Owain yrru'r Gwyddyl o'r wlad wedi iddynt gipio Cadwaladr a mynnu tâl ganddo.
1145	Ymosododd Hywel a'i frawd Cynan ar gastell Aberteifi a chael llawer o ysbail ond y tebyg yw iddynt fethu â chymryd

	y castell a ddaliai i fod ym meddiant Robert fitz Stephen ar ran teulu Clâr. Daeth Iarll Gilbert i Ddyfed ac wedi darostwng y wlad, ailgododd gestyll yng Nghaerfyrddin a Phencader.
1146	Ymladdodd Cadell a'i frodyr, Maredudd a Rhys, yn erbyn y Normaniaid yn Nyfed, Ceredigion ac Ystrad Tywi. Daeth Hywel i'w cynorthwyo a chipiwyd cestyll Dinwileir, Caerfyrddin a Llansteffan. Bu Owain Gwynedd yn ymgyrchu yn Nhegeingl a oedd ym meddiant Iarll Caer.
1147	Galwyd ar Hywel i gynorthwyo Cadell a'i frodyr a William fitz Gerald a'i frodyr i ymosod ar gastell Cas-wis a ddelid gan Walter fitz Wizo, arglwydd Deugleddyf. Yn dilyn terfysg rhwng Hywel a Chynan a'u hewythr, Cadwaladr, ymosododd y brodyr ar Feirionnydd a chymryd castell Cynfael a ddelid gan abad Tywyn ar ran Cadwaladr.
1149	Adeiladodd Cadwaladr, a oedd wedi dal ei afael ar ogledd Ceredigion, gastell yn Llanrhystud a rhoddi'r diriogaeth yng ngofal ei fab, Cadfan.
1150	Carcharodd Owain Gwynedd ei fab Cynan a oedd yn ôl pob tebyg yn dal Ardudwy. Daliodd Hywel Gadfan ap Cadwaladr a chipio gogledd Ceredigon. Yn fuan wedyn daeth Cadell ap Gruffudd a'i frodyr i Geredigion a goresgyn y rhan ddeheuol. Cododd Madog ap Maredudd yn erbyn Owain Gwynedd gyda chefnogaeth Iarll Caer ond trechwyd ef yng Ngwnsyllt. Y tebyg yw fod y fuddugoliaeth hon wedi cadarnhau gafael Owain ar Degeingl ac Ystrad Alun.
1151	Cymerodd Cadell a'i frodyr y rhan fwyaf o ogledd Ceredigion oddi ar Hywel heblaw am un castell, sef Pen-gwern yn Llanfihangel. Ar ôl gwarchae hir, cawsant feddiant ar gastell Llanrhystud ond llwyddodd Hywel i'w gymryd yn ôl o fewn y flwyddyn gan ei losgi a lladd y castellwyr. Trwsiodd Cadell a'i frodyr gastell Ystrad Meurig a chastell Dinwileir gan gadarnhau eu gafael ar ogledd Ceredigion. Ymosododd criw o Normaniaid o Ddinbych-y-pysgod ar Gadell tra oedd yn hela gan ei anafu'n ddrwg a pharodd hyn iddo gilio o fywyd cyhoeddus.
1152	Bu i Owain Gwynedd ddallu ac ysbaddu Cunedda ap Cadwallon, ei nai, a gyrru ei frawd Cadwaladr o Fôn.
1153	Dygodd Maredudd a Rhys ap Gruffudd weddill gogledd Ceredigion oddi ar Hywel.
1156	Ymatebodd Rhys ap Gruffudd i fwriad Owain Gwynedd i

ddod â llu yn ei erbyn i Geredigion drwy ddod â byddin i Aberdyfi. Ni fu gwrthdaro ac yn fuan wedyn cododd Rhys gastell yno.

1157 Cynlluniodd Harri II, a ddaethai i'r orsedd ym 1154, ymgyrch yn erbyn Owain Gwynedd. Cododd Owain yn ei erbyn ac enwir Hywel, Cynan a Dafydd ymhlith ei feibion a ymgyrchodd gydag ef yn erbyn y brenin. Canlyniad yr ymgyrch oedd cytundeb heddwch rhwng Owain a'r brenin a olygai fod tir Cadwaladr yn cael ei adfer iddo ac Owain yn ildio Tegeingl i'r Goron.

1158 Blwyddyn o densiwn a arweiniodd at ddwy ymgyrch gan y brenin yn erbyn Rhys ap Gruffudd.

1159 Wedi i'r heddwch a wnaed rhwng Rhys a'r brenin chwalu, daeth byddin fawr o Normaniaid, Fflemiswyr a Chymry dan arweiniad Reginald, Iarll Cernyw, yn erbyn Rhys ond methwyd â'i drechu. Ymhlith y tywysogion o Gymry a wrthwynebai Rys oedd Cadwaladr, Hywel a Chynan.

1160 Bu farw Madog ap Maredudd, tywysog Powys, a'i etifedd Llywelyn.

1162 Cymerodd Owain Gwynedd Gyfeiliog a'i chastell yn Nhafolwern.

1163 Trechwyd Rhys ap Gruffudd gan y brenin.

1164 Cododd Rhys eto yn erbyn y Normaniaid.

1165 Arweiniodd gweithred Dafydd ab Owain yn diffeithio Tegeingl at ymgyrch aflwyddiannus gan Harri II. Unodd y tywysogion Cymreig yn ei erbyn yng Nghorwen. Dallodd y brenin ei wystlon gan gynnwys dau fab i Owain Gwynedd, Cadwallon a Chynwrig.

1166 Dinistriodd Owain Ddinas Basing, un o gestyll y brenin yn Nhegeingl.

1167 Unodd Owain a Chadwaladr a Rhys ap Gruffudd yn erbyn Owain Cyfeiliog gan gymryd Caereinion oddi arno a'i rhoi i Owain Fychan, mab i Fadog ap Maredudd a rhoi Tafolwern i'r Arglwydd Rhys. Gyda chymorth Rhys, gosododd Owain a Chadwaladr warchae ar gastell y brenin yn Rhuddlan gan lwyddo i'w gymryd. Cipiwyd hefyd gastell Prestatyn ac yr oedd Tegeingl ym meddiant Owain unwaith eto.

1170 Ym mis Tachwedd bu farw Owain Gwynedd.

1170/1 Lladdodd Dafydd ab Owain ei hanner brawd, Hywel, mewn brwydr ym Mhentraeth, Môn.

Y Cyfranwyr

Rhian M. Andrews	Uwchddarlithydd, Adran Astudiaethau Celtaidd, Prifysgol y Frenhines, Belfast
Huw Meirion Edwards	Darlithydd, Adran y Gymraeg, Prifysgol Cymru Aberystwyth
Dafydd Johnston	Cyfarwyddwr Canolfan Uwchefrydiau Cymreig a Cheltaidd Prifysgol Cymru yn Aberystwyth
Nerys Ann Jones	Cymrawd Ymchwil er Anrhydedd, Adran Geltaidd, Prifysgol Caeredin
Morfydd E. Owen	Cymrawd Hŷn Mygedol, Canolfan Uwchefrydiau Cymreig a Cheltaidd Prifysgol Cymru
J. Beverley Smith	Athro Emeritws Hanes Cymru, Prifysgol Cymru

Rhagymadrodd

Nerys Ann Jones

Prif fwriad y casgliad hwn o ysgrifau yw ceisio ateb cwestiwn rhethregol Goronwy Owen yn ei gywydd adnabyddus yn ateb y Bardd Coch o Fôn:

> Mae Hywel ap Gwyddeles,
> Pen prydydd, lluydd a lles?
> Pen milwr, pwy un moliant?
> Enwogŵr, ac un o gant,
> Iawn genau Owain Gwynedd,
> Gwae'n gwlad a fu'n gweinio'i gledd.[1]

Diflannodd Hywel a'i ganu i bob pwrpas oddi ar fap ein cof cenedlaethol yn fuan wedi ei farw. Yn y gyfrol hon, ceisir gwneud iawn am hyn drwy fwrw golwg o'r newydd ar ei gerddi, eu crefft a'u dylanwad ar waith y beirdd serch a'i dilynodd. Ceir yma hefyd ymdrech i dreiddio y tu hwnt i'r darlun rhamatus o'r bardd-garwr alltud a gyfleir yn ei gerddi a'i osod yng nghyd-destun ei gyfnod— cyd-destun gwleidyddol a diwylliannol Gwynedd y ddeuddegfed ganrif. Gwneir hynny yn bennaf drwy archwilio'n fanwl y ffynonellau canoloesol hynny sydd yn tystio i'w weithgarwch fel tywysog ac fel bardd. Trafodir hefyd yr hyn y mae modd ei gasglu am y llinynnau a glymai gymdeithas ei ddydd, y dulliau a ddefnyddiai arweinwyr y gymdeithas honno i sefydlu a chynnal eu hawdurdod a'r dylanwadau newydd ar bob agwedd ar fywyd a ddaethai yn sgil y Normaniaid i Brydain.

Tair ffynhonnell ganoloesol yn unig sydd yn tystio i fodolaeth Hywel ab Owain, casgliad o farddoniaeth, croniclau Lladin a Chymraeg a chasgliad o achau. Y gyntaf yw Llawysgrif Hendregadredd sydd yn cynnwys y casgliad cynharaf a'r prif gasgliad o waith Beirdd y

Tywysogion.² Ymhlith y 182 o gerddi a gadwyd rhwng ei chloriau y mae dyrnaid o awdlau a briodolir i Hywel, cerdd fawl hirfaith iddo o waith Cynddelw Brydydd Mawr a dwy gyfres o englynion marwnad o waith brawd maeth iddo, Peryf ap Cedifor. Yn ogystal ceir dau gyfeiriad at Hywel yng ngwaith Llywarch Brydydd y Moch.

Y mae'n debyg mai mynach a weithiai yn *scriptorium* Abaty Sistersaidd Ystrad-fflur oedd prif ysgrifydd y llawysgrif a'i fod wedi ymgymryd â'r gwaith yn fuan ar ôl Concwest Edward I ym 1282–3. Anodd gwybod beth a'i hysbardunodd i fynd i'r fath drafferth i roi ar gof a chadw waith beirdd oes a fu. Awgrym yr Athro J. E. Caerwyn Williams yw mai ymateb a wnaeth i gais gan noddwr secwlar.³ Ar y llaw arall, gall fod y symbyliad wedi dod o'r tu mewn i'r fynachlog.⁴

Dangosodd Daniel Huws fod cynllun Hendregadredd yn wahanol iawn i eiddo'r mwyafrif o gasgliadau barddoniaeth Gymraeg yr Oesoedd Canol.⁵ Yn lle gweithio drwy'r llawysgrif nes cyrraedd diwedd ei destun, dewisodd y prif ysgrifydd ddosbarthu ei ddeunydd fesul plyg neu grŵp o blygiadau gan adael bylchau ar gyfer rhagor o gerddi. Llanwyd llawer o'r bylchau hyn gan bedwar ar bymtheg o ysgrifwyr cyfoes a oedd, o bosibl, yn gweithio o dan ei gyfarwyddyd ac yn dilyn ei gynllun. Llanwyd y bylchau oedd yn weddill gan ryw ugain o lawiau diweddarach a ychwanegodd gerddi cyfoes i Ieuan Llwyd, perchennog y llawysgrif yn ail chwarter y bedwaredd ganrif ar ddeg, ei berthnasau a'i gyfeillion.

Nid heb reswm y disgrifiodd Daniel Huws y prif ysgrifydd (a adwaenir fel llaw α) fel 'pensaer Llawysgrif Hendregadredd'. Yn ogystal â threfnu'r mwyafrif o'r cerddi fesul bardd, cadwodd yr awdlau a'r englynion mewn plygion ar wahân. O fewn y plygion hyn, trefnodd y cerddi yn ôl gwrthrych gan ddechrau gyda chanu i Dduw, yna canu i dywysogion, a'r canu i uchelwyr, gosgorddau a merched yn dilyn. O graffu ar y casgliadau mwyaf sylweddol (gwaith Cynddelw sy'n llanw pum plyg a gwaith Prydydd y Moch sy'n llanw tri phlyg), cawn fod y cerddi yn ogystal wedi eu trefnu yn amseryddol ac yn ôl talaith gyda thywysogion Gwynedd yn cael y flaenoriaeth bob tro. Ni allwn fod yn hollol sicr o drefn wreiddiol y plygion, ond o ddilyn daleniad Wiliam Llŷn a wnaed yn yr unfed ganrif ar bymtheg, cawn fod y flodeugerdd yn agor gyda'r casgliadau mawr o gerddi Cynddelw a Phrydydd y Moch. Dilynir hwy gan ganu'r ddau fardd-dywysog, Owain Cyfeiliog o Bowys a Hywel ab Owain, yna rhoddir y flaenoriaeth unwaith eto i feirdd Gwynedd a chloir gyda chyfraniadau gan Wynfardd Brycheiniog a'r Prydydd Bychan, beirdd y De.

Drwy ddidoli beirdd a cherddi Gwynedd, Deheubarth a Phowys, datgelodd perchennog llaw α ei ymwybyddiaeth o brif linachau Cymru. Drwy roi'r cerddi i dywysogion Gwynedd yn gyntaf dangosodd ei fod wedi derbyn y drefn yr oedd y ddau Lywelyn wedi ei hyrwyddo yn y drydedd ganrif ar ddeg gyda thywysog Gwynedd yn uwch-arglwydd ffiwdal dros ei gyd-dywysogion yng Nghymru. Hyd yn oed yn y casgliadau o waith beirdd y ddeuddegfed ganrif pan oedd y tair brenhiniaeth yn weddol gytbwys, y cerddi i Owain Gwynedd a'i feibion sydd yn cael y lle amlycaf ganddo. Rhoddodd hefyd sylw arbennig i'r beirdd-dywysogion drwy neilltuo plygion arbennig i ganu Owain Cyfeiliog a Hywel ab Owain Gwynedd, a chynnwys yn y plygion hynny yn ogystal gerddi amdanynt gan feirdd eraill.

Y mae mwy nag un ysgolhaig wedi honni mai llaw α a fu'n gyfrifol am greu'r cysyniad sydd gennym heddiw o 'Feirdd y Tywysogion'. Gellid dadlau i awdur cronicl Lladin coll a oedd o bosibl yn gydweithiwr i α yn Abaty Ystrad-fflur, gael dylanwad tebyg ar ein hamgyffrediad o'r tywysogion eu hunain. Cyfieithiadau annibynnol a luniwyd yn y bedwaredd ganrif ar ddeg o wahanol gopïau o'r testun Lladin hwnnw yw *Brut y Tywysogion* a *Brenhinedd y Saesson*.[6] Lluniwyd y cronicl Lladin gwreiddiol yn fuan wedi cwymp Llywelyn, rhwng 1286 a 1290 o bosibl, yn barhad i *Historia Regum Britanniae* Sieffre o Fynwy. Y mae'n dechrau gyda marwolaeth Cadwaladr Fendigaid yn 682 ac, yn ei ffurf wreiddiol, yn gorffen gyda marwolaeth Llywelyn ap Gruffudd ym 1282. Er ei fod yn greadigaeth lenyddol, nid rhamant ydyw fel gwaith Sieffre. Y mae'r croniclydd yn cadw'n gaeth i'w ffynonellau amrywiol. Gwyddom hyn am fod rhai o'i ddefnyddiau crai wedi eu cadw yn y testunau Lladin a elwir yn *Annales Cambriae* ac yn *Cronica de Wallia*.[7] Dau fersiwn o'r *Annales* yn unig sydd yn ymwneud â chyfnod Hywel, sef *Annales Cotton Domitian 1* yn y Llyfrgell Brydeinig a blwyddnodion ar ddail dechreuol Breviate Domesday Abaty Nedd a gedwir yn y Swyddfa Cofnodion Cyhoeddus. Ysgrifennwyd y ddau tua diwedd y drydedd ganrif ar ddeg ac y mae'r adran sydd yn cwmpasu gyrfa Hywel yn seiliedig ar gofnodion a luniwyd yn Nhyddewi. Cynhwyswyd y cofnodion yn yr *Annales* ac yn y *Brut* lle yr enwir Hywel yn Atodiad C isod.

Blwyddnodion byr, digyswllt a diaddurn a geir yn yr *Annales*. Anwastad yw'r ysgrifennu yn y *Brut* a'r awdur weithiau yn cyflwyno'r esgyrn sychion yn unig, dro arall yn ehangu'r cofnodion gwreiddiol drwy ychwanegu disgrifiadau stoc a mawl confensiynol mewn arddull gain neu drwy adrodd hanesion yn fanwl gan ddramateiddio digwyddiadau a rhoi areithiau yng ngenau'r prif gymeriadau. Fel yn achos Llawysgrif Hendregadredd, y mae'r *Brut* yn adlewyrchu amgylchiadau ei greu. Golwg eglwyswr ar gymdeithas sydd ynddo ac mewn digwyddiadau yn ymwneud â Deheubarth y mae ei brif ddiddordeb. Wedi dweud hyn, y mae'r croniclydd, fel llaw α, yn deall pwysigrwydd tywysogion Gwynedd yn hanes y cyfnod. Ni cheisia guddio ei gydymdeimlad â hwy wrth iddynt ymdrechu yn erbyn yr arglwyddi Eingl-Normanaidd a cheir nodyn arwrol yn yr ysgrifennu wrth sôn am eu buddugoliaethau yn eu herbyn.

Awgrymodd A. D. Carr mai bwriad y croniclydd oedd creu math ar farwnad i oes y tywysogion.[8] Efallai mai tebyg oedd amcan y casgliad yn Llawysgrif Hendregadredd hefyd. Nid oes amheuaeth nad yw'r ddau waith yn adlewyrchu ymwybyddiaeth genedlaethol ym mynachlog Ystrad-fflur yn y cyfnod hwn.

Prin yw'r dogfennau hanesyddol a luniwyd yng Ngwynedd yn yr un cyfnod er bod y deunydd sydd ar gael yn awgrymu traddodiad annibynnol o ysgrifennu hanes. Yn eu plith y mae *Historia Gruffud vab Kenan*, cyfieithiad Cymraeg o fywgraffiad Lladin coll i'r tywysog y credir yn draddodiadol iddo gael ei lunio yn ystod teyrnasiad ei fab Owain Gwynedd,[9] ac 'O Oes Gwrtheyrn', cyfres o nodiadau cronolegol hyd ganol y drydedd ganrif ar ddeg yn rhestru digwyddiadau hanesyddol o bwys yng Ngwynedd yn bennaf.[10] Nid enwir Hywel yn y naill destun na'r llall ond ymddengys yn 'Achau Brenhinoedd a Thywysogion Cymru', casgliad wedi ei seilio ar achau o ganol y drydedd ganrif ar ddeg a luniwyd yn ôl pob tebyg ar gyfer Llywelyn ap Iorwerth.[11]

Yn dilyn ach Llywelyn ei hun ceir rhestr o blant Owain Gwynedd. Dyma'r ffynhonnell bwysicaf ar gyfer teulu Hywel, yn rhestru ei hanner brodyr a'i hanner chwiorydd ac yn enwi eu mamau. Fe'i cynhwyswyd yn Atodiad B isod. Ar wahân i Hywel, bu i Owain Gwynedd o leiaf un ar bymtheg o feibion a dwy ferch gan ddwy wraig, Gwladus a Christin, a deg o gariadferched gwahanol. Ychydig iawn a wyddom am fywydau y mwyafrif o'r plant hyn ac am eu hymwneud â'i gilydd. Nid oes ychwaith yr un awgrym yn yr achau ym mha drefn y ganed hwy. Yn naturiol o ystyried amgylchiadau ei chyfansoddi, dechreua'r rhestr gydag Iorwerth, tad Llywelyn, ond ni olyga hyn mai ef oedd mab hynaf Owain Gwynedd a'i etifedd.

Fel y dengys J. Beverley Smith yn ei bennod isod, awgryma amlygrwydd Hywel yng nghofnodion y *Brut* flynyddoedd o flaen y gweddill o'i frodyr mai ef oedd yr hynaf ohonynt. Cadarnheir hyn gan y cofnod ar gyfer 1170 yn y *Brut* sydd yn nodi i Ddafydd ladd Hywel 'y brawd hynaf iddaw'.[12]

Y tebyg yw mai Cynan oedd yr agosaf o ran oedran at Hywel. Adroddir amdano yn y *Brut* yn ymgyrchu ar ran ei dad o 1145 ymlaen ac yn cydweithio droeon gyda Hywel. Ymuna Dafydd â hwy ar faes y gad yn y flwyddyn 1157 ac yntau newydd ddyfod i oedran rhyfela yn ôl pob tebyg. Nid oes gair am Rodri nac am Faelgwn yn y *Brut* nes ar ôl marw Hywel, ac erys gyrfa Iorwerth a'i safle yn y deyrnas yn ddirgelwch i haneswyr.[13]

Bu farw Rhun a Llywelyn yn ystod oes Owain ond ar wahân i'r moliannau a geir iddynt yn y *Brut* prin iawn yw ein gwybodaeth amdanynt. Y tebyg yw mai helaethiad gan awdur y *Brut* ar gofnod byr yr *Annales Cambriae* yw'r moliant i Run a ddarlunnir fel ffefryn ei dad ac fel *gwas ieuanc* pan fu farw ym 1146.[14] Gall mai yr un Llywelyn a goffeir yn ail englyn marwnad Cynddelw Brydydd Mawr i osgordd Owain Gwynedd fel *cadfarchog* a *glew dywysog*.[15] Tybed ai ef oedd penteulu Owain? Ni chadarnheir hyn ym molawd y *Brut* er mai ar ddewrder Llywelyn ar faes y gad y mae'r pwyslais pennaf yno.[16] Bu farw Llywelyn ym 1165, y flwyddyn y dallwyd dau o'i hanner brodyr, Cadwallon a Chynwrig, a rhyw ugain o wystlon eraill gan Harri II wedi ei ymgyrch drychinebus yn erbyn y Cymry. Yn y rhestr o blant Owain Gwynedd nodir i Gynwrig farw o'i anafiadau. Ni ddywedir beth fu tynged Cadwallon, ond tybed ai yr un ydyw â Chadwallon, abad Enlli, a enwir yn yr un rhestr fel mab i Owain a Christin?

Enwir mam Hywel yn yr achau fel Ffynnod Wyddeles.[17] Gall mai ffurf wedi ei Chymreigio ar yr enw Gwyddeleg *Finnat*, *Findnat* neu *Fionnait* yw Ffynnod. Y mae'n enw anghyffredin yn y ffynonellau Gwyddelig ac, yn anffodus, ni ddaethpwyd o hyd i enghraifft y gellir ei dyddio i oes Hywel.[18] Dengys astudiaeth Fredrick Suppe fod y llysenwau 'Gwyddel' neu 'Gwyddeles' yn gymharol brin yn nogfennau'r Cymru'r Oesoedd Canol.[19] Enwau Cymraeg sydd ar y mwyafrif o'r unigolion a drafodir ganddo, sydd yn awgrymu bod y llysenw yn cael ei ddefnyddio'n bennaf i ddynodi disgynnydd i Wyddel. Prin hefyd yw'r enwau Gwyddeleg, ond diddorol sylwi ar y modd y rhoddodd taid Hywel, Gruffudd ap Cynan a oedd yn fab i Ragnaillt, merch brenin Dulyn, enwau Gwyddeleg a Sgandinafaidd ar ddwy o'i ferched.[20] Rhaid cofio, felly, y gall nad merch i un o arglwyddi Iwerddon oedd Ffynnod ond ffrwyth priodas gymysg, a'i bod, fel Yslani a Rhanillt, merched Gruffudd ap Cynan, wedi ei magu yng Nghymru.

Prin yw'r tywysogion a'r uchelwyr Cymraeg y gwyddom mai Gwyddyl oedd eu mamau, ar wahân i Hywel a Gruffudd ap Cynan, Y mae hyn yn annisgwyl gan fod llawer ohonynt, fel y dengys Morfydd E. Owen yn ei phennod isod, mewn cysylltiad cyson ag Iwerddon yn ystod y ddeuddegfed ganrif a'r drydedd ganrif ar ddeg a dylanwadau Gwyddelig-Llychlynaidd ar eu llysoedd. Ymhellach, ymddengys fod cyswllt agos rhwng tywysogion Gwynedd a chyffiniau Dulyn yn arbennig. Yn ogystal â bod yn ddihangfa mewn argyfwng ac yn ffynhonnell milwyr hur iddynt, bu'r ardal hon yn gartref i Ruffudd ap Cynan a hefyd i un os nad dau o feibion Owain Gwynedd. Y mae rhywfaint o'r dystiolaeth yn awgrymu bod Maelgwn, a yrrwyd yn alltud i Iwerddon gan ei frawd Dafydd ym 1173, yn dal tir yn ninas Dulyn ac efallai yr eglura hyn ei absenoldeb o gofnodion y *Brut* yn y blynyddoedd cyn marw ei dad.[21] Honnir yn 'Achau Brenhinoedd a Thywysogion Cymru' fod Rhirid ab Owain yntau yn berchen ar dir yng Nghlochran, 'y dref a rodded i hen Ruffudd ap Cynan hon y sydd y rhwng Dinas Dulyn a Swrth Colomcili'.[22] Nid oes tystiolaeth, fodd bynnag, i Owain Gwynedd dreulio amser yn Iwerddon. Nid oes ychwaith awgrym i Hywel ei hun ymweld â'r ynys nac iddo gysylltu â llinach ei fam yno.[23]

Yn ei bennod isod, hola J. Beverley Smith a fu'r ffaith mai mab gordderch oedd Hywel yn dramgwydd iddo yn ei ymdrech i'w sefydlu ei hun yn olynydd i'w dad fel tywysog Gwynedd. Rhaid cofio y gallai cefnogaeth tylwyth ei fam fod yn bwysig i dywysog wrth iddo ymryson am rym. Diau mai oherwydd ei fod yn disgyn o Beredur ap Mael o Feirionnydd drwy ei fam, Angharad, y llwyddodd Cynan ab Owain i sicrhau Meirionnydd wedi marw ei dad. Yn y un modd, y mae'n bosibl fod Dafydd ab Owain yntau wedi manteisio ar gysylltiadau ei fam, Cristin ferch Goronwy ab Owain ab Edwin o linach cyn-lywodraethwyr Tegeingl, wrth iddo ymsefydlu yn yr ardal honno yn yr un cyfnod.

Tybed ai oherwydd nad oedd ganddo dylwyth yn gefn iddo y datblygodd perthynas mor agos rhwng Hywel a meibion y teulu y rhoddwyd ef ar faeth iddynt? Neu tybed ai perthnasau i'w fam, Ffynnod, oedd aelodau'r teulu maeth hwn y dysgwn amdanynt mewn dwy gyfres o englynion marwnad i Hywel?[24] Digwydd y gerdd gyntaf fel atodiad i'r casgliad o waith Hywel yn Llawysgrif Hendregadredd. Fe'i copïwyd gan y prif ysgrifydd ond yn wahanol i'r mwyafrif o'r cerddi yn ei law, nid oes iddi bennawd a'r tebyg yw bod ei dechrau yn eisiau gan fod dalen flaenorol y llawysgrif ar goll.[25] Ni wyddom i sicrwydd pwy oedd awdur y gerdd hon ond y tebyg yw mai Peryf ap Cedifor, awdur cyfres arall o englynion marwnad i Hywel, ydoedd. Cadwyd yr ail gerdd hon yng nghopi John Davies, Mallwyd, o ddalennau coll o Lawysgrif Hendregadredd. Y mae'n bosibl ei bod wedi rhagflaenu'r gerdd gyntaf yn y llawysgrif yn wreiddiol. Yn ôl tystiolaeth y cerddi, yr oedd Peryf yn un o saith brawd a oedd yn frodyr maeth i Hywel. Lladdwyd pob un ohonynt ond Peryf wrth ymladd dros Hywel ym Mhentraeth, Môn, yn ei frwydr olaf yn erbyn ei hanner brawd Dafydd.

Nid oes gwybodaeth ar glawr am dad maeth Hywel heblaw am ei enw ond gellir deall y ffurf Gwennwys yn y llinell 'Plant Cedifor wyn Wennwys' sydd yn digwydd yn yr ail gerdd, fel epithet yn dynodi mai gŵr o Went neu ddisgynnydd i ŵr o Went ydoedd. Posibilrwydd arall yw bod cyndeidiau Cedifor ymysg teuluoedd o Went a ymsefydlodd ym Mhowys. Yn yr achau dywedir bod rhai o dylwythau Powys yn olrhain eu llinach i Gadwgon Wennwys.[26] Dangoswyd mai i gyfnod diweddarach y perthyn yr hendad hwn[27] ond tybed a yw'r achau yn cadw cof am hen draddodiad? Yn ei farwnad i Owain Gwynedd sonia Cynddelw am awdurdod y tywysog yn ymestyn 'hyd Elfael, eilfa Gwenhwyson', gan ddisgrifio cantref Elfael yn Rhwng Gwy a Hafren fel ail gartref pobl Gwent.[28] Y mae'r cysylltiad rhwng Powys a Gwent i'w ganfod hefyd ym 'Marwnad Gruffudd ap Cynan', mewn llinell lle y sonia Meilyr Brydydd am Ruffudd yn dial ar 'frenhinedd Powys a'u Gwenhwysydd'.[29]

Os mai un o'r Gwenhwysydd oedd Cedifor, tybed ai yn Elfael y trigai ac mai yno y treuliodd Hywel ei ieuenctid? Gwyddom fod cysylltiad rhwng y llinach a reolai Rhwng Gwy a Hafren a thywysogion Gwynedd gan fod Madog ab Idnerth a fu farw ym 1140 yn briod â Rhanillt, chwaer Owain Gwynedd,[30] a bu eu meibion, Einion Clud, a etifeddodd Elfael, a Chadwallon, arglwydd Maelienydd, yn cydweithredu ag Owain yn yr ymgyrchu yn erbyn Harri II ym 1165.[31] Ni wyddom, fodd bynnag, a fyddai plentyn yn cael ei anfon mor bell i ffwrdd i'w fagu. Sylwer mai tair milltir o gartref ei fam y magwyd Gruffudd ap Cynan yn ôl yr *Historia* a bod Gerallt Gymro yn nodi mai'r arfer yng Nghymru oedd i'r tywysogion roi eu meibion ar faeth 'gan amryfal foneddigion o'u gwlad eu hunain'.[32] Tybed, felly, a fu i uchelwyr o dde Powys, gyda Chedifor yn eu plith, geisio lloches yng Ngwynedd yn ystod un o'r cyfnodau cythryblus pan enillodd arglwyddi Normanaidd oruchafiaeth yn yr ardal ac mai yno y magwyd Hywel?[33] Ni ellir ond dyfalu.

Ymhlith marwnadau Cynddelw y mae cyfres englynion i ryfelwr ifanc y cyfeirir ato fel 'mab Cedifor' a laddwyd wrth ymladd dros 'fab Gruffudd' yn Rhuddlan.[34] Yn y pennawd uwchlaw'r gerdd yn Llawysgrif Hendregadredd enwir ef yn llawn fel Ithael ap Cedifor Wyddel. Y mae rhai ysgolheigion o'r farn mai brawd i Beryf ap Cedifor oedd hwn ac mai yr un yw Cedifor Wyddel â Chedifor Wennwys.[35] Os ydynt yn gywir, yna y mae hyn yn cadarnhau'r dyb fod cysylltiad teuluol rhwng Cedifor a mam Hywel, Ffynnod Wyddeles. Mewn arolwg o'r hyn a wyddom am fagwraeth plant yng Nghymru'r Oesoedd Canol sylwa Llinos Beverley Smith eu bod yn aml yn cael eu rhoi ar faeth gyda theulu eu mam.[36] Bid a fo am hynny, fel y pwysleisia Gerallt Gymro wrth sylwi ar gymdeithas Cymru yn cyfnod hwn, yr oedd y cwlwm rhwng brodyr maeth a'i gilydd yn aml yn dynn iawn ac weithiau yn gryfach na'r cwlwm gwaed rhwng brodyr naturiol.[37] Y mae hyn yn amlwg yn wir yn achos Hywel ab Owain.[38]

Diddorol sylwi mai un ystyr bosibl i enw mam Hywel yn y Wyddeleg yw 'un olau ei gwallt'.[39] Nid oes disgrifiad corfforol ar glawr o Hywel ei hun, felly ni ellir ond dyfalu am ei bryd a'i wedd ar sail epithetau a ddefnyddir amdano gan Beryf ap Cedifor a'r disgrifiadau o'i geraint sydd ar glawr. Crybwyllir ymddangosiad nifer o aelodau o deulu ei dad, nid yn unig ym moliannau'r *Brut* ac yn yr *Historia* ond hefyd yng nghanu'r beirdd. Gellid dadlau mai disgrifiadau stoc yw'r rhain[40] ond o'u cymryd gyda'i gilydd gallant awgrymu bod gwallt golau yn nodwedd ar deulu brenhinol Gwynedd. Yr oedd Rhun ab Owain Gwynedd yn 'bengrych melyn ei wallt',[41] ei frawd Llywelyn yn 'gadfarchawg melyn',[42] eu taid, Gruffudd, 'a gwallt melyn arnaw'[43] a'i wraig yntau, Angharad, yn 'walltwen'.[44] Nodwedd arall ar y llinach y sylwyd arno gan Dafydd Johnston oedd eu taldra anghyffredin.[45] Darlunnir Rhun yn llanc 'hir ei ddyad',[46] gelwir Rhodri yn 'Rhodri Hir'[47] a chymherir maintioli Dafydd ag eiddo Benlli Gawr a Hylwydd Hir.[48] Nid yw'n syndod felly mai at 'Hywel hir' y cyfeiria Peryf wrth gloi'r farwnad gyntaf a'i fod, o bosibl, yn chwarae gyda'r ansoddair 'gwyn' wrth sôn amdano ef a'i deulu maeth yn yr ail.[49]

'Mab brenin gwyn Gwynedd' yw'r geiriau a ddefnyddir i goffáu Hywel wrth gloi yr ail farwnad ac yn wir, heblaw am yr ychydig fisoedd cyn ei farw annhymig, 'mab brenin' fu Hywel drwy gydol ei fywyd. Ei dynged ef, fel ei ewythr Cadwaladr, fu byw yng nghysgod Owain Gwynedd, y mwyaf nerthol o dywysogion Cymru yn y ddeuddegfed ganrif. Yn ei bennod isod, olrheinia J. Beverley Smith y berthynas gythryblus rhwng Owain a Chadwaladr a arweiniodd at alltudiaeth y brawd ieuengaf yn Lloegr ym 1152, gan geisio deall cymhellion y naill frawd a'r llall. Ond beth am berthynas Hywel ac Owain?

Blynyddoedd tyngedfennol i Hywel fu 1136 a 1137. Ac yntau newydd ddyfod i oedran gŵr, y tebyg yw iddo gymryd rhan gyda'i dad a'i ewythr yn yr ymgyrchoedd llwyddiannus yn erbyn yr Eingl-Normaniaid yng Ngheredigion.[50] Y tebyg yw iddo hefyd fod ymhlith y dyrfa o berthnasau a gwŷr eglwysig a ddarlunnir yn sefyll o gwmpas gwely angau Gruffudd ap Cynan yn yr *Historia*.[51] Marw ei daid ac ymestyn ffiniau Gwynedd tua'r de a roddodd gyfle i Hywel, yr aelod hynaf o'r genhedlaeth nesaf o linach brenhinol Gwynedd, i ddechrau ar ei yrfa filwrol. Daeth Owain i'r orsedd a rhoi'r tir cynnydd yng ngogledd Ceredigion yng ngofal Cadwaladr (a ddaliai Feirionnydd eisoes), a rhoi'r de yng ngofal Hywel.

Adroddir gorchestion Hywel rhwng 1145 a 1147 yn erbyn yr arglwyddi Eingl-Normanaidd a ddaliai gestyll yng Ngheredigion, Dyfed ac Ystrad Tywi yn anghyffredin o fanwl yn y *Brut*.[52] Darlun arwrol ohono a gyflwynir, yn un 'a oedd whannawg yn wastad i glod a gogoniant', ond pwysleisir hefyd ei ddoethineb a'i allu fel arweinydd a strategydd milwrol. Molir rhinweddau tebyg yng nghanu Cynddelw lle, yn naturiol, y rhoddir y clod yn gyfan gwbl i Hywel am achub Deheubarth o'i chyfyngder.[53] Ond cyfnod o gydweithredu oedd y blynyddoedd hyn mewn gwirionedd, a Hywel yn cydymgyrchu â'i frawd Cynan a hefyd, o 1146 ymlaen, â Chadell, Maredudd a Rhys, arglwyddi Deheubarth.

Tiriogaeth oedd yn perthyn i dywysogion Deheubarth yn draddodiadol oedd Ceredigion ond bu farw Gruffudd ap Rhys ym 1137 gan adael meibion a oedd yn rhy ifanc i reoli'r deyrnas. Ymddengys mai rhan o gynllun Owain wrth roi Ceredigion Is Aeron i Hywel oedd y byddai ef yn cynorthwyo tywysogion Deheubarth i wrthsefyll yr arglwyddi Eingl-Normanaidd a oedd wedi ymsefydlu yn yr ardal. Tybed a oedd dealltwriaeth mai dros dro fyddai awdurdod gwŷr Gwynedd yng Ngheredigion ac y byddai'n dychwelyd i feddiant tywysogion Deheubarth o dan uwch-arglwyddiaeth Owain, pan fyddent wedi magu digon o rym? Yr oedd y meibion hyn yn neiaint i Owain, yn blant i'w chwaer Gwenllïan, a bwriadai Owain glymu'r ddau deulu yn agosach byth drwy briodas Anarawd, yr hynaf o'r brodyr, ac un o'i ferched.

Eglura hyn pam y bu i Owain ymateb mor chwyrn ym 1143 pan laddodd gosgordd Cadwaladr Anarawd, a gorchymyn Hywel i gymryd cyfran Cadwaladr o Geredigion oddi arno. Fel y dengys J. Beverley Smith isod, y tebyg yw mai un arall o gymhellion Owain wrth osod Hywel yn ne Ceredigion oedd rhwystro Cadwaladr rhag cynyddu ei awdurdod a'i rym gan ei fod eisoes, drwy gefnogi iarll Caer ym Mrwydr Lincoln ym 1141, wedi dangos y gallai weithredu yn groes i fuddiannau Gwynedd. Methodd yr ymgais gyntaf hon i ddisodli Cadwaladr ond llwyddodd ail ymgais ym 1147 i gael gwared ohono o Feirionnydd am byth.

Fel antur breifat y disgrifia J. E. Lloyd ymosodiad Hywel a Chynan ar Feirionnydd ym 1147 ac y mae'r modd y cyflwynir y digwyddiad yn y *Brut* fel canlyniad i 'derfysg rhwng Hywel a Chynan, meibon Owain, a Chadwaladr, eu hewythr', fel petai'n ategu hyn.[54] Eto i gyd, gellid dadlau gyda J. Beverley Smith isod ei fod wedi ei gyflawni gyda bendith Owain Gwynedd a'i fod yn ganlyniad uniongyrchol i'r ffaith fod Cadwaladr mewn cynghrair gyda Iarll Caer ar yr union adeg pan oedd gwŷr Gwynedd yn ymosod ar ffiniau'r iarllaeth.

Anodd gwybod, fodd bynnag, ar ba awdurdod y gweithredodd Hywel ym 1150 pan ddaliodd Cadfan, mab Cadwaladr, a oedd newydd dderbyn gogledd Ceredigion oddi wrth ei dad, a chipio'i dir a'i gastell newydd yn Llanrhystud. O fewn misoedd daeth tywysogion Deheubarth i Geredigion a goresgyn y rhan ddeheuol ac o fewn tair blynedd yr oedd Hywel wedi colli'r ardal gyfan. Dethlir camp y brodyr, a Rhys yn arbennig, gan Seisyll Bryffwrch:[55]

Ni lefais neb	amgylch moreb	môr Anhuniawg,
Na thwyll na thrais	rhag rhwyf Cemais,	camp ardderchawg.
Cawsant warthrudd	gan fab Gruffudd	prudd, prifaerawg,
Rhag Twr Gwallter	blaidd traidd trymder	tra niferawg.

('Ni feiddia unrhyw un o gwmpas glannau môr Anhuniog[56] / [gyflawni] na thwyll na thrais o flaen arglwydd Cemais, [yr un o] gamp ardderchog. / Cawsant warth gan fab Gruffudd, [yr un] doeth, [yr un] prif-fyddinog, / o flaen Twr Gwallter, blaidd-filwr treiddgar brwydr a chanddo luoedd tra mawr.')

Castell Gwallter, ym mhlwyf Llanfihangel Genau'r Glyn, oedd yr olaf o gestyll Hywel i syrthio yn ôl adroddiad y *Brut*.

Tybed ai ar ei liwt ei hun y gweithredodd Hywel ym 1150 a'i fod, drwy ychwanegu gogledd Ceredigion a Meirionnydd at y gyfran a roddwyd iddo gan ei dad, wedi dod yn fygythiad i feibion Gruffudd? Neu tybed ai gweld eu cyfle a wnaeth y brodyr a oedd bellach yn ddigon grymus i wrthsefyll eu gelynion ar eu pennau eu hunain ac i ailafael yng Ngheredigion? Awgryma David Moore fod y ffaith i Hywel gael ei ddifeddiannu gan yr union rai yr oedd newydd eu helpu, heb i'w dad, Owain Gwynedd, godi bys i'w gynorthwyo, yn arwyddocaol.[57] Tybed a fu i Hywel drwy chwalu'r cydbwysedd grym a sicrhawyd yn y De ennyn llid ei dad? Diddorol sylwi bod cofnod yn y *Brut* yn nodi i Gynan, a fu'n cydweithio'n agos â Hywel ar hyd y blynyddoedd, gael ei garcharu gan Owain ym 1150.

Un peth sydd yn sicr yw bod Hywel yn llawer llai amlwg yn y *Brut* wedi iddo golli Ceredigion. Yn wir, prin iawn yw'r cyfeiriadau ato yn ystod pymtheng mlynedd olaf ei fywyd. Gellid dadlau mai natur y ffynhonnell sydd yn gyfrifol am hyn gan fod y cofnodion am dywysogion Gwynedd yn gyffredinol yn denau yn y cyfnod wedi iddynt gilio o ganolbarth Cymru. Eto i gyd, ar orchestion dyddiau cynnar Hywel y canolbwyntiodd Cynddelw hefyd yn ei ganu iddo, er bod natur a chrefft ddatblygedig y gerdd yn awgrymu mai rywbryd yn ystod degawd olaf bywyd Hywel y canwyd hi.

Tybed beth ddigwyddodd i Hywel wedi 1153? A lwyddodd i ddal ei afael ar Feirionnydd, ardal y mae'n sôn mor annwyl amdani yn ei *Orhoffedd*? Tybed ai yn ystod y blynyddoedd hyn, fel yr awgrymir ym mhennod Nerys Ann Jones isod, y lluniodd y gerdd honno a'i dymuniad am iddo gael dychwelyd o'i alltudiaeth a derbyn cantref Tegeingl yn y gogledd-ddwyrain yn 'fuddai newydd'? Gwyddom iddo barhau yng ngwasanaeth ei dad ac iddo fod ymhlith y meibion a gynorthwyodd Owain i wrthsefyll ymgyrch Harri II yn Nhegeingl ym 1157 gan fod ei enw yn digwydd ynghyd ag eiddo Cynan a Dafydd yng nghofnod yr *Annales Cambriae*.[58] Digwydd enw Hywel hefyd yng nghofnod y *Brut* am y flwyddyn 1159 ymhlith y tywysogion o Gymry a ymunodd â byddin fawr o Normaniaid a Ffleming-iaid dan arweiniad Reginald, iarll Cernyw, i geisio darostwng Rhys ap Gruffudd.[59]

Eithriadol gryno yw'r cyfeiriadau hyn at Hywel o'u cymharu ag adroddiadau'r degawd blaenorol a chryno hefyd yw cofnod sydd yn adrodd am ei ladd rywbryd rhwng Tachwedd 1170 a diwedd

Mawrth 1171.[60] Y mae'n ffodus fod ar glawr farwnadau Peryf ap Cedifor sydd yn taflu goleuni pellach ar amgylchiadau ei ladd.[61] Cytunant â'r *Brut* mai ei hanner brawd Dafydd a fu'n gyfrifol am ei farwolaeth ond soniant yn ogystal am frad 'Cristin a'i meibion' sydd yn awgrymu bod i fam Dafydd a'i hail fab, Rhodri, ran yn y cynllwyn hefyd. Daw'n eglur o ddarllen y cerddi mai mewn brwydr yng nghyffiniau Pentraeth yn nwyrain Môn y cwympodd Hywel[62] a bod rhai o'i frodyr maeth wedi ymladd drosto hyd at angau. Y mae modd egluro'r anghysondeb yn rhifedi'r brodyr marw yn y ddwy gerdd o gymryd bod y gyntaf wedi ei chanu yn union wedi'r frwydr, cyn i Frochfael ac Iddon gael eu dienyddio 'yn llys dragon' (wedi iddynt gael eu cymryd yn garcharorion neu'n wystlon gan Ddafydd efallai), a'r ail wedi ei chanu drannoeth claddu'r ddau frawd hyn gyda Hywel ym Mangor.[63]

Ychydig iawn a ddywed y cerddi hyn wrthym am yr amgylchiadau a arweiniodd at yr ymladd ym Mhentraeth. Gelwir ar Dduw i ddial 'lledrad frad freuolaeth' Hywel, cyfeirir at ei 'hawl amddyfrwys' a'i 'hawl ddiachor', ond nid oes sôn am oblygiadau gwleidyddol y lladd ac fel 'gwalch rhyfel' a 'gŵr mirain' y darlunnir Hywel yn hytrach nag fel un a oedd neu a allasai fod yn frenin Gwynedd. Ymateb personol i drasiedi deuluol yw'r cerddi hyn a luniwyd o fewn dyddiau i'r digwyddiad ac a ganwyd, yn ôl pob tebyg, gerbron cylch bach o gyfeillion a chefnogwyr Hywel a'i frodyr maeth.

Gwahanol iawn yw cerdd fawl hirfaith Cynddelw Brydydd Mawr a gymerodd wythnosau lawer i'w chyfansoddi yn ôl pob tebyg. Hon yw'r hiraf ac un o'r mwyaf mawreddog o gerddi Beirdd y Tywysogion sydd ar glawr.[64] Y mae'n sicr mai cerdd gomisiwn ydyw a luniwyd gan Gynddelw ar gyfer achlysur arbennig a drefnwyd gan Hywel. Disgrifio ei ffurf yn hytrach na'r genre a wna'r teitl 'canu' yn Llawysgrif Hendregadredd, ond gellid dadlau ei bod yn perthyn i ddosbarth arbennig o awdlau mawl amlganiad i dywysogion a luniwyd o fewn rhyw hanner can mlynedd i'w gilydd ac sydd yn cynnwys Canu Gwalchmai i Rodri ab Owain, Canu Cynddelw i Owain Cyfeiliog a Chanu Llywarch Brydydd y Moch i Ddafydd ab Owain ac i Lywelyn ap Iorwerth.[65] Prif fwriad y cerddi uchelgeisiol hyn i bob golwg oedd creu argraff a pherswadio'u gwrandawyr mai gwrthrych y mawl oedd y dewis gorau ar gyfer dyfodol y wlad. Lluniwyd Canu Prydydd y Moch i Ddafydd yn fuan wedi iddo gymryd y deyrnas ym 1173 er mwyn ceisio ennill cefnogaeth iddo ymhlith uchelwyr Gwynedd.[66] Credir mai 1213, blwyddyn adennill y tiroedd a gollasai i'r Brenin John, yw dyddiad y canu i Lywelyn sydd yn cynnwys apêl at uchelwyr Powys i dderbyn ei arglwyddiaeth ef.[67] Anos dyddio'r ddwy gerdd arall ond hawdd gweld mai ennill cefnogaeth i dywysog mewn cyfnod pan oedd ei awdurdod ar gynnydd oedd eu bwriad.

Y mae'r canu i Hywel ab Owain yn cynnwys nifer o elfennau sydd yn gyffredin i'r dosbarth hwn o gerddi ac sydd yn awgrymu mai yn y cyfnod wedi i Owain farw a Hywel newydd ei ddyrchafu i orsedd Gwynedd y crewyd hi. Yn gyntaf, moli milwriaeth Hywel a wneir yn anad dim gan bwysleisio ei brofiad a'i enwogrwydd fel rhyfelwr.[68] Rhestrir ei fuddugoliaethau a'i gampau yn y gorffennol, yng Ngheredigion, Deheubarth, Meirionnydd, yn Arfon ac 'ar dir Caer'. Yn ail, proffwydir sut deyrnasiad fyddai un Hywel[69] a sonnir am yr ymgyrchoedd y bwriadai eu harwain yn y dyfodol yn erbyn Powys a'r Mers a'r llwyddiant a oedd yn rhwym o ddod i'w ran ef ac i'r rheini a gydweithiai ag ef:[70]

> Nid arlluddiaw rhi rhy ellir
> Nid er lles nid erllefesir.

('Ni ellir rhwystro['r] brenin [hwn], / nid er lles y peidir â mentro [ato].')

Anodd bod yn sicr at bwy yn union yr anelwyd y geiriau hyn ond awgryma'r darlun a gyflwynir o ryfelwyr yn anrhydeddu Hywel fel 'diheuben glyw' (gwir bennaeth byddin) o Ddeheubarth hyd 'Gollen' (Llangollen) yng ngogledd Powys, nad gwŷr Gwynedd yn unig oedd yn y gynulleidfa.[71] Prin yw'r sôn am deyrnas newydd Hywel heblaw am y cwpled,[72]

> Cardd wrthryn i wrth Aberffraw
> Canys teg teÿrnas iddaw

('[Yr un sydd yn] bwrw allan warth o Aberffraw / oherwydd hardd yw'r deyrnas sydd ganddo.')

ond awgrymog yw defnydd y bardd o'r termau 'rhi' a 'brenin',[73] a gall yr agoriad amwys ac anghyffredin, 'Cadair bair beryf', fod yn arwyddocaol hefyd, yn enwedig gan y crybwyllir gorsedd Hywel eto cyn diwedd y gerdd.[74]

Nid oes cadarnhad o safle Hywel mewn unrhyw ffynhonnell arall sydd ar glawr, ond y tebyg yw mai cipio teyrnas Gwynedd oddi arno oedd bwriad Dafydd wrth godi yn ei erbyn. Eglurai hyn y sôn am gynllwyn a brad ym marwnadau Peryf ap Cedifor. Awgryma Gerallt Gymro fod y gwrthdaro rhwng y ddau hanner brawd wedi dechrau cyn marw Owain, pan oedd y tywysog 'yn ei ingoedd olaf'.⁷⁵ Yn y canu i Ddafydd a luniwyd gan Brydydd y Moch ryw bedair blynedd neu bump yn ddiweddarach, pan oedd y tywysog hwnnw yn ei anterth, ceir sôn am yr ymladd ym Mhentraeth fel un o dair ysgarmes a fu rhwng y ddau hanner brawd:⁷⁶

> Ef gorug am Gerrig Morllwch,
> Am Fuarth Cadfan, cad arrwch;
> Ef gwnaeth tu Pentraeth pen trwch—calanedd
> (Gâl ag ef na cherwch!)
> Gwŷr yn nygn, yn nigyrydwch,
> Gwerin nêr yn aerdawelwch,
> Gwâr Hywel hoewal cyfeddwch,
> Gwrdd yn lladd â llafn dauafwch
> Gwŷr hoeddlwydr, gŵr hydr yn ei hwch—a'i fâr
> Cyn no'i fawr atregwch.

('Fe wnaeth o gwmpas Cerrig Morllwch, / o gwmpas Buarth Cadfan, ffyrnigrwydd brwydr; / fe wnaeth ger Pentraeth brif haen o gyrff meirwon / (na feithrinwch elyniaeth ag ef!) / gwŷr mewn caledi, mewn cyfyngder, / byddin arglwydd mewn tawelwch [wedi] brwydr, / [sef] Hywel lariaidd [a barodd] lifeiriant o ddiod gadarn, / [un] grymus yn taro â chleddyf daufiniog / wŷr brau eu heinioes, gŵr cadarn yn ei gyrch a'i lid / cyn ei adfyd mawr.')

Mae lleoliad 'Cerrig Morllwch' a 'Buarth Cadfan' yn anhysbys ond yng nghanu Cynddelw disgrifir Hywel fel 'garw esgar yn ysgor Gadfan'.⁷⁷ Ceir hefyd yn y canu gyfeiriadau annelwig at osgordd Hywel yn ymladd ar arfordir Arfon yn erbyn 'gwron'—Dafydd efallai:⁷⁸

> Yng nghyngawr, gwrawr â gwron,
> Yng nghyngest, gorchest gorchorddion,
> Yng nghantref Emrais, yn ymryfel gwrdd,
> Yn ymwrdd am haelon,
> Yn Aber, muner meneifion
> Yn anwair, yn ddiwair ddeon.

('Mewn brwydr, [mewn] ymgyrch â gŵr dewr, / yn ymrafael, [yng] ngorchest lluoedd, /yng nghantref Emrys [h.y. Arfon], mewn ymladd grymus, / mewn ymosodiad ynghylch pendefigion, / yn Aber [sef Abergwyngregyn], [man] haelioni [i] luoedd, / yr oeddynt yn wyrda ffyddlon [a] chywir.')

Nid Hywel oedd y cyntaf o dywysogion Cymru i gael ei ladd o fewn wythnosau iddo ddyfod i rym. Dyna fu ffawd Anarawd fab Gruffudd ap Rhys yn ôl pob tebyg, a hefyd Llywelyn fab Madog ap Maredudd. Credir mai lladd Llywelyn yn fuan wedi marw ei dad fu'n gyfrifol am chwalu teyrnas Powys. Fel y dengys J. Beverley Smith isod, awgryma'r ymryson am rym rhwng disgynyddion Owain Gwynedd a barodd am dros ddeng mlynedd ar hugain fod lladd Hywel yn ddigwyddiad yr un mor allweddol yn hanes Gwynedd.[79]

Cadarnheir pwysigrwydd marwolaeth Hywel i wleidyddiaeth fewnol y deyrnas gan ymateb Cynddelw Brydydd Mawr iddi. Diau nad cyd-ddigwyddiad sydd yn gyfrifol am y ffaith nad oes ar glawr gerddi o waith Cynddelw i Ddafydd na'r un arall o olynwyr Owain ar orsedd Gwynedd a'i fod i bob golwg wedi gwasanaethu arglwyddi Powys a Deheubarth yn unig ar ôl 1170. Y tebyg yw iddo, ar ôl colli Hywel, droi ei gefn ar Wynedd am byth. Diddorol sylwi na chyfeiria yn ei farwnad i Owain at yr un o feibion y tywysog, dim ond holi, 'Gwynedd wen . . . pa wledig a wledych arnai?'[80] Gellid dadlau hefyd nad confensiwn llenyddol yn unig sydd yn gyfrifol am y ffaith ei fod, yn y gerdd honno, yn ei ddisgrifio'i hun fel alltud:[81]

> Ysef wyf wedi rhwyf rhoddrwydd
> Bardd difro, dyfryd heb arglwydd.

('Dyna wyf ar ôl [colli] pennaeth parod ei rodd / [sef] bardd digartref [a] phrudd heb arglwydd.')

Nid yw'n syndod nad oes marwnad 'swyddogol' i Hywel fel y rhai a ganwyd i'w dad ac i'w daid. Y tebyg yw nad oedd y sefyllfa wleidyddol yng Ngwynedd yn caniatáu cynnal y fath o achlysur gwladol a geid fel arfer wedi marw tywysog, pan gomisiynai ei olynwyr awdl hir fawreddog i'w pherfformio gerbron ei holl berthnasau a'i gyfeillion a'i ddeiliaid. Diddorol sylwi mai awdlau byrion a chyfresi englynion yn unig a ganwyd er cof am y rheini a gymerodd yr awenau ar ôl Hywel hefyd, sef ei hanner brodyr, Dafydd a Rhodri, a'i nai, Gruffudd ap Cynan, a drechwyd pob un yn ei dro gan Lywelyn ap Iorwerth.[82]

Yn ogystal â datgan ei deyrngarwch personol i Hywel, y mae Cynddelw yn ei gerdd fawl yn canu ar ran ei gydfeirdd ac yn moli'r tywysog fel noddwr hael iddynt:[83]

> Caffwn ei radau, caffawd ein gwawdau,
> Cathlau clau, cerddau caw.

('Cawn ei roddion, caiff ein molawdau, / caneuon hyglyw, cerddi celfydd.')

Nid oes tystiolaeth gadarn fod yr un o feirdd eraill Gwynedd wedi gwasanaethu Hywel ond y mae ambell awgrym yng ngwaith rhai ohonynt iddynt fwynhau ei nawdd. Awgryma eithafiaeth y galar a'r pwyslais ar y golled ym marwnad Daniel ap Llosgwrn Mew i Owain, er enghraifft, mai wedi lladd Hywel y'i lluniwyd a bod y bardd hwn hefyd yn gefnogwr iddo.[84] Er mai fel bardd i Ddafydd yr ymddengys Llywarch Brydydd y Moch am y tro cyntaf ar ddalennau Llawysgrif Hendregadredd, awgryma'r modd y cyfeiria yn ei ganu at 'wâr Hywel' gan ganmol ei ddarpariaeth mewn gwledd, ei fod yntau wedi derbyn nawdd y tywysog yn ei ieuenctid.[85]

Nid oes unrhyw arwydd i Lywelyn Fardd I fod yng ngwasanaeth Hywel ond os cywir dehongliad Nerys Ann Jones o Ganu Cadfan Sant, cerdd yw hon a fwriadwyd ar gyfer clustiau Hywel mewn cyfarfod arbennig rhyngddo a Morfran, abad eglwys Tywyn, yng ngŵydd uchelwyr Meirionnydd yn fuan wedi i Hywel gipio'r ardal o afael Cadwaladr ym 1147.[86] Credir mai ei diben oedd atgoffa'r arglwydd newydd o arbenigrwydd yr eglwys ac o awdurdod y sant a'i noddai ac ynddi uniaethir yr abad a'r arglwydd (nas enwir) â Chadfan. Diddorol sylwi bod y modd y rhestrir rhinweddau'r clas a'r ardal yn dwyn i gof restrau Hywel o fwynderau Gwynedd yn y Gorhoffedd.[87]

Bardd arall yr oedd Hywel yn sicr o fod yn gyfarwydd â'i waith oedd Gwalchmai a oedd, yn ôl rhesymu Rhian Andrews, ryw ddeng mlynedd yn hŷn na Hywel. Fe'i magwyd yn ôl pob tebyg yn llysoedd Gwynedd a'i dad, Meilyr Brydydd, yng ngwasanaeth Guffudd ap Cynan.[88] Gwyddom i Walchmai ganu i feibion Gruffudd yn eu hieuenctid ac iddo ymladd ochr yn ochr â hwy yn erbyn yr Eingl-Normaniaid yn y De ym 1136–7. Ymffrostia yn ei Orhoffedd am ei ran mewn ymgyrchoedd yn ystod y 1140au y gwyddom i Hywel ymladd ynddynt ac a ddethlir yn y drylliau o ganu mawl a briodolir i Hywel yn Llawysgrif Hendregadredd.[89] Anodd credu na fu'n ddylanwad pwysig ar y tywysog ifanc ac efallai iddo fod yn athro barddol iddo. Dengys astudiaeth Rhian M. Andrews o gynganeddion Hywel isod fod tebygrwydd yng nghrefft, addurn ac ysbryd canu'r ddau fardd.

Mwy trawiadol, efallai, yw'r tebygrwydd rhwng rhai o gerddi serch Hywel ac eiddo Cynddelw a ddaeth i Wynedd o Bowys wedi marw Madog ap Maredudd a'i etifedd, Llywelyn, ym 1160 a chanu cyfres o arwyreiniau i Owain Gwynedd. Y mae'n bosibl fod Hywel eisoes yn gyfarwydd ag ef drwy ei gysylltiad â'i gefndryd, meibion Madog ab Idnerth, arglwyddi Maelienydd ac Elfael, a meibion Madog ap Maredudd, arglwyddi Powys. Tybed a oedd Hywel yn un o'r gwahoddedigion yng ngwledd briodas Cadwallon ac Efa ferch Madog ap Maredudd ac mai yno y clywodd am y tro cyntaf Rieingerdd Cynddelw i Efa? Y mae'n sicr, fel y dengys Huw Meirion Edwards isod, nad oedd llais Hywel ab Owain yn unigryw er mai prin yw'r cerddi serch a gadwyd o'r cyfnod.[90]

Digwydd cerddi Hywel gyda'i gilydd ym mhlyg olaf Llawysgrif Hendregadredd gan ddilyn casgliad o waith y bardd-dywysog o Bowys, Owain Cyfeiliog, yn ôl trefn bresennol y llawysgrif a bennwyd yn yr ail ganrif ar bymtheg gan Dr John Davies, Mallwyd. Rhydd daleniad Wiliam Llŷn a wnaed yn ystod y ganrif flaenorol, safle mwy amlwg i ganu'r ddau fardd-dywysog, yn dilyn y casgliadau mawr o waith Cynddelw a Phrydydd y Moch sydd yn agor y flodeugerdd.

Wyth o ddalennau sydd i'r plyg o waith Hywel. Y mae'n agor gyda chopi yn llaw'r prif ysgrifydd o'r 'Gorhoffedd' a thair cerdd serch fer a ddisgrifir ganddo yn syml fel 'awdlau'.[91] Ar weddill yr ail ddalen ac ar y drydedd, y mae dwy awdl serch a dau ddarn byr o ganu mawl wedi eu hysgrifennu gan dair llaw wahanol yn perthyn i'r ail haen o ysgrifwyr.[92] Priodolir pob un ohonynt i Hywel ond, heblaw am y gyntaf a elwir yn 'awdl', ni ddarperir unrhyw wybodaeth bellach am y cerddi hyn yn y penawdau. Ar yr wythfed ddalen copïodd llaw α englynion marwnad Peryf ap Cedifor i Hywel. Fel y crybwyllwyd uchod, y mae lle i gredu bod dechrau'r gyfres hon ar goll gan nad oes pennawd iddi ac y mae'r ddalen flaenorol yn eisiau. Y tebyg yw fod y farwnad wedi ei bwriadu fel atodiad i'r casgliad, fel 'Englynion Cylchu Cymru' sydd yn cloi'r casgliad blaenorol o waith Owain Cyfeiliog. Y mae gweddill y plyg yn cynnwys cerddi o waith beirdd eraill o'r drydedd ganrif ar ddeg a'r bedwaredd ganrif ar ddeg yn bennaf, a gopïwyd gan ysgrifwyr yn perthyn i'r ail haen a'r drydedd. Yr unig ddefnydd ac iddo gysylltiad â Hywel yw dwy awdl serch gan Iorwerth Fychan ac awdl Casnodyn i Wenllïant sydd yn cynnwys nifer o adleisiau o'i ganu fel y dengys arolwg Dafydd Johnston isod.

Digwydd dwy o awdlau serch byrion Hywel hefyd yn Llyfr Coch Hergest, y casgliad enfawr o lenyddiaeth Gymraeg a ysgrifennwyd rhwng 1382 a 1408 gan yr ysgrifydd proffesiynol, Hywel Fychan ap Hywel Goch, a dau gydweithiwr iddo ar gyfer yr uchelwr diwylliedig o Gwm Tawe, Hopcyn ap Tomos.[93] Cadwyd cerddi Hywel ab Owain mewn casgliad o awdlau mawl a chanu serch o waith Cynddelw a Phrydydd y Moch yn bennaf. Awgryma'r ffaith mai yr un yw eu trefn yno ac yn Llawysgrif Hendregadredd eu bod yn deillio o ffynhonnell gyffredin a chadarnheir hyn gan natur yr amrywiadau testunol.[94]

Y mae modd dadlau bod dros hanner cant o gerddi Beirdd y Tywysogion yn tarddu o'r un ffynhonell neu o'r un grŵp o ffynonellau.[95] Y tebyg yw mai yng Ngwynedd y rhoddwyd y cerddi hyn ar glawr gan mai beirdd a ganai yn llysoedd y dalaith honno yw awduron y mwyafrif helaeth ohonynt. Diau mai'r casgliad neu'r casgliadau hyn oedd prif ffynhonnell llaw α. Cerdd neu ddwy yn unig a ychwanegodd mwyafrif ysgrifwyr yr ail haen, ac, fel yr awgrymwyd gan Morfydd E. Owen, gall mai ar ddalennau rhydd yng nghartrefi'r noddwyr yn hytrach nag mewn casgliadau helaeth y cofnodwyd rhai o'u testunau hwy yn wreiddiol.[96] Hawdd gweld y gall hyn fod yn wir yn achos awdlau serch Hywel ab Owain a ganwyd i nifer o uchelwragedd gwahanol a chadarnheir hyn gan yr anghysondeb yn orgraff y cerddi.[97]

Yng nghasgliad y Llyfr Coch y mae awdlau Hywel yn ddi-deitl ac wedi eu cyfuno â Rhieingerdd Cynddelw. Un gerdd yn unig yn y casgliad hwn a briodolir i fardd heblaw Cynddelw a Phrydydd y Moch, sef 'Hirlas Owain' y dywedir i'r tywysog Owain Cyfeiliog ei hun ei chanu. Ar sail astudiaeth o'r cyfuniadau o eiriau sydd yn gyffredin i waith Owain a'i gyd-feirdd, awgrymodd Gruffydd Aled Williams mai Cynddelw a gyfansoddodd y gerdd honno gan ddefnyddio llais a phersona ei noddwr, y tywysog Owain Cyfeiliog.[98] Yn y gyfrol hon, awgryma Dafydd Johnston y gall mai rhith o fardd yw Hywel hefyd, wedi ei greu gan brif ysgrifydd Llawysgrif Hendregadredd a'i olynwyr, ac mai Cynddelw yw gwir awdur y cerddi.

Y mae'n sicr i law α, wrth neilltuo plygion arbennig i ganu Owain Cyfeiliog a Hywel ab Owain Gwynedd, gan gynnwys hefyd gerddi amdanynt, roi sylw a statws arbennig yn ei flodeugerdd i'r beirdd-dywysogion. Yn ôl Daniel Huws, awgryma'r llawysgrifen arbennig a ddefnyddia'r ysgrifydd hwn iddo astudio mewn prifysgol ar y Cyfandir, ym Mharis efallai.[99] Efallai ei fod yn gyfarwydd â'r traddodiadau am feirdd-arglwyddi Ffrainc ac â'r *chansonniers* lle y cyflwynid eu gwaith. Tybed felly ai ef oedd yn gyfrifol am ddwyn i mewn i'n traddoddiad barddol y cysyniad sydd gennym o'r bardd-dywysog?[100]

Fel y dengys Dafydd Johnston isod, prin iawn yw'r dystiolaeth fod Hywel yn wybyddus fel bardd i neb yn y bedwaredd ganrif ar ddeg a'r bymthegfed heblaw am ddarllenwyr Llawysgrif Hendre-gadredd. Nid oes awgrym fod yr un bardd yn gyfarwydd â'i gerddi wedi oes Iorwerth Fychan a ganai tua 1300, ar wahân i Ieuan ap Rhydderch y gwyddom i'r llawysgrif fod ym meddiant ei dad, a thri bardd a ymwelai â Pharcrhydderch yn ystod y bedwaredd ganrif ar ddeg, sef Casnodyn, Dafydd ap Gwilym ac Iolo Goch. Ni wyddom pwy a luniodd yr englynion serch a gynhwyswyd yng Ngramadegau'r Penceirddiaid yn gynnar yn y bedwaredd ganrif ar ddeg, i Enerys a Hunydd, merched y mae eu henwau yn digwydd gyda'i gilydd yn y rhestr o gariadon Hywel yn y 'Gorhoffedd'.[101] Y mae'n debygol iawn, fodd bynnag, fod Einion Offeiriad, awdur y Gramadegau, wedi darllen gwaith Hywel gan ei fod yn dyfynnu oddi ar ei gof linellau o un o awdlau serch Iorwerth Fychan a ychwan-egwyd at y plyg sydd yn cynnwys cerddi Hywel yn Llawysgrif Hendregadredd.[102] Anodd fod yn sicr hefyd o awduraeth cywydd serch a dadogwyd ar Ddafydd ap Gwilym lle y rhestrir enwau dwy ar bymtheg o ferched gan gynnwys Hunydd, Lleucu, Nest, Gwerfyl a Gwenllïan, ond gall fod y gerdd hon yn perthyn i'r bedwaredd ganrif ar ddeg a gall ei bod hithau wedi ei hysbrydoli o ddarllen y 'Gorhoffedd' yn Llawysgrif Hendregadredd.[103]

Anos byth yw gwybod beth yw cefndir y teitl 'Hoffedd Hywel ab Owain Gwynedd' a roddwyd ar gainc ar gyfer y delyn a gyn-hwyswyd yng nhasgliad Edward Jones 'Bardd y Brenin' ar ddechrau'r bedwaredd ganrif ar bymtheg.[104] Y mae'n bosibl ei bod yn tystio i wybodaeth am Hywel a'i gerddi a drosglwyddwyd ar lafar gwlad ond awgryma'r teitl 'Gorhoffedd Owain Cyfeiliog' ar alaw arall yn yr un casgliad mai Edward Jones ei hun a fu'n gyfrifol am y teitl.[105] Gwyddom ei fod wedi darllen Llyfr Coch Hergest.[106] Tybed a oedd yn gyfarwydd hefyd ag adysgrifiad Dr John Davies, Mallwyd, o Lawysgrif Hendregadredd neu â chopi ohono?

Rhagymadrodd

Liber A John Davies a luniwyd ym 1617 oedd unig ffynhonnell y cerddi a gadwyd yn Llawysgrif Hendregadredd o'r adeg pan ddiflannodd y llawysgrif honno o lyfrgell Hengwrt hyd 1910 pan y'i darganfuwyd mewn wardrob ym mhlasdy Hendregadredd. Defnyddiodd John Davies gynnwys y llawysgrif fel cloddfa ar gyfer ei Ramadeg a'i Eiriadur ac yn y llyfrau hynny yr enwir Hywel fel bardd am y tro cyntaf yn y cyfnod modern cynnar mewn rhestrau o enwau'r beirdd y defnyddiodd linellau o'u gwaith fel enghreifftiau.[107] Yn groes i'r disgwyl, o ystyried poblogrwydd ei ganu o'r bedwaredd ganrif ar bymtheg ymlaen, ychydig iawn o gopïo a fu ar gerddi Hywel yn *Liber A* cyn canol y ddeunawfed ganrif.[108] Anodd gwybod beth yw'r rheswm am hyn ond diddorol sylwi bod y bardd a'r hynafiaethydd Goronwy Owen mewn llythyr at ei gyfaill William Morris ym 1754, yn awgrymu bod iaith y cerddi'n anodd ei deall:

> Yr wyf fi'n lled ammau y byddai Hywel ambell waith mewn Awdyl yn taro i mewn air neu ddau o iaith ei fam, ac mai dyna'r achos fod ei iaith o'n dywyllach nag iaith y beirdd eraill, er ei fod yn aml iawn yn byw ynghanol Môn.[109]

Gyda chyhoeddi cynnwys Llawysgrif Hendregadredd a'r Llyfr Coch yn y *Myvyrian Archaiology of Wales* ym 1801 daeth gwaith Hywel yn adnabyddus i haneswyr, beirdd a llenorion, cynhwyswyd detholion mewn blodeugerddi ac fe'u cyfieithwyd i'r Saesneg. Yr oedd i'w gerddi apêl arbennig yn ystod Oes Fictoria a hyd at gyfnod yr Ail Ryfel Byd. Er gwaethaf barn Goronwy Owen uchod, yr oeddynt yn fwy darllenadwy na gwaith y mwyafrif o Feirdd y Tywysogion, yn delynegol a phersonol a'u hoptimistiaith a'u hafiaith yn cyd-fynd ag ysbryd yr oes. Y mae geiriau Thomas Stephens, awdur *The Literature of the Kymry* yn nodweddiadol o eiddo beirniaid ei gyfnod:

> The short poems he has left us are the sweetest productions of the age; and free from verbal intricacies and affected images. While full to overflowing of a love of natural scenery, and gay humour, they are really very delicious little morsels.[110]

Tybiai rhai mai gwaed Gwyddelig Hywel a'i gysylltiad â diwylliant Iwerddon a oedd yn gyfrifol am ffresni ei gerddi.[111] Cytunai eraill ag Ifor Williams mai ei safle fel tywysog a roddai iddo'r rhyddid i ganu o'i galon:

I ennill nawdd a thâl gan y pennaeth y canai'r beirdd llys oedd yn cyfoesi ag ef, ond canai'r tywysog ieuanc yn ôl ei fympwy i wallt merch oedd fel blodau eithin, neu i rudd ail i flodau'r afallen, ac nid aur, na meirch, na dillad oedd y tâl a ddisgwyliai![112]

Ond beth am y cof am Hywel y tywysog? Er mor drychinebus oedd ei farwolaeth annhymig, prin y cyfeirid ato gan feirdd oesoedd diweddarach. Yn wahanol i farwolaeth Llywelyn ap Gruffudd,[113] nid arwyddo diwedd cyfnod a wnâi lladd Hywel ond yn hytrach ddechrau deng mlynedd ar hugain o ymrafael am rym a arweiniodd at farwolaeth o leiaf bedwar o ddisgynyddion Owain. Y tebyg yw nad oedd lle i'r cof amdano ym mheiriant propaganda'r buddugwr terfynol yn yr ymryson, Llywelyn ap Iorwerth, a'i olynwyr ar orsedd Gwynedd.

Ni ddarfu'r cof am Hywel yn llwyr ymhlith ei gyd-Gymry wedi ei farw, fodd bynnag. Erys ei enw hyd heddiw ar y castell yn ne Ceredigion a gipiodd oddi ar ryw arglwydd Eingl-Normanaidd o'r enw Hwmffre ac a ailadeiladodd ym 1151.[114] Erys hefyd stori werin amdano yn cyflawni naid anferthol nid nepell o'r fan lle y bu farw ym Môn. Fe'i cadwyd ar ffurf cadwyn fer o englynion mewn llawysgrif o'r ail ganrif ar bymtheg neu o'r ddeunawfed ganrif ynghyd â deunydd amrywiol o Fôn, gan gynnwys gwaith y Morrisiaid a Goronwy Owen.[115]

> Bwriodd mab Owain heb arwydd—dano
>   Fel dyna feistrolrwydd,
> Naid fawr er mwyn gwawr i'n gŵydd
> A'r naid yn Abernodwydd.
>
> Dwy droedfedd, hoyw-wledd hylwydd,—a deugain
>   A digon o w'rantrwydd,
> Yr hon a wêl pawb yn rhwydd
> A'r nodau'n Abernodwydd.
>
> Naid deg ar redeg heb w'radwydd—y gamp,
>   Heb gael cwymp na thramgwydd
> A wnaeth o filwriaeth lwydd,
> Hael eurglod Hywel arglwydd.

Anodd gwybod pryd y cysylltwyd Hywel â'r stori hon gan fod pâr o englynion tebyg mewn llawysgrifau eraill, rhai ohonynt yn dyddio o'r unfed ganrif ar bymtheg, wedi eu canu yn llais yr arwr ei hun a'r penillion wedi eu priodoli i Einion ap Gwalchmai, bardd a wasanaethodd Lywelyn ap Iorwerth a'i fab Dafydd.[116]

> Neidiais a bwriais heb orwydd—danaf,
>   A dyna feistrolrwydd,
>   Naid fawr, deiliw gwawr yw gŵydd,
>   Fu'r naid yn Aber Nodwydd.
>
> Deg trodfedd hwylwedd hylwydd—a deugain,
>   Digon o warantrwydd,
>   Y rhodd a fu ddigon rhwydd
>   Am naid yn Aber Nodwydd.

Mewn fersiwn gwahanol o'r un stori a gasglwyd gan Richard Fenton ar ddechrau'r bedwaredd ganrif ar bymtheg, priodolir y gamp i Hywel ond enwir Einion arall fel tad y ferch, sef mab i Geraint, cyndad teulu Plas-gwyn, Pentraeth, a oedd, yn ôl Fenton yn byw yn ystod teyrnasiad Gruffudd ap Cynan, ond dyddir ei eni 1230, ganrif ar ôl geni Hywel, gan P. C. Bartrum.[117]

> This Geraint had a Son called Einion, who had a Dau[ghte]r to whom Howel, the Son of Owen Gwynedd, paid his addresses and he had a rival; but it was agreed that the most active of the two in leaping should possess her. Accordingly, on a spot called Abernodwydd, it was to be decided by 3 leaps, and Howel won the prize. For a memorial, 3 Stones were pitched in the ground to mark the extent of each leap, which are to be seen to this day. His rival, as is the tradition, broke his heart and died on the spot.

Os nad datblygiad diweddarach, yng nghyfnod y Morrisiaid efallai, oedd cysylltu Hywel â'r stori hon,[118] yna y mae'r ffaith fod cof am y tywysog wedi aros ym Môn yn ddiddorol. Gwyddom fod rhai o'i ddisgynyddion yn dal tir ar yr ynys gan eu bod yn cael eu henwi yn stent 1352.[119] Digwydd enwau rhai ohonynt yn yr achau hefyd a cheir yn Llawysgrif Hendregadredd farwnad i fab i Hywel gan Brydydd y Moch.[120] Annelwig iawn yw ein gwybodaeth am y disgynyddion hyn yn anffodus. Ar alar y bardd y canolbwyntir yn bennaf yn y farwnad i'w fab ac, o ganlyniad, ychydig iawn y gellir ei gasglu am safle Gruffudd ap Hywel ab Owain yn y deyrnas. Fe'i gelwir yn 'Wyndyd berchen' (perchennog Gwynedd) ond awgryma agoriad y gerdd a'r sôn am y newyddion am farwolaeth Gruffudd yn cyrraedd y bardd, ei fod, efallai, yn alltud o Wynedd pan fu farw:

Chwefrawr mis chweiris chweddl diargel,—mawr,
Marw Gruffudd fab Howel

('Chwefror yw'r mis y daeth newydd hysbys, dirfawr, / [sef] marw Gruffudd fab Hywel.')

Diddorol yw cymharu'r gerdd â marwnad Seisyll Bryffwrch i Iorwerth Drwyndwn a fu farw yn alltud ym Mhowys yn ôl pob tebyg.[121]

Crynhoir agwedd haneswyr y cyfnod modern cynnar at Hywel gan David Powel, awdur *The Historie of Cambria, now Called Wales*, y gwaith sylfaenol ar hanes Oes y Tywysogion yng Nghymru hyd nes i J. E. Lloyd gyhoeddi ei *History of Wales* ym 1911.[122] Dan ddylanwad peiriant propaganda Llywelyn ap Iorwerth ac ystyriaethau diweddarach ynglŷn â phwysigrwydd priodas yn olyniaeth tywysogion Cymru, cymer Powel mai Iorwerth Drwyndwn oedd mab cyfreithlon hynaf Owain Gwynedd ac i'r nam ar ei wyneb ei rwystro rhag etifeddu'r goron. O ganlyniad, cred fod Hywel a ddisgrifir ganddo fel 'a base sonne, begotten upon an Irishwoman', wedi cymryd yr awenau i'w ddwylo ei hun yng Ngwynedd a Dafydd, a oedd â mwy o hawl i'r orsedd nag ef am ei fod yn gynnyrch priodas, wedi codi yn ei erbyn. Yng ngeiriau un o olynwyr Powel, William Warrington,

> David, the eldest son of Owain Gwynedd by a second wife, regarding his own right in this contest as indisputable; and disdaining to hold under the sovereignty of a brother, illegitimate and born of a foreign woman, raised an army, fought a battle with his rival and slew him in the action.[123]

Iolo Morganwg yn *Brut Aberpergwm*, fersiwn o *Brut y Tywysogyon* a gyhoeddwyd yn y *Myvyrian Archaiology of Wales* ym 1801, oedd y cyntaf yn y cyfnod modern i gyflwyno Hywel fel un a chanddo hawl i orsedd ei dad, 'canys hynaf oedd efe, ei fam oedd Pyfog merch Arglwydd urddasawl o'r Werddon'.[124] Yn ei ymdrech i wneud Hywel yn arwr, fodd bynnag, creodd Iolo y stori ramantus a ganlyn am yr ymrafael rhyngddo a Dafydd gan roi lle pwysig i gysylltiadau Gwyddelig tybiedig y tywysog,

> a gwedi bod yngoresgynaeth y Dywysogaeth dwy flynedd yn heddwch bu farw ei chwegrwn [sef tad ei wraig] ac efe a aeth i'r Werddon i

oresgyn y cyfoeth a gawsai yn hawl ei fam ai wraig, canys unig ettifeddes oedd hi, a thra bu efe yno, Dafydd ab Owain ei Frawd a gynhullawdd genedl ei fam, sef oedd hi Crisiant merch Gronwy ab Owain ab Ednywain, a chyda hynny daeth attaw lawer eraill ni charent Hywel, a phan weles efe gadernyd yn gyfnerth iddaw, cymmerth arnaw'r Llywodraeth, a goresgyn Gwynedd, a Hywel yn clywed hynny, efe a ddaeth yn ebrwydd i Wynedd, ac a ddodes Gad ar faes yn erbyn ei frawd, eithr llawer mwy nifeiriawg llu Dafydd nag un Hywel, a gwedi ymladd caled gyrrwyd ffo ar Hywel ai wŷr, ac efe a glwyfwyd dan ei ais yn flin eithr Rhirid ei frawd ai dug i long, ac yna i'r Werddon lle y bu Hywel farw ac efe a roddes i Ririd ei frawd ei gyfoeth yno.[125]

Dylanwadodd y fersiwn hwn o hanes Hywel ar awduron Oes Fictoria fel Thomas Price 'Carnhuanawc'[126] a Thomas Stephens,[127] Jane Williams 'Ysgafell',[128] Gweirydd ap Rhys[129] ac Owen Jones 'Meudwy Môn'[130] a'r bardd, Ernest Rhys.[131] Dyma hefyd gefndir y portread o Hywel fel ysglyfaeth ddiniwed rhyfel yng ngherdd adnabyddus T. Gwynn Jones 'Madog':

> Hywel â saeth y gelyn, a'i blaen yn ymblannu'n ei galon,
>   Gloes yn ei lygaid gleision, a chlo ar ei dafod ef,
> Hywel, y bardd, y bu harddwch y wawr a'r eira'n ei swyno,
>   Gynt, i ganu, ag yntau yn boeth gan lawenydd byw;
> Diffaith mawrfaith a morfa a garai, a gwyros a meillion,
>   Haul ar loywder yr heli, a dolef yr anwar don![132]

Barnwyd y darn hwn lle y disgrifir marw Hywel gan W. Beynon Davies fel 'un o'r rhai mwyaf cynhyrfus a gorchestol yn yr iaith Gymraeg'.[133] Mesur o arbenigrwydd Hywel yw'r modd yr ysbrydolodd hanes ei fywyd, a'i gerddi hefyd, rai o'n beirdd mwyaf— Dafydd ap Gwilym, Goronwy Owen a T. Gwynn Jones. Ein gobaith yw y bydd yr astudiaeth hon yn fodd iddo ysbrydoli cenedlaethau newydd o feirdd, llenorion a haneswyr.

Nodiadau

[1] Cywydd ateb Goronwy Owen i'r Bardd Coch (1756), gw. *Blodeugerdd Rhydychen o farddoniaeth Gymraeg*, gol. Thomas Parry (Rhydychen, 1962), 310.

[2] Dyrnaid o'u cerddi yn unig a gadwyd mewn llawysgrifau sydd yn hŷn na Hendregadredd, a'r unig gasgliad diweddarach o sylwedd sydd yn annibynnol arni yw honno a geir mewn tair adran fer yn Llyfr Coch

Hergest. Canfuwyd bod yr unig gasgliad annibynnol arall, sef casgliad Dr John Davies, Mallwyd yn adran gyntaf ei 'Liber B', mewn gwirionedd yn gopi o blygion a dalennau coll o Hendregadredd. Gw. ymhellach Nerys Ann Jones, 'Ffynonellau Canu Beirdd y Tywysogion', *SC* 37 (2003), 81–125.

[3] Gw. J. E. Caerwyn Williams, *The Court Poet in Medieval Wales: An Essay* (Lewiston, Queenston, Lampeter, 1997), 58–67, lle yr awgrymir mai ar gyfer un o ddisgynyddion Maredudd ab Owain, y pwysicaf o dywysogion Ceredigion yn ystod y drydedd ganrif ar ddeg, y lluniwyd y casgliad.

[4] Yn anffodus, prin yw ein gwybodaeth am abad Ystrad-fflur ac am esgob Tyddewi yn y cyfnod hwn.

[5] Gw. Daniel Huws, 'Llawysgrif Hendregadredd ', *CLlGC* 22 (1981), 1–26; idem, 'The Hendregadredd Manuscript' yn *Medieval Welsh Manuscripts* (Caerdydd ac Aberystwyth, 2000), 193–226.

[6] Gw. Thomas Jones, *Brut y Tywysogyon* (Darlith Agoriadol, Aberystwyth, 1953).

[7] *Gw.* Kathleen Hughes, 'The Welsh Latin Chronicles: *Annales Cambriae* and Related Texts' yn *Celtic Britain in the Middle Ages* (Woodbridge, 1980), 67–85.

[8] A. D. Carr, *Medieval Wales* (Basingstoke, 1995), 5.

[9] Gw. *HGK* ac ymhellach *GCCB*. Yn ddiweddar, fodd bynnag, y mae Paul Russell wedi dadlau bod y testun Lladin gwreiddiol wedi ei ddiogelu yn llawysgrif Peniarth 454 ac mai yn Nhyddewi y'i lluniwyd: gw. *Vita Griffini Filii Conani: The Medieval Latin Life of Gruffudd ap Cynan*, gol. Paul Russell (Caerdydd, 2005).

[10] 'O Oes Gwrtheyrn Gwrtheneu' yn *The Text of the Bruts from the Red Book of Hergest*, gol. J. Rhŷs a J. Gwenogvryn Evans (Rhydychen, 1890), 404–6.

[11] Gw. P. C. Bartrum, 'Achau Brenhinoedd a Thywysogion Cymru', *B* 19 (1960–2), 205.

[12] Adran 10 yn Atodiad C isod.

[13] Nid ymddengys yn y *Brut* ond ceir marwnad iddo gan Seisyll Bryffwrch (*GLlF* cerdd 23) a chofnodir traddodiadau amdano gan John Wynn o Wydyr o'r ail ganrif ar bymtheg a Thomas Pennant o'r ddeunawfed ganrif. (gw. *HW* ii. 550).

[14] *BT (RB)* 122–5; *AC* 43.

[15] *GCBM* ii. 5.5–8.

[16] *BT (RB)* 146. Ni ddigwydd y cofnod hwn yn yr *Annales*.

[17] Iolo Morganwg yw'r cyntaf i ddefnyddio'r ffurf Pyfog: gw. '*Brut* Aberpergwm' *MA* 712–13 a '*Brut* Ieuan Brechfa' *MA* 720.

[18] Diolch i Máirín Ni Dhonnchadha a Muireann Ní Bhrolcháin am archwilio'r ffynonellau Gwyddeleg ar fy rhan. Am y cyfeiriadau gw. isod pennod 1, n. 11.

[19] Gw. Frederick Suppe, 'The Historical and Prosopographical Significance of Medieval Welsh *Llysenwau* (nicknames)', i'w gyhoeddi.

[20] Gw. *EWGT* 98–9 'Plant Gruffudd ap Kynan'.

[21] Marie Therese Flanagan, '*Historia Gruffud vab Kenan* and the Origins of Balrothery, Co. Dublin', *CMCS* 28 (Gaeaf 1994), 87–8.

22 Gw. adran xvi yn Atodiad B isod. Awgrymwyd yn betrus gan Marie Therese Flanagan y gall mai yr un yw'r Rhirid hwn â *Richerid*, *Rytherid* neu *Ryheri Machanan* neu *Makanam* sydd yn ymddangos mewn dogfennau a siarteri Gwyddelig yn dyddio o ddiwedd y ddeuddegfed ganrif a dechrau'r drydedd ganrif a ddeg fel tirfeddiannwr yng nghyffiniau Dulyn ac yr enwyd y dref Balrothery (Baile an Ridire) ar ei ôl, gw. Flanagan, 'Historia Gruffud vab Kenan'.

23 Yr unig gyfeiriad cyfoes sydd yn awgrymu unrhyw ymwneud ag Iwerddon yw hwnnw yng nghanu Cynddelw sydd yn sôn am Hywel yn ymladd 'yn erbyn Iwerddon', gw. ymhellach Atodiad Ch isod.

24 Cyflwynir golygiad newydd ohonynt ar ddiwedd y gyfrol hon yn Atodiad D.

25 Gw. ymhellach Nerys Ann Jones, 'Creu Beirdd y Tywysogion: Camp Llaw Alpha', i'w gyhoeddi.

26 Gw. *GPC* 1638.

27 P. C. Bartrum, 'Pedigrees of the Welsh Tribal Partriarchs', *CLlGC* 13 (1963), 131.

28 *GCBM* i. 4.251.

29 *GMB* 3.106.

30 Gw. *HW* ii. 406 n.31.

31 *BT (RB)* 145–6.

32 Gw. *HGK* 1.4 a'r nodyn ar d. 36; *GG* 214.

33 Yn y genhedlaeth nesaf, credir bod mab i Gadwallon ap Madog wedi marw yng Ngwynedd wedi iddo gael ei yrru yn alltud o Faeliennydd ym 1195, gw. J. Beverley Smith, 'The Middle March in the Thirteenth Century', *B* 24 (1970–2), 81. Prin yw'r dystiolaeth am y cyfnod cyn marw Madog ab Idnerth, ond awgryma cyfeiriad yn y *Brut* i deulu Mortimer gipio Maeliennydd fwy nag unwaith yn ystod hanner cyntaf y ddeuddegfed ganrif, gw. *BT (RB)* 144.

34 *GCBM* ii. cerdd 7. Ar ymgyrchoedd Owain Gwynedd yn erbyn castell Rhuddlan, gw. pennod 2 isod.

35 Yr hanesydd Thomas Price oedd y cyntaf i gysylltu'r ddau Gedifor: gw. *Hanes Cymru* (Crughywel, 1842), 584. Fe'i dilynir gan D. Myrddin Lloyd yn *ByCy* 706. Nid oes, fodd bynnag, sôn am Gedifor Wyddel yn ymdriniaeth Ifor Williams, 'Marwnad Hywel ab Owain Gwynedd', *AAST* 1923, 49–58, a thrafodir y ddau Gedifor ar wahân gan J. Lloyd Jones yn *G* 120.

36 Llinos Beverley Smith, 'Fosterage, Adoption and God-parenthood: Ritual and Fictive Kingship in Medieval Wales', *CHC* 16 (1992), 22.

37 *GG* 213–14. 'Fosterage belonged more to the emotional sphere, less to the material, than did natural parenthood' yw sylw Thomas Charles-Edwards wrth gloi ei astudiaeth o'r dystiolaeth am fagwraeth plant bonheddig yn Iwerddon yn yr un cyfnod yn *Early Irish and Welsh Kinship* (Rhydychen, 1993), 78–82.

38 Yng ngeiriau J. E. Lloyd (*HW* ii. 550), 'It would be difficult to find a more apt illustration of the way in which the custom of fosterage perverted the natural order of things, taking away the affection of brethren in blood for each other and substituting for it the attachment of foster-brethren brought up under the same roof.'

[39] Gw. Donnachadh Ó Corráin a Fidelma Maguire, *Irish Names* (Dulyn, 1981), 103.
[40] Ar y disgrifadau o bryd a gwedd yn nhestunau chwedlonol y cyfnod, gw. Sioned Davies, *Crefft y Cyfarwydd* (Caerdydd, 1995), 144–58.
[41] *BT (RB)* 122.
[42] *GCBM* ii. 5.5.
[43] *HGK* 17.19.
[44] *HGK* 21.24.
[45] Gw. Dafydd Johnston, adolygiad o *GLlF* yn *LlC* 20 (1997), 157.
[46] *BT (RB)* 122–3 'tall of stature'.
[47] *GMB* 11.18.
[48] *GLlF* 28.25, 37.
[49] Gw. ymhellach Atodiad B isod, 2.15n.
[50] Gw. *BT (RB)* 112–16 a hefyd gyfeiriadau'r beirdd at 'Waith Aberteifi' yn eu canu mawl i Owain: *GMB* 9.47–50, *GCBM* i, 21.78–80, *GCBM* ii. 1.39–55, 2.14, 4.189–95. Anodd gwybod i sicrwydd a oes cyfeiriadau at ddigwyddiadau yr ymgyrchoedd hyn yng nghanu Cynddelw i Hywel, gw. isod Atodiad Ch.
[51] Gw. *HGK* 32–3. Awgryma R. Geraint Gruffydd mewn adolygiad o *HGK* yn *SC* 14–15 (1979–80), 434, fod 'neiaint' (*HGK* 32.20) o bosibl yn gamgyfieithiad o *nepotes* ac mai 'wyrion' a fwriedid. Gw. *Brenhinedd y Saesson*, gol. Thomas Jones (Caerdydd, 1971), 297 (81.29–30n) am esiampl arall.
[52] Gw. isod Atodiad C.
[53] Gw. isod Atodiad Ch, llau. 9–10.
[54] *HW* ii. 490; cofnod 4 yn Atodiad C isod.
[55] *GLlF* 24.28–31.
[56] Cwmwd ar arfordir Ceredigion rhwng afonydd Aeron ac Ystwyth oedd Anhuniog.
[57] David Moore, 'O Rys ap Tewdwr i Rys ap Gruffudd' yn *Yr Arglwydd Rhys*, gol. Nerys Ann Jones a Huw Pryce (Caerdydd, 1996), 69. Gw. hefyd *HW* ii. 505.
[58] Cofnod 8 yn Atodiad C isod.
[59] Cofnod 9 yn Atodiad C isod.
[60] Cofnod 10 yn Atodiad C isod. Gw. isod nodyn J. Beverley Smith ar y dystiolaeth ynglŷn â'r union adeg y lladdwyd Hywel, pennod 2, n. 68.
[61] Gw. Atodiad D isod.
[62] Ni ellir bod yn sicr o union leoliad 'y pant uch Pentraeth' (1.14) na'r 'penrhyn uch Penrhos' (2.6) ond gw. ymhellach *GLlF* 19.14n a 21.6n.
[63] Ymhellach, gw. Nerys Ann Jones, 'Twelfth and Thirteenth-century Poems to the *Teulu*', i'w gyhoeddi.
[64] Ceir detholiad ohoni yn Atodiad Ch isod.
[65] Gw. *GMB* 11; *GCMB* i. 16; *GLlLl* 1 a 23.
[66] Gw. Nerys Ann Jones ac Esther Feer, 'The Poet and his Patrons: the Early Career of Llywarch Brydydd y Moch', *Medieval Celtic Literature and Society*, gol. Helen Fulton (Dulyn, 2005), 138–9.
[67] Gw. *GLlLl* 210–11.
[68] Gw. e.e. llau 19–20 'Gwybu bawb heb gêl gwyth gwrdd hwrdd Hywel / yn rhyfel cyn rhybudd'.

[69] Cyfeiria Cynddelw at y gerdd fel 'y mhroffwyd araith' (ll. 210), cf. ei ganu i Owain Cyfeiliog sydd yn agor gyda'r geiriau 'Dysgogan derwyddon'.
[70] Llau. 179–80.
[71] Llau 40–1. Diddorol hefyd yw'r ffaith bod Hywel yn cael ei uniaethu yn y gerdd â Chyngen a Grugunan, dau o hen arwyr Powys
[72] Llau 80–1.
[73] Ar y termau, gw. T. M. Charles-Edwards a Nerys Ann Jones, '*Breintiau Gwŷr Powys*: The Liberties of the Men of Powys' yn *WKC* 195–6.
[74] Ll. 289 'Ei gadair a gadwaf'.
[75] *GG* 137.
[76] *GLlLl* 1.71–80.
[77] Ll. 253, 'gelyn creulon yng nghaer Cadfan'.
[78] Gw. llau. 240–51. Y mae'n bosibl, fodd bynnag, mai am Gadwaladr a digwyddiadau 1144 y mae'r bardd yn sôn yma.
[79] Gw. hefyd J. B. Smith, 'Dynastic Succession in Medieval Wales', *B* 33 (1986), 199–232.
[80] *GCBM* ii. 4.215–18. Gthg. marwnad Meilyr Brydydd i Ruffudd ap Cynan a gw. ymhellach, Nerys Ann Jones, 'Marwnadau Beirdd y Tywysogion: Arolwg' yn *Cyfoeth y Testun: Ysgrifau ar Lenyddiaeth Gymraeg yr Oesoedd Canol*, gol. Iestyn Daniel et al. (Caerdydd, 2003), 179–80.
[81] *GCBM* ii. 4.75–6.
[82] Gw. ymhellach Jones, 'Marwnadau'.
[83] Atodiad Ch isod llau. 70–1.
[84] *GLlF* cerdd 18.
[85] *GLlLl* 1.77.
[86] Gw. Nerys Ann Jones, 'Golwg Arall ar y Canu i Gadfan Sant gan Lywelyn Fardd', *Dwned* 10 (2004), 11–31.
[87] Gw. yn arbennig Canu Cadfan (*GLlF*, cerdd 18), llau. 81–6 a 150–62.
[88] Rhian M. Andrews, 'Golwg ar Yrfa Gwalchmai', *LlC* 27 (2004), 29–47.
[89] Ar ddyddio'r darnau hyn (Atodiad A, cerddi 8 a 9) gw. pennod 2 isod.
[90] Heblaw am y cerddi a briodolir i Hywel, cadwyd yn Llawysgrif Hendregadredd Orhoffedd Gwalchmai (*GMB* 9), Rhieingerdd Efa ac awdl serch fer o waith Cynddelw (*GCBM* i. 4 a 5), awdl Prydydd y Moch i Wenllïan (*GLlLl* 14), awdlau Iorwerth Fychan i Weirfyl a Gwenllïan (*GBF* 29 a 30) a llinellau agoriadol awdl Goronwy Foel i Farared (*GDB* 22). Yn ogystal, ceir yng Ngramadegau'r Penceirddiaid englynion i feirch gan Wilym Rhyfel sydd yn ôl pob tebyg yn perthyn i gerddi llatai coll (*GLlF* cerddi 29–30) ac englyn serch gan Iorwerth Fychan (*GBF* 31).
[91] Am drafodaeth ar y pennawd a roddodd llaw α i'r Gorhoffedd, gw. pennod 4 isod.
[92] Gw. y lluniau ar d. 193 a 219 isod.
[93] Sef cerddi 2 a 3 yn Atodiad A isod.
[94] Am yr amrywiadau gw. *GLlF* cerddi 8 a 9. Gellid dehongli nifer o'r amrywiadau a geir yng ngherdd 9 fel ymdrech dau gopïwr i ymgodymu â thestun llwgr ac ag orgraff amwys, gw. uchod Atodiad A 3.7–8n a 10n ac ymhellach Jones, 'Ffynonellau', 109–12.
[95] Jones, 'Ffynonellau', 115–16.
[96] M. E. Owen, 'Noddwyr a beirdd' yn *BaTh* 77.

97 Gw. Thomas Charles-Edwards a Paul Russell, 'The Hendregadredd Manuscript and the Orthography and Phonology of Welsh in the Early Fourteenth Century', *CLlGC* 28 (1994), 419–62.
98 Gruffydd Aled Williams, 'Owain Cyfeiliog: Bardd-dywysog?', *BaTh* 180–201.
99 Huws, 'The Hendregadredd Manuscript', 226 (nodyn i bennod 12).
100 Yr unig arglwydd arall o fardd y gwyddom amdano o gyfnod y tywysogion yw Cuhelyn Fardd, uchelwr pwerus yng nghantref Cemais yn Nyfed ar ddechrau'r ddeuddegfed ganrif y cadwyd awdl fawl iddo yn Llyfr Du Caerfyrddin ac y tyfodd chwedlau gwerin amdano yn canmol ei alluoedd fel gweledydd: gw *GMB* 25–6. Am feirdd-frenhinoedd chwedlonol, gw. y triawd *Tri Overveird Enys Prydein* sydd yn rhestru Arthur, Cadwallon ap Cadfan a Rhahawd ail Morgan (*TYP* rhif 12). Ymhellach, gw. Dafydd Johnston, *Canu ar ei Fwyd ei Hun: Golwg ar y Bardd Amatur yng Nghymru'r Oesoedd Canol* (Darlith Agoriadol, Prifysgol Cymru Abertawe, 1997).
101 *Gwaith Einion Offeiriad a Dafydd Ddu o Hiraddug*, gol. R. Geraint Gruffydd a Rhiannon Ifans (Aberystwyth, 1997), Atodiad C, cerddi 8 a 9, a gw. Rachel Bromwich, 'Gwaith Einion Offeiriad a Barddoniaeth Dafydd ap Gwilym', *YB* 10 (1977), 175.
102 Huws, 'Llawysgrif Hendregadredd', 15–16 a gw. Jones, 'Ffynonellau', 92–3.
103 Argraffwyd y gerdd yn *GLlBH* 156–7 a nodir yno fod y ffaith na chanfuwyd yr un enghraifft o'r enw Hunydd ar ôl canol y bedwaredd ganrif ar ddeg yn awgrymu ei bod yn sicr o fod yn hen, hyd yn oed os nad yw'n perthyn i ganon Dafydd ap Gwilym.
104 Gw. Edward Jones, *Musical and Poetical Relicks of the Welsh Bards* (Llundain, 1825), ii. 41.
105 Yr wyf yn ddiolchgar i Dr Sally Harper am gadarnhau hyn ac am y wybodaeth bod yr alaw yn hollol nodweddiadol o'r ddeunawfed ganrif.
106 Ymhellach ar Edward Jones, gw. Tecwyn Ellis, *Edward Jones: Bardd y Brenin, 1752–1824* (Caerdydd, 1957).
107 Gw. Nerys Ann Jones a Morfydd E. Owen, 'John Davies and the Poets of the Princes: *Cognoscere, Intellegere, Scire*', yn *Dr John Davies of Mallwyd, Welsh Renaissance Scholar*, gol. Ceri Davies (Caerdydd, 2004), 174–7 ac Atodiadau I a II.
108 Am restrau o'r llawysgrifau gw. *GLlF*.
109 *LGO* 139.
110 Thomas Stephens, *Literature of the Kymry* (Llundain, 1849), 50.
111 Gw. er enghraifft, T. Gwynn Jones, 'Bardism and Romance', *THSC* 1914–15, 292, 'His poems certainly express an appreciation of nature and a love of country much more characteristic of Irish than of Welsh verse' ond gthg. Goronwy Owen mewn llythyr at William Morris ym 1754 (*LGO*, 138): 'Ond rhyfedd i Howel, ac ynteu'n fab i Wyddeles, fod cystal bardd. Ni chlybum ermoed sôn am ddim o waith Dafydd ap Owain Gwynedd, er ei fod yn Gymro cynhwynol o dad a mam. Diddan o gorphyn ydoedd Hywel druan, yr archlod i Ddafydd am ei ladd!'
112 Williams, 'Marwnad Hywel', 49.

113 Am y marwnadau i Lywelyn a'r cyfeiriadau ato yng ngherddi Beirdd yr Uchelwyr gw. *Llywelyn y Beirdd,* gol. Alan Llwyd (Caernarfon, 1984).
114 *HW* ii. 427 n.87; David J. Cathcart King, *Castellarium Anglicanum. An Index and Bibliography of the Castles in England, Wales and the Islands,* i (Efrog Newydd, Llundain, Nendeln, 1983), 46.
115 *LlGC* 1580B, 297. Cysonwyd yr atalnodi a moderneiddiwyd yr orgraff.
116 Gw. B. L. Jones, 'Einion ap Gwalchmai a Rhiain y Glasgoed' yn *Llên a Llafar Môn,* gol. J. E. Caerwyn Williams (Llangefni, 1963), 60–4 a *GMB* 431, 433.
117 Richard Fenton, *Tours in Wales (1804–1813)* (Llundain, 1917), 272. Enwir Einion ap Geraint yn P. C. Bartrum, *WG1* 'Geraint 1' lle y gosodir ei eni *c*.1230, ganrif ar ôl geni Hywel.
118 Diolch i Juliette Wood a Robin Gwyndaf am chwilio ar fy rhan am enghreifftiau neu fersiynau eraill o'r traddodiad hwn. Am restr o'r motifau mewn llên gwerin sydd yn gysylltiedig â naid neu neidiwr, gw. Stith Thompson, *Motif-index of Folk-literature* (Copenhagen, 1958). Diddorol sylwi bod *Historia Gruffud vab Kenan* yn disgrifio brawd i Ruffudd ap Cynan, sef taid Hywel, fel 'llamhidydd anryued . . . nyt oed o'r holl Wydyl a allei na gurthuynebu na chyeffylybu idav en y neit', gw. *HGK* 5.7–8. Yn Culhwch ac Olwen, enwir ymhlith arwyr llys Arthur 'Gilla Goeshyd— trychanherw a lammei yn y un llam, pen llemidit Iwerdon': gw. *CO* 11.298–9.
119 Gw. ymhellach pennod 2 isod.
120 *GLILl* cerdd 16.
121 *GLlF* cerdd 23. Cf. yn arbennig y llinellau agoriadol: 'Chweddl a'm daw, dolur ei gofiain, / chweddl dirfawr, dirfarth gyfrwynein, / chweddl rhyhir, rhyhydr ei ysgain, / chweddl agawr marw mawrfab Owain', y pwyslais ar y golled ar ôl Iorwerth a'r ormodiaith a ddefnyddia'r bardd wrth gyfeirio at faint ei awdurdod.
122 *The Historie of Cambria, now Called Wales* (Llundain, 1584), 227. Gw. hefyd William Wynne, *The History of Wales . . . Englished by Dr. Powell* (Llundain, 1774), 193–4 (cyhoeddwyd yn gyntaf ym 1697) sydd yn addasiad o'r *Historie.* Yr un darlun a gyflwynir yn William Warrington, *The History of Wales,* (4ydd arg, Aberhonddu, 1823), 505–6 (cyhoeddwyd yn gyntaf ym 1788) a John Jones, *The History of Wales* (Llundain, 1824), 73–4.
123 Warrington, *The History of Wales,* 506.
124 Gw. G. J. Williams, '*Brut* Aberpergwm: a Version of the Chronicle of the Princes', *Glamorgan Historian,* 4 (1967), 205–20.
125 *MA* 712–13.
126 *Hanes Cymru a Chenedl y Cymu* (Crucywel, 1842), 582–9.
127 *Literature of the Kymry* (Llundain, 1849), 45–50.
128 *A History of Wales Derived from Authentic Sources* (Llundain, 1869).
129 *Hanes y Brytainiad a'r Cymry* (Llundain, 1872–4), ii. 58–9.
112 *Cymru, yn Hanesyddol, Parthedegol a Bywgraphyddol* (Llundain, 1875), 666.
130 'Hywel the Tall', *Wales,* 1 (1894–5), 84–5.
131 *Caniadau* (Wrecsam, 1934), 96.
132 W. Beynon Davies, *T. Gwynn Jones* (Llandybïe, 1962), 25.

1

Byd Hywel ab Owain Gwynedd

Morfydd E. Owen

Yr oedd y ddeuddegfed ganrif yng Nghymru, yn anad dim, yn gyfnod o groesffrwythloni cymhleth a grynhoir i raddau helaeth yn hanes Hywel ab Owain Gwynedd. Tasg amhosibl yw cyfleu o fewn cwmpas un bennod holl edafedd cefndir Hywel a'i ganu serch. Yr oedd yntau o dras cymysg, yn fab i Gymro a Gwyddeles, a'i daid, Gruffudd ap Cynan, yn ôl ei achau, yn disgyn o frenhinoedd Cymru, Iwerddon a Llychlyn a dylanwadau Gwyddelig-Lychlynnaidd, yn ôl yr hanes, yn drwm ar ba lys bynnag y magwyd ef ynddo. Yr oedd Hywel hefyd yn byw mewn gwlad lle'r oedd *conquistadores* Normanaidd yn prysur geisio ennill eu tir o dan nawdd brenin Lloegr ac ar fin mentro i Iwerddon. Cadwai'r ymfudwyr eu cysylltiadau â Ffrainc ac â Lloegr ond yr oeddynt, yn eu tro, yn rhan o fyd ehangach a estynnai i Rufain, Sisilia a'r Wlad Sanctaidd.[1] Yr oedd yn fyd a fyrlymai â dadeni mewn dysg a lle'r oedd beirdd trwbadwraidd a thywysogion o feirdd yn mynychu llysoedd ledled Ewrop.

Yn y bennod hon, ceisir dadansoddi rhai o'r edafedd yng ngwead cymdeithas y ddeuddegfed ganrif, yn arbennig o safbwynt yr hyn a wyddys am Hywel ab Owain Gwynedd amlweddog. Fel llawer rhyfelwr a gwleidydd pwerus arall, yr oedd yn garwr brwd ac, yn ogystal, priodolwyd iddo ddwy gerdd am frwydro a chrugyn o gerddi serch llysaidd sydd ymhlith y cywreiniaf yn yr iaith. Dadansoddir eu harwyddocâd gan eraill yn y llyfr hwn.

Soniwyd droeon am y ddeuddegfed ganrif fel cyfnod pan droes Cymru yn wlad dwy genedl, Cymry ac Eingl-Normaniaid.[2] Gorsymleiddio yw hyn. Yr oedd ardaloedd yng Nghymru lle bu pocedi o Lychlynwyr—cynigiodd yr Athro Wendy Davies y farn fod Gogledd Cymru o dan reolaeth y Llychlynwyr yn y ddegfed ganrif a'r unfed ganrif ar ddeg.[3] Yr oedd rhannau o Gymru lle bu Saeson yn gryf a rhannau lle bu Gwyddelod. Yr oedd yn wlad lle y clywid amryw o ieithoedd: y Gymraeg frodorol, Saesneg, Norseg yn ysbeidiol, Ffrangeg-Normanaidd, rhywfaint o Wyddeleg sydd o bosibl wedi gadael ei hôl mewn mannau megis Ceredigion,[4] a Lladin, iaith llythrennedd a chrefydd, yn gwau fel llinyn arian trwy'r cwbl.[5] Trichwarter canrif ar ôl amser Hywel ab Owain, cawn gan y bardd, Dafydd Benfras, adlewyrchiad o'i ymwybyddiaeth yntau o wahanol ieithoedd ei gyfnod ef, sef Saesneg, Ffrangeg, Sgandinafeg a Chymraeg Gwynedd:

> Ni wybûm erioed fedru Saesneg,
> Ni wn ymadrawdd o ffrawdd Ffrangeg;
> Pan geisiais-i esill o Enilleg,
> Cam oedd, neud ydoedd yn Wyndodeg![6]

Y mae'n rhaid bod peth o'r boblogaeth yn amlieithog. Daliai rhai Cymry a gwŷr Gwynedd yn arbennig, mewn cysylltiad cyson ag Iwerddon ac i raddau llai â Llychlyn ac yr oeddynt yn ymwybodol iawn o'r cysylltiadau. Ganed Gruffudd ap Cynan a'i feithrin yn Iwerddon pan oedd ei dad ar ffo yno, ac yno yr âi droeon i chwilio am loches fel eraill o blith y Cymry, cyn dychwelyd i Gymru i adennill ei deyrnas yno gyda chymorth Gwyddelod a Llychlynwyr. Ei fam oedd Rhagnell (Ragnhildr) a hanfyddai o linach frenhinol gymysg o Wyddelod Llychlynnaidd Iwerddon ac, yn ôl *Historia Gruffud vab Kenan*, aeth Gruffudd i 'Ynysoedd Denmarc' sef Ynysoedd yr Hebrides.[7] Rhoes yr enwau Sgandinafaidd a Gwyddeleg Rhanillt (Ragnhildr) ac Yslani (Sláine) ar ddwy o'i ferched, chwiorydd i Owain Gwynedd, tad Hywel.[8]

Ni pheidiodd cysylltiadau gwleidyddol rhwng Gwynedd ac Iwerddon Lychlynnaidd ar ôl marwolaeth Gruffudd ap Cynan ym 1137. Ym 1144 yr oedd anghydfod rhwng Owain Gwynedd a'i frawd Cadwaladr. Ffoes Cadwaladr i Iwerddon a chyflogodd lynges Wyddelig-Lychlynnaidd; dychwelodd i Abermenai ond cyn iddynt ddechrau anrheithio'r wlad gwnaethpwyd heddwch rhwng y ddau frawd a dychwelodd y llynges i Iwerddon. Cyn mynd, fodd bynnag, 'delis y Germanwyr Catwaladyr, ac ynteu a ymodes vdunt dwy vil o geith; ac uelly yd ymrydhawd y wrthunt'.[10] Cymerodd Owain yntau ar un cyfnod, yn gynnar yn ei oes, Wyddeles o'r enw Ffynnod[11] ato yn ordderch a chynnyrch y cyplysiad hwnnw oedd Hywel.[12] Yn ystod bywyd Owain Gwynedd, yn ôl pob tebyg, ac o dan ei nawdd y cyfansoddwyd yn Lladin *Historia Gruffud vab Kenan*, gwaith sydd yn goferu â chyfeiriadau at Iwerddon a'r Gwyddelod.[13] Yng ngeiriau Seán Duffy'

> [Historia Gruffud vab Kenan] has a lot to teach us, not simply about the connection between the ruling family of Gwynedd and the Dublin city-state, but about the complexity of the relationship in this era between the Welsh and some of the most powerful men in Ireland. That relationship was a social one, marked by ties of marriage and fosterage, and it was a political one that made Ireland a place of refuge for Welshmen and Wales a haven for exiles from Ireland, and that committed the kings of Ireland to military intervention in Wales on a grand scale.[14]

Gellid efallai fentro awgrymu mai mewn cyfnod pan oedd Owain am ddyrchafu Hywel, mab i Wyddeles, yn etifedd iddo y cyfansoddwyd yr *Historia*, gwaith a anelai at bwysleisio cysylltiadau teulu Gwynedd ag Iwerddon. Yr oedd llys Owain Gwynedd yn ymwybodol o gryfder cysylltiadau Gwyddelig ei linach. Daliai aelodau o linach Gwynedd dir am genedlaethau yng nghyffiniau Swords nid nepell o Ddulyn a diau fod yr ach yn ymwybodol o'r cysylltiadau am genedlaethau.[15]

Beth oedd nodweddion cymdeithas Iwerddon yn ystod y cyfnod hwn? Fel yng Nghymru, yr oedd llu o fân freniniaethau a llinachau hynafol yn eu rheoli. Cymdeithas dylwythol a geid yn Iwerddon a Chymru fel ei gilydd a chystlwn gwaed yn cydio pobl at ei gilydd a phawb yn gwybod eu hachau hyd y seithfed neu'r nawfed genhedlaeth.[16] Yr oedd yn y ddwy wlad gymdeithasau hierarchaidd a reolid gan gysyniadau am anrhydedd a sarhad a brisid yn ôl statws yr unigolyn a lle'r oedd cynnen dylwythol a rhyngdylwythol yn gyffredin. Yn y ddwy wlad lladdwyd brodyr gan frodyr ac yr oedd y rhwymau emosiynol a glymai frodyr maeth at ei gilydd yn aml yn dynnach eu gafael na chystlwn gwaed.[17] Yng ngeiriau Gerallt Gymro wrth ddisgrifio arferion anffodus y Cymry,

> y mae'r anffawd ddygn arall fod y tywysogion yn rhoi eu hamryfal feibion ar faeth gan amryfal foneddigion o'u gwlad eu hunain: a bod pob un o'r rheini, ar ôl marw'r tad, yn ymdrechu ac yn cynllunio â'i holl egni i ddyrchafu ei fab maeth ei hun, ac i'w godi'n uwch na'r lleill. O achos hyn y mae'n arfer codi mor fynych derfysgoedd alaethus i'w tiroedd, nid heb lofruddiaethau lawer, ac yn aml ladd o frodyr ei gilydd neu dynnu llygaid ei gilydd, terfysgoedd na ostegir ond gydag anhawster ar ôl profi eu holl nerthoedd a phob llwydd.[18]

Yr enghraifft enwocaf o'r patrwm cymdeithasol hwn yn hanes gwleidyddol Cymru'r cyfnod yw hanes bywyd Hywel ab Owain Gwynedd a laddwyd gan ei hanner brodyr ond a alarnadwyd yn ddygn-ddwys gan ei frawd maeth, Peryf ap Cedifor.

Yr oedd yn Iwerddon deyrnasoedd cymysg o Wyddelod a Llychlynwyr ac yr oedd awdur yr *Historia* yn gwybod am hyn oll. Yr oedd y Llychlynwyr hwythau yn wŷr a ymhyfrydai hefyd yn eu hachau, yn perthyn i gymunedau lle'r oedd cysyniadau am anrhydedd a sarhad yn llywodraethu a lle'r oedd cynnen dylwythol yn gyffredin.[19] Yr oedd Dulyn Wyddelig-Lychlynnaidd yn ganolfan fasnach ac yn ddrws i'r byd Sgandinafaidd, byd y *sgald* a'r sagâu ac yn llyn tawdd o wahanol ddiwylliannau. Parheid i siarad Norseg yno ar adeg goresgyn o Iwerddon gan y Normaniaid *c*.1169. Datblygodd saga enwog o gwmpas y gyfathrach rhwng Llychlynnwr a Gwyddel.[20] Chwedlau a pheth barddoniaeth, a darnau o farddoniaeth llys yn eu plith, a erys o'r cyfnod hwn yn yr Wyddeleg.[21] Fel y dangosodd T. M. Charles-Edwards, yn y Cyfnod Cynnar hanfyddai clerigwyr dysgedig, beirdd a brenhinoedd yn aml o'r un ach.[22] Yn ddiweddarach yr oedd dosbarthiadau teuluol cydnabyddedig o feirdd proffesiynol ond yn eu plith yr oedd ambell fardd o dras brenhinol neu uchelwrol a ganai ar ei liwt eu hunain, y *rígbard*. Meddai'r rhain ar fwy o annibyniaeth wrth ganu na'r beirdd proffesiynol a ddibynnai ar nawdd brenin neu uchelwr. I symud at genre arall, y mae sagâu Gwyddeleg megis *Aislinge Oenguso*,[23] yn llawn o ddelweddau serch lle y clafycha'r arwr ar ôl syrthio mewn cariad â merch a welodd gyntaf erioed mewn breuddwyd. Yn *Longes mac nUislenn*[24] gellid awgrymu mai Conchobor, gŵr Deirdre, yw prototeip *eiddig*, y gŵr gorfeddiannus. Ceir cerddi serch hefyd ond fel arfer fe'u datgenid hwy gan fenywod fel yn hanes Liadáin a Cuirithir.[25] Yr oedd yn ogystal draddodiad cerddorol cryf gan y Gwyddelod ac yr oeddynt hwythau yn enwog am eu cerddoriaeth o bob math.[26] Ar y llaw arall, yr oedd traddodiad cryf o farddoniaeth mawl a llys ymhlith y Sgaldiaid Norsig a'u canolfannau yn Ynys yr Iâ.

Oedwn am ychydig gyda rhai agweddau ar ddiwylliant llenyddol Iwerddon a Llychlyn cyn troi at Gymru. Hanes cerddoriaeth y cyfnod yw un maes lle y mae tystiolaeth weddol gadarn fod dylanwadau diwylliannol Gwyddelig wedi ymledu i Gymru. Sonia *Historia Gruffud vab Kenan* am Gellan, telynor yn llys Gruffudd ap Cynan, a dywedodd Gerallt Gymro yn ei *Topographia Hiberniae*:

Dylid nodi yn wir fod yr Alban a Chymru, y gyntaf yn rhinwedd perthynas a chyfathrach, yr ail yn rhinwedd arfer, yn defnyddio dysg i efelychu Iwerddon a chystadlu â hi o ran arddull cerddoriaeth. Y mae Iwerddon yn defnyddio ac yn ymhyfrydu mewn dau offeryn yn unig, sef y *cithara* (telyn) a'r *timpanum* (drwm). Defnyddia'r Alban dri, y *cithara*, y *timpanum* a'r *chorus* (crwth). Defnyddia Cymru yn wir y *cithara*, y *tibia* (corn) a'r *chorus*.[27]

Yn ôl y chwedlau Gwyddeleg, difyrrid merched y llys â cherddoriaeth wrth iddynt hamddena yn y *grianán* (sef *solar*, heulfan, ystafell heulog);[28] ac yn ôl Gerallt Gymro, yr oedd merched hardd a'u telynau yn aros pob ymwelydd i lysoedd Cymru.[29]

Wrth ddadansoddi'r wybodaeth sydd ar gael am hanes dechrau cerdd dant yng Nghymru, dangosodd Dr Sally Harper fod rhai o'r enwau traddodiadol yn y rhestrau o hen fesurau cerdd dant yn cynnwys teitlau Gwyddeleg fel 'Mak y mwn hir' (< Macu Mumhan, un o wŷr Munster), 'Mak y delgi' (< Macu Delgae, un o wŷr Dalkey), a 'Rhiniart' (< *rindard*, enw ar bennill o bedair llinell yn cynnwys chwe sillaf), yn ogystal â theitlau Norseg megis 'Hatyr' (< *háttr*, mesur).[30] Y mae'r traethawd 'Cadwedigaeth Cerdd Dannau' sydd yn ei ffurf bresennol yn perthyn i'r unfed ganrif ar bymtheg, yn dechrau gyda hanes cyfarfod yn Iwerddon lle daeth telynorion a chrythorion gorau'r dydd i Lyn Achlach (Glendalough) yn ystod cyfnod Marchan (= Mwrchan) Wyddel.[31] Er nad yw pob manylyn yn yr hanes yn ddilys y mae digon o dystiolaeth o wahanol ffynonellau dros dderbyn craidd y stori. Uniaethwyd enw Mwrchan ag enw Muirchertach ua Briain a roes gefnogaeth i Ruffudd ap Cynan—ac yntau, yn ôl traddodiad, wedi dod â cherddorion ac offerynnau Gwyddelig i Gymru. Ai cryfder y traddodiad offerynnol newydd yn llys Gwynedd sydd yn cyfrif am newydd-deb caneuon serch Hywel ab Owain Gwynedd? Yn nes ymlaen yn y cyfnod y mae offerynnau cerdd megis liwt a chrwth yn elfen amlwg yn y canu trwbadwraidd. Anodd peidio â chredu nad oedd Hywel ab Owain a'i fam Wyddelig wedi profi rhai o'r pethau hyn. Ai hoffter Hywel o gerddoriaeth a adlewyrchir yn enw'r gainc 'Hoffedd Hywel ab Owain' a drafodir isod gan Dr Nerys Ann Jones?[32] Tybed a oedd yr Wyddeleg yn un o'i ieithoedd a chaneuon Gwyddelig a genid mewn grianáin yn hysbys iddo? Y mae ei awdlau serch byrion yn ymddangos fel caneuon a genid i ferched i gyfeiliant cerddoriaeth, fel y caneuon Gwyddeleg, neu ganeuon y Trwbadwriaid yn ddiweddarach.

Yr oedd llinyn estron arall yn ach Hywel fel y gwelwyd, sef y llinyn Sgandinafaidd. Pwnc sydd heb ei archwilio'n fanwl yw'r gyfatebiaeth rhwng crefft y beirdd llys yng Nghymru a'r beirdd llys ymhlith y Sgandinafiaid. Fel Beirdd y Tywysogion yng Nghymru, 'the Norse skalds were essentially recorders of events, advertisers, men whose profession it was to fix or stabilize memory in a brief statement that would outlast time'.[33] Disgrifiodd Finnur Jónsson berthynas y sgald a'i dywysog mewn geiriau sydd yn dwyn i gof safle'r bardd llys yng Nghymru:

> there frequently sprang up a relation of devotion and friendship—the prince on his part honoring and respecting the skald, often making him his confidential adviser and plenipotentiary; the poet in his turn aiding him with friendly and sincere counsel. He was hardly found among those who flattered and humored the king. In fact it is characteristic of the skalds that they knew how to preserve their independence of opinion and maintain an attitude of frankness and self-possession which inspired respect.[34]

Yr oedd y rhan fwyaf o'r beirdd hyn, er eu bod yn byw yng Ngwlad yr Iâ, yn gwasanaethu brenhinoedd Norwy; yr oedd rhai ohonynt o dras breintiedig; yr oedd llawer yn rhyfelwyr beiddgar ac yr oedd brolio yn rhan o'u cynhysgaeth.[35] O gofio mai i'r unfed ganrif ar ddeg y perthyn cerddi sylweddol cynharaf canu llys yr Oesoedd Canol Uchel yng Nghymru, sef diwedd cyfnod y Llychlynwyr, y mae'n demtasiwn gofyn faint o ddylanwad a gafodd y naill ddiwylliant ar y llall gan fod hanfodion y canu mor debyg. Cadwyd y cerddi Sgaldaidd mewn sagâu sydd yn gymysgedd o farddoniaeth a rhyddiaith. Dyddir y cerddi i'r cyfnod o tua 900 ymlaen—yr oedd y Llychlynwyr yn dal yn baganiaid yn y cyfnod cyntaf—mewn llawysgrifau sydd yn dyddio o'r drydedd ganrif ar ddeg.[36] Y farn yn gyffredinol yw bod y cerddi yn gyfoes â'r cyfnodau y mae'r chwedlau yn cyfeirio atynt.

Beth oedd nodweddion y canu hwn? Cyfeirir at y mesur mwyaf cyffredin a ddefnyddid fel *drottkvœtt* sef 'llafar llys'. Y mae'r mesur yn sillafog, addurnir â chyflythreniad ac odl gan fynych ddefnyddio'r *heiti* a *kenningar* a gedwir yn llawlyfrau crefft y sgaldiaid, megis *Skálds skaparmál*, *Snorra Edda* a *Litla Skálda*.[37] *Heiti* yw'r synonymau barddol a ddefnyddir ar gyfer gwrthrychau, pobl neu fodau mytholegol: er enghraifft, gall y brenin fod yn *fylkir* (arweinydd y bobl), yn *Skilfingr* (un o hil Skilfr), gall menyw fod yn *vif* (gwraig), *bruðr* (priodferch), *beðja* (cywely). Cedwir rhestrau o'r gwahanol enwau hyn gan y beirdd hyd heddiw fel y cedwir rhestrau o *kenningar*.[38] Y mae'r *kenningar*, ar y llaw arall, yn cynnwys mwy nag un elfen enwol gyda'r naill yn dibynnu ar y llall: i gymryd enghreifftiau syml, y mae'r tywysog hael yn 'un sydd yn rhoi modrwyau', *baugskerðir,* ac y mae aur yn 'dân y weilgi', *hafs eldr.* Chwaraeir â geiriau. Awgrymodd Roberta Frank fod canu Kormákr yn llawn chwarae onomastig ar eiriau megis ar enw'r arwres sef Steingerðr.[39] Y mae *stein* yn golygu 'carreg' a *Gerðr* yn enw ar dduwies. Y mae'r ffurf *gerðr* hefyd yn agos at nifer o enwau yn cynnwys *gerð* sydd yn golygu 'arfwisg' neu 'berth', hynny yw rhywbeth sydd yn amddiffyn, a gellid cynnig ystyr 'carreg warchod' i'r enw.[40] Gellir cymharu'r chwarae hwn â'r chwarae a geir ar enwau megis Tegeingl a Chaer Lliwelydd yng nghanu Hywel ab Owain.[41] Y mae trefn geiriau barddoniaeth y sgaldiaid yn gymhleth, ceir sangiadau a hollti brawddegau. Gall yr odl fod yn llawn neu yn hanner odl, sef proest i'r beirdd Cymraeg. Gwelir yr un nodweddion arddull ym marddoniaeth Beirdd y Tywysogion.

Y mae'r cerddi yn cynnwys mawl, fel arfer mawl a ganolbwyntiai ar orchestion y milwr neu'r tywysog mewn brwydr ond, yn eithriadol am eu cyfnod, ceir nifer o gerddi serch, yn arbennig y cerddi a gedwir yn 'Kormáks Saga'. Yr oedd yr arwr, y bardd Kormákr (< Cormac), yn dwyn enw Gwyddeleg ac yn ôl pob tebyg o dras Gwyddelig. Edrychwn am funud ar rai o'r penillion mawl a ganodd un o'r sgaldiaid enwocaf, sef Egil Skallagrimson, i Hákon brenin Norwy yn enghraifft o'u crefft. Portreedir Norwy fel priodferch i Hákon, *topos* sydd ar unwaith yn dwyn i gof thema Sofraniaeth yn llenyddiaeth Cymru ac Iwerddon fel ei gilydd. Defnyddia *kenningar* am y wlad, megis 'priodferch wyneb llydan [y duw] Báleygr (sef Oðinn)' neu 'chwaer Auðr' (Auðr oedd brawd Jǫrð, duwies y ddaear), yn ogystal ag am yr arwr, megis 'llywiwr ceffylau y porthladd (sef llongau)' neu 'taflwr gwaywffyn' neu yr un sydd 'yn ei dlodi ei hunan trwy roi gyddfdorchau':

Breiðleita gat brúði	Priodferch wyneb llydan
Báleygs at sér teygða	Baleygr, ati ei hun y tynnodd
stefnir stǫðvar hrafna	[yr un a oedd yn] llywiwr ceffylau y porthladd
stála rikismólum . . .	â llafar meistrolgar arfau . . .
því hykk fleygjanda frakkna	Felly ystyriaf fod y taflwr gwaywffyn
(ferr jǫrð und menþverri)	(y mae'r ddaear yn ildio i'r un sydd yn ei dlodi ei hunan trwy roi gyddfdorchau)

| ítra eina at láta | yn ysgaru â bonheddig |
| Auðs systur mjǫk trauðan. | chwaer Auðr [yn] anfodlon iawn.⁴² |

Mwy trawiadol na hyn o safbwynt canu Hywel ab Owain Gwynedd yw'r canu serch a gedwir yn rhai o'r sagâu ac a gysylltir â beirdd o'r ddegfed ganrif. Cymharwyd gwaith y beirdd hyn â chanu'r Trwbadwriaid ddwy ganrif yn ddiweddarach er mai'r farn gyffredinol bellach yw nad rhywbeth a darddodd o fudiad y Trwbadwriaid mohono.⁴³ Mewn chwedl am serch drasig sydd o ran ei thema yn debyg i chwedl Tristan ac Esyllt, adroddir hanes carwriaeth Kormákr â Steingerðr. Brithir y chwedl gan gerddi sydd yn byrlymu â chemeg rhyw. Pan gyfarfu Kormákr â Steingerðr gyntaf, ei thraed a'i llygaid yn unig a welodd y naill ochr i ryw fath o glwyd ar y ffenestr, ond syrthiodd mewn cariad â hi a chanodd:

Brunnu beggja kinna	Llusernau disglair dwy foch y fenyw
bjǫrt ljós á mik drósar	[sef ei llygaid] a'm llosgai dros glwyd
—oss hlœgir þat eigi—	ffenestr y gegin(?)—ni ddaw hyn ag
eldhúss of við felldan;	unrhyw lawenydd imi; edrychais ar ffêr
enn til ǫkkla svanna	y fenyw braf ei thyfiant—ni fydd marw yr
ítrvaxins gat ek líta	hiraeth hwn [amdani] hyd [ddiwedd]
—þrá muna oss um ævi	fy oes—wrth y trothwy.⁴⁴
eldask—hjá þreskeldi.	

Gellid amlhau'r enghreifftiau i ddangos naws y canu. Y peth pwysicaf yw bod y canu serch hwn, fel canu Hywel ab Owain Gwynedd sydd yn perthyn i gyfnod ddwy ganrif yn ddiweddarach, bron yn unigryw am ei oes.

Y mae'r cyfatebiaethau rhwng chwedlau Gwlad yr Iâ a Chymru wedi eu trafod yn ddiweddar er na ddywedir dim pendant ynglŷn â sianeli cyfrwng y ddau ddiwylliant.⁴⁵ Gwyddys bod rhai o'r beirdd wedi dathlu buddugoliaethau Llychlynnaidd yng Nghymru. Trafododd Judith Jesch gerddi i fuddugoliaeth Magnus berfœttr yn erbyn Hugh de Montgomery, iarll Amwythig, ger Môn ym 1098 a ganwyd gan y sgaldiaid Bjǫrn Krepphendi, þorkell Hamarskáld a Gísl Illugason.⁴⁶

Gwyddys mwy o bethau pendant am gysylltiad y Normaniaid â Chymru nag am gysylltiad y Llychlynwyr.⁴⁷ Olrheinia pennod yr Athro Smith yn fanwl yrfa Hywel yn nhermau gwleidyddiaeth Gwynedd. Yr oedd Hywel yn filwr penigamp. Fe'i lladdwyd gan ei hanner brodyr a'i alarnadu gan ei frawd maeth. Ar yr un pryd yr oedd creulondeb

a mynych ryfela'r ieirll Normanaidd ymhlith ei gilydd ac yn erbyn y
Saeson a'r Cymry yn enwog yng nghyfnod Hywel fel y dangosodd
Ordericus Vitalis, er enghraifft, yn ei ddisgrifiad o Hugh, iarll Caer, a
symudai o gwmpas â gosgordd a oedd gymaint â byddin, ac a gynhal-
iai *jousts* a chystadlaethau ymladd yn ei lys.[48] Ceir un cip trawiadol ar
fyd yr ieirll Normanaidd mewn cerdd i'r Arglwydd Rhys gan Seisyll
Bryffwrch. Gelwir Rhys yn 'gadfarchog', term sydd yn llawn awgrym-
iadau o fyd sifalri, a sonnir amdano yn trechu pum iarll, sef Reginald
o Gernyw, William o Gaerloyw, Roger o Hertford, Richard o Benfro, a
Phadrig o Salsbri, yng Nghefn Rhestr Main ym 1159, a'r rheiny'n ieirll
Normanaidd. Y mae'r llinellau yn eithriadol oherwydd eu bod hefyd
yn uniaethu Rhys a'i gyd-Gymry â byd ieirll a marchogion Norman-
aidd mewn modd nas gwneir yn yr un arall o gerddi'r Gogynfeirdd
sydd wedi goroesi, trwy ei alw yn gadfarchog:

Rhag pum ieirll taer	oedd ef yn gaer,	yn gadfarchawg:
Un, Iarll Cernyw	rhag ein aerllyw,	eurllaw roddawg;
Ail, Iarll Brystau	rhag post cadau	oedd cadwynawg;
Trydydd, Iarll Gwent,	trydydd torment,	torf gymrwymawg;
Pedwerydd dig	oedd Iarll Padrig	rhag pedryddawg;
Pumed, Iarll Clâr	rhag gwalch gwanar	oedd gwareddawg.[49]

Fel y dangosodd yr Athro Smith, bu Hywel ab Owain Gwynedd yn
gysylltiedig â de Ceredigion yn gynnar yn ei yrfa, lle yr ymdrechai
teulu Gruffudd ap Rhys i ddymchwelyd grym teulu Clâr a oedd wedi
ymsefydlu yno ers amser. Ym 1147 yr oedd Hywel yn ffigur allweddol
pan drechwyd William fitz Gerald yng Nghastell Cas-wis.[50]

> Yn y flwyddyn honno y cyffroes Cadell fab Gruffudd a'i frodyr,
> Maredudd a Rhys, a Gwilym fab Gerald a'i frodyr lu i Gastell Wis, a
> gwedi anobeithiaw onaddunt o'u nerthoedd eu hunain, galw a orugant
> Hywel fab Owain yn borth uddunt canys o amlder a glewder ei lu ef
> a'u parodrwydd yn rhyfel ac o brudd-der ei gyngor yntau y gobeithynt
> hwy gael y fuddugoliaeth . . . a holl negesau y rhyfel a wneid wrth ei
> gyngor ef a'i lywodraeth ac felly yn y diwedd y doeth pawb o'i
> gyfeillion ef ar oruchaf ogoniant a chlod. A gwedy cael Castell [G]wis
> drwyddaw ef gan ddirfawr lafur ac ymryson yr ymchwelawdd Hywel
> yn llawen adref drwy fuddugoliaeth.

Llwyddo yn erbyn y Normaniaid yn rhannol trwy strategaeth dip-
lomatiaeth Hywel a wnaethpwyd yng Nghastell Cas-wis. Yr oedd y
berthynas wleidyddol rhwng y Normaniaid a'r Cymry yn gymhleth,

fodd bynnag, a phan drechwyd yr ieirll yng Nghefn Rhestr Main gan Rys ap Gruffudd, ymladd ar eu hochr hwy yr oedd Hywel. Pwy oedd yr ieirll hyn y safodd Hywel ab Owain gyda hwy ym 1159? Yr oeddynt ymhlith rhyfelwyr Normanaidd mwyaf beiddgar ac anturiaethus eu hoes.[51] Iarll Gwent neu Richard o Benfro a ddaliai diroedd yn Striguil yng Ngwent oedd y Strongbow a arweiniodd yr ymgyrch Normanaidd i Iwerddon ym 1169 ar wahoddiad Diarmait Mac Murchada ac a briododd â'i ferch Aífe. Cyfansoddwyd cerdd hirfaith Ffrangeg-Normanaidd a adnabyddir fel 'Canu Diarmuid a'r Iarll'[52] yn dathlu'r digwyddiad. Yn y gerdd adroddir hanes Meilyr fitz Henry ac arglwyddi Normanaidd eraill yn galw ar enw Dewi yn eu bloedd ryfel.[53] Chwaraeodd aelodau o deulu fitz Gerald hefyd ran yn yr ymgyrch ac yr oedd mab i'r Arglwydd Rhys yn rhan o'r gad. Yr oedd Hywel, felly, wedi ymladd ysgwydd yn ysgwydd neu ysgwyd yn erbyn ysgwyd â'r anturiaethwyr hyn.

Dysgodd y Cymry ddulliau ymladd newydd o dan ddylanwad y Normaniaid. Derbynnir yn gyffredinol mai 1066 oedd y dyddiad pryd y daeth y marchog ymladd i Loegr. Gwisgai milwyr tapestri Bayeux arfwisgoedd o gadwyn, yr oedd eu helmau ar ffurf côn â darn dros y trwyn a charient darianau ar ffurf barcud. Dyfeisiwyd y darian ar gyfer ymladd ar gefn ceffyl gyda phaladr. Diogelai'r cwbl o ochr chwith y marchog o'i lygaid hyd at ei ben-glin a phan frwydrid ar draed diogelai'r darian y coesau yn erbyn ergyd ar y goes.[54] Yn sgil ymladd o dan haul tanbaid yng ngwledydd y Croesgadau datblygwyd yr arfer o wisgo swrcot o frethyn neu liain dros y crys cadwyn. Addurnid y rhain ag arwyddion megis y groes, a'r arwyddion hyn a ddatblygodd i fod yn arfbeisiau teuluoedd blaenllaw. Gwŷr wedi eu gwisgo fel hyn a ddaeth i Gymru yn sgil y Goncwest—ni ddaeth arfwisg drom solet i ffasiwn tan y drydedd ganrif ar ddeg—ac yn ddiau dyna oedd gwisg yr ieirll a frwydrai ar Gefn Rhestr Main ym 1159. Er bod Gerallt Gymro yn ymffrostio yn nulliau ymladd traddodiadol y Cymry, 'yn noeth, yn aml iawn yn beiddio ymgyrchu yn erbyn gwŷr yn gwisgo dur, gwŷr di-arf yn erbyn gwŷr arfog, gwŷr traed yn erbyn gwŷr meirch' a'u tarian gron a'r arfwisg ysgafn,[55] y mae digon o gyfeiriadau yn y *Brutiau* i awgrymu eu bod hefyd yn gwisgo arfau ffasiwn newydd.[56] Rhoddwyd pwyslais newydd hefyd ar geffylau a bridio ceffylau. Dylanwadodd bridiau ceffylau ysgafn yr Arabiaid y cyfarfuwyd â hwy ar y Groesgad ar y bridiau brodorol. Yr oedd Powys, teyrnas ar y ffin rhwng Cymru a Lloegr, yn enwog fel bridfa ceffylau fel y dywed Gerallt Gymro:

Yn y drydedd ran hon o Gymru, y rhan a elwir Powys, y mae greoedd o feirch neilltuol o ardderchog; ac ystalwyni mawr eu clod, wedi eu cenhedlu'n wreiddiol o linach rywiog meirch o'r Ysbaen y parasai Robert de Belême, iarll Amwythig, eu dwyn gynt i'r ardaloedd hyn.⁵⁷

Y ceffylau a grybwyllir amlaf yn y farddoniaeth yw'r *emys* (unigol *amws*), gair a gyfartelir â'r gair Lladin *dextrarius* yn y testunau cyfraith.⁵⁸ Yr amws neu'r *dextarius* yw ceffyl gwerthfawrocaf y testunau cyfraith. Disgwylid i'r *dextarius* gludo gŵr llawn arfog. Canmolwyd Owain Gwynedd gan Seisyll Bryffwrch fel un a roddai yn hael geffylau a feithrinwyd ar gyfer rhyfel, meirch a oedd yn 'ffriwlwydd' (ffyniannus eu gwedd) ac yn 'ffrwynddyfrig' (ewynnog [eu] ffrwyn),

> Gwasgarai gweisgfeirch mai mawrthig,
> Ced hyrwydd ffriwlwydd, ffrwynddyfrig.⁵⁹

a chanmolodd Cynddelw y meirch a roddai Hywel ei hunan i'w ddeisyfwyr:

> Annhawel Hywel hawl gyfrwys,
> Annhywallt ei lys o liaws eirchiaid
> Pan archant ei emys.
>
> Emys ffraeth yn ffrwynfawr a'm daw
> O ffrawddfodd udd, heb luddiaw.⁶⁰

Yn y 'Gorhoffedd' ymhyfrydai Hywel ei hunan ym 'meirch hywedd' ei gynefin ac yn y 'welw gan' a fyddai'n dod ag ef o'i alltudiaeth, ac eto pwysleisir swyddogaeth arall y march yn y cyfeiriad a geir at 'peddestrig iolydd' a anfonwyd yn llatai.

Os ymladd ar gefn march oedd un o nodweddion brwydro'r Normaniaid, un o arfau cadarnaf eu hymgyrchoedd oedd y castell. Daethai'r Normaniaid cyntaf i'r Gororau ac i leoedd fel Penfro erbyn diwedd yr unfed ganrif ar ddeg ac yn eu sgil ymddangosodd lliaws o gestyll bychain yn gadarnleoedd i'r ymosodwyr yn eu hymosodiadau. Tyrau pren oeddynt ar eu ffurf symlaf, wedyn *palis* a *motte* wedi eu gwneud o bridd a phren, hynny yw caer a thwmpath, ond wrth i'r ddeuddegfed ganrif fynd rhagddi datblygodd cestyll o gerrig i gynnwys caer, neuadd ac ystafell.⁶¹ Mabwysiedid cestyll Normanaidd gan y Cymry pan giliai'r Normaniaid. Un o'r rhai a gymerwyd gan Hywel ab Owain Gwynedd oedd Castell Hwmffra yng Ngheredigion. Fe'i hailadeiladwyd a'i hailenwi yn Gastell Hywel.[62] Ymledodd yr arfer o godi cestyll newydd ymhlith y tywysogion Cymreig. Codwyd castell yng Nghymer ym Meirionnydd ym 1116, cododd yr Arglwydd Rhys gastell yn Aberteifi ym 1171 a chododd Cadwallon ap Madog ab Idnerth nifer ohonynt ym Maelienydd[63] ac erbyn diwedd y ddeuddegfed ganrif, gwlad y cestyll oedd Cymru.[64] Tyfodd pwysigrwydd symbolaidd i gestyll:

> Castles were seldom, if ever, in their own day purely functional fortifications; certainly they were often homes as well (which fact imported an extra set of governing criteria), but, above all else, their builders sought to evoke in some manner the *moeurs* of chivalry, the life-style of the great, and the legends of the past.[65]

Nid milwyr yn syml oedd y Normaniaid. Yr oeddynt yn weinyddwyr penigamp, yn gyfreithwyr ac yn ddiwygwyr eglwysig ar gyfnod pan oedd dadeni dysg yn Ewrop. Yn eu sgil daeth lliaws o syniadau diwylliannol a sefydliadau gwleidyddol newydd. Gweddnewidiwyd yr eglwys frodorol yn eglwys lle'r oedd pwyslais ar esgobaethau. Daethpwyd â dulliau pensaernïol Romanésg i Brydain. Yr enghraifft gyntaf o arddull Romanésg mewn eglwys fawr Gymreig yw rhannau o Eglwys Gadeiriol Llandaf. Weithiau cyfunid dulliau Romanésg ag arddull arall a oedd eisoes yno. Defnyddiwyd bwa Romanésg i fframio delwedd Geltaidd ynysig ei ffurf ym Mhenmon.[66] Yr oedd Eglwys Romanésg Beuno Sant yn Aberffraw, safle llys Gruffudd ap Cynan, yn ddyledus i ddylanwad Gwyddelig yn ôl pob tebyg.[67] Adlewyrchir cymhlethdod cymdeithas yn Llanddewi Cilpeddeg (Kilpeck) yn Swydd Henffordd, am y ffin â Chymru, lle y fframiwyd motif Llychlynnaidd gan fwa Romanésg. Yr oedd dylanwad eglwyswyr estron yn drwm. Ym 1092 penodwyd Hervé a ddygai enw sant Llydewig[68] ac a oedd yn gaplan i William Rufus, yn esgob Bangor;[69] ym 1107, penodwyd Urban o esgobaeth Caerwrangon yn esgob Llandaf;[70] ac ym 1115, urddwyd Bernard, caplan gwraig Henri I yn esgob Tyddewi.[71] Yr oedd rhai o'r eglwyswyr hyn yn ŵyr o brofiad a dysg ryngwladol. Yr oedd Davidus Scottus a ddilynodd Hervé ym Mangor wedi bod yn *magister* ar ysgol yr Eglwys Gadeiriol yn Wurzburg. Y mae Ordericus Vitalis yn ei uniaethu ag awdur hanes ymgyrch gan yr Ymherodr Henri V.[72] Disgrifiwyd Simeon, archddiagon Bangor, yn ŵr o 'awdurdod mawr' a galwodd Bernard esgob Tyddewi am ei gymorth mewn cyfarfodydd ag archesgob Caer-gaint.[73]

Cysegrwyd Sieffre o Fynwy o dras Llydewig yng Nghaer-gaint yn esgob Llanelwy ym 1152.[74] Efe a greodd o'r newydd ym 1136, i raddau trwy ddefnyddio ffynonellau brodorol megis achau, orffennol gogoneddus i'r Brythoniaid ar gyfer cynulleidfa ryngwladol.

Nid oedd yr eglwys frodorol a fodolai cyn dyfodiad y Normaniaid yn brin o ddysg. Yn Nhyddewi a Llanbadarn yr oedd teulu Sulien yn ysgolheigion o fri am sawl cenhedlaeth. Yr oedd cerddi Ieuan ap Sulien (m. 1137) a ganwyd ar droad yr unfed ganrif ar ddeg a'r ddeuddegfed ganrif yn adlewyrchu adnabyddiaeth o gerddi Lladin Carolingaidd ac o weithiau clasurol.[75] Yr oedd llawer o destunau glosedig cyfnod Hen Gymraeg, megis *Ars Amatoria* Ovid, *De Nuptiis Philologiae et Mercurii* Martianus Capella, *De Natura Rerum* Beda, cerdd Juvencus, y *Colloquy* yn Oxonienses Posterior a Gramadeg Priscianus, yn destunau ysgol.[76] Manteisiodd yr esgob Bernard ar yr etifeddiaeth frodorol hon. Tynnodd glaswyr Cymreig Tyddewi (a dau o feibion Sulien yn eu plith) a'r clerigwyr Eingl-Normanaidd a oedd yn perthyn i'w gylch ef ei hunan, at ei gilydd i ffurfio cabidwl o ganoniaid. Defnyddiodd Bernard yr wybodaeth am draddodiadau ynglŷn â Dewi Sant a gafwyd gan y clerigwyr brodorol i ffurfio ei bolisïau ar gyfer yr esgobaeth, a llwyddodd i gael canoneiddio Dewi ym 1119. Trwy Ewrop datblygasai ysgolion eglwysig o gwmpas y cadeirlannau a'r eglwysi ar ôl cyfnod enciliad y Rhufeiniaid.[77] A dyfynnu Nicholas Orme:

> There were three principal stages in the medieval school curriculum, all involving the study of Latin. Children began by mastering the alphabet, then practised how to read Latin words and pronounce them. Using the liturgical texts of the Church, they learnt how to chant the words according to the rules of plainsong. This taught good pronunciation as well as helping to train the scholar in the clerical life to which it was likely he would one day be called. Reading and 'song' ... formed the first stage of the curriculum. Next came the study of grammar. Its students learnt how words were inflected and tried to memorise their meanings. They practised prose and verse composition and were taught how to speak the language boldly and fluently. They studied literary texts and were introduced to the principles of literary criticism. Those who had mastered Latin thoroughly were able, if they wished and could afford it, to go into higher studies: the arts course, medicine, civil and canon law, and theology.[78]

Gweithredai clerigwyr unigol fel tiwtoriaid mewn cartrefi brenhinol ac uchelwrol. Ar ffiniau Cymru tua 1080 anfonodd ei dad yr hanesydd enwog Ordericus Vitalis yn blentyn i gael addysg gan offeiriad a ddygai'r enw Sacsonaidd Siward a weithiai yn Amwythig, eglwys a oedd yn rhodd Roger o Drefaldwyn.[79] Er mai prin yw'r wybodaeth am nac ysgolion nac addysg yng Nghymru yn ystod y ddeuddegfed ganrif na chyn hynny, y mae hanes Gerallt Gymro yn dystiolaeth fod addysg i'w chael yn Nhyddewi. Ganed Gerallt ym Maenorbŷr a chafodd hyfforddiant mewn Gramadeg yn Nhyddewi yn amser esgobaeth ei ewythr, David fitz Gerald. Yno cafodd ddau hyfforddwr, canoniaid yr eglwys yn ôl pob tebyg, a enynnodd ei ddiddordeb trwy ei watwar gan ynganu graddau cymharol dau ansoddair, y naill yn dweud 'durus, durior, durissimus' (caled, caletach, caletaf) a'r llall 'stultus, stultior, stultissimus' (twp, twpach, twpaf). Llwyddodd eu tacteg i'r fath raddau fel y gallai ddweud 'ei fod mewn byr o amser wedi rhagori ar ei holl gyfoeswyr a chyd-ysgolheigion yn ei wlad'.[80] Awgryma geiriau Gerallt nad efe oedd yr unig un o'i gyd-Gymry a gafodd addysg mewn Gramadeg. Yn ddiweddar, dadleuwyd y gellir priodoli cerddi fel 'Difregwawd Taliesin' sydd yn llawn gwybodaeth o'r Beibl, i glerigwr o Dyddewi, Ioan o Fynyw.[81] Anodd peidio â chredu na fyddai'r Esgob David a fu'n feistr ar ysgol enwog Wurzburg, wedi dylanwadu peth ar addysg yn esgobaeth Bangor.

Bangor oedd prif eglwys teyrnas Owain Gwynedd. Yno y dewisodd Owain Gwynedd gael ei gladdu ac yno hefyd y claddwyd Hywel ab Owain ei hunan. Yr oedd hefyd yn agos at brif lysoedd Gwynedd. Erbyn canol y ddeuddegfed ganrif deuai urddau mynachaidd y Cyfandir i Gymru gan roi llawer hoelen yn ach y gyfundrefn glasaidd frodorol. Sefydlwyd Abaty'r Tŷ-gwyn ym 1156, Ystrad Marchell ym 1170,[82] Cymer ym 1199.[83] Sefydlwyd Ystrad-fflur ym 1164 gan Robert fitz Stephen, ac erbyn saithdegau'r ganrif daeth yn gartref i'r testun a oedd yn gynsail i *Brut y Tywysogyon*, y prif gronicl Cymraeg sydd yn adlewyrchu cefndir Deheubarthol.[84] Ystyrir bod dyfodiad y Normaniaid wedi rhoi hwb i lythrennedd o bob math, llythrennedd a ymledodd ymhlith ysgolheigion a lleygwyr fel ei gilydd. Y cynnyrch amlycaf oedd dogfennau cyfreithiol a siarteri. Eithr yr oedd hefyd yn ganrif fawr y cronicl a gweithiau hanes awduron mawr fel Gwilym o Malmsbri, Ordericus Vitalis a Sieffre o Fynwy. Yr oedd y tri ohonynt o waed cymysg. Yng Nghymru, cynhyrchwyd prototeip Lladin *Brut y Tywysogyon* yn Ystrad-fflur ac y mae'n bosibl mai'r Tŷ-gwyn oedd cartref cofnodi a threfnu'r cyfreithiau Cymreig brodorol gyntaf.[85] Yn Lloegr, ymddengys fod plant Gwilym Goncwerwr i gyd wedi cael peth addysg ffurfiol.

Dysgwyd Robert Curthose gan ramadegwyr a Wiliam Rufus gan yr Archesgob Lanfranc. Yr oedd bri ar ddiwylliant Harri I ac yr oedd Robert, iarll Caerloyw, mab anghyfreithlon Gwilym, a gafodd addysg yn y celfyddydau breiniol, yn noddwr llenyddiaeth.[86] Anodd peidio â chredu nad oedd rhai aelodau o deuluoedd brenhinol Cymru yn llythrennog.[87] Yr oedd gweithgarwch Owain Gwynedd yn llythyru â brenin Ffrainc mewn Lladin sydd yn dwyn nodweddion Lladin Ynysig, yn awgrymu ei fod, o bosibl, yn gallu darllen peth o'r cynnwys.[88] Y mae hanes soffistigeiddrwydd Owain Cyfeiliog yn y llys yn Amwythig a Rhys ap Gruffudd yng Nghaerloyw yn awgrymu nad gwŷr cwbl anllythrennog oeddynt.[89] A gafodd Hywel ab Owain yntau beth addysg mewn Gramadeg ei hunan yn y gadeirlan ym Mangor, neu ym Mhenmon, neu yng Nghlynnog, gan ddarllen peth o waith y clasuron a oedd yn llyfrau ysgol cyffredin trwy Ewrop gyfan, megis gweithiau Ofydd a oedd a hen hanes iddynt fel testunau ysgol?[90] Cafodd astudio gweithiau Ofydd, bardd serch ac alltudiaeth, hwb o'r newydd ar ddiwedd yr unfed ganrif ar ddeg. Daeth y Normaniaid â'u beirdd eu hunain i blith y Cymry. Rhestrodd y Dr Ann Parry Owen yn ei herthygl drylwyr ar Rieingerdd Efa y Trwbadwriaid a fynychai lysoedd Lloegr.[91]

Pa fath o fywyd llys secwlar a geid yng Ngwynedd a beth oedd natur ei chymdeithas? Er bod mannau fel Aberffraw a Dinefwr yn cael eu hystyried yn ganolfannau defodol, corff symudol oedd llys y brenin Cymreig a symudai o ganolfan i ganolfan lai enwog.[92] Daw'r darlun llawnaf sydd gennym o weithrediadau llys Cymreig yr Oesoedd Canol o lyfrau cyfraith Hywel Dda. Dechreua'r rhan fwyaf o'r copïau o'r llyfrau cyfraith â thraethawd sydd yn sôn am safle'r brenin ac yn rhestru'r pedwar aelod ar hugain o'i lys, yn nodi eu hawliau a'u dyletswyddau.[93] Y mae'r llys brenhinol a ddisgrifir yn y Cyfreithiau yn ffurfiol, yn hierarchaidd ac yn cael ei reoli gan gysyniadau am anrhydedd a sarhad. Y mae rhai o'r hawliau a briodolir i aelodau'r llys yn hynafol iawn, megis yr hawl i roi nawdd, sef sicrhau diogelwch unigolyn o fewn terfynau penodol, neu alanas, sef y gwerth a roddid ar fywyd dyn, neu sarhad, sef gwerth anrhydedd dyn a delid pe sarheid ef neu pe niweidid ef mewn unrhyw ffordd. Adlewyrcha'r gwerth a roddid ar sarhad y brenin symbolaeth a defod frenhinol a ddeilliai o gyfnod cynnar. Sonnir am glawr aur yn symbol o werth wyneb y brenin a oedd yn gyfystyr â'i anrhydedd, gwialen arian yn arwydd o'i sofraniaeth a ffiol yn ddelwedd o ddigonedd a ffrwythlondeb ei deyrnasiad.[94] Pethau defodol a ddangosid ar 'ddyddiau dyddon', y dyddiau gŵyl arbennig pryd na chynhelid y llysoedd cyfreithiol, oedd y symbolau hyn y mae'n debyg. Yr oedd y brenin a'i frenhines a'i etifedd penodedig, y gwrthrych neu'r edling, yn ffigurau canolog ac allweddol yn y llys Cymreig.

Dengys y Cyfreithiau hefyd, fodd bynnag, fod gweithgarwch y llys brenhinol yn amlweddog. Yr oedd yn ganolfan filwrol—sonnir yn aml am aelodau'r osgordd neu'r teulu, am rannu'r ysbail ar ôl cyrch ac am feddygon i wella clwyfau. Yr oedd yn ganolfan gyfreithiol — yr oedd y brenin yn gyfrifol am gadw'r gyfraith. Yr oedd yn ganolfan economaidd—cesglid yno drethi a ched, eid allan i hela anifeiliaid ac adar am fwyd yn ogystal ag am ddifyrrwch—ac yr oedd yn ganolfan loddestol—pwysleisid defod y wledd a swyddogaeth y brenin fel un a oedd yn gwobrwyo ei ddilynwyr â rhoddion yn enwedig ar ôl ymgyrch milwrol ac ar y tair gŵyl arbennig. Yr oedd swyddogaeth aelodau'r llys yn driphlyg: milwra, gweinyddu a gwleidydda, a difyrru. Y gŵr a oedd yn ymwneud yn bennaf â milwra oedd y Penteulu, arweinydd yr osgordd a ddylai fod yn fab neu yn frawd i'r brenin. Yr oedd hon yn swydd a gynigid yn aml i aelod o'r teulu brenhinol na chafodd y brif swydd o fod yn frenin, fel y dysgwn o linell agoriadol 'Breuddwyd Rhonabwy' lle y cynigiodd Madog ap Maredudd y benteuluaeth i'w frawd Iorwerth Goch.[95] Ynghlwm wrth y teulu yr oedd Bardd Teulu a'i ganeuon a anogai'r milwyr i ryfela ar adeg ymgyrchu gan gyffroi ysbryd milwrol a theyrngarwch i'r brenin ond a ddifyrrai'r merched ar adegau mwy heddychlon. Diogelai bardd arall, sef y Pencerdd, yn ei ganeuon a thrwy ei ddysg hawliau gwleidyddol ac etifeddol y brenin. Ymhlith miri llysoedd o'r math hwn y troai Hywel ab Owain.

Cartrefi'r miri hwnnw oedd lliaws o adeiladau o wahanol fathau. Defnyddiai'r beirdd eiriau megis 'caer', 'neuadd' a 'castell' wrth gyfeirio atynt—yr olaf yn air sydd yn brin iawn yng ngwaith y Gogynfeirdd.[96] Ceyrydd a chestyll o'r math hwn a ddisgrifiwyd gan Hywel ab Owain. Ymddengys fod y ddelwedd o lys mewn dyffryn, weithiau wrth ymyl dŵr, yn *topos* trwy'r Rhamantau i gyd, rhyw *locus amoenus* o lys a ffurfiai *topos* hefyd mewn cerddi serch sydd yn perthyn i'r ddeuddegfed ganrif megis cerddi Hywel ab Owain:

> Caraf-i wenglaer o du gwenlan,
> Myn yd gâr gwyldeg gweled gwylan.[97]

Fe'n hatgoffir am lysoedd fel Maenorbŷr lle magwyd Gerallt Gymro neu am Harlech lle y lleolodd awdur Cymreig lys Bendigeidfran neu am Lansteffan a Thalycharn yn ogystal ag am y llysoedd a bortreedir ganrif yn ddiweddarach yn y 'Rhamantau Cymreig': 'Ac ef a doeth y goet mawr ac yn diben y coet ef a doeth y dol wastat, a'r tu arall y'r dol y gwelei gaer vawr a llys telediw.'[98]

Awgryma'r Dr Nerys Ann Jones mai'r wedd fenywaidd ar lys a oedd yn gartref i forwyn brydferth sydd yn cyfrif am enwau llysoedd fel Caer Efa neu Caer Lliwelydd.[99] Mewn oes o filwra ac mewn oes pan oedd statws merch ar gynnydd,[100] canolbwynt sefydlog y rhan fwyaf o lysoedd fyddai eu harglwyddes. Darlun sgematig, ffurfiol a fformiwläig, gwaith cyfreithwyr, a gyflwynir yng Nghyfreithiau'r Llys. Beth fyddai hyn yn ei olygu yn nhermau sylwedd o safbwynt Hywel ab Owain Gwynedd? Ychydig a wyddys am y dynion a droai o gwmpas Owain Gwynedd yn ei lysoedd er bod rhai pethau sydd yn awgrymu bod sylwedd arferion defodol y Cyfreithiau Llys yn cael eu cadw. Er enghraifft yn yr *Historia* ceir hanes Tangwystl, gwraig Llywarch Olbwch, yn rhoi pais wedi ei gwneud o fantell i Ruffudd ap Cynan. Bu'r fantell yn eiddo i Gruffudd ap Llywelyn a'i rhoddodd i Lywarch Olbwch (m. 1063), ei was ystafell a'i drysorwr, pan fu yn ei wasanaeth. Hynafiad un o bymtheg llwyth Gwynedd ydoedd, a gŵr y cysylltir ei enw â darn o gerddoriaeth. Yn ôl Cyfreithiau'r Llys, fel y sylwodd D. Simon Evans, hawl y gwas ystafell oedd cael mantell y brenin.[101]

Ychydig, ar wahân i ambell gipolwg fel hyn, a wyddys yn ffeithiol am na defodau nac aelodau llys unrhyw un o briflysoedd Cymru yn y ddeuddegfed ganrif. Erbyn y drydedd ganrif ar ddeg gwyddom gryn dipyn, nid yn unig am y tywysogion ond am ddisteiniaid y llysoedd, megis teulu Ednyfed Fychan yng Ngwynedd, ac ychydig am rai o ddisteiniaid Powys, megis teulu Gwên ap Goronwy. Perthynas gwaed i'r brenin oedd y Penteulu neu bennaeth yr osgordd, yn ôl y Cyfreithiau. Gwyddom enwau rhai o benteuluoedd tywysogion Cymru'r drydedd ganrif ar ddeg, megis Dafydd ap Gruffudd, penteulu ei frawd Llywelyn y Llyw Olaf, yn llys Aberffraw, ac, yn y ddeuddegfed ganrif, gwyddom enwau o leiaf ddau benteulu o Ddinefwr, sef Einion ab Anarawd, penteulu ei ewythr, yr Arglwydd Rhys, a Morgan ap Rhys, penteulu ei frawd, Gruffudd ab yr Arglwydd Rhys. Beth oedd lle Hywel ab Owain Gwynedd ym mhatrwm cyfansoddiadol llys Gwynedd? Y mae hanes Hywel yn cofnodi sut yr anfonwyd ef yn gyson rhwng 1143 a 1159 ar negeseuon milwrol. Wedyn y mae tawelwch yn y cofnodion amdano. Ychydig a wyddys am y tir a ddaliai nac am ei ddisgynyddion. Canwyd cyfres o englynion i'w fab, Gruffudd, gan Brydydd y Moch sydd yn sôn amdano fel 'perchennog Gwynedd'.[102] Cofnodir siêd ar diroedd ei orwŷr yn Bodynolwyn a Llanfigel ym Môn ym 1352 sydd yn awgrymu bod y teulu yn dal tiroedd yn agos at brif lysoedd tywysogion Gwynedd.[103] A esbonnir yr hanes hwn gan y ffaith mai ef, y mab a aned y tu allan i briodas, nad oedd yn edling amlwg, a ddewiswyd yn benteulu i'w dad tra oedd ei frodyr, Iorwerth Drwyndwn a Maelgwn, meibion cyfreithlon Owain Gwynedd, yn fyw ac yn iach? Ai efe oedd yr edling cydnabyddedig rhwng 1159 a 1170 a gyflawnai swyddogaethau eraill o bosibl yng ngweinyddiaeth ei dad? A weithredai fel llysgennad, er enghraifft, gan ymweld ag Iwerddon a thiriogaeth y Normaniaid a hyd yn oed â Ffrainc? Gwelwyd iddo brofi ei ddoniau diplomatig yng Nghastell Gwis. Ai wrth weithredu fel llysgennad y perffeithiodd ei grefft fel bardd serch neu y darganfu wahanol fathau o gerddi serch?

Gwyddys mwy am y beirdd nag am y swyddogion eraill oherwydd erys eu gwaith yn gofeb iddynt hwy yn ogystal ag i'w noddwyr. Fel y sgaldiaid Llychlynnaidd ac Islandig yr oeddynt hwythau yn fodau annibynnol yn gweithredu fel canmolwyr, propagandwyr, cyfeillion, barnwyr a beirniaid eu noddwyr.[104] Yr oeddynt fel eu cyfoeswyr Gwyddelig a Llychlynnaidd yn perthyn i draddodiad barddol a arddelai yn rhan o'u crefft wybodaeth o fydryddiaeth, achau, *kenningar*, diarhebion, rhestrau rhethregol megis *dewisbethau* a chyfarwyddyd traddodiadol am frenhinoedd ac arwyr y gorffennol o'r math a gedwid yn 'Trioedd Ynys Prydain'.[105] Adlewyrchir gwybodaeth o'r holl bethau hyn, gan gynnwys gwybodaeth am arwyr y cyfarwyddyd traddodiadol megis Ogrfan Gawr, yng nghanu Hywel ab Owain. Ystyriai'r beirdd y cyfranogai Hywel o'u dysg eu bod yn etifeddion i feirdd megis Aneirin a Thaliesin o'r chweched ganrif.

Y beirdd a ganai i Owain Gwynedd ac y byddai Hywel, yn ôl pob tebyg, fwyaf cyfarwydd â'u crefft oedd Seisyll Bryffwrch, Llywelyn Fardd I, Daniel ap Llosgwrn Mew, Cynddelw, Gwalchmai a brawd maeth Hywel, Peryf ap Cedifor. Un gerdd i Owain ac un i'w fab Iorwerth Drwyndwn a erys o waith Seisyll Bryffwrch a'r rheiny'n farwnadau.[106] Y mae Seisyll yn ffigur na wyddys llawer amdano ond y mae'r traddodiadau sydd yn ei gysylltu â Chynddelw yn awgrymu iddo fod yn fardd o gryn bwys yn ei ddydd. Y mae hanes diwedd Iorwerth Drwyndwn hefyd yn niwlog ond awgryma ei enw fod rhyw nam arno; dichon mai'r nam hwnnw oedd yn cyfrif am y ffaith nad ymddengys iddo gael ei ystyried ar ddiwedd ei oes yn edling, er i'w fab, Llywelyn, gymryd yr awenau yng Ngwynedd ar ddechrau'r drydedd ganrif ar ddeg. Arwyrain i Owain a erys o waith Llywelyn Fardd I, cerdd a ganodd wrth ymrwymo ag Owain ar ôl cyfnod o alltudiaeth ym Mhowys.[107] Marwnad i Owain sydd gan Ddaniel ap Llosgwrn Mew, un o farwnadau mwyaf poblogaidd y cyfnod a barnu wrth y nifer o gopïau llawysgrif a erys.[108] Erys cyfres o arwyreiniau i Owain gan Gynddelw yn ogystal â marwnad iddo ac awdl o foliant i Hywel ei hun a briodolwyd i ddegawd olaf bywyd Hywel.[109] Dyma'r hwyaf oll o gerddi'r Gogynfeirdd, ffaith sydd ynddi ei hun yn dweud llawer am bwysigrwydd Hywel i'w gyfoeswyr yng ngolwg prifardd y cyfnod.

Y beirdd yr oedd Hywel debycaf o fod wedi bod yn eu cwmni oedd Gwalchmai a Pheryf ap Cedifor, ei frawd maeth. Perthynai Gwalchmai i linach o feirdd a chyfreithwyr a fu'n gwasanaethu rheolwyr Gwynedd dros dair cenhedlaeth. O'i waith ef, erys Arwyrain i Owain a chaneuon i'w feibion Dafydd a Rhodri yn ogystal â Gorhoffedd.[110] Barddoniaeth anffurfiol, answyddogol a erys o waith Peryf, dwy gyfres o englynion personol iawn.[111] A oedd barddoni a rhigymu yn rhan o'r difyrrwch hamdden a gynigiwyd i Hywel ymhlith ei frodyr maeth ar aelwyd Cedifor? Dyna'r beirdd—rhai ohonynt yn banGymrig yn yr ystyr eu bod wedi mynychu mwy nag un llys—y clywodd Hywel eu cerddi yn cael eu datgan o'i gwmpas wrth iddo dyfu i fyny ac y mae dadansoddiad trylwyr y Dr Rhian Andrews o fesurau cerddi Hywel yn awgrymu mai dylanwad crefft Gwalchmai oedd drymaf arno.[112]

Nid bwriad y bennod hon yw trafod canu Hywel yn fanwl ond wrth ystyried byd Hywel rhaid rhoi ychydig o sylw i gysylltiad ei farddoniaeth â barddoniaeth ei gyfoeswyr. Pa fath o gerddi a glywodd Hywel ganddynt? Y mae'r cerddi mawl, y marwnadau a'r arwyreiniau[113] yn ffurfiau traddodiadol a ganai beirdd yn rhinwedd eu hymrwymiad i noddwyr brenhinol. Dau ddarn o eiddo Hywel sydd yn perthyn i'r genre traddodiadol hwn, sef cerddi yn dathlu'r un fuddugoliaeth yn ôl pob tebyg. Dilyn patrymau canu mawl cyffredin a wnânt, er bod eu rhythm rywsut yn fwy llithrig a'u cystrawen yn fwy chwareus nag yn awdlau'r beirdd swyddogol. Fe'i gwelir yn y chwarae ar y modd y defnyddir y gair 'pan' a'r chwarae ar ystyron geiriau megis 'rhudd'. Atseinir mewn dwy linell eiriau a geir yn awdl fawr Cynddelw i Hywel. Gellir cymharu'r cwpled,

> Pan uchel uched, pan achubed—Ffrainc,
> Pan Ffaraon fföed,[114]

â llinell Cynddelw,

> Mor gadarn y ffwyr ar Ffaraon—Ffrainc,[115]

ac eto llinell Hywel,

> A gwaedlen am ben a banned[116]

â llinell arall gan Gynddelw,

> Rhaglym fu yn pannu pennain.[117]

Camsyniad yn fy marn i yw honni ar sail cyfatebiaethau fel hyn y dylid priodoli cerddi Hywel i Gynddelw mwy na cherddi Owain Cyfeiliog iddo, fel y gwnaethpwyd yn y gorffennol.[118] Yr oedd y beirdd i gyd yn etifeddion ieithwedd farddol gyffredin fel yr oedd y beirdd Norseg yn etifeddion yr un *kenningar*. Crisialwyd rhai nodweddion o'r ieithwedd honno yn ddiweddarach yn 'Gramadegau'r Penceirddiaid'. Po fwyaf cyfarwydd yr oedd bardd â gwaith bardd arall, po debycaf y byddai o ddefnyddio'r un trawiadau geiriol. Nid gwreiddioldeb mo rinwedd lenyddol fwyaf y beirdd Cymreig na'r Oesoedd Canol!

Canodd Cynddelw a Gwalchmai ill dau, fodd bynnag, gerddi sydd yn fwy arwyddocaol o safbwynt pynciau cerddi Hywel. Canodd Cynddelw ddwy gerdd yn canmol merched brenhinol a bonheddig sef 'Rhieingerdd Efa' ac awdl i ferch ac fe ganodd Gwalchmai Orhoffedd a myfyrdod ar fywyd a ystyrid yn y gorffennol ei bod yn gerdd i'w wraig Efa. Ymhelaethir rywfaint ar nodweddion y cerddi hyn isod a'u perthynas â chanu Hywel. Yr oedd traddodiad o ganu serch ar gael yng Nghymru yn y gorffennol ar dystiolaeth geiriau Hywel ei hunan wrth iddo ddymuno canu

> Cerdd foliant, fal y cant Myrddin,
> I'r gwragedd a'i medd fy marddrin.[119]

Arwyddocâd y corff hwn o ganu gan ddau o feirdd swyddogol mwyaf y cyfnod yw bod canu i ferched ar fesurau'r awdl yn dechrau cael ei gyfrif yn rhan o gynhysgaeth swyddogol gofnodadwy'r cyfnod. Ni ellir ystyried gwaith Hywel ar wahân i'r cerddi hyn. Y mae 'Rhieingerdd Efa ferch Madog ap Maredudd' yn gerdd a ganodd

Cynddelw cyn 1160, sef dyddiad marwolaeth Llywelyn ei brawd. Y mae'r llinell 'Cyfliw eiry gorwyn gorwydd Epynt' yn awgrymu mai cerdd ydyw a ganwyd yn llys ei gŵr Cadwallon ap Madog y byddai ffiniau ei diriogaeth nid nepell o Epynt. Awgrymodd J. Lloyd-Jones mai *epithalamium* a geir ynddi,[120] sef cerdd a genid i ddathlu ei phriodas a dichon fod y cyfeiriad at rieingerdd yn cynnwys lled awgrym o statws Efa fel brenhines.[121] Ceir ynddi ddarlun sydd yn gyffredin yn y Rhamantau o frenhines yn gwnïo gyda'i llawforynion mewn llys lle y mae ffenestri gwydr. O wybod am y cestyll a god-odd Cadwallon ap Madog o dan ddylanwad Normaniaid Mers y Canolbarth, dichon mai ffasiwn a oedd newydd gyrraedd mers y canoldir o Loegr oedd y rhain. Cymharodd Dr Parry Owen y darlun o'r merched yn gwnïo â *chansons de toile* y Cyfandir.[122] Y mae motif-au'r gerdd, fel y dangoswyd droeon, yn nodweddiadol o ganu *amour courtois* llawer gwlad; motifau megis llatai (agorir pob awdl â chyfarchiad i'r 'gorfynnawg drythyll'), anhunedd y bardd a phoen serch. Eithr ceir ynddi rai nodweddion sydd fel petaent yn unigryw i'r traddodiad Cymraeg, megis yr arfer o uniaethu prydferthwch y ferch â nodweddion y môr a'i thonnau a welir, er enghraifft, yn y disgrifiad o Olwen sydd â'i chroen fel 'distrych y don' yn 'Culhwch ac Olwen'. Canmolir rhinweddau cymdeithasol Efa megis ei Chymraeg coeth. Ceir yr holl nodweddion hyn yn awdlau byr Hywel ab Owain i'r graddau fod un o gopïwyr y Llyfr Coch wedi ystyried bod rhai o awdlau Hywel yn perthyn i 'Rhieingerdd Efa' a'u copïo yn gwt iddi.[123] Cynnwys awdl serch arall Cynddelw gyfeiriad at gymeriad stoc y Trwbadwriaid sef eiddig, *le jalous*.[124] Y gwahaniaeth mawr rhwng awdlau Hywel a'r Rhieingerdd yw eu bod yn llai ffurfiol a'r iaith yn fwy ysgafn gyda rhai delweddau sydd ymhlith y prydferthaf mewn barddoniaeth Gymraeg megis,

> Cegiden hirwen, hwyrwan ogwydd,
> Cyfeiliw gwen wawr yn awr echŵydd,
> Claer wanllun wenlleddf wynlliw, cywydd,
> Wrth gamu brwynen braidd na ddygwydd.[125]

Trown at gerddi Gwalchmai. Dadleuodd y Dr Peredur Lynch yn argyhoeddiadol mai cerdd i Efa, mam dwyllodrus y ddynoliaeth, yn defnyddio diarhebion a gwirebau yw'r gerdd 'y Eua y wreic'.[126] Perthyn y gerdd i fyd y canu gwirebol yn hytrach nag i fyd y canu serch ac, o ystyried naws foesol a chrefyddol cymaint o gerddi Gwalchmai a'i deulu, nid annisgwyl hynny. Pan drown at y

Gorhoffedd a ddyddiwyd i'r cyfnod rhwng 1157 ac 1160,[127] nid cerdd sydd â serch yn brif bwnc iddi fel y cyfryw a geir gan Walchmai er gwaethaf y *Natureingang* a'r elfen o serch sydd ynddi. Cerdd yn ymffrostio mewn campau milwrol yn bennaf ydyw. Crynhoes yr Athro Caerwyn Williams nodweddion y canu fel hyn:[128]

(1) ei fod yn cyfeirio at ei ragoriaeth fel milwr ac fel carwr driphlith draphlith;
(2) ei fod yn awgrymu ei fod ymhell o'i gynefin, a bod ei feddwl yn gwibio o'r pellter i'w fro gynefin . . .
(3) ei fod, fel y gwelwyd, yn rhoi ar ddeall drwy'r gerdd mai ei arglwydd yw Owain Gwynedd;
(4) ei fod yn cyfeirio at gampau rhyfel a rhai ohonynt, megis *G6eith Aberteiui* (ll. 47) wedi eu cyflawni cyn i Owain esgyn i orsedd ei dad;
(5) ei fod yn cyfeirio at leoedd agos i'r ffin ac ar y ffin rhwng Cymru a Lloegr, megis *Breitin* (llau. 6, 55); [Sonia hefyd am leoedd yn yr Hen Ogledd.]
(6) ei fod yn sôn cryn dipyn am y Saeson fel y gelynion.

Cynigia'r farn mai 'math ar gân a genid er difyrrwch i'r fyddin ar gyrch ymosod neu yn paratoi rhag y cyfryw gyrch' ydoedd yn hytrach na chân o ddifyrrwch i'r llys. Y mae casgliadau'r Athro Williams yn ychwanegu llawer at ein dealltwriaeth o Orhoffedd Hywel ab Owain sydd yn cynnwys yr un nodweddion i raddau helaeth iawn ac a ganwyd, mwy na thebyg, ar gyfer yr un fath o gynulleidfa o filwyr. Y gwahaniaeth mawr rhwng y ddau Orhoffedd yw bod y pwyslais yn wahanol ynddynt. Lle y mae'r pwyslais ar filwra yn bennaf yng ngherdd Gwalchmai, os un gerdd yw 'Gorhoffedd Hywel' ac nid dwy, y mae'r pwyslais yn yr ail ran ar garu yn unig. Eto gellid dadlau bod cysylltiad rhwng y ddau Orhoffedd. Anodd, er enghraifft, peidio â gofyn a oes cyfatebiaeth rhwng awdlau Gwalchmai sydd yn dechrau â 'Dy-m-hunis ton wyrdd' ac awdlau Hywel sydd yn dechrau, 'Ton wen orewyn'. Yn y ddau Orhoffedd ceir sôn am frwydro ac am galon tiriogaeth Gwynedd lle y mae bedd Rhufawn Bybyr, un o arwyr traddodiadol y deyrnas. Ac wedyn, ac yntau Hywel yn bennaf yn fardd, yn ôl y canu a briodolwyd iddo, sydd yn 'cariadawg cerdded Ofydd', rhy heibio frolio am fuddugoliaethau rhyfel o'r fath a ddifyrrai Walchmai i droi at frolio am fuddugoliaethau o fath gwahanol gan ddefnyddio amwysedd cyfrwys bwriadol:

> Gorpwyf-i cyn bwyf bedd, buddai newydd,
> Tir Tegeingl, tecaf yn ei helfydd!
> Cyd bwyf-i cariadawg cerdded Ofydd,
> Gobwylled fy Nuw-i fy nihenydd![129]

Gall yr enw Tegeingl gyfeirio at ferch yn ogystal ag at diriogaeth a ddaeth yn rhan o deyrnas Owain Gwynedd yn y ddeuddegfed ganrif. A dyfynnu Gerallt Gymro,

> Y mae Tegaingl yn enw ar dalaith yng Ngwynedd, yr arglwydd-iaethai Dafydd ab Owain arni, ac y buasai brawd iddo rywbryd yn ei meddu. Yr oedd hefyd yn enw ar ryw wraig y dywedid i'r ddau ei chaffael.[130]

Byddai pob aelod o unrhyw gynulleidfa filwrol ar gyrch, yn ôl pob tebyg, yn gwybod hanes yr ymrafael serch. Priodol felly fyddai i Hywel droi o fuddugoliaethau milwrol ac adrodd hanes cyfres o fuddugoliaethau serch gan ddefnyddio eto eiriau sydd yn amwys eu hystyr megis 'lläin' (a allai gyfeirio at waywffon neu at gala). Yr oedd yn rhaid i fardd swyddogol frolio ei gampau milwrol ei hunan a gorchestion ei arglwydd er mwyn annog y teulu i'r gad. Yr oedd hyn yn rhan annatod o ddyletswydd ei swydd. Nid oedd rhaid i Hywel fel bardd-dywysog lynu at lwybrau union y Pencerdd neu'r Bardd Teulu. Yr oedd ganddo ef y ddawn a'r rhyddid i ganu ar ei liwt ei hun; gallai greu sbort a sbri trwy ddychanu a dynwared a thrwy ganolbwyntio ar y *risqué*. Yr oedd ei gyfansoddiad genetig—cyfuniad o swyn y Gwyddel, beiddgarwch y *Viking* ac awen y Cymro, ynghyd â syberwyd y Ffrancwyr y bu ysgwydd ac ysgwydd â hwy ar faes y gad ac wrth gymodi, yn ogystal â llu o brofiadau o bob agwedd ar fywyd—yn sicrhau y byddai'r gân honno yn un ffres ac yn un wahanol. Cyfoeth cefndir Hywel sydd yn cyfrif am gyfoeth ei ganu.

* * *

Yn y bennod hon ceisiwyd dangos ac awgrymu beth yw rhai o'r prif elfennau yng nghefndir bywyd Hywel ab Owain. Golwg arwynebol wrth raid a gafwyd. Rhyw agor grwn ar feysydd astudiaeth bosibl newydd yw bwriad yr arolwg. Ymgais i ennyn awydd mewn anturiaethwyr academaidd eraill i fentro'n ddyfnach i'r un diriogaeth ydyw. Yr wyf yn sicr y bydd yr ymgyrch yn un ffrwythlon a chyfoethog, neu, a defnyddio delwedd Hywel ei hunan, y ceir llawer 'buddai newydd'.

Nodiadau

1. Gw. CCC a cf. hefyd F. X. Martin, 'Introduction' yn *A New History of Ireland Volume II: Medieval Ireland 1169–1534*, gol. Art Cosgrove (golygiad newydd, Rhydychen, 1993), i–lxii.
2. Cf. CCC 100: 'Wales by the end of the twelfth century was a country of two peoples, Welsh and Anglo-Norman.'
3. Wendy Davies, *Patterns of Power in Early Wales* (Rhydychen, 1976), 48–60; H. R. Loyn, *The Vikings in Wales* (Llundain, 1976), 21. Dilynwyd y gweithiau hyn gan lu o astudiaethau ar agweddau arbennig ar y broblem: e.e. George Broderick, 'Irish and Welsh Strands in the Genealogy of Godred Crovan', *Journal of the Manx Museum*, 8 (1980), 32–8; M. Th. Flanagan, '*Historia Gruffud vab Kenan* and the origins of Balrothery, Co Dublin', *CMCS* 28 (1994), 71–94; B. T. Hudson, 'The destruction of Gruffudd ap Llywelyn', *CHC* 15 (1991), 330–50. Am arolwg diweddar, gw. Colmán Etchingham, 'Viking Age Gwynedd and Ireland' yn *Ireland and Wales in the Middle Ages*, gol. Karen Jankulak a Jonathan M. Wooding (Dulyn, 2007), 149–67.
4. Amheus yw tystiolaeth y rhifolion Gwyddeleg a gesglid ar lafar ar gyfer bodolaeth yr iaith yng Ngheredigion yn y cyfnod hwn, gw. David Greene, 'The Irish Numerals in Cardiganshire', *SC* 10/11 (1973), 305–10, gthg. 'Old Goidelic Numerals' yn D. Thomas, *Animal Call Words: A Study of Human Migration* (Caerfyrddin, 1939), 105–17, a gw. bellach Iwan Wmffre, 'Post-Roman Irish Settlement in Wales: New Insights from a Recent Study of Cardiganshire Place-names' yn Jankulak a Wooding (gol.), *Ireland and Wales*, 46–61.
5. Cf. trafodaeth Marjorie Chibnall ar y sefyllfa ieithegol yn Lloegr wedi'r Goncwest yn M. Chibnall, *Anglo-Norman England 1066–1166* (Rhydychen, 1986), 211. Am ieithoedd ym Mhrydain mewn cyfnod diweddarach, gw. *Multilingualism in Later Medieval Britain*, gol. D. A. Trotter (Woodbridge, 2000).
6. *GDB* 28.5–8, a gw. tt. 443–8.
7. *HGK* 19.21 a chyfieithwyd 'enyssed Denmarc' yn Hebrides gan D. Simon Evans yn 47 n.19, cf. *Vita Griffini Filii Conani: The Medieval Latin Life of Gruffudd ap Cynan*, gol. a chyf. Paul Russell (Caerdydd, 2005), 129, eithr gthg. 'Buchedd Gwynllyw' lle y sonnir am Gruffudd ap Cynan yn mynd i'r *Orcades* 'ynysoedd Orkney', A. W. Wade-Evans, *Vitae Sanctorum Britanniae* (Caerdydd, 1944), 182.
8. Seán Duffy, 'Ostmen, Irish and Welsh in the Eleventh Century', *Peritia*, 9 (1995), 390, 392–3 ac *EWGT* 98–9, 104, 115.
9. David Wyatt, 'Gruffudd ap Cynan and the Hiberno-Norse World', *CHC* 19 (1999), 595–617 ac yn arbennig t. 615.
10. *BT (Pen 20)* 90; *BT (Pen 20 cyf)* 53; *BT (RB)* 118–19. Dyfynnir o *BT (RB)*.

11 Y mae'n debyg mai Cymreigiad o ryw enw Gwyddeleg, megis *Finnat*, *Findnat*, oedd y ffurf hon. Cofnodir y ffurf yn enw ar Sant Finnat a oedd hefyd yn fam i Fintan, sant o Clonenagh yn Swydd Laoise, gw. Donnchadh Ó Corráin a Fidelma Maguire, *Gaelic Personal Names* (Dulyn, 1981), 103, cf. Pádraig Ó Riain, *Corpus Genealogiarum Sanctorum Hiberniae* (Dulyn, 1985), 701, 11.

12 *EWGT* 97.

13 Dyma'r dyddiad traddodiadol, gw. e.e. *HGK*. Yr wyf yn gwbl argyhoeddedig (ac y mae'r Dr Paul Russell sydd wedi cyhoeddi golygiad newydd o'r testun Lladin yn cytuno â mi, gw. Russell, *Vita Griffini*, *passim*) mai cynnyrch y cyfnod hwn yw'r *Historia*, gw. Duffy, 'Ostmen', *pace* K. L. Maund a Nerys Ann Jones yn *GCCB* 115–16 a 149–56.

14 Duffy, 'Ostmen' 396. Am drafodaeth helaeth ar y berthynas rhwng y Gwyddyl a'r Cymry yn hanner cyntaf y ddeuddegfed ganrif, gw. David Moore, 'Gruffudd ap Cynan and the Medieval Welsh polity' yn *GCCB* 1–59.

15 Seán Duffy, 'The 1169 Invasion as a Turning-point in Irish-Welsh Relations' yn *Britain and Ireland 900–1300*, gol. Brendan Smith (Caer-grawnt, 1999), 104–5.

16 Cf. T. M. Charles-Edwards, *Early Welsh and Irish Kinship* (Rhydychen, 1993), *passim* ac ibid., 'Críth Gablach and the law of Status', *Peritia*, 5 (1986), 53–73.

17 Am ymdriniaeth â'r thema hon yn llenyddiaeth Iwerddon, e.e. 'Fingal Rónáin', gw. Sheila Boll, 'Seduction, Vengeance, and Frustration in *Fingal Rónáin*: the Role of the Foster-kin in Structuring the Narrative', *CMCS* 47 (Haf 2004), 1–16.

18 *GG* 214–5.

19 Gw. e.e. W. I. Miller, *Bloodtaking and Peacemaking*: *Feud, Law, and Society in Saga Iceland* (Chicago a Llundain, 1990).

20 J. H. Todd, *The War of the Gaedhil with the Gaill: or, The Invasions of Ireland by the Danes and Other Norsemen: The Original Irish Text* (Llundain, 1867).

21 Gw. Proinsias Mac Cana, 'Y Canu Mawl yn Iwerddon cyn y Normaniaid', *BaTh*, 122–42.

22 T. M. Charles-Edwards, 'The Context and Uses of Literacy in Early Christian Ireland' yn *Literacy in Medieval Celtic Societies*, gol. Huw Pryce (Caer-grawnt, 1998), 62–82.

23 F. Shaw, *Aislinge Oenguso: The Dream of Oengus* (Dulyn, 1934).

24 Vernam Hull, *Longes mac n-Uislenn: The Exile of the Sons of Uisliu* (Efrog Newydd, 1949).

25 Gw. G. Murphy, *Early Irish Lyrics: Eighth to Twelfth Century* (Rhydychen, 1956, ail olygiad 1962), 82–5.

26 Ann Buckley, 'Music in Ireland to *c*.1500', *A New History of Ireland Volume I: Prehistoric and Early Ireland*, gol. Dáibhí Ó Cróinín (Rhydychen, 2005).

27 Dyfynnwyd yn Buckley, 'Music in Ireland', 761, cyfieithwyd gan yr awdur.

28 Ibid. 756.

29 *GG* 185.

30 Sally Harper, 'So How Many Irishmen Went to Glyn Achlach? Early Accounts of the Formation of *Cerdd Dant*', *CMCS* 42 (Gaeaf 2001), 1–26, yn arbennig tt. 7–8; yr wyf yn ddyledus i wybodaeth a gefais gan Peter

Greenhill trwy Mr Gorwel Roberts am fy nehongliad o'r enwau. Gw. hefyd yn llai penodol, Sally Harper, 'Issues in Dating the Repertory of *Cerdd Dant*', *SC* 35 (2001), 325–40, yn arbennig t. 326; 'Datblygiad Cerdd Dant yng Nghymru', *Cof Cenedl*, XIX (2003), 3–35, yn arbennig tt. 9–10.

[31] Harper, 'So How Many Irishmen', 17–21 a Buckley, 'Music in Ireland to *c*.1500', 758; bellach mae Harper yn cymharu'r chwedl â rhaglithiau'r llyfrau cyfraith sydd yn cynnwys apêl at awdurdod y gorffennol. Y mae ffurfiau megis Glyn Achlach ei hunan yn awgrymu bod traddodiad llafar y tu ôl iddo.

[32] Gw. Edward Jones, *The Bardic Museum*, Cyfrol II o *Musical and Poetical Relicks of the Ancient Welsh Bards* (Llundain, 1825), 41.

[33] Roberta Frank, *Old Norse Court Poetry: The Dróttkvætt Stanza* (Ithaca a Llundain, 1978), 25.

[34] F. Jónsson, *Den Oldnorske og Oldislandke Literraturs Historie* (Copenhagen, 1920–4), i. 338, dyfynnwyd gan L. M. Hollander, *The Skalds: A Selection of Their Poems, with Introductions and Notes* (Princeton, 1947), 6. Cf. y geiriau a ddefnyddiais yn *Drych yr Oes Haearn* (Darlith Hallstatt, Machynlleth, 1992), 3.

[35] Cyfieithwyd rhai o'r sagâu lle y chwery'r dosbarth hwn swyddogaeth allweddol yn *The Sagas of the Warrior Poets*, gol. D. Whaley ac R. McTurk (Harmondsworth, 2004).

[36] Gw. e.e. E. O. G. Turville-Petre, *Scaldic Poetry* (Rhydychen, 1976), lxvi–lxvii.

[37] Gw. ibid., xxvii–xxviii, sydd yn cymharu mesurau Gwyddeleg â rhai y Sgaldiaid. Cyffyrddodd Joan Turville-Petre â'r tebygrwydd rhwng mydryddiaeth Gymraeg a mydryddiaeth Sgaldaidd yn 'The Metre of Icelandic Court Poetry', *Saga-Book: The Viking Society for Northern Research*, 17 (1982), 336–7.

[38] Am drafodaeth drylwyr ar ddysg y beirdd a thestunau'r grefft, gw. Gudrún Nordal, *Tools of Literacy: The Role of Skaldic Verse in Icelandic Textual Culture of the Twelfth and Thirteenth Centuries* (Toronto a Llundain, 2001), 237–68.

[39] Roberta Frank, 'Onomastic Play in Kormakr's Verse: the Name Steingerðr', *Medieval Scandinavia*, 3 (1970), 7–34.

[40] Gw. *An Icelandic English Dictionary* (Rhydychen, 1957), 197 *s.n.* gerð, gerði.

[41] Gw. pennod 4 isod.

[42] Dyfynnwyd o Frank, *Old Norse Court Poetry*, 63–4. Egil yw arwr y saga enwog *Egils Saga*, a dreuliodd lawer o'i amser ym Mhrydain: gw. *Egil's Saga*, gol. a chyf. Christine Fell (cyfieithwyd y farddoniaeth gan John Lucas) (Llundain, 1975). Gw. hefyd Gwyn Jones, *Egill Skallagrinsson in England* (Llundain, 1953).

[43] E.e. Alison Finlay, 'Skalds, Troubadours and Sagas', *Saga-Book: The Viking Society for Northern Research*, 24 (1995), 145–53.

[44] Seiliwyd y cyfieithiad ar Turville-Petre, *Scaldic Poetry*, 47; yn y cyfieithiad, cadwyd trefn wreiddiol y Norseg er mwyn cyfleu'r patrymau geiriol.

[45] Alaric Hall, 'Gwŷr y Gogledd? Some Icelandic Analogues to Branwen Ferch Lŷr', *CMCS* 42 (Gaeaf 2001), 27–50.

[46] Judith Jesch, 'Norse Historical Traditions and the *Historia Gruffud vab Kenan:* Magnús berfœttr and Haraldr Harfagri' yn *GCCB* 117–47.

47 Defnyddir y term 'Normanaidd' droeon yma i bwysleisio'r elfen estron a ddaeth gyda'r Goncwest yn hytrach na'r elfen frodorol a bwysleisir yn y term 'Eingl-Normanaidd'.
48 *The Ecclesiastical History of Oderic Vitalis, III, Books v and vi*, gol. a chyf. Marjorie Chibnall (Rhydychen, 1972), 6 a 7, 8 a 9.
49 GLlF 24.32–7.
50 *BT (Pen 20)*, 95–6. Diweddarwyd gan yr awdur.
51 F. X. Martin, 'Diarmait Mac Murchada and the Coming of the Anglo-Normans' yn *A New History of Ireland, Volume II: Medieval Ireland 1169–1534*, gol. Art Cosgrove (golygiad newydd, Rhydychen, 1993), 62–72 *et passim*.
52 Gw. ibid. 715–18 am hanes y testun.
53 'The Song of Dermot and the Earl', ll. 2443 a 3443–55, gw. David Crouch, *Wiliam Marshal: Court, Career and Chivalry in the Angevin Empire 1147–1219* (Harlow, 1990), 96; A. Tyndale, 'A study of the names in Chrétien de Troyes (including those of the corresponding Welsh romances)', traethawd Ph.D., Prifysgol Cymru (Aberystwyth), 1999, gw. tt. 182–3 ar gyfer *Saint David* a tt. 236–40, s.n. *Estregales* ar gyfer Strongbow.
54 Gw. 'Arms and Armor' yn *Dictionary of the Middle Ages* i., gol. J. R. Strayer (Efrog Newydd, 1982), 522–35.
55 GG 179–80 a gw. hefyd 212–13.
56 A. D. Carr, 'Dulliau Rhyfel yr Arglwydd Rhys' yn Nerys Ann Jones a Huw Pryce, *Yr Arglwydd Rhys* (Caerdydd 1996), 76–93 ac yn arbennig 84–6.
57 GG 146–7.
58 Dafydd Jenkins, 'The Horse in the Welsh Law Texts' yn *HCC* 71.
59 GLlF 22.29–30.
60 Gw. llau. 65–9 yn Atodiad Ch isod.
61 D. J. Cathcart King, *Castellarium Anglicanum: An Index and Bibliography of the Castles in England, Wales, and the Islands* (Llundain ac Efrog Newydd, 1983), *passim*; CCC 91; Richard Avent, *Cestyll Tywysogion Gwynedd* (Caerdydd, 1983).
62 CCC 67.
63 P. M. Remfrey, 'Cadwallon ap Madog Rex de Delvain, 1140–1179 and the Re-establishment of Local Autonomy in Cynllibiwg', *The Radnorshire Society Transactions*, 65 (1995), 21–3.
64 CCC 90.
65 Charles Coulson, 'Structural Symbolism in Medieval Castle Architecture', *Journal of the British Archaeological Association*, 132 (1979), 74.
66 Am Romanésg, gw. P. Lord gyda J. Morgan-Guy, *The Visual Culture of Wales: Medieval Vision* (Caerdydd, 2003), 54–94. Am arolwg o brif nodweddion pensaernïol Cymru, gw. John B. Hilling, *The Historic Architecture of Wales: An Introduction* (Caerdydd, 1976), 31. Am Landdewi Cilpeddeg, gw. Mark Redknap, *Vikings in Wales: An Archaeological Quest* (Caerdydd, 2000), 102.
67 Lord, *Visual Culture*, 64.
68 Am Hervé Sant, gw. B. Tanguy, *Saint Hervé, Vie et Culte* (Minihi-Levenez, 1990).
69 HW ii. 448; *Ysbryd Deallturus ac Enaid Anfarwol: Ysgrifau ar Hanes Crefydd yng Ngwynedd*, gol. W. P. Griffith (Bangor, 1999), 43; *HGK* 28.4–5; C. P. Lewis, 'Gruffudd ap Cynan and the Normans', *GCCB* 61–77.

[70] *HW* ii. 449–50; *EAWD* i. 124–7.
[71] *HW* ii. 453; *EAWD* i. 133–4.
[72] John Le Neve, *Fasti Ecclesiae Anglicanae, 1066–1300*, ix., gol. M. J. Pearson (Llundain, 2003), 4–5.
[73] *HGK* 107.
[74] Le Neve, *Fasti Ecclesiae Anglicanae*, ix. 33.
[75] Michael Lapidge, 'The Welsh-Latin Poetry of Sulien's Family', *SC* 8/9 (1973–4), 68–106.
[76] Am fanylion llyfryddol, gw. A. Falileyev, *Etymological Dictionary of Old Welsh* (Tübingen, 2000), xiv–xvii. Am lythrennedd yn gyffredinol, gw. Pryce, *Literacy in Medieval Celtic Societies*.
[77] Gw. Pierre Riché, *Education and Culture in the Barbarian West: Sixth through Eighth Centuries*, cyf. J. Contreni (Columbia, 1976).
[78] N. Orme, *Education in the West of England, 1066–1548* (Exeter, 1976), 2.
[79] Nicholas Orme, *Medieval Children* (Newhaven a Llundain, 2003), 2.
[80] '[C]oetaneos omnes et conscolares terrae suae infra modicum tempus longe transcenderet', *De Rebus a se Gestis*, Liber Primus Cap ii (Rolls Series, 1866), dyfynnwyd gan L. Stanley Knight, 'Welsh Cathedral Schools to 1600 AD', *Y Cymmrodor*, 29 (1919), 91.
[81] Andrew Breeze, 'Master John of St Davids, a new twelfth-century poet?', *B* 40 (1993), 73–82.
[82] Gw. G. C. G. Thomas, *The Charters of the Abbey of Ystrad Marchell* (Aberystwyth, 1997), 3.
[83] K. Williams-Jones, 'Llywelyn's Charter to Cymer Abbey in 1209', *Cylchgrawn Cymdeithas Hanes a Chofnodion Sir Feirionydd*, 3 (1957–60), 45–78 a C. A. Gresham, 'The Cymer Abbey Charter', *B* 31 (1984), 142–57.
[84] *CCC* 197; Thomas Jones, *Brut y Tywysogion* (Caerdydd, 1953), 12; Kathleen Hughes, *The Welsh Latin Chronicles, Annales Cambriae and Related Texts* (Rhydychen, 1974), 1–30.
[85] Gw. D. Jenkins ac M. E. Owen, 'Welsh Law in Carmarthenshire', *The Carmarthenshire Antiquary*, 18 (1982), 17–27.
[86] Chibnall, *Anglo-Norman England*, 212.
[87] Cf. y sefyllfa yn Lloegr, V. H. Galbraith, 'The Literacy of the Medieval English Kings', *PBA* 21 (1935), 201–38; Nicholas Orme, *From Childhood to Chivalry: The Education of the English Kings and Aristocracy, 1066–1530* (Llundain, 1984).
[88] Huw Pryce, 'Owain Gwynedd and Louis VII: the Franco-Welsh Diplomacy of the first Prince of Wales', *CHC* 19 (1998), 1–28.
[89] *GG* 148–9.
[90] E. H. Alton a D. E. W. Wormell, 'Ovid in the Schoolroom', *Hermathena*, 94 (1960), 21–38; *Ovid, The poems of Exile*, cyf. P. Greene (Harmondsworth, 1994); *The Cambridge Companion to Ovid*, gol. Philip Hardie (Caer-grawnt ac Efrog Newydd, 2002).
[91] Ann Parry Owen, 'Rhieingerdd Efa ferch Madog ap Maredudd: Cynddelw Brydydd Mawr a'i cant', *YB* 14 (1988), 71 a gw. hefyd J. E. Caerwyn Williams, 'Cerddi'r Gogynfeirdd i Wragedd a Merched, a'u Cefndir yng Nghymru a'r Cyfandir', *LlC* 13 (1974–81), 32.
[92] Gw. Morfydd E. Owen, 'Literary Convention and Historical Reality: the

Court in the Welsh Poetry of the Twelfth and Thirteenth Century', *EC* 29 (1992), 69–85.
93 Sef y penteulu (neu bennaeth yr osgordd), offeiriad teulu, distain, brawdwr llys, hebogydd, pengwastrod, pen-cynydd, gwas ystafell, distain brenhines, offeiriad brenhines, bardd teulu, gostegwr llys, dryswr neuadd, dryswr ystafell, morwyn ystafell, gwastrod awen, canhwyllydd, trulliad, meddydd, swyddwr llys, cog, troediog, meddyg, gwastrod awen brenhines.
94 Trafodir y rhain gan Robin Chapman Stacey yn 'King, Queen and *Edling* in the Laws of Court', *WKC* 29–62, yn arbennig 35–6.
95 B*Ron* 1. Am y pwnc yn gyffredinol gw. A. D. Carr, '*Teulu* and *Penteulu*', *WKC* 63–81.
96 Gw. *G* 116 *s.n.* castell.
97 Gw. isod Atodiad A isod, 3.1–2.
98 *Historia Peredur vab Efrawc*, gol. G. W. Goetinck (Caerdydd, 1976), 18.23–5.
99 Gw. pennod 4 isod.
100 Gw. Williams, 'Cerddi'r Gogynfeirdd i Wragedd a Merched', 45–9.
101 *HGK* 7 a'r nodiadau ar lau. 20–6 ar d. 61–2.
102 *GLlLl* cerdd 16.
103 A. D. Carr, 'The Extent of Anglesey, 1352', *AAST* 1971–2, 190, 197.
104 Gw. Morfydd E. Owen, 'Noddwyr a Beirdd' yn *BaTh* 75–107.
105 Ar y pwynt hwn, gw. yn arbennig Rachel Bromwich, 'Cyfeiriadau Traddodiadol a Chwedlonol y Gogynfeirdd' yn *BaTh* 202–18 a Nerys Ann Jones, '*Hengerdd* in the Age of the Poets of the Princes', i'w gyhoeddi.
106 *GLlF* cerddi 22 a 23.
107 *GLlF* cerdd 2.
108 *GLlF* cerdd 18 a tt. 315–16.
109 *GCBM* ii. cerddi 1–6 ac yn arbennig, tt. 313–17.
110 *GMB* cerddi 8–11. Ai cydymaith i Ddafydd a Rhodri fu Gwalchmai a'i deyrngarwch yn gorwedd gyda hwy yn hytrach na chyda Hywel, neu a gollwyd neu a ddinistriwyd y cerddi a ganwyd gan y beirdd i Hywel i guddio ei bwysigrwydd yn ystod cyfnod ei ddilynwyr?
111 Gw. Atodiad B isod.
112 Gw. pennod 6 isod.
113 Trafodwyd arwyddocâd yr arwyrain gan. Ann Parry Owen, 'Canu Arwyrain Beirdd y Tywysogion', *YB* 24 (1998), 44–59; M. E. Owen, 'Noddwyr a Beirdd' yn *BaTh* 92–4; T. M. Charles-Edwards a Nerys Ann Jones, '*Breintiau Gwŷr Powys:* The Liberties of the Men of Powys' yn *WKC*, 195–6. Awgrymais mai berf yn cynnwys y bôn **reg-* 'estyn' sydd yn y gair ym 1995, ond posibilrwydd arall a grybwyllais mewn papur a draddodwyd ar lafar ym 1988 yw mai'r bôn **reig-* yn golygu 'rhwymo' sydd yma ac y mae'r fformiwla yn cyfateb i'r ffurf *atomriug* a geir ar ddechrau cerddi Hen Wyddeleg megis 'Llurig Padrig Sant'.
114 Atodiad A isod, 9.1–2.
115 *GCBM* ii. 6.222.
116 Atodiad A isod, 9.11.
117 *GCBM* ii. 6.113.
118 Gruffudd Aled Williams, 'Owain Cyfeiliog: Bardd-dywysog?' yn *BaTh* 180–201.

[119] Atodiad A isod, 7.4–5.
[120] J. Lloyd-Jones, 'The Court Poets of the Welsh Princes', *PBA* 34 (1948), 191.
[121] *GCBM* i. 5.6. Trafodwyd y gair *rhieingerdd* gan yr Athro J. E. Caerwyn Williams, 'Cerddi'r Gogynfeirdd i Wragedd a Merched', 70, sydd yn amau nad yw'r hen ystyr 'rhiain' fel brenhines ynddi nac ychwaith yn y Gymraeg yn y cyfnod hwn. Yn wrthgyferbyniol i safbwynt yr Athro gellir crybwyll 'gormesgylch rhiain' (cylch gormesol y frenhines) a geir yn 'Breintiau Gwŷr Powys' (Charles-Edwards a Jones, 'Breintiau', 209); 'rhieingylch' (cylch y frenhines) yn y Cyfreithiau (gw. *Welsh Medieval Law*, gol. A. W. Wade-Evans (Rhydychen, 1909), 57.12–13); a 'Dyd da yt, riain' (Good day to you, Queen) yn 'Canu Swyddogion y Llys' (gw. Paul Russell, 'Canu Swyddogion Llys y Brenin' yn *WKC* 554), yn ogystal â'r enghreifftiau a geir yn 'Trioedd Ynys Prydain', gw. *TYP* 161-3.
[122] Parry Owen, 'Rhieingerdd Efa', 73.
[123] Fel y nodais yn *GLlF* t. 113 ac ar lafar wrth yr Athro Johnston, cf. pennod 5, t. 149.
[124] *GCBM* i. 4.8 a'r nodyn ar y llinell.
[125] Atodiad A isod, 1.7–10.
[126] Peredur Lynch, 'Cân Gwalchmai "y Eua y wreig"', *YB* 19 (1993), 29–45.
[127] *GMB* t. 195 ond gw. bellach Rhian Andrews, 'Golwg ar Yrfa Gwalchmai', *LlC* 27 (2004), 33–6.
[128] *GMB* tt. 194–5. Am bwysleisio statws milwrol y bardd yn y canu mawl i wragedd, gw. Helen Fulton, *Dafydd ap Gwilym and the European Context* (Caerdydd, 1989), 85–90, ac am yr ymffrost serch sydd yn gysylltiedig â gorchest filwrol yn gyffredinol, gw. Elisa Moras, 'Tystiolaeth Barddoniaeth Gymraeg ynghylch lle'r ferch yn ei chymdeithas yng Nghymru yn yr Oesoedd Canol Cynnar', traethawd Ph.D., Prifysgol Cymru (Bangor), 2001, 47–66.
[129] Atodiad A isod, 6.37–40.
[130] *GG* 191.

2

Hywel ab Owain a Gwleidyddiaeth Gwynedd

J. Beverley Smith

Y mae Hywel ab Owain Gwynedd mewn sefyllfa unigryw ymhlith tywysogion Cymru gan mai ef yw'r unig dywysog y priodolir iddo, y tu hwnt i amheuaeth ysgolheictod diweddar, waith llenyddol sydd yn rhoi mynegiant i'w feddyliau a'i deimladau ef ei hun. Cerddi serch yw'r rhan helaethaf o'i waith a phrin iawn yw'r cyfeiriadau ynddynt sydd yn tystio i droeon ei yrfa. Ar wahân i'r cerddi serch, ceir Gorhoffedd a dwy gerdd fer sydd yn filwrol eu teithi. Cyfeirir yn y cyfansoddiadau hyn at weithgareddau y gellir eu hystyried ochr-yn-ochr â thystiolaeth wleidyddol ei natur mewn defnyddiau eraill, megis cofnodion *Brut y Tywysogyon*. Ond prin iawn, ysywaeth, yw'r dystiolaeth o law Hywel ei hun nac o'r un ffynhonnell arall, sydd yn ein galluogi i lunio ymdriniaeth hanesyddol gynhwysfawr. Yn ddiamau, y mae Hywel ab Owain yn ffigur y gellir cyfeirio ato i oleuo amryw broblemau a gyfyd mewn trafodaeth ar wleidyddiaeth cyfnod y tywysogion, eithr pur anodd yw gorchwyl hanesydd a geisia wneud Hywel yn destun ymdriniaeth ynddo'i hun. Yn y tudalennau sydd yn dilyn, fodd bynnag, trafodir rhai o'r ystyriaethau a gyfyd wrth ganolbwyntio sylw ar y gŵr a fu farw mewn amgylchiadau dramatig ar faes y gad ym 1170, gan ennyn coffâd nodedig Peryf ap Cedifor, a cheisir dirnad arwyddocâd y drychineb honno yng ngolau yr hyn sydd yn hysbys amdano o'r dystiolaeth brin sydd ar gael.[1]

Hywel, y mae'n bur debyg, oedd mab hynaf Owain Gwynedd. Ni rydd yr achau sicrwydd o hynny, ond dyna a awgrymir gan ei amlygrwydd ar lwyfan hanes o flaen unrhyw un o'i frodyr. Yr oedd ei fam, yn ôl tystiolaeth yr achau, yn Wyddeles o'r enw Ffynnod, ac ni bu hi, hyd y gwyddys, yn wraig briod i Owain Gwynedd.[2] Bydd gofyn ystyried a fu'r ffaith mai mab gordderch oedd Hywel yn dramgwydd iddo mewn perthynas â'i hawl ar yr olyniaeth i'r deyrnas, ond prin y byddai hynny yn debyg o fennu ar safle Hywel yn ystod teyrnasiad ei dad. Yn ymarferol, mwy perthnasol fyddai'r ffaith mai ef oedd mab hynaf y brenin, a'i fod ar gael yn gynnar i wasanaethu'r deyrnas, a hefyd bod ganddo'r cyneddfau i gymryd ei ran yng ngorchwylion milwrol y deyrnas. Y briodoledd filwrol hon, yn anad un arall, a roddai i dywysog swyddogaeth, a thrwy hynny safle, yn y deyrnas. Ein gwaith cyntaf, felly, yw dirnad ym mha fodd, ac i ba ddiben, y cafodd y briodoledd hon ei mynegi yn nheyrnas Gwynedd yn achos Hywel ab Owain.

Gellir codi trywydd y drafodaeth drwy gyfeirio at y darlun o flynyddoedd olaf teyrnasiad Gruffudd ap Cynan (m. 1137) a geir yn *Historia Gruffud vab Kenan*, cyfansoddiad sydd, y mae'n siŵr, yn cyfleu rhywbeth o feddylfryd llys Gwynedd yng nghyfnod Owain Gwynedd (1137–70). Sefydlogrwydd a diogelwch Gwynedd o dan law gadarn ei brenin yw'r ddelwedd o'r deyrnas a gyfleir yn nhudalennau olaf y bywgraffiad. Wedi blynyddoedd o ymgyrchu i'w sefydlu ei hun yn frenin Gwynedd gyda'r holl orchest a'r aflwydd a nodweddai'r ymdrech, daethai Gruffudd i'r fan lle y gallai lywodraethu ei deyrnas mewn llewyrch a heddwch. Sefydlodd berthynas heddychlon â'r teyrnasoedd nesaf iddo a gosod ei feibion i warchod y taleithiau ar ymylon ei deyrnas:

> a'e feibeon, etwa yn weisseon yefeink, a ossodes ar y kantrefoedd eithaf iddaw, y ragfeddu ag y eu kynnal mal mur aghyffroedig yn erbyn estrawn genedloedd a rhei agkyfyeith, a darffei uddunt meddylyaw kyfodi o newydd yn y erbyn.[3]

Yn ddiamau, y mae elfen o ddelfrydu yn y portread hwn o sefyllfa fewnol Gwynedd. Dylid cofio yn ogystal mai yn ddiweddar yn nheyrnasiad Gruffudd, ac ar ôl iddo ollwng peth o gyfrifoldeb llywodraeth y deyrnas i'w feibion, fe ddichon, yr estynnodd ei linach ei hawdurdod dros rannau helaeth o'r diriogaeth a ddaeth, yn y pen draw, i ffurfio'r deyrnas yn ei therfynau eithaf. Y mae'n wir darfod corffori Gwynedd Uwch Conwy, gan gynnwys Ardudwy a Meirionnydd, yn ei chrynswth o fewn ffiniau'r deyrnas yn amser Gruffudd, a lledaenodd ei hawdurdod dros rannau o'r Berfeddwlad hefyd, ond, am flynyddoedd eto yn nheyrnasiad Owain Gwynedd, byddai Tegeingl o hyd y tu hwnt i awdurdod brenin Gwynedd, a daliai Powys ac iarllaeth Caer i fod yn bwerau i ymgodymu â hwy yn rhanbarth y gogledd-ddwyrain.⁴ Gellir dychmygu, felly, y byddai gan dri mab Gruffudd, sef Cadwallon (hyd ei ladd mewn brwydr ym Mhowys ym 1132), Owain a Chadwaladr, bob un ei ran yn y gwaith o estyn ffiniau Gwynedd. Gellir gweld hefyd y gallasai Meirionnydd (a ddaeth i feddiant Gwynedd ar draul Powys oddeutu 1124), Rhos, Rhufoniog a Dyffryn Clwyd fod ymhlith y 'cantrefi eithaf' yr oedd angen eu diogelu yn y cyfnod hwn. Y tebyg yw i gantref Meirionnydd fagu pwysigrwydd pellach ymhlith gofalon Gwynedd wrth i amgylchiadau gwleidyddol y tu hwnt i'w ffin ddeheuol, yn dilyn ymyrraeth y Normaniaid yn Neheubarth, greu tiriogaeth a ddeuai yn faes lle y gellid, efallai, ffurfio 'cantrefi eithaf' pellach a fyddai'n eiddo i deyrnas Gwynedd. Meirionnydd fyddai'r man cychwyn ar gyfer ymgyrchoedd i'r cyfeiriad hwn. Ac yn yr amgylchiadau cythryblus hyn yn Neheubarth, ac yng Ngheredigion yn arbennig, y daeth Hywel ab Owain Gwynedd, cynrychiolydd cyntaf ei genhedlaeth a oedd mewn sefyllfa i ymgymryd â gofalon milwriaeth a llywodraeth gwlad, i gyflawni'r gorchwylion a enynnodd sylw croniclydd a chlod prydydd.

Rhanbarthau teyrnas hanesyddol Deheubarth, sef Dyfed, Ystrad Tywi a Cheredigion, yn fwy nag un rhan arall o Gymru, a welodd gythrwfl rhyfel ym mlynyddoedd cynnar Owain Gwynedd. Daeth Owain yn frenin Gwynedd ddwy flynedd wedi esgyniad y Brenin Steffan (1135–54) i orsedd Lloegr, digwyddiad a esgorodd ar gyfnod o ansefydlogrwydd mewnol yn y deyrnas honno a oedd i barhau am bron ugain mlynedd. Dehonglwyd blynyddoedd Steffan yn hanes Cymru fel cyfnod a welodd lacio'r gafael haearnaidd a nodweddai deyrnasiad ei ragflaenydd, Harri I (1100–35), cyn i esgyniad Harri II (1154–89) weld y frenhiniaeth yn ailafael yn y wlad â llaw gadarn unwaith yn rhagor.⁵ Yn Neheubarth yn bennaf y manteisiwyd ar y newid hwn, fodd bynnag, wrth i Ruffudd ap Rhys, etifedd llinach Deheubarth, gychwyn gwrthryfel y byddai ei feibion, Anarawd, Cadell, Maredudd a Rhys, yn ei gynnal drwy gydol teyrnasiad Steffan. Parhaodd yr ymgyrchu hyd nes i Rys ap Gruffudd yn y pen draw, wedi bron deng mlynedd ar hugain o ymdrech, lwyddo i adfer gallu gwleidyddol y llinach dros ran helaeth o diriogaeth y Deheubarth hanesyddol.

O ran Gwynedd, nid esgorodd esgyniad Steffan ar unrhyw ymgyrchu cyffelyb ar ffiniau'r deyrnas â Phowys. Diau fod llywodraeth gadarn Madog ap Maredudd ar Bowys hyd 1160 wedi atal brenin Gwynedd, gan ei rwystro rhag manteisio ar drybini teyrnas

Loegr i weithredu y tu hwnt i'w ffiniau. Y mae'n wir, fel y sylwir eto, i wrthdaro ddigwydd yn y tiroedd gerbron iarllaeth Caer ym 1146 ac ymddengys i ymgyrchoedd lluoedd Gwynedd gael eu rhwystro. Nid cyn 1149, pan feddiannodd gwmwd Iâl, y mentrodd Owain ar oresgyniad ar draul Powys. Esgorodd y weithred hon ar adwaith o du Madog ap Maredudd (gyda chymorth iarll Caer) y flwyddyn ganlynol mewn ymgais i rwystro ymyrraeth bellach gan Owain yng nghyffiniau Tegeingl ac Ystrad Alun.[6] Y tiriogaethau deheuol yng Ngheredigion, felly, a fyddai'n faes i filwriaeth Hywel ab Owain Gwynedd a'r tywysogion eraill o'r genhedlaeth newydd yn anad un arall. Nid cyfrifoldeb a chyfle'r genhedlaeth iau mohonynt yn llwyr, fodd bynnag, oherwydd bu gofyn i Hywel ymgodymu â phresenoldeb ymosodol Cadwaladr ap Gruffudd yn y rhanbarth, ac mewn perthynas ag amcanion ei ewythr y dylid ceisio deall gweithgareddau Hywel yn y blynyddoedd y mae *Brut y Tywysogyon* yn rhoi iddo'i le ym mhantheon gwŷr arwrol y ddeuddegfed ganrif.

Y mae modd deall cymhellion Cadwaladr drwy eu hystyried mewn perthynas â'r olyniaeth i Ruffudd ap Cynan. Ni wyddom pa mor hawdd y bu i Owain Gwynedd ddod yn frenin teyrnas Gwynedd. Dichon mai drwy rym ei benderfyniad ef ei hun, ac nid drwy ordeiniad y brenin ymadawedig yn unig, y daeth y deyrnas yn ei chrynswth i'w feddiant. Pe bai Cadwallon wedi byw, y mae'n bur debyg mai ef fyddai wedi dod i'r etifeddiaeth hon. Gellir sylwi i Owain yn nes ymlaen ddallu ac ysbaddu Cunedda ap Cadwallon i sicrhau na fyddai unrhyw fygythiad i'w safle o du llinach y brawd hynaf.[7] Y mae'n wir mai darlun o gydweithredu rhwng Owain a Chadwaladr a rydd y cronicl ar adeg marwolaeth Gruffudd ap Cynan, ond byddai cytgord parhaol yn gofyn gwneud darpariaeth ar gyfer Cadwaladr a fyddai'n briodol i'w safle yn un o brif 'aelodau brenin' y deyrnas.[8] Y mae'r holl dystiolaeth ynglŷn â Chadwaladr yn cyfleu'r tyndra a nodweddai wleidyddiaeth ddynastig teyrnasoedd Cymru, megis Lloegr ei hun, yn y ddeuddegfed ganrif.[9] Dengys yn benodol fantais ac anfantais presenoldeb amlder o feibion brenhinol. Ar y naill law, byddai'r meibion ar gael i'w cyfeirio at orchwylion angenrheidiol, megis gwarchod y 'cantrefi eithaf'. Ar y llaw arall, byddai yr un meibion yn ymgeiswyr am yr olyniaeth i'r deyrnas, a byddai unrhyw fab na lwyddodd i sicrhau'r olyniaeth yn debygol o geisio awdurdod arglwyddiaethol priodol iddo'i hun o fewn y deyrnas. Gallai'r gwrthdrawiadau a godai o hawliau cytras barhau am amser hir. Yr oedd modd i ŵr a fyddai'n ymgiprys fel mab mewn un genhedlaeth fynd rhagddo i gystadlu fel brawd yn y genhedlaeth nesaf, ac fe allai brofi'n ewythr cythryblus yn y genhedlaeth wedyn.[10] Golygai'r ymrafael hefyd y gallai tiriogaeth a ymddiriedid ar un adeg i un o'r 'aelodau brenin' mewn ymgais i sefydlogi'r deyrnas, brofi, ar adeg arall, yn droedle ar gyfer ymgais i feddiannu'r deyrnas gyfan. Gellid dychmygu Meirionnydd yn enghraifft berffaith o'r swyddogaeth ddeublyg hon. Gallai'r cantref fod wedi ei ymddiried i Gadwaladr fel un o'r 'cantrefi eithaf' ond iddo ddod wedyn yn arglwyddiaeth a allai ffurfio cnewyllyn teyrnas i'w dal yn annibynnol ar frenin Gwynedd.[11] Nid cyn 1147, fel y gwelir eto, y ceir sicrwydd fod Cadwaladr yn dal arglwyddiaeth ym Meirionnydd, ond efallai fod ei feddiant yno wedi deillio o gyfrifoldeb a estynnwyd iddo yn ystod teyrnasiad ei dad.[12] Y mae ei ymyrraeth yng Ngheredigion ar y cyd ag Owain ym 1136-7 yn gyson â'r posibilrwydd ei fod eisoes, rywfodd neu'i gilydd, wedi ei sefydlu ei hun yn arglwydd Meirionnydd. Y mae'r gwrthdaro rhwng Hywel ab Owain a Chadwaladr ym Meirionnydd a Cheredigion, felly, yn gofyn ystyried y gwaddol gwleidyddol o'r genhedlaeth flaenorol y bu rhaid i feibion Owain Gwynedd ymorol â hi ym mlynyddoedd cynnar teyrnasiad eu tad.

Os gellir dyfalu beth oedd cymhellion aelodau'r llinach mewn perthynas â Meirionnydd, nid peth rhwydd yw dirnad eu hamcanion fel llinach, nac fel aelodau unigol o'r llinach, wrth ymyrryd yng Ngheredigion. Y mae modd ystyried presenoldeb gwŷr Gwynedd yng Ngheredigion yn ernes o ewyllys eu tywysog i gefnogi ymdrech Gruffudd ap Rhys, etifedd Deheubarth, i adfer gallu'r llinach honno yn y deyrnas. Y mae cydymdrech y ddwy linach i'r amcan hwn yn ddichonadwy. Yr oedd Gruffudd yn briod â Gwenllïan, merch Gruffudd ap Cynan, a dylid sylwi bod llywodraethwyr sawl gwlad yng Nghymru wedi cydymgyrchu yn y cyfnod yn dilyn marwolaeth Harri I.[13] Gellid gweld bwriad Owain Gwynedd i roi ei ferch yn wraig i Anarawd, mab hynaf ac olynydd Gruffudd ap Rhys, fel ategiad i'r posibilrwydd hwn.[14] Ar y llaw arall, yr oedd argoelion gwleidyddol llinach Deheubarth yn bur ansicr oddeutu 1135-7, hyd yn oed os nad oedd brenhiniaeth Lloegr yn debyg o ymgyrchu yn y dalaith, oherwydd wynebai'r tywysogion y gorchwyl enbyd o ddymchwel gallu llinach gydnerth Clare, y teulu barwnol a oedd wedi ymsefydlu yn Neheubarth ers cenhedlaeth. Yr oedd gafael arglwyddi Clare ar Geredigion yn un arbennig o gadarn, ac er i Richard fitz Gilbert gael ei ladd yng Ngwent ym 1136, gellir tybio y byddai ei linach yn adfer eu grym yn yr arglwyddiaeth mewn byr o dro. Newydd ddechrau yr oedd ymgyrch gwŷr Deheubarth i adfer eu hawdurdod yn y rhanbarth ar ôl cenhedlaeth o reolaeth estron a phan laddwyd Gruffudd ap Rhys yn gynnar yn yr ymgiprys â'r teulu nerthol hwn, gallai tywysog Gwynedd fod wedi rhag-weld y deuai'r rhanbarth yn fuan yn faes ymrafael rhwng gallu Clare ac eiddo Gwynedd, gan na fyddai llinach Deheubarth yn debyg o fod mewn sefyllfa i gynnal eu hymdrech.[15] Gellid dychmygu y byddai aelodau unigol o linach Gwynedd yn gweld yn agor o'u blaen, yn nhir yr addewidion newydd y tu hwnt i Afon Dyfi, gyfle i feddiannu 'cantrefi eithaf' pellach y gellid eu cynnwys mewn Gwynedd estynedig.

Ymhlith y tywysogion hyn y mae Cadwaladr ap Gruffudd yn arbennig o bwysig oherwydd ei fod yn amlygu sawl agwedd ar y bygythiad i feddiannu'r deyrnas. Awgryma'r ystyriaethau hyn, yn eu tro, bwysigrwydd y gwrthsafiad i'w amcanion gan Hywel ab Owain Gwynedd yn anad neb arall. Yn y lle cyntaf, sylwir ar ddymuniad Cadwaladr i sicrhau arglwyddiaeth iddo ef ei hun yng Ngheredigion, i'w hychwanegu at ei diriogaeth ym Meirionnydd ac, y mae'n debyg, at diriogaethau a feddai mewn rhannau eraill o'r deyrnas. Wrth i amcanion Cadwaladr eu hamlygu eu hunain yn ystod y blynyddoedd wedi ei ymyrraeth gynnar ar y cyd ag Owain ym 1135–7, gwelir nad cydernes â llinach Deheubarth a oedd mewn golwg ganddo, ond sicrhau safle iddo ef ei hun.[16] Ceir ategiad clir i'r casgliad hwn yng ngweithred milwyr o osgordd Cadwaladr yn lladd Anarawd ap Gruffudd, mab hynaf Gruffudd ap Rhys, ym 1143. Yn ôl *Brut y Tywysogyon*, enynnodd y weithred ddicter Owain Gwynedd a pheri iddo ym 1144 benderfynu amddifadu ei frawd o'i diroedd.[17] Sylwer mai yn y cyswllt hwn, lle y mae amcanion Cadwaladr yn tynnu'n groes i ewyllys tywysog Gwynedd, yr ymddengys Hywel ab Owain Gwynedd gyntaf yng nghronicl gwrthdrawiadau gwleidyddol y blynyddoedd hyn. Mewn ymateb i gais ei dad, yn ddiamau, y ceisiodd Hywel sicrhau cyfran Cadwaladr o Geredigion, a llosgi ei gastell yn Aberystwyth ym 1143.[18] Awgryma'r cofnod yn gryf iawn fod rhan arall o Geredigion eisoes ym meddiant Hywel, a gellid tybio bod Owain Gwynedd wedi ymddiried awdurdod dros y rhan honno i'w fab mewn ymgais i wrthsefyll uchelgais Cadwaladr.

Ymddengys hefyd nad ei amddifadu o'i diroedd yng Ngheredigion oedd unig amcan Owain, ond ei alltudio o deyrnas Gwynedd yn llwyr. Y mae lle cryf i gredu bod rhwyg pur ddwfn wedi agor rhwng Owain a'i frawd erbyn hyn ac, yn y cyswllt hwn, gellir ystyried perthnasedd agweddau eraill ar fygythiad Cadwaladr. Y mae'n amlwg fod Cadwaladr, mewn ymgais i hyrwyddo'i fuddiannau ef ei hun, yn prysur feithrin cysylltiadau gwleidyddol a allai brofi'n niweidiol i deyrnas Gwynedd. Gwyddys ei fod, fel rhan o'i ymdrech i sefydlu ei awdurdod yng Ngheredigion, wedi priodi merch o'r enw 'Alis' a berthynai i deulu Clare. Ceir cyfeiriad gwerthfawr ati yn siarter Cadwaladr i fynachlog Haughmond lle yr enwir ymhlith y tystion i'w weithred ei wraig 'Aliz de Clare' ('Aliz de Clara, uxore mea'). Y mae'n bur debyg y gellir ei hadnabod fel Adeliza, gweddw Richard fitz Gilbert de Clare, arglwydd Ceredigion, sef y gŵr a laddwyd ym 1136, a chwaer Ranulf II, iarll Caer. Dyma, felly, dystiolaeth i Gadwaladr drefnu priodas gyda golwg ar gadarnhau ei ymrwymiadau â dau deulu barwnol nerthol, cysylltiadau na fyddai o fudd i dywysog Gwynedd na llinach Deheubarth.[19] Oherwydd ymddengys ei fod mor gynnar â 1141 wedi sefydlu dealltwriaeth â Ranulf gan godi bygythiad uniongyrchol i linach Gwynedd. Yn y flwyddyn honno, pan wynebai'r Brenin Steffan wrthsafiad o du nifer o'i farwniaid nerthol ym mrwydr Lincoln, cafodd Robert, iarll Caerloyw, gynhorthwy Morgan ab Owain o Went, a manteisiodd Ranulf, iarll Caer, ar gefnogaeth Cadwaladr a 'Maredudd'.[20] Y mae'n bur debyg mai gweithredu ar ei gyfrifoldeb ef ei hun yr oedd Cadwaladr, ac nad oedd Owain Gwynedd o'r un ymlyniad ag ef. Ymddengys i gynghrair Cadwaladr a Ranulf barhau, yn groes i ewyllys Owain, am rai blynyddoedd, ac er nad oes modd dyddio ei briodas ag Alizia yn fanwl, y mae posibilrwydd cryf y perthyn i'r blynyddoedd 1141–3.[21] Erbyn hyn, yr oedd Cadwaladr yn daer dros ymgynghreirio â phwerau barwnol Lloegr a'r gororau. Yn ddiweddarach, fe wnâi yr un modd â'r Brenin Harri II, gan beri i'r brenin drefnu ymgyrch yn erbyn Gwynedd ym 1157.[22] Gellir gweld bod ei weithgareddau ef yn rhagdybio'r duedd i feithrin cysylltiadau allanol a amlygir gan aelodau o'r llinach yn gynyddol ar ôl hyn.[23]

Ymddengys, felly, fod gan Owain Gwynedd resymau eraill, heblaw gweithgareddau Cadwaladr yng Ngheredigion, dros ei benderfyniad ym 1144 i alltudio ei frawd yn llwyr. Gellir bod yn siŵr iddo weithredu bryd hynny gyda'r amcan hwnnw mewn golwg a dim llai. Cynrychiolai Cadwaladr fygythiad i sefydlogrwydd Gwynedd nad oedd modd iddo ei ddiystyru. Ymatebodd Cadwaladr drwy sicrhau cynhorthwy o Iwerddon, a glaniodd y llynges yn Abermenai. Osgowyd brwydr rhyngddynt ac ymddengys i Gadwaladr lwyddo i ddal ei afael ar ran, neu rannau, o'i eiddo yng Ngwynedd.[24] Y mae'n debyg iddo ddal tir ym Môn ac yn Llŷn yn ogystal â'i arglwyddiaeth ym Meirionnydd, ac ni chafodd ei ddisodli o Geredigion ychwaith.[25] Nid oedd ei drafferthion ar ben o bell ffordd, fodd bynnag, oherwydd llwyddai Owain yn ei amcanion eto, a thrwy hynny ennyn ymyrraeth y Brenin Harri II yng Ngwynedd ym 1157.[26] Yn y cyfamser, ceir tystiolaeth fod Hywel ab Owain Gwynedd yn gweithredu mewn modd sydd yn dangos ei fod, erbyn hyn, yn gryn gaffaeliad i dywysog Gwynedd yn ei ymgais i warchod sefydlogrwydd y deyrnas.

Ym 1147 bu gwrthdaro ym Meirionnydd pan ddaeth Hywel ab Owain o'r naill du a Chynan ab Owain Gwynedd o'r tu arall i ymosod ar Gastell Cynfal, cadarnle Cadwaladr yn y cantref.[27] Nid yw'n anodd gweld beth oedd achos yr ymosodiad hwn. Y flwyddyn flaenorol yr oedd Owain Gwynedd wedi ymgyrchu yng nghantref Tegeingl. Parodd hyn i Iarll Ranulf a oedd ar y pryd mewn cymod â'r brenin, ymhŵedd ar Steffan am gymorth rhag i'r Cymry feddiannu'r iarllaeth yn ei chrynswth.[28] Ni cheir tystiolaeth i'r perwyl hwn yn *Brut y Tywysogyon* ond, yn hytrach, gyfeiriad camarweiniol sydd yn honni i Owain gipio castell yr Wyddgrug yn y flwyddyn honno.[29] Y mae'n sicr, fodd bynnag, i Owain ymosod ar ffin iarllaeth Caer, ac y mae yr un mor sicr fod Cadwaladr yn dal i fod mewn cynghrair â'r iarll a'i fod yn derbyn lloches yn iarllaeth Caer ar y pryd. Tystia siarteri'r iarll i'w bresenoldeb yno.[30] Rhannai Madog ap Maredudd, tywysog Powys, yr un teyrngarwch â Chadwaladr, ac ef mae'n sicr oedd y 'Maredudd' a ymunasai â Chadwaladr i gefnogi'r Iarll Robert ym mrwydr Lincoln ym 1141.[31] Cyfeiria Orderic Vitalis at bresenoldeb 'y ddau frawd, Mariadoth a Kaladrius', ond gellir bod yn sicr mai Cadwaladr oedd y naill a chadarnheir mai Madog ap Maredudd oedd y llall yn llinell Gwalchmai yn ei farwnad iddo: Ar ei helw a hwylynt tra Llynnwys. Ym 1149, ymosodwyd ar Fadog ei hun gan Owain pan gipiodd tywysog Gwynedd gwmwd Iâl, gweithred a enynnodd adwaith Madog, gyda chynhorthwy Ranulf, y flwyddyn ganlynol.[32] Y mae'n bur debyg, felly, fod cysylltiad uniongyrchol rhwng y gweithgareddau ar ffiniau iarllaeth Caer a gwaith Hywel a Chynan ym Meirionnydd ym 1147.

Aethpwyd â'r frwydr i galon arglwyddiaeth Cadwaladr. Enillwyd sylw'r croniclydd gan waith glew Morfran, ceidwad castell Cynfal, yn gwrthsefyll yr ymosodiad ar ran ei arglwydd, ac y mae llinellau Cynddelw yn dyst i ffyrnigrwydd ymosodiad Hywel.

> Twrf ton, torchawg hael, trwm oedd ei glywael,
> Tŵr Cynfael yn cwyddaw;
> A fflamau o drum yn edrinaw,
> Ac angerdd, ac ongyr yn llaw,
> A gwŷr gyrth am byrth yn burthiaw—gorwlad,
> A bragad yn briwaw,
> A brwydr aisg rwysg yn brwysgiaw
> A breuolion cwyn yn cwympiaw.[33]

Ymddengys i weithred meibion Owain Gwynedd ddwyn arglwyddiaeth Cadwaladr ym Meirionnydd i ben am byth. Ni cheir sicrwydd o hyn yn nhystiolaeth y blynyddoedd nesaf, ond dichon fod Hywel wedi meddiannu Meirionnydd y pryd hwnnw ac mai ei arglwyddiaeth ar y fro yn y cyfnod hwn a goffeir yn y Gorhoffedd sydd yn cyfleu ei gariad at ei thirwedd a'i thrigolion.

Os darfu am lywodraeth Cadwaladr ym Meirionnydd, daliai i ymgiprys am diriogaeth yng Ngheredigion ac i'r gwrthdaro yn y fro hon y perthyn y dystiolaeth lawnaf sydd yn aros am weithgareddau Hywel ab Owain Gwynedd. Pan ddifethwyd Anarawd ap Gruffudd gan wŷr Cadwaladr ym 1143, ceisiodd Hywel ab Owain, yn ôl *Brut y Tywysogyon*, amddifadu ei ewythr o'i ran ef o Geredigion.[34] Awgryma'r geiriad, fel y sylwyd uchod, fod y dalaith eisoes wedi ei rhannu rhwng Cadwaladr a Hywel, a dyna fu'r sefyllfa am beth amser wedyn. Ymddengys fod Cadwaladr yn dal y rhan ogleddol a bod Hywel yn rheoli'r rhan ddeheuol. Drwy'r blynyddoedd hyn yr oedd yr ornest â gallu teulu Clare yn dal i fynd yn ei blaen. Efallai mai ymosodiad Hywel, ynghyd â'i frawd Cynan, ar Aberteifi ym 1145 a goffeir yn awdl Cynddelw i Hywel:

> Rhaglyddawdd a'i gleddyf uch gwain,
> Rhaglym fu yn pannu pennain,
> Rhag parau rhiau, rhudd gigwain,
> Rhag Teifi yn torri tŵr main.[35]

Gellid dathlu gorchest Aberteifi, ond bu gofyn i Hywel, ynghyd â llinach Deheubarth, ddal i wrthsefyll ymdrechion newydd gan deulu Clare i adfer ei rym yn Neheubarth. Ymroes Gilbert fitz Gilbert i ailsefydlu ei awdurdod yng Nghaerfyrddin yn yr un flwyddyn a chodi castell yng nghwmwd Mabudrud (ym Mhencader yn ôl pob tebyg).[36] Flwyddyn yn ddiweddarach cydweithredodd Hywel a Chadell ap Gruffudd i oresgyn Caerfyrddin unwaith yn rhagor, a llwyddo yn eu hamcan. Priodolir llwyddiant cyffelyb yng nghastell Llanbedr Pont Steffan i Gadell a'i frodyr, Maredudd a Rhys, heb enwi Hywel.[37] Rhydd *Brut y Tywysogyon*, fodd bynnag, glod mawr i ran allweddol Hywel yn eu hymosodiad, ar y cyd â William fitz Gerald, ar Gastell Cas-wis. A hwythau'n methu gorchfygu'r castell â'u hadnoddau hwy eu hunain, galwodd tywysogion Deheubarth Hywel ab Owain Gwynedd i'w cynorthwyo,

> kanys gobeithaw yd oedynt o'e derlew luossogrwyd ef, parotaf y ymladeu, a'e doethaf gyghor gaffael onadunt y uudugolyaeth . . . a holl negesseu y ryuel a wneit o'e gyghor ef a'e dechymic. A uelly y doeth pawb o'r a oed yno y oruchel ogonyant a budugolyaeth, drwy oruot ar y castell o'e gyghor ef gan diruawr ymrysson ac ymlad.[38]

Y mae'r cofnod yn bortread trawiadol o gyneddfau milwrol Hywel, ond dylid cofio i gymaint graddau y mae cofnodion y blynyddoedd hyn yn dangos dawn y gŵr a luniodd destun *Brut y Tywysogyon* yn ei ffurf orffenedig i greu darnau o ryddiaith rethregol gywrain o ddefnydd moel y cofnodion Lladin gwreiddiol. Yn sicr, pur gwta yw geiriad y testun Lladin sydd yn nodi yn syml i'r ymosodwyr 'ddinistrio Castell Gwis gyda chymorth Hywel ab Owain' ('Hoelo filio Oweni eis auxiliante, castellum Wis destruxerunt').[39] Ar yr un pryd, rhaid sylwi i'r ymosodiad ar Gastell Cas-wis ennyn moliant trawiadol Cynddelw yn ei awdl i Hywel:

> Ac ar Gastell Gwis gogwys—yd orfu
> Godwrf llu, lluchiad gwrys,
> Arwr falch arfoliant ysbys,
> Arfoloch dragon, draig efnys.[40]

Yr oedd y cof am yr orchest yn fyw yn llysoedd Gwynedd.

Pwy bynnag biau'r clod am lwyddiant yr ymosodiad ar Gastell Cas-wis, ymddengys fod cydweithrediad Hywel â llinach Deheubarth wedi parhau hyd 1147. O'r flwyddyn honno ymlaen, fodd bynnag, yr oedd etifeddion Deheubarth, Cadell, Maredudd a Rhys, mewn gwell sefyllfa i wrthsefyll eu gelynion ar eu pen eu hunain, ac wedi hynny i adfer eu hawdurdod yng Ngheredigion ar draul gwŷr Gwynedd. Golygai hyn yn ei dro fod y cydbwysedd amrwd rhwng awdurdod Hywel a Chadwaladr yn y dalaith yn dod o dan bwysau newydd. Dichon fod ymosodiad Hywel a Chynan ar safle Cadwaladr ym Meirionnydd ym 1147, ar wahân i ystyriaethau a grybwyllwyd eisoes, yn adlewyrchu gornest rhyngddynt yng Ngheredigion a oedd bellach yn dwysáu yn ddirfawr. Ddwy flynedd wedyn, am ba reswm bynnag, ymddengys i Gadwaladr godi castell o'r newydd yn Llanrhystud ('yr adeilawd . . . gastell yn Llan Rystut o gwbyl') ac ymddiried ei ran ef o Geredigion i'w fab, Cadfan.[41] Wrth i'r gwrthdaro barhau, fodd bynnag, cipiwyd Cadfan gan Hywel ab Owain a'i orfodi i ildio'r castell a'i diroedd.

Gellir deall ymgyrch Hywel fel ymgais i sicrhau rheolaeth ar ran ogleddol y dalaith yn iawn am y ffaith iddo, yr un flwyddyn, orfod ildio'r tir i'r de o Afon Aeron i dywysogion Deheubarth.[42] Yn wir, os oedd Hywel erbyn hyn wedi gorfodi Cadwaladr i gilio yn derfynol o Geredigion, nid diogel mo'i afael yntau ychwaith ar unrhyw ran o'r dalaith. Cyn pen blwyddyn, ym 1151, ildiodd Hywel y cyfan o Geredigion i Gadell a'i frodyr 'eithyr vn castell a oed ym Pen Gwern yn Llan Vihagel', sef plwyf Llanfihangel Genau'r Glyn.[43] Golygai hyn ei fod wedi rhoi'r gorau i Lanrystud, serch iddo lwyddo i adfer ei afael ar y castell am ychydig wedyn. Dywed y *Brut* iddo yn yr un flwyddyn atgyweirio Castell Hwmffra yn Nyffryn Cletwr, castell a adnabyddid mewn blynyddoedd i ddod fel Castell Hywel, ond anodd deall sut y gallai Hywel fod mewn sefyllfa ym 1151 i ddal gafael ar ardal yng Ngheredigion a oedd mor ddeheuol â Dyffryn Cletwr, ac efallai fod y cofnod yn perthyn i flwyddyn gynharach.[44] Gellir barnu bod gafael Hywel ar unrhyw ran o Geredigion yn ansicr erbyn hyn, a phan ddaeth Maredudd ap Gruffudd a Rhys ap Gruffudd i gymryd ei gastell 'ym Mhenweddig' ym 1153, y mae'n bur debyg eu bod yn meddiannu'r castell a oed ym 'Pen Gwern yn Llan Vihagel' na lwyddasant i'w gymryd ddwy flynedd ynghynt, ac i'r weithred hon roi terfyn ar awdurdod Hywel yng Ngheredigion.[45]

Yr oedd ymgais tywysogion Gwynedd i estyn eu hawdurdod y tu hwnt i Afon Dyfi a gwneud cantrefi Ceredigion yn 'gantrefi eithaf' yn nheyrnas estynedig Gwynedd wedi dod i ben. Peth chwithig, wedi darllen cyfeiriadau'r croniclydd a'r prydydd at ei wrhydri, yw gorfod sylwi mai'r unig gyfeiriad pellach at ymyrraeth gan Hywel ab Owain Gwynedd yn nheyrnas Deheubarth oedd ei waith yno ym 1159. Yng nghwmni Cadwaladr ap Gruffudd, daeth i Gefn Rhestr Main i gynorthwyo'r pum iarll a'r lluoedd nerthol o filwyr y Normaniaid a'r Fflemingiaid a'r Saeson a geisiodd, yn gwbl ofer, rwystro Rhys ap Gruffudd rhag sicrhau'r oruchafiaeth derfynol ar y grymusterau estron a lesteiriai ei ymdrech i adfer awdurdod ei linach.[46] Diddorol sylwi mai mewn canu i Rys ap Gruffudd, ac nid i aelodau o linach Gwynedd, y coffeir brwydr Cefn Rhestr Main gan Seisyll Bryffwrch, ac nad yw'r frwydr honno ymhlith y gorchestion a enynnodd glod Cynddelw Brydydd Mawr yn ei awdl i Hywel ab Owain.[47]

Ymddengys fod cyfeiriadau Cynddelw at gampau milwrol Hywel ab Owain yn cadw cof am weithgareddau sydd yn perthyn i gryn raddau, os nad yn llwyr, i'r blynyddoedd hyd at tua 1150. Os ar ôl 1160, blwyddyn marw Madog ap Maredudd, tywysog Powys, a lladd ei fab, Llywelyn ap Madog, y cyfansoddwyd yr awdlau sydd yn cyfarch Owain Gwynedd a Hywel ab Owain, cyfyd y cwestiwn a lwyddodd Hywel i barhau â'i orchestion milwrol yn y cyfnod ar ôl tua 1150 i'r un graddau ag y gwnaethai ynghynt. Nid oedd tywysogion Gwynedd yn amddifad o feysydd ymgyrchu yn y cyfnod hwn. Oherwydd os darfu am Geredigion fel maes ymrafael, ni pheidiodd y gwrthdaro â'r pwerau a rannai ffiniau dwyreiniol Gwynedd. Gwelsom eisoes i Owain Gwynedd ymgyrchu yn Nhegeingl ym 1146, a byddai gwrthdrawiadau pellach yn ardaloedd Tegeingl, yr Wyddgrug ac Ystrad Alun. Daeth y rhain, o hyn ymlaen, ac yn fwy na chynt, yn feysydd ymgiprys rhwng Owain ar y naill law ac iarll Caer a thywysog Powys ar y llaw arall a gwelwyd ei wrthwynebwyr yn cydweithredu i wrthsefyll ei ymyrraeth.[48] Dylid cofio, serch hynny, fod y farddoniaeth yn cadw cof am ymosodiadau lluoedd Powys, yng nghyfnod Madog ap Maredudd, ar iarllaeth Caer yng nghyffiniau Maelor a Threfred Alun, ymgyrchoedd a'u galluogai i gyrraedd hyd at yr arfordir wrth aber Afon Dyfrdwy. Yn ddiamau, yr oedd galluoedd Powys a Gwynedd yn cydgyfarfod gerbron iarllaeth Caer, ac nid Gwynedd yn unig a ddangosodd ei nerth milwrol yng nghantref Tegeingl. Ond yn y cyffiniau hyn y byddai gofyn edrych yn gyntaf am faes milwriaeth i feibion Owain Gwynedd o tua 1150 ymlaen, a Thegeingl, yn anad un arall, a roddai'r enghraifft orau o'r 'cantrefi eithaf' y byddai gofyn eu gwarchod ar ôl eu goresgyn. Y mae peth tystiolaeth yng nghanu Hywel ei hun, yn y gyntaf o'r ddwy awdl filwrol ei natur, iddo fod yn rhan o'r brwydro yn y cyffiniau hyn. Cyfeiria yn benodol at frwydro yn Rhuddlan:

> Ban rhyfel pan rhuddid ei thai,
> Ban Rhuddlan, pan rhuddlys losgai,
> Pan rhuddai rhudd fflam, fflemychai—hyd nef,
>   Un addef ni noddai;
> Hawdd gweled goleulosg arnai
> O Gaerwen geir ymyl Menai.[49]

Cyfyd y cyfeiriad at Fenai, mewn llinellau yn ymwneud â rhyfel yn Rhuddlan, gryn anhawster, a chyfeirir eto isod at y benbleth hon. Ategir y dystiolaeth am ryfel o gwmpas Rhuddlan yn awdl Cynddelw,

> Gnawd y gwna rhuddlanw am gylch Rhuddlan—gaer
> A rhuddliw ar ddylan.[50]

I'r un ymgyrch, efallai, y perthyn cyfeiriad Cynddelw at frwydr gerbron Caer,

> Cysyniws cysefin ddial
> Ar dir Caer er cadw ei arial.[51]

Nid peth rhwydd yw cysylltu'r cyfeiriadau hyn â digwyddiadau hanesyddol penodol. Gwyddys am bedair adeg o wrthdaro yng nghyffiniau Tegeingl yn y cyfnod hwn, sef ym 1146–9, fel y gwelwyd eisoes; ym 1150, pan fu gwrthdaro rhwng Owain Gwynedd a Madog ap Maredudd (gyda chefnogaeth iarll Caer);[52] ym 1157, pan ddaeth Harri II i Degeingl i wynebu gwrthsafiad yng Nghoed Penarlâg cyn gorfodi Owain i encilio;[53] ac ym 1165, pan ddaeth Harri II i Degeingl drachefn a chael ei rwystro a'i orfodi i gilio a dechrau ar ymgyrch newydd o Groesoswallt a arweiniodd at drafferthion mawr iddo ar lechweddau'r Berwyn.[54] Nid yw hynt gwrthdrawiad 1157 yn awgrymu bod lluoedd Gwynedd mewn sefyllfa i beri dinistr yn Rhuddlan y pryd hwnnw. Ar y llaw arall, y mae gofyn ystyried arwyddocâd y cyfeiriad yn awdl Hywel ei hun at ymladd yng Nghoed Gorfynwy,

> Yng Nghoed Gorfynwy, yng ngorddibed—Lloegr
> A llygru ei threfed,
> Llaw ar groes, llu a ddygrysed.[55]

Y mae'n ddichonadwy fod Coed Gorfynwy yn enw arall ar Goed Penarlâg, y man lle y dryswyd lluoedd y brenin gan wrthsafiad cyndyn milwyr Owain yn ôl adroddiad *Brut y Tywysogyon* am y flwyddyn 1157. Gallai'r llinell yn yr un awdl, 'Pan ucher uched, pan achubed—Ffrainc, / Pan Ffaraon ffoed', fod yn gyfeiriad at y ffaith, y mae tystiolaeth dda o'i phlaid, i'r Brenin Harri II orfod dianc o faes yr ymrafael mewn cyn drafferth.[56] Yr un modd, y mae'r cyfeiriad yn awdl filwrol gyntaf Hywel at oruchafiaeth dros lynges ar lannau Menai un mis Mai yn ymddangos fel petai yn taro amgylchiadau 1157:

> Trengisiant trydyddydd o Fai—trychan llong
> Yn llynges ar fordai,
> A decant cynran a'i ciliai,
> Cyfarf heb farf, ar Fenai.[57]

Y mae'n hysbys fod y brenin wedi paratoi llynges fel rhan o'i ddarpariaeth filwrol ym 1157, a cheir adroddiad am ymosodiad ar Ynys Môn a gwrthsafiad cadarn yr amddiffynwyr yn yr *Annales Cambriae*. Y mae'r cofnod Lladin yn ddigon manwl i awgrymu y gallwn dderbyn dilysrwydd cnewyllyn y disgrifiad helaethach a geir yn y *Brut*. Ategir hanfod yr hanes am yr ymosodiad ar Fôn a'r 'fuddugoliaeth waedlyd' a gafodd gwŷr yr ynys gan Gerallt Gymro.[58] Hon oedd y frwydr a ddisgrifir fel 'ymladd tal Moelfre' yn y cronoleg 'O Oes Gwrtheyrn', digwyddiad a goffeir hefyd gan Walchmai, ac y mae'n ymddangos bod amgylchiadau'r frwydr a ddarlunnir yn y dystiolaeth hon yn gyson â chyfeiriad Hywel ab Owain at ymgiprys â llynges ar lannau Afon Menai.[59] Ond, yn erbyn hynny, ymddengys nad oes modd goresgyn arwyddocâd cyfeiriad y bardd at 3 Mai, oherwydd y mae'n sicr mai yn ddiweddarach yn haf 1157, yn nyddiau olaf mis Gorffennaf neu yn ystod mis Awst, y daeth y brenin i Degeingl ar ei ymgyrch yn erbyn Owain Gwynedd, a'r pryd hwnnw y bu'r frwydr â'r llynges ar Afon Menai.[60] Rhaid ystyried, felly, ai at wrthdaro rhwng Owain a'i frawd Cadwaladr ym 1144 y mae'r llinellau yn cyfeirio. Yn y cyswllt hwn, rhaid ystyried hefyd arwyddocâd y llinellau yn yr un gerdd, a grybwyllwyd eisoes, lle y cyfeirir at frwydro yn Rhuddlan a greodd goelcerth y gellid ei gweld 'o gaer wen geir ymyl Menai'. Anodd gweld sut y gall y llinell olaf gyfeirio at Ruddlan ar Afon Clwyd oni bai fod yma ryddid barddonol o natur eithriadol. Y mae anhawster pellach yn y ffaith fod y cyfan sydd yn hysbys am wrthdaro 1157 yn awgrymu nad oedd lluoedd Gwynedd mewn sefyllfa i ymosod ar Ruddlan. Y mae'n wir i'r brenin Henri II fynd i drafferth enbyd yn ystod y frwydr, ond ymddengys hefyd i Owain wedyn orfod cilio ac, er y gallai fod wedi rhoi'r castell ar dân wrth wneud hynny, nid oes tystiolaeth i awgrymu hynny. Y cyfan sydd yn sicr yw i'r brenin fynd rhagddo i godi tri chastell, yn Rhuddlan, Prestatyn a Dinas Basing. Y mae hefyd yn anodd profi a fu'r gwrthdaro ar y môr ym 1157 yn destun gorfoledd hafal i'r hyn a geir yn llinellau'r gerdd. Rhwng y cyfan, ac yn arbennig yn rhinwedd y benbleth sydd yn codi o ystyried cronoleg gadarn ymgyrch y brenin, a chyfeiriad clir y gerdd at ddigwydd ym mis Mai, rhaid derbyn nad at amgylchiadau 1157 y mae cerdd Hywel yn cyfeirio.

Rhaid cyfaddef ei bod yn bur anodd uniaethu yn hyderus lawer o'r cyfeiriadau yng ngwaith Hywel a Chynddelw â digwyddiadau hysbys, gan fod rhai yn tueddu at amgylchiadau 1144 neu 1150 ac eraill at eiddo 1157, ac nid annichon fod rhai cyfeiriadau at ymladd ar ororau Caer yn perthyn i ddechrau gwrthdaro 1165. Mewn cysylltiad â gwrthdrawiadau 1157 a 1165 (y mae'r wybodaeth amdanynt yn llawnach na hwnnw am wrthdaro 1150), dylid sylwi nad Hywel ab Owain sydd yn ennyn clod y croniclydd. Cynan ab Owain a Dafydd ab Owain a wynebodd Harri II yng Nghoed Penarlâg ym 1157 a rhoi brwydr galed iddo—Dafydd ab Owain, a wnaeth y difrod i luoedd y brenin ar ddechrau gwrthdrawiad 1165 a fu'n ddigon i'w orfodi i encilio i Gaer a phenderfynu ymgyrchu o gyfeiriad arall. Owain ei hun a Chadwaladr a enwir ynglŷn ag ail ran yr ymgyrch a ddaeth i ben gyda thrafferthion y brenin ar y Berwyn.[61] Ar yr un pryd, ni ellir bod yn siŵr fod y dystiolaeth yn gyflawn nac yn gywir. Yn nhestun Lladin y cronicl, ceir disgrifiad o frwydr 1157 sydd yn cynnwys cyfeiriad at waith Cynan a Dafydd (testun cyffelyb, y mae'n siŵr i'r hyn sydd y tu ôl i *Brut y Tywysogyon*), ond yn y darn blaenorol, lle y mae'r *Brut* yn sôn am Owain yn galw ei feibion ato ac yn gwersyllu wrth Ddinas Basing, y mae'r testun Lladin, fel y crybwyllwyd eisoes, yn enwi Hywel yn ogystal â Chynan a Dafydd:

> Owinus princeps Norwallie cum filiis suis Hoelo, Conano ei David, cum ingenti exercitu apud Dinas Basing castra metati sunt, ibique vallum erexerunt.[62]

Nid yn aml y mae'r testun Lladin yn cynnig mwy na'r *Brut* ac, fel arfer, diogelach yw pwyso ar ddefnyddiau prin y testun Lladin na thraethiad helaethach y *Brut*. Dyma gofnod, fodd bynnag, sydd yn ein rhwystro rhag dod yn rhy ebrwydd i'r farn fod meibion iau Owain Gwynedd erbyn oddeutu 1157, os nad cynt, yn dod i amlygrwydd yng ngweithgareddau milwrol Gwynedd, a'i gwleidyddiaeth efallai, ar draul Hywel ab Owain Gwynedd.

Colled fwy na phrinder cofnodion am weithgareddau milwrol yw'r diffyg gwybodaeth am agweddau eraill ar gyfrifoldeb a safle

Hywel yn y deyrnas. Rhaid sylwi yn arbennig nad oes, hyd y gellir barnu, cynifer ag un awgrym yn awdl Cynddelw fod gan Hywel lys neu diriogaeth benodol yn ei feddiant. Gorchestion milwrol yw defnydd y gerdd, ynghyd â'r cyfeiriadau anochel at haelioni Hywel wrth roddi nawdd. Ceir, y mae'n wir, gyfeiriad annelwig at Aberffraw,

> Cardd wrthryn i wrth Aberffraw,
> Canys teg teÿrnas iddaw[63]

ond y mae'n bur debyg mai'r deyrnas gyfan a olygir gan y cyfeiriad at y priflys. Cyfeiria Cynddelw at *gantref Emrais*, sef Arfon mae'n siŵr, a thrachefn at Arfon ei hun, ond gwneir y cyfeiriadau hyn yng nghyd-destun ymladd yn hytrach na llywodraeth gwlad. Cyfeirir hefyd at Aber fel man lle yr estynnir haelioni i luoedd, ond heb sicrwydd ynglŷn â pherthynas Hywel â'r fan.[64] Ni cheir iawn am y diffyg hwn yn llinellau Gorhoffedd Hywel ei hun ychwaith. Nid moethusrwydd llys sydd yn ennyn ei gariad at fan arbennig. Os rhydd y dystiolaeth yn gyffredinol le i gasglu y gallai Hywel fod wedi sicrhau gafael ar Feirionnydd yn dilyn alltudiaeth Cadwaladr, y man a enwir yn fwyaf penodol yn destun ei ymhyfrydu yw Cymer Deuddyfr, ond yno, fel yng ngweddill y gerdd, gogoniant naturiol y fro sydd yn ysbrydoli ei foliant.[65] Os cydnabod ei ddiolch i'w dad y mae wrth gyfeirio at y medd a ddaeth i'w ran,

> Caraf a'm rhoddes rhybuched medd
> Myn y dyhaedd mŷr, maith gywrysedd.[66]

y mae'n bur dawel am y modd yr enillodd ei gyfran am ei wasanaeth ar faes y gad. Wrth reswm, o ystyried natur y gerdd, ni ddylid disgwyl canllawiau hylaw ar gyfer ymdriniaeth hanesyddol â materion megis safle Hywel yn llywodraeth Gwynedd. Mwy anodd yw derbyn bod cyn lleied o gynhorthwy yn awdl Cynddelw, ond yn y cyswllt hwn, y mae gofyn galw i gof i gymaint graddau mewn cerddi i dywysogion eraill y mae'r gorchestion milwrol yn deol pob rhinwedd arall yng nghymeriad y gŵr a gyferchir, hyd yn oed yn y cerddi a genid maes o law yn foliant neu'n farwnad i neb llai na Llywelyn ap Iorwerth.[67] Y mae'r diffyg yn y ffynonellau prin sydd gennym yn golygu nad oes modd i ni gymaint â thrafod y cwestiwn i ba raddau, os o gwbl, yr oedd Hywel ab Owain Gwynedd wedi llwyddo i gadarnhau ei safle gogyfer â'r adeg argyfyngus pan fyddai gofyn penderfynu'r olyniaeth i'r deyrnas.

Y cyfan y mae'r dystiolaeth sydd gennym yn caniatáu inni ei gasglu ynglŷn â safle gymharol meibion Owain Gwynedd yn y deyrnas, yw bod Hywel yn arbennig o amlwg yng ngweithgarwch milwrol y cyfnod hyd at tua 1150 ond bod ei frodyr, neu o leiaf Cynan a Dafydd, yn rhannu'r amlygrwydd fwyfwy o hynny ymlaen, a chofio hefyd bod Cynan ar faes y gad mor gynnar â 1147. Efallai nad yw'r dystiolaeth ond yn adlewyrchu'r ffaith fod Hywel yn amlwg yn y blynyddoedd cynnar oherwydd ei fod yn hŷn na'i frodyr— dipyn yn hŷn na rhai ohonynt o bosibl—a bod y brodyr yn dod i amlygrwydd cynyddol gyda threigl y blynyddoedd. Rhaid cofio hefyd mai gwrthdaro milwrol yng Ngheredigion sydd amlycaf yn y blynyddoedd cynnar, a bod y dystiolaeth yn adlewyrchu pwyslais naturiol *Brut y Tywysogyon* ar hanes gwleidyddol y rhanbarth hwnnw. Nid oes cofnod hafal o ymgyrchoedd y blynyddoedd wedyn, a chan hynny nid oes modd dod i gasgliadau cadarn. O ran tystiolaeth ugain mlynedd olaf bywyd Hywel, ysywaeth, nid oes modd inni gasglu ai olynydd cydnabyddedig Owain Gwynedd, a gŵr a reolai'r deyrnas am dalm o amser wedi marw ei dad, oedd y tywysog a laddwyd ym mrwydr Pentraeth.[68] Rhaid ystyried pwnc yr olyniaeth i deyrnas Owain Gwynedd ymhellach o gyfeiriad gwahanol.

O ddyfod at y pwnc o safbwynt yr hyn sydd yn wybyddus inni o ran damcaniaeth ac arfer yr olyniaeth yng Ngwynedd, gellir gweld bod dwy ffaith yn codi yn anorfod mewn perthynas â Hywel. Ef oedd mab hynaf y tywysog ac yr oedd yn fab gordderch. Y mae ein hamgyffrediad o'r pwnc yn troi, i gryn raddau, ar berthnasedd y ddwy ffaith hon. I ba raddau y byddai'r naill yn pwyso o'i blaid, a'r llall yn ei erbyn yn amgylchiadau Gwynedd yn y ddeuddegfed ganrif? Y mae'r ffaith ein bod yn trafod yr ystyriaethau hyn mewn perthynas â thywysog unigol yn golygu ein bod yn derbyn y gellir ymwrthod â'r syniad y byddai rhannu teyrnas ar farwolaeth ei thywysog yn anorfod, a'n bod yn cydnabod mai nod llywodraethwr y deyrnas fyddai gwarchod ei hunoliaeth a'i hundod o'r naill genhedlaeth i'r llall. Try'r drafodaeth ar yr ystyriaethau a godai wrth benderfynu pwy a ddeuai yn etifedd y dreftadaeth gyfan. Nid oes sicrwydd y byddai'r mab hynaf yn cael olyniaeth ddidramgwydd yn rhinwedd ei safle fel y cyntafanedig ymhlith meibion tywysog yn unig. Yn hytrach, byddai olynydd yn cael ei ddewis, os gellir dibynnu ar y ddysgeidiaeth a drysorir yn llyfrau cyfraith Gwynedd, o blith 'aelodau brenin' y deyrnas, ac yn rhodd y brenin y byddai'r dewis hwnnw.[69] Pan wnaed dewis, byddai gan y mab hynaf, fe ddichon, beth mantais ar dir egwyddor, ond fe allai fod ganddo fantais hefyd oherwydd y byddai yn debyg o fod wedi cael cyfle gwell na'i frodyr iau i'w sefydlu ei hun yn ail i'r brenin yn llys y deyrnas. Yn achos Hywel, fodd bynnag, a fyddai'r ffaith ei fod yn fab gordderch yn pwyso yn ei erbyn gan nacáu'r fantais o fod yn gyntafanedig?

Nid oes arweiniad penodol ar y pwnc hwn yn nhystiolaeth llinach Gwynedd hyd nes i Lywelyn ap Iorwerth ym 1220 ordeinio mai ei fab Dafydd a'i dilynai yn dywysog Gwynedd yn hytrach na Gruffudd. Nid amcan yr ordeiniad hwn oedd datgan na fyddid bellach yn rhannu'r deyrnas rhwng meibion ond, yn hytrach, cyhoeddi bod teyrnas Gwynedd yn mabwysiadu yn ffurfiol, am y tro cyntaf yn hanes y llinach, yr egwyddor y câi mab o briodas flaenoriaeth ar fab gordderch wrth ddewis yr etifedd unigol i'r deyrnas.[70] Os hwn oedd y datganiad ffurfiol cyntaf i'r perwyl hwn, a oes unrhyw duedd i'r cyfeiriad hwn i'w dirnad yn hanes y deyrnas cyn hyn? Yn Neheubarth, gellir synhwyro bod ymgais wedi ei gwneud yn y blynyddoedd cyn marwolaeth Rhys ap Gruffudd ym 1197 i ddiogelu olyniaeth Gruffudd ap Rhys, mab iau ond mab o briodas, ar draul Maelgwn ap Rhys, mab hynaf ond mab gordderch. Am beth amser cyn marw Rhys, fodd bynnag, bu'r dewis hwn yn destun ymrafael yn y llinach.[71] Ymddengys yn llai tebygol, o'r dystiolaeth sydd gennym, fod yr un ystyriaeth wedi codi, neu o'r hyn lleiaf, wedi dod yn egwyddor gydnabyddedig yng Ngwynedd ym mlynyddoedd Owain Gwynedd. Ar yr un pryd, y mae'n gwbl debygol, erbyn ail hanner y ddeuddegfed ganrif, o ystyried y duedd yn arfer gwledydd y gorllewin, y byddai ymgeisydd a oedd yn fab o briodas wedi defnyddio'r ffaith honno yn arf i geisio sefydlu ei flaenoriaeth dros frawd nad oedd yn fab o briodas.

Y mae'r ffaith ein bod yn sylwi ar ystyriaeth a allai godi ym meddwl ymgeisydd unigol am yr olyniaeth yn golygu cydnabod y gallai ymgiprys ymhlith brodyr yn ogystal ag ewyllys y brenin ei hun gogyfer â'r dyfodol fod yn elfennau yn y modd y penderfynid yr olyniaeth. Ymddengys, yn wir, fod peth ymrafael ynglŷn â'r olyniaeth i deyrnas Gwynedd wedi codi cyn marw Owain Gwynedd, os gellir pwyso ar dystiolaeth Gerallt Gymro. Mynna i feibion Owain, hyd yn oed pan oedd yn ei ingoedd olaf, yn eu huchelgais wrthnysig i lywodraethu ('pravo dominandi ambitu'), wrthod parchu y rhwymau sydd rhwng brodyr.[72] Yna, ar ôl marw Owain—yn bur fuan ar ôl ei farw, o bosibl—

syrthiodd Hywel ab Owain o flaen ymosodiad o du Dafydd ab Owain a Rhodri ab Owain, meibion Cristin, gwraig Owain Gwynedd. Un peth sicr, felly, yw bod Hywel wedi ei ladd am ei fod yn sefyll yn ffordd amcanion Dafydd a Rhodri, ac awgryma hyn yn gryf iawn fod y brodyr yn ymosod ar ŵr a gawsai, o'r dechrau, afael ar lywodraeth Gwynedd, a hynny ar Wynedd yn ei chrynswth.

Coffeir lladd Hywel ab Owain gan ei frawd Dafydd ab Owain yng nghofnod byr *Brut y Tywysogyon* ar gyfer y flwyddyn 1170 ac, yn y cofnod Lladin cyfatebol, nodir marwolaeth Owain a Chadwaladr ac yna lladd Hywel gan deulu ei frawd Dafydd.[73] Yr unig dystiolaeth fewnol o Wynedd i'r digwyddiad hwn yw'r ddwy gyfres o englynion a ganodd Peryf ap Cedifor i Hywel ab Owain ac i feibion Cedifor yn dilyn y gyflafan 'ger y pant uch Pentraeth' neu y 'penrhyn uch Penrhos', mannau ar Ynys Môn a gysylltir â Phentraeth yng nghwmwd Dindaethwy.[74] Cerddi o waith brawd maeth Hywel yw'r rhain, a lladdwyd pedwar neu bump neu chwech o frodyr Peryf, sef meibion Cedifor, pob un yn frawd maeth i'r tywysog, yn y frwydr neu wedyn.[75] Cyflea'r englynion ing y bardd o golli, ynghyd â'i frodyr ei hun, 'mab brenin gwyn Gwynedd', ond anodd yw dirnad awgrym clir o safle'r tywysog a syrthiodd. Deirgwaith, serch hynny, defnyddir y gair 'hawl' wrth gyfeirio at Hywel, a hynny mewn modd pur awgrymog: cyfeirir at 'hawl Echel', ond, hefyd, ac yn fwy ystyrlon, at 'hawl amddyfrwys' (hawl gadarn) a 'hawl diachor' (hawl anorthrech). Nid oes modd mynnu, â sicrwydd llwyr, fod y bardd yn coffáu lladd tywysog Gwynedd, ond y mae'r geiriad yn dod yn bur agos at gyfleu mai dyna arwyddocâd trychinebus y ffaith

> Bod mab brenin gwyn Gwynedd
> Yn gorwedd yn yr aerfa.

Byddai darllen yr englynion yn y modd hwn yn gyson â'r awgrym cryf sydd yn y ffaith, fel y sylwyd eisoes, fod Dafydd a Rhodri gyda'i gilydd wedi barnu ei bod yn rheidrwydd arnynt ddifetha'r gŵr a safai rhyngddynt hwy a'u nod, ac awgryma hynny mai ei lwyddiant yn sicrhau'r olyniaeth i deyrnas Gwynedd a barodd iddynt weithredu.

Esgorodd lladd Hywel ab Owain ar ymrafael ymhlith ei garennydd a oedd i barhau am genhedlaeth gyfan. Gellir dehongli blynyddoedd cyntaf y gwrthdaro fel gornest am yr olyniaeth i'r deyrnas yn ei chrynswth, ond er i Ddafydd ab Owain i ddechrau, a Rhodri ab

Owain wedyn, sicrhau goruchafiaeth dros ran helaeth o'r deyrnas, ni chafodd yr un o feibion Owain Gwynedd fuddugoliaeth lwyr na pharhaol dros ei frodyr. Heb ddyfarniad diamwys o blaid yr un ohonynt drwy gytundeb na grym gorfodaeth, daeth y brodyr, y naill ar ôl y llall, i dderbyn cyfaddawd a olygai fod Gwynedd yn ymddatod yn endidau tiriogaethol lle y gweinyddid arglwyddiaeth annibynnol. Cynrychiolir yr awdurdod hwnnw gan y cestyll a godwyd yn rhannau'r deyrnas. Fe'i hadlewyrchir hefyd yn y siarteri a estynnai'r tywysogion i fynachlogydd y Sistersiaid.[76] Nid cyn i Lywelyn ap Iorwerth, mab Iorwerth Drwyndwn ab Owain Gwynedd, sicrhau meddiant llwyr ar y deyrnas yn ei chrynswth ym mlynyddoedd olaf y ddeuddegfed ganrif y gellid dweud bod terfyn cadarn ar ornest wleidyddol a ddechreuodd, nid gyda marw Owain Gwynedd efallai, ond gyda lladd Hywel ab Owain Gwynedd.

Hyd y gwyddys, ni ddaeth neb o linach Hywel ab Owain Gwynedd i gynrychioli ei hawl ar dreftadaeth Gwynedd yn yr ornest am oruchafiaeth a ddilynodd ei ladd, nac i fynnu cyfran o'r dreftadaeth pan ddaethpwyd i gyfaddawdu a rhannu awdurdod arglwyddiaethol ymhlith y brodyr. Ni ellir dweud ychwaith i neb o'i linach ddod i amlygrwydd yng ngweinyddiad Gwynedd yn y cenedlaethau canlynol. Cyfansoddodd Llywarch Brydydd y Moch ddilyniant o englynion marwnad i ŵr a enwir yng nghorff y gerdd yn Ruffudd ap Hywel, a chaiff ei adnabod yn y pennawd i'r gerdd yn Llawysgrif Hendregadredd fel Gruffudd ab Hywel ab Owain.[77] Cyfeirir ato fel 'Gwyndyd berchen' ac, er nad oes arwyddion yn y gerdd y gellir pwyso arnynt i sicrwydd wrth geisio ei adnabod, ymddengys yn bur debyg mai mab Hywel ab Owain Gwynedd oedd y gŵr hwn a enillodd glod mawr y bardd yn rhinwedd ei ddewrder a'i arweiniad mewn rhyfel. Nid enwir Gruffudd yn yr achau, ond ceir yn eu plith linach yn deillio o Gaswallon ap Hywel ab Owain Gwynedd, a digwydd enwau rhai o aelodau'r llinach hon yng nghwmwd Talybolion ym Môn yn stent 1352.[78] Rhestrir yn nhreflan (*villa*) Trefadog, yn un o dri gwely yn y dreflan, wely ar enw mab Caswallon ap Hywel ab Owain Gwynedd, sef Gwely Llywelyn ap Caswallon. Yn nhref Llanfigel ceir dau wely yn dwyn enwau wyrion Caswallon, sef Gwely Gruffudd ap Llywelyn a Gwely Maredudd ap Llywelyn.[79] Nid oes modd canfod i sicrwydd ddisgynyddion iddynt ymhlith etifeddion y gwelyau ym 1352, ond nodir bod yno dir siêd a fuasai'n rhan o dir Gwely Gruffudd ap Llywelyn ac a fu gynt yn eiddo Maredudd Benhir, gŵr a enwir yn yr achau fel mab Maredudd ap

Llywelyn.[80] Tameidiog yw'r dystiolaeth, ond mae digon i sefydlu bod disgynyddion Hywel ab Owain Gwynedd wedi ymgymhwyso i'r amgylchiadau newydd a ddaethai i ran y llinach pan y'i lladdwyd ef, ond heb awgrymu iddynt ddod i safle arbennig ymhlith eu cydbriodorion.

Gwnaeth etifeddion Rhodri ab Owain Gwynedd yr un modd ond bod y dystiolaeth yn cyfleu gwell amcan o'r hyn a olygai'r ymgymhwyso yn eu hachos hwy. Gellir adnabod Gruffudd ap Rhodri ymhlith y gwŷr a wasanaethai Llywelyn ap Iorwerth, ac os na adawodd ei frawd, Thomas ap Rhodri, ei ôl yn y dogfennau, ac os na wnaeth ei fab yntau, Caradog ap Thomas, hynny ond i ryw raddau, daeth mab hwnnw, Einion ap Caradog, i gryn amlygrwydd yn rhinwedd ei wasanaeth ymhlith gweinidogion Llywelyn ap Gruffudd.[81] Gellir gweld y llinach hon yn derbyn safle yn y deyrnas a benderfynid, fel y mae'r testunau cyfraith yn cyfleu, nid gan y lle a gawsant yn y llys yn rhinwedd y ffaith eu bod ymhlith yr 'aelodau brenin' ond, yn hytrach, gan y tir a estynnid iddynt gan y brenin.[82] Ymddengys i Gadwaladr ap Gruffudd ddod i dderbyn y drefn hon wedi'r gwrthsafiad cynharach, gan fod y dystiolaeth wleidyddol yn dangos iddo ddod i gydweithredu â'i frawd Owain Gwynedd.[83] Byddai eu cyd-ddealltwriaeth yn seiliedig, y mae'n bur debyg, ar barodrwydd Cadwaladr i dderbyn ystad yr oedd ei frawd mewn sefyllfa i'w hestyn iddo yn rhinwedd ei arglwyddiaeth gydnabyddedig ar y deyrnas. Nid enillodd neb o'i linach le blaenllaw yng ngweinyddiad Gwynedd hafal i eiddo Einion ap Caradog, serch i Risiart ap Cadwaladr, gŵr y cyfeirir ato fel rhaglaw cwmwd Dinllaen, fod ymhlith gwasanaethwyr Llywelyn ap Iorwerth ac yn dyst i ddogfennau o'i eiddo. Daeth ei fab, Maredudd ap Rhisiart (ŵyr Cadwaladr) i'r un oruchwyliaeth ond wedyn, yn ystod ysbaid fer yn y cyfnod 1246-50, ymddengys iddo wneud ymgais, drwy apêl at awdurdod brenin Lloegr i hawlio cyfran o Wynedd yn erbyn Llywelyn ap Gruffudd. Methiant fu ei ymdrech ac enciliodd yn llwyr yn bur ddisymwth.[84] Ni ddaeth neb o linach Hywel, hyd y gwyddys, i hawlio awdurdod tywysogaethol yng Ngwynedd nac i gymryd rhan flaenllaw yng ngweinyddiad y deyrnas. Hwyrach y gellid dweud mai traddodiad llenyddol Cymru, yn hytrach na'i thraddodiad gwleidyddol, a gadwodd gof am gyfran Hywel ab Owain Gwynedd yn hanes ei genedl.

Nodiadau

1. Ceir crynodeb o hanes ei fywyd yn *ByCy* 381; *GLlF* 103–12 ac yn ysgrif Huw Pryce ar Owain Gwynedd yn *Oxford Dictionary of National Biography* (Rhydychen, 2004).
2. Gw. Atodiad A isod; *EWGT* 97; *WG1* 3.445 (Gruffudd ap Cynan 3). Nid yw'r ffynonellau hyn yn cyfleu mai Hywel oedd mab hynaf Owain.
3. *Historia Gruffud vab Kenan*, gol. D. S. Evans (Caerdydd, 1977), 30–1.
4. Gellir olrhain y camau yn lledaeniad awdurdod Gwynedd yn *HW* ii. 462–9, 487–500, 514–20; *HistMer* ii. 10–13.
5. Ar deyrnasiad y ddau frenin yn eu perthynas â Chymru, gw. D. Crouch, *The Reign of King Stephen 1135–1154* (Harlow, 2000), 54–9; idem, 'The March and the Welsh Kings' yn *The Anarchy of King Stephen's Reign*, gol. E. King (Rhydychen, 1994), 255–89; W. L. Warren, *Henry II* (Llundain, 1973), 153–69; *CCC* 45–55; ceir dehongliad cynnar a dylanwadol gan J. E. Lloyd yn *HW* ii. 469–80, 487–505.
6. *HW* ii. 491–5; am drafodaeth yn dangos nad Yr Wyddgrug, yng ngogledd-ddwyrain Cymru, oedd y castell a syrthiodd lluoedd Owain Gwynedd ym 1146, gw. t. 68 a n. 29.
7. *BT (Pen 20)* 100; *BT (Pen 20 cyf)* 58; *BT (RB)* 130. Ni ellir derbyn barn Crouch, *King Stephen*, 140–41, 246, fod Cadwaladr yn frenin Gwynedd ar y cyd â'i frawd Owain.
8. Am arfer yr olyniaeth, gw. J. B. Smith, 'Dynastic Succession in Medieval Wales', *B* 33 (1986), 199–232.
9. Smith, 'Dynastic Succession'; J. B. Smith, *Llywelyn ap Gruffudd, Tywysog Cymru* (Caerdydd, 1986), 6–10; J. B. Smith, *Llywelyn ap Gruffudd, Prince of Wales* (Caerdydd, 1998), 8–12. Ar Loegr, gw. R. Bartlett, *England under the Norman and Angevin Kings 1075–1225* (Rhydychen, 2000), 4–11.
10. Y mae'r ymrafael ym Mhowys ar ôl marw Madog ap Maredudd ym 1160 yn enghraifft o ymgiprys ymhlith aelodau o gylch tylwythol o bedair cenhedlaeth, sef disgynyddion Maredudd ap Bleddyn ap Cynfyn. Gw. Smith, 'Dynastic Succession', 210–12. Ar ymdriniaeth bellach â thystiolaeth Cynddelw, gw. R. Geraint Gruffydd, 'Cynddelw Brydydd Mawr and the Partition of Powys', *SC* 38 (2004), 97–106.
11. Ar hanfod sefyllfa Meirionnydd, gw. *HistMer* ii. 15.
12. Gwahaniaethir rhwng safle Cadwaladr fel tywysog yn dal treftadaeth ym Meirionnydd a *conquête* yng Ngheredigion yn Smith, 'Dynastic Succession', 216–17.
13. Dyna'r cywair a drewir yn *HW* ii. 470 wrth ddarlunio dechreuad yr 'adferiad cenedlaethol'. Ymgais ar y cyd rhwng Owain a Chadwaladr yw'r darlun a rydd *Brut y Twysyogyon* o'r rhyfela yng Ngheredigion ym 1135–7, gan enwi'r cestyll niferus a syrthiodd (*BT (Pen 20)* 88–9; *BT (Pen 20 cyf)* 51–2; *BT (RB)* 112–17).
14. *BT (Pen 20)* 90; *BT (Pen 20 cyf)* 53; *BT (RB)* 118–19 (1143).
15. *HW* ii. 469–75; Crouch, 'The March and the Welsh Kings', 256–60. Prin fod llywodraethwyr Cymru mewn sefyllfa i farnu a fyddai arglwyddi'r gororau yn aros yn amddifad o gynhorthwy o du'r Brenin Steffan.
16. Gw. isod tt. 69–70.

17 BT (Pen 20) 90; BT (Pen 20 cyf) 53; BT (RB) 118–19.
18 Gw. cofnod 1 yn Atodiad C isod (BT (Pen 20) 90; BT (Pen 20 cyf) 53; BT (RB) 118–19).
19 *The Acts of the Welsh Rulers 1120–1283*, gol. Huw Pryce (Caerdydd, 2005), rh. 197, gyda'r dyddiad 1140×1152 neu 1157×12 Awst 1161; *Cartulary of Haughmond Abbey*, gol. U. Rees (Caerdydd, 1985), rh. 784 gyda'r dyddiad 1141×1143. Yn *HW* ii. 491, tybir mai merch Richard fitz Gilbert de Clare oedd Alis, a nith Ranulf, merch nad oes cyfeiriad arall ati; dadleuir yn *Acts of the Welsh Rulers*, gan awgrymu bod y ffurf Aliz yn deillio o Alizia yn hytrach nag Alicia, mai gweddw Richard a chwaer Ranulf ydoedd, ac iddi gael lloches gyda'i brawd ar ôl marwolaeth ei gŵr ym 1136.
20 Crouch, 'The March and the Welsh Kings', 277, yn dilyn *Liber Eliensis*, gol. E. O. Blake (Camden Society, y 3edd gyfres, xcii, 1962), 321; Orderic Vitalis, *The Ecclesiastical History*, gol. M. Chibnall (6 chyf., Rhydychen, 1969–80), vi. 536. Am 'Maredudd', gw. t. 68 a n. 31.
21 Honna Crouch ('The March and the Welsh Kings', 277–8 a *King Stephen*, 228) fod Ranulf mewn cynghrair â Gwynedd, hynny yw, gydag Owain, ond nid yw hynny'n debygol. Awgryma'r dystiolaeth yn gryf mai gweithredu ar ei gyfrifoldeb ei hun, ac ar waethaf Owain, yr oedd Cadwaladr: gw. isod.
22 Erbyn 1155–7 derbyniai Cadwaladr dir gwerth £7 y flwyddyn yn Ness, Swydd Amwythig, ond fe'i trosglwyddwyd i arall ym 1157 pan ymrwymodd Owain Gwynedd, yn unol ag amodau ei gytundeb â Harri II, i ddychwelyd i Gadwaladr ei diroedd yng Ngwynedd. Gw. *The Great Roll of the Pipe for the Second, Third and Fourth Years of the Reign of Henry the Second A.D. 1155–6, 1156–7, 1157–8* (Llundain, 1844; ailgyhoeddwyd 1931), 43, 88).
23 Gellir cyfeirio, er enghraifft, at gysylltiadau Dafydd ab Owain â choron Lloegr.
24 BT (Pen 20) 90; BT (Pen 20 cyf) 53; BT (RB) 118–19 (1144).
25 Am dir Cadwaladr yn Llŷn, gw. uchod n. 19, ac am safle ei fab Rhisiart fel rhaglaw Dinllaen, gw. uchod t. 81.
26 Gw. uchod tt. 73–5.
27 Gw. cofnod 4 yn Atodiad C isod (BT (Pen 20) 96–7; BT (Pen 20 cyf) 56; BT (RB) 126–7); *HistMer* ii. 14.
28 *Gesta Stephani*, gol. K. R. Potter ac R. H. C. Davis (Rhydychen, 1976), 192–5; *Annales Cestrienses*, gol. R. C. Christie (Record Society of Lancashire and Cheshire, 1887), 21; gw. Crouch, 'The March and the Welsh Kings', 278; Crouch, *King Stephen*, 228–9; H. A. Cronne, 'Ranulf de Gernos, Earl of Chester 1129–1153', *Transactions of the Royal Historical Society*, 4edd gyfres, 20 (1937), 103–34 (125–7).
29 J. B. Smith, 'Owain Gwynedd', *Trafodion Cymdeithas Hanes Sir Gaernarfon*, 32 (1971), 8–17 (10–11); J. B. Smith, 'Castell Gwyddgrug', *B* 31 (1974–6), 74–7.
30 *Charters of the Anglo-Norman Earls of Chester*, gol. G. Barraclough (Record Society of Lancashire and Cheshire, 1988), rh. 28, 64, 84–5.
31 Orderic Vitalis, *Ecclesiastical History*, vi. 542 ('duo fratres, Mariadoth et Kaladrius'); *GMB* 7.120. Gw. Gruffydd Aled Williams, 'Welsh Raiding in the Twelfth-century Shropshire/Cheshire March: the Case of Owain

Cyfeiliog', *Studia Celtica*, 40 (2006), 89–115, yn arbennig t. 96 a n. 45, lle sylwir nad oes angen dilyn awgrym Crouch mai Maredudd, mab hynaf Cadwaladr oedd 'Mariadoth' yn 'The March and the Welsh Kings', 277 n.53; *idem, King Stephen*, 142.

[32] Gw. uchod tt. 72–3.

[33] Gw. llau. 90–7 yn Atodiad Ch isod (*GCBM* ii. 6.90–7). Cyfeirir at Forfran gyda chyfeiriad pellach at weithgareddau rhyfel a all olygu ymgyrch 1147 ond heb enwi Hywel a Chynan yng nghanu Llywelyn Fardd i Gadfan Sant, *GLlF* 1.60, 71–9.

[34] Gw. cofnod 1 yn Atodiad C isod; *BT (Pen 20)* 90–1; *BT (Pen 20 cyf)* 53; *BT (RB)* 118–19.

[35] *GCBM* ii. 6.112–15; cofnod 2 yn Atodiad C isod; *BT (Pen 20)* 90–1; *BT (Pen 20 cyf)* 53; *BT (RB)* 118–19.

[36] Gw. cofnod 2 yn Atodiad C isod; *BT (Pen 20)* 92–3; *BT (Pen 20 cyf)* 54; *BT (RB)* 120–1; Crouch, *King Stephen*, 244.

[37] *BT (Pen 20)* 92; *BT (Pen 20 cyf)* 54; *BT (RB)* 120–1. Castell Llansteffan a enwir yn nhestunau'r *Brut*, ond gweler y nodiadau i'r ddau destun; *HW* ii. 476; D. Crouch, 'The Earliest Original Charter of a Welsh King', *B* 36 (1989), 124–31; *Acts of the Welsh Rulers*, rh. 22 (siarter yn cyflwyno eglwys 'St Pedr ym Mabwynion', sef eglwys Llanbedr Pont Steffan, i Briordy Totnes).

[38] Gw. cofnod 4 yn Atodiad C isod; *BT (Pen 20)* 95–6; *BT (Pen 20 cyf)* 55–6; *BT (RB)* 124–5. Dyfynnir o *BT (RB)*.

[39] *AC* 44.

[40] Gw. llau. 54–7 yn Atodiad Ch isod; *GCBM* ii. 6.54–7.

[41] *BT (Pen 20)* 98; *BT (Pen 20 cyf)* 57; *BT (RB)* 128–9. Ar enciliad gwŷr Gwynedd, gw. J. E. Lloyd, *The Story of Ceredigion 400–1277* (Caerdydd, 1937), 58–60.

[42] Gw. cofnod 5 yn Atodiad C isod; *BT (Pen 20)* 98; *BT (Pen 20 cyf)* 57; *BT (RB)* 128–9 (1150).

[43] Gw. cofnod 6 yn Atodiad C isod; *BT (Pen 20)* 99; *BT (Pen 20 cyf)* 57; *BT (RB)* 130–1. Y mae'n siŵr mai Castell Gwallter (OS SN622868) oedd hwn. Awgryma Lloyd, *Story of Ceredigion*, 59, nad Castell Gwallter mohono ond castell 'situated near the place which now bears the name of Pengwern'. Dilynwyd ef gan W. J. Hemp, *Archaeologia Cambrensis*, 99 (1946–7), 156, lle y cyfeirir at 'another Lanfihangel'. Nid yw Egerton Phillmore, *OP* iv. 156, yn gwahaniaethu rhwng dau gastell ond derbynia mai Castell Gwallter, a saif hanner milltir i'r gogledd o'r pentref a elwid o hyd yn Pen-y-wern, yw'r castell a ddisgrifir ym 1150 fel un 'ym Pen Gwern yn Llan Vihagel'. Hwn hefyd, meddai Phillimore, oedd Castell Peneddig: gw. nodyn *BT (Pen 20 cyf)* 57.28n; D. J. C. King, *Castellarium Anglicanum* (Llundain, 1983), 45.

[44] Gw. cofnod 6 yn Atodiad C isod; *BT (Pen 20)* 99; *BT (Pen 20 cyf)* 57; *BT (RB)* 130–1; gw. *BT (Pen 20 cyf)* 57.39n.

[45] Cofnod 7 yn Atodiad C; *BT (Pen 20)* 100; *BT (Pen 20 cyf)* 58; *BT (RB)* 130–1.

[46] Cofnod 9 yn Atodiad C; *BT (Pen 20)* 106–7; *BT (Pen 20 cyf)* 61; *BT (RB)* 140–1; gw. nodyn *BT (Pen 20 cyf)* 61.24 yn dyfynnu J. E. Lloyd, 'Cefn Rhestr Main', *B* 7 (1933–5), 39.

47 *GLIF* 24.32–7, lle yr enwir y pum iarll; gw. 24.32n.
48 *HW* ii. 492–5; Williams, 'Welsh raiding', 96–8, 104.
49 Gw. 8.3–8 yn Atodiad A isod.
50 Gw. llau. 254–5 yn Atodiad Ch isod.
51 *GCBM* ii. 6.146–7.
52 *BT (Pen 20)* 98–9; *BT (Pen 20 cyf)* 57; *BT (RB)* 128–9; *HW* ii. 494–5.
53 *BT (Pen 20)* 102–3; *BT (Pen 20 cyf)* 59; *BT (RB)* 134–7; *HW* ii. 497–8.
54 *BT (Pen 20)* 110–11; *BT (Pen 20 cyf)* 63–4; *BT (RB)* 144–7; *HW* ii. 515–18.
55 Atodiad A 9.5–7.
56 Atodiad A 9.1–2; *HW* ii. 497–8; Warren, *Henry II*, 161–2; am *Coet Gorvynwy*, gw. *GLIF* 13.5n. Ceir ymdriniaethau manwl â man ac amgylchiadau'r brwydro yn *HW* ii. 497–8; D. J. Cathcart King, 'Henry II and the Fight at Coleshill', *CHC* ii (1965), 367–73; J. G. Edwards, 'Henry II and the Fight at Coleshill: Some Further Reflections', iii (1967), 251–63 (lle yr awgrymir lleoliad yng nghoed Penarlâg yng nghwmwd Cwnsyllt); gw. *GMB* 9.42n.
57 Atodiad A 8.9–12.
58 *AC* 47; *BT (Pen 20)* 103; *BT (Pen 20 cyf)* 59–60; *BT (RB)* 134–6; *Giraldi Cambrensis Opera*, gol. J. S. Brewer, J. F. Dimock a G. F. Warner (8 cyf., Rolls Series, Llundain, 1861–91), vi. 130 (*Itinerarium Kambriae* II.vii). Ar baratoad y llynges, gw. *The Chronicle of Robert of Torigny, Chronicles of the Reigns of Stephen, Henry II and Richard I*, gol. R. Howlett (Llundain, 1889), 193.
59 *GMB* 8.42; 'O Oes Gwrtheyrn', *The Texts of the Brut from the Red Book of Hergest*, gol. J. Rhŷs a J. G. Evans (Rhydychen, 1890), 405. Ar frwydr Tal Moelfre gw. *GMB* 8.42n lle y nodir bod J. E. Lloyd yn *HW* ii. 497–9 yn lleoli'r frwydr ger Moelfre, serch y sylwir bod cyfeiriad Gwalchmai 'Menei heb drei' yn gyson â'r lleoliad ar lannau deheuol Ynys Môn a argymhellir gan Egerton Phillimore, sef Tan-y-foel ar lan Afon Menai ym Mhlwyf Llangeinwen. Cyfeirir at y lleoliad hwn mewn ymdriniaeth â brwydr 1157 yn A. D. Carr, *Medieval Anglesey* (Llangefni, 1982), 44.
60 Yng Nghronicl Robert o Torigni, dywedir mai tua Gŵyl Sant Ioan Fedyddiwr (24 Mehefin) y dechreuodd y brenin baratoi ar gyfer ei ymgyrch yng Nghymru (gw. *The Chronicle of Robert of Torigni*, 193); yng nghronicl Gervase o Gaer-gaint, nodir mai ar ôl i gyngor Northampton wneud penderfyniad arbennig ar 17 Gorffennaf y dechreuodd y brenin ar ei ffordd i Gaer gogyfer â'r ymgyrch (gw. Gervase of Canterbury, *The Chronicle of the Reigns of Stephen, Henry II and Richard I*, gol. W. Stubbs (Llundain, 1879–80), i. 165). Sylwir ar y dyddiad hwn gan J. E. Lloyd (*HW* ii. 496). Ni fuasai'r ymgyrch wedi dechrau am rai dyddiau wedyn. Sylwodd Egerton Phillimore (*OP* iv. 714–15) ar y drafferth a rydd dyddiad ym Mai mewn perthynas â'r gwrthdaro ar Fenai, a chodi'r cwestiwn ai cyfeiriad sydd yma at wrthdaro Abermenai ym 1144 yn hytrach na Thal Moelfre ym 1157. Y mae hyn yn ei dro yn peri iddo amau ai at Ruddlan ar lan Afon Clwyd y mae Hywel yn cyfeirio yn y gerdd; cyfyd y cwestiwn ai enw cyffredin a fwriedid neu, os enw priod sydd yma, a yw'n golygu lle arall o'r un enw, a chyfeiria at fan o'r enw Rhuddlan ar ffin plwyfi Llanddyfnan a Llanfair Mathafarn Eithaf. Byddai dilyn yr ymresymiad hwn yn rhoi esboniad ar y gerdd na ellir, ar hyn o bryd, gael ei hafal mewn unrhyw fodd arall.

61 *BT (Pen 20)* 102–3; *BT (Pen 20 cyf)* 59, 63; *BT (RB)* 134–5, 144–7.
62 Gw. cofnod 8 yn Atodiad C isod (*AC* 46).
63 Atodiad Ch, llau. 80–1.
64 Atodiad Ch, llau. 242, 244, 248.
65 *GLlF* 6.33 a gw. y nodyn.
66 Atodiad A 6.5–6; gw. M. Haycock, 'Medd a mêl farddoni' yn *BaTh* 44.
67 Sylwer bod Cynddelw yn cyfarch Hywel ab Owain fel 'rhi' a 'brenin'. Gall y termau hyn fod o arwyddocâd mewn perthynas â safle Hywel yn ystod yr adeg yn dilyn marwolaeth ei dad pan ddaeth, y mae'n bur debyg, yn llywodraethwr Gwynedd ond y maent yn llai o gymorth with inni geisio dirnad ei safle yn y deyrnas tra roedd Owain byw. Gw. T. M. Charles-Edwards a Nerys Ann Jones, '*Breintiau Gwŷr Powys*: the Liberties of the Men of Powys' yn *WKC* 195–6.
68 Awgrymir yn 'O Oes Gwrtheyrn' (gw. uchod n. 59), mai adeg Gŵyl Clemens (23 Tachwedd) y bu Owain farw. Y mae hyn yn gyson â geiriad y *Brut* mai ar 'ddiwedd y flwyddyn' (1170) y digwyddodd hynny (*BT (Pen 20)* 115; *BT (Pen 20 cyf)* 65; *BT (RB)* 150). Y mae'r *Brut* yn priodoli lladd Hywel i'r un flwyddyn ond nid oes sicrwydd pryd y mae'r croniclydd yn gosod diwedd y flwyddyn a gall y flwyddyn newydd ddechrau o 25 Mawrth. (Ar gronoleg y *Brut* gw. *BT (Pen 20)* lxiv–lxv, lxxi.) Gallai teyrnasiad Hywel fod wedi ymestyn o ddiwedd Tachwedd 1170 am gyfnod o rywbeth rhwng mis a phedwar mis.
69 Adlewyrchir yn yr ymdriniaeth hon y drafodaeth yn Smith, 'Dynastic Succession', 199–232.
70 Smith, 'Dynastic Succession', 218–19; Smith, *Llywelyn ap Gruffudd* (1986), 10–12; Smith, *Llywelyn ap Gruffudd* (1998), 12–14.
71 Smith, 'Dynastic Succession', 212–13.
72 *Giraldi Cambrensis Opera*, vi. 134 (*Itinerarium Kambriae* II, 8); *GG* 137.
73 *BT (Pen 20)* 115; *BT (Pen 20 cyf)* 65; *BT (RB)* 150–1; *AC* 53 (collwyd berf megis 'obiunt' rhwng y cyfeiriad at Owain a Chadwaladr a'r cyfeiriad at ladd Hywel).
74 Gw. Atodiad D isod. Trafodir amgylchiadau'r lladd yn *GLlF* tt. 336, 353. Am y 'pant uch Pentraeth', gw. *GLlF* 19.14n a *HW* ii. 549n. Am y 'penrhyn uch Penrhos', gw. *GLlF* 21.6n lle y nodir awgrym Ifor Williams ('Marwnad Hywel ab Owain Gwynedd', *AAST*, 1923, 51–3) y gallai Penrhos gyfeirio at Benrhosllugwy, rhyw bum milltir i'r gogledd o Bentraeth, ond gellir nodi hefyd fod Penrhyn yn enw ar fferm i'r gorllewin o Bentraeth gyda rhostir gerllaw (OS SH504777).
75 Am Cedifor, efallai Cedifor Wyddel, gw. *GLlF* t. 335.
76 Smith, 'Dynastic Succession', 215; Smith, *Llywelyn ap Gruffudd* (1986), 9–10; Smith, *Llywelyn ap Gruffudd* (1998), 11–12; *HistMer* ii. 17–21.
77 *GLlLl* cerdd 16; gw. Smith, 'Dynastic Succession', 217.
78 *WG1* 3.452 (Gruffudd ap Cynan 10).
79 *RecCaern* 57–8; A. D. Carr, 'The Extent of Anglesey, 1352', *AAST*, 1971–2, 195–7.
80 *RecCaern* 55; Carr, 'Extent of Anglesey', 190, a gw. Carr, *Medieval Anglesey*, 197 n. 2. Ceir peth anhawster wrth ddefnyddio'r ach oherwydd ymddengys fod rhai cenedlaethau ar goll. Y mae'n siŵr fod bwlch o fwy na phedair

cenhedlaeth rhwng Hywel ab Owain a Maredudd Benhir os daeth tir Maredudd yn siêd ychydig cyn 1352.

[81] D. Stephenson, *The Governance of Gwynedd* (Caerdydd, 1984), 115–19; Smith, *Llywelyn ap Gruffudd* (1986), 226; Smith, *Llywelyn ap Gruffudd* (1998), 314.

[82] Smith, 'Dynastic Succession', 205–6.

[83] Er enghraifft, yr oedd Cadwaladr a Hywel gyda'i gilydd ar yr ymgyrch yng Nghefn Rhestr Main mor gynnar â 1159, a cheir cyfeiriadau i'r un perwyl wedyn, megis presenoldeb Cadwaladr gydag Owain yn gwrthsefyll Harri II ym 1165; gw. uchod tt. 72–3.

[84] Stephenson, *Governance of Gwynedd*, 148–50, 217–18; Smith, *Llywelyn ap Gruffudd* (1986), 54; Smith, *Llywelyn ap Gruffudd* (1998), 57–8.

3

Canu Serch Hywel ab Owain Gwynedd

Huw Meirion Edwards

Y mae'r cerddi serch a briodolir i Hywel ab Owain Gwynedd[1] ymhlith y cerddi cynharaf yn y Gymraeg i ferched a gwragedd. Bron ganrif yn ôl bellach, disgrifiwyd prif nodweddion y genre yng nghanu Beirdd y Tywysogion a'u holynwyr gan T. Gwynn Jones yn ei ysgrif arloesol 'Rhieingerddi'r Gogynfeirdd'.[2] Ymhelaethwyd yn sylweddol ar ei arolwg gan Kathleen Ann Evans[3] a chan J. E. Caerwyn Williams,[4] gan osod y canu'n fwy eglur yn ei gyd-destun brodorol ac Ewropeaidd. O dderbyn awgrym yr Athro Caerwyn[5] mai dwy gerdd mewn gwirionedd yw'r hyn a adwaenir fel Gorhoffedd Hywel ab Owain Gwynedd—ac y mae ymdriniaeth Nerys Ann Jones yn y gyfrol hon yn tueddu i gadarnhau hynny—ceir dan enw Hywel ab Owain yn y llawysgrifau chwech o gerddi serch go nodedig, sef 'ail ran' ddiddanol-chwareus y Gorhoffedd a'r pum awdl fer fwy telynegol eu naws i ferched a gwragedd dienw. Nid eu rhagoriaeth artistig yn unig sydd yn eu hynodi, ond y ffaith iddynt gael eu cyfansoddi, fe ymddengys, gan un o dywysogion amlycaf y ddeuddegfed ganrif, y sawl a fwriadwyd, meddir, i etifeddu teyrnas Gwynedd oddi wrth ei dad.

Awgrymwyd bod a wnelo statws Hywel â natur anghonfensiynol y farddoniaeth ac â'r rheswm am ei chadwraeth yng nghanol moliant syber y tywysogion. Onid gwaith bardd amatur ydyw, nad oedd yn ddibynnol ar y gyfundrefn nawdd? Ond nid cerddi unigryw mohonynt, nid rhyw adar prin o gerddi a genhedlwyd gan amgylchiadau ac athrylith arbennig y bardd. Y mae awdl fer Cynddelw i ferch ddienw yn ddigon i awgrymu hynny, yr awdl annisgwyl honno sydd yn mynegi artaith y galon ysig cyn cloi â'r llinell adnabyddus, 'Ni mad gyrchawdd gwen gwely Eiddig!'[6] Faint o ganu tebyg a gollwyd? Er nad yw'r canu hwn ar y cyfan mor gymhleth ei fynegiant a'i grefft â phrif ffrwd y traddodiad mawl, y mae'n ganu soffistigedig ac iddo'i ieithwedd a'i ddelweddaeth ei hun. Anodd credu na chenid cerddi serch a moliant i wragedd a merched cyn canol y ddeuddegfed ganrif, fel y mae'n anodd credu nad oedd traddodiad cryf o ganu dychan yn faeth i'r casgliad nodedig hwnnw o'r bedwaredd ganrif ar ddeg a ddiogelwyd yn Llyfr Coch Hergest. Camarweiniol, mae'n rhaid, yw prinder y canu i fenywod o'r ddeuddegfed ganrif a'r drydedd ganrif ar ddeg.[7] Nid Rhieingerdd Efa ferch Madog ap Maredudd oedd yr unig gerdd i Gynddelw ei chanu i'r dywysoges honno:

> Gorfynnawg drythyll, gorfynt—a ddygaf
> Wrth ar a folaf, *a folais-i gynt* . . .[8]

Ychydig yn ddiweddarach, wrth farwnadu Nest ferch Hywel, dywed Einion ap Gwalchmai iddo ef a llu o feirdd eraill ei moli tra bu byw:

> Ceintum gerdd i Nest cyn no'i threngi,
> Cant cant ei moliant mal Elifri . . .[9]

Ar sail tystiolaeth fewnol, tybir i Rieingerdd Efa gael ei chanu'n gynnar yng ngyrfa Cynddelw, cyn 1160,[10] a chredir mai gwaith bardd ifanc yw'r awdl serch fer a briodolir iddo yn ogystal.[11] Efallai mai i'r un cyfnod yn fras (1157-60?) y perthyn Gorhoffedd Gwalchmai,[12] cerdd ac iddi rai elfennau tebyg i Rieingerdd Efa a chanu Hywel ab Owain, er bod persona'r bardd-garwr yn llai ymostyngol a dioddefus. A oes modd bwrw amcan ynghylch cyfnod cyfansoddi cerddi'r bardd-dywysog? Cynigiwyd mai 1157 yw'r dyddiad mwyaf tebygol y ddwy gerdd sydd yn dathlu un o fuddugoliaethau gwŷr Gwynedd yn erbyn Harri II, ac awgrymwyd yn betrus mai rhwng 1140 ac 1160 y canwyd y Gorhoffedd.[13] Gan i Hywel reoli cyfran o Geredigion ar ran ei dad rhwng 1143 ac 1153, y mae'r ddamcaniaeth mai oddi yno yr hiraetha am '[l]leudir Gogledd' yn y Gorhoffedd yn un ddeniadol.[14] Nid oes modd dyddio'r awdlau serch ond y mae naws y canu, ac efallai gyfeiriad y bardd ato'i hun fel '[g]was edmyg' (5.5), yn awgrymu llais bardd cymharol ifanc, neu dyna'r persona a gyfleir, o leiaf. Awgrym D. Myrddin Lloyd yw bod dylanwad y cerddi hyn i'w weld yn yr awdl debyg o waith Cynddelw,[15] ond yn niffyg dyddiadau pendant i'r cerddi, y mae'n werth ystyried ai'r pencerdd a ddylanwadodd ar ei noddwr.[16] Ai dyna sydd yn egluro'r cyd-drawiadau rhwng cerddi'r ddau, ac a fu gan Gynddelw ran yn hyfforddiant barddol Hywel? Cofier, fodd bynnag, fod brawd maeth Hywel, Peryf ap Cedifor, yntau'n fardd. Esboniad arall y dylid ei ystyried o ddifrif yw mai Cynddelw, fel yr awgryma Dafydd Johnston yn gynnil yn y gyfrol hon, yw gwir awdur y cerddi a dadogir ar Hywel ab Owain yn y llawysgrifau, yn ogystal â'r ddwy gerdd a gysylltwyd yn draddodiadol ag Owain Cyfeiliog.[17] A derbyn am y tro fod Hywel, yn wir, yn fardd-dywysog, tybed na chafodd y deng mlynedd ffurfiannol a dreuliodd yng Ngheredigion ryw ddylanwad ar y math o gerddi a gyfansoddai? Yn y cyfnod y bu'n brwydro ag un o dywysogion Deheubarth, Cadell ap Gruffudd, yn erbyn yr Eingl-Normaniaid, a glywodd gerddi tebyg gan feirdd y deyrnas honno nad oes dim o'u hôl yn y llawysgrifau? Y mae'n werth cofio'r posibilrwydd fod Dafydd ap Gwilym, ddwy ganrif yn ddiweddarach, yn tynnu ar draddodiad coll barddoniaeth lys Deheubarth.[18]

Beth bynnag oedd y dylanwadau a fu arno, pam y byddai rhywun o'i safle a'i rym ef yn dewis canu cyfres o gerddi sydd yn ei gyflwyno (ag un eithriad amlwg) fel carwr ymbilgar y diystyrir ei sylw gan wragedd priod a rhianedd bonheddig? A throi i ddechrau at y gerdd 'Cyfarchaf i'r Dewin gwerthefin . . .' (sef 'ail ran' y Gorhoffedd), y mae'n ddigon amlwg mai cerdd ysgafn, ddifyrrus yw hon i'w datgan er diddanwch i gynulleidfa'r llys. I'r gynulleidfa honno, mae'n debyg y buasai'r naid ddisymwth o'r math o gyflwyniad crefyddol sydd yn fwy cydnaws â'r canu mawl a'r canu duwiol mawreddog i ddatganiadau ffug-rwystredig y bardd-garwr yn ddigrif o anghymharus. Wedi enwi'r 'gwragedd', naw ohonynt i gyd, 'a'i medd fy marddrin'— ond sylwer bod o leiaf un ohonynt, yn ôl pob golwg, yn ddibriod: 'Enerys wyry . . . Ni orpo-hi diweirdawd!'—dyna'r bardd yn chwarae eto â disgwyliadau'r gynulleidfa gan droi ei aflwyddiant ar ei ben â'i ymffrost herfeiddiol iddo 'gael' wyth o ferched (nad enwir mohonynt) yn dâl am ei ganu.[19] Nid yw Hywel, o anghenraid, yn sôn am wyth merch wahanol fel yr awgrymodd rhai. Yn y llinell glo ddiarhebol, 'Ys da daint rhag tafawd!' fe all mai ymatal y mae rhag enwi'r nawfed, gan awgrymu nad oedd rhwystredigaeth boenus rhan ganol y gerdd yn ddim ond cellwair. Sut bynnag y dehonglir y diweddglo, cerdd ddireidus, ddigrif yw hon yn ei hanfod, awgrym o'r amrywiaeth cyweiriau a geid mewn gwirionedd ym marddoniaeth lys Beirdd y Tywysogion. Cawn yr un cyfuniad o ddioddefaint honedig y carwr a hunanhyder chwareus ym mhersona Cynddelw yn Rhieingerdd Efa: 'Am Gynddelw Brydydd yd bryderynt', meddai am lawforynion Efa, ac 'Nid clod fy ngwrthod gwrth fy näed!'[20] Ac meddai Gwalchmai yn ei Orhoffedd:

> Lliaws a'm golwch ni'm gwelsant ermoed
> O rianedd Gwent gwyllt i'm crybwyllaid.[21]

Awgrymodd J. E. Caerwyn Williams fod elfen o barodi ar y serch llysaidd eithafol yn Rhieingerdd Efa, ac ym mawl Prydydd y Moch i Wenllïan ferch Hywel a ganwyd yn ystod chwarter olaf y ganrif (a byddai hynny, yn naturiol, yn rhagdybio bodolaeth traddodiad hŷn o'r fath ganu).[22] Anodd yw credu nad oes rhywbeth tebyg ar waith yn y gerdd sydd dan sylw yma. Yn y cyd-destun hwn, diau fod mwy nag arlliw o eironi yn perthyn i hiraeth rhwystredig y bardd ac i '[l]lafnau deufin' serch (a allai fod yn ddisgrifiad amwys o wefusau Gweirfyl; cymharer 'pell fy min /I wrthi' am Wenllïant yn yr un gerdd) a drawodd un a oedd yn hen gyfarwydd â rhyfela, ac a fyddai farw, mewn gwirionedd, ar faes y gad. Felly hefyd yr 'uchenaid gyfrin'. Y mae celfyddyd ochneidio wedi ei meistroli gan Brydydd y Moch yntau:

> Llawer uchenaid i'm rhaid dyre,
> Llwybrant o'm nwyfiant uch no'r nwyfre.[23]

Drwy haeru—boed a'i dafod yn ei foch ai peidio—bod y gwragedd hyn y tu hwnt i'w gyrraedd ef, mab Owain Gwynedd, o bawb, yr hyn a wna Hywel yw dyrchafu eu clod, a hwythau, efallai, ymhlith ei gynulleidfa. (Pe derbynnid mai llais Cynddelw sydd yn llefaru, gellid dadlau y byddai effaith debyg yn deillio o'i statws ef fel pencerdd parchedig.) Ac onid melys fyddai'r weniaith hon i'r gwŷr a'r tadau yn ogystal? Y mae'r gerdd, wrth reswm, yn rhywbeth amgenach na difyrrwch pur. Fel yn rhieingerdd y dywysoges Efa o Bowys,[24] y mae modd dehongli'r elfen serch yma, ac yn yr awdlau byrion, fel trosiad am fawl. Dyma'r hyn a alwodd Helen Fulton yn 'eulogistic love':

> To suggest a dichotomy between 'genuine' love-poems and official panegyrics is to create an artificial distinction in a homogeneous body of poetry belonging to the same literary tradition.[25]

Ac meddai ymhellach:

To male rulers, the poets assume the persona of fellow-warriors and companions. To noblewomen, the poets adopt the stance appropriate to the warrior aristocracy they speak for—that is, as supplicants for love, itself a metaphor for patronage.[26]

Fel bardd amatur, prin y byddai angen nawdd materol ar Hywel fel y cyfryw, ond gallai fabwysiadu confensiwn y traddodiad hwnnw a'i ystumio er ei fwyn ei hun. Yn debyg i'r awdlau byrion, rhydd bwyslais yn y gerdd hon ar foneddigrwydd tras ac ymddygiad. Ar ben y rhestr y mae Gwenllïant, 'y fun a fydd cysefin—foliant'. Y mae iddi dorch euraid, fel Hywel ei hun yn ôl moliant Cynddelw iddo— 'Eurdorchawg a rydd eurdal—im er cerdd'.[27] Prin fod unrhyw fwlch cymdeithasol rhyngddynt mewn gwirionedd. Yna daw Gweirfyl, 'gwraig brawdfaeth brenin' (ai Owain Gwynedd ei hun?), a dichon fod y brawd maeth hwnnw'n bresennol yn y llys pan ddatganwyd y gerdd. Pan ddywed Hywel iddo gael wyth o wragedd 'yn nhâl pwyth peth o'r wawd—yr gaint', gall fod yn cyfeirio at yr awdlau byrion ac at gorff tebyg o gerddi coll. Tybed, yn wir, a yw rhai o fenywod y gerdd arbennig hon ymhlith gwrthrychau'r awdlau byrion a gadwyd? Os felly, a oes yma gyfeiriadau cynnil at y cerddi hynny a ddeellid ac a werthfawrogid gan rai o aelodau'r gynulleidfa? 'Fy rheg, fy rhin', meddir am Weirfyl; dymuniad Hywel yn awdl 2 yw 'bod yn gyfrin am rin, am reg'. Y mae Gwladys, yn debyg i wrthrych awdl 1, yn 'fabwraig'; y mae hi hefyd yn 'weddus' ei hymarweddiad, fel ei chymhares—'Mabinaidd luniaidd lawn gweddeiddrwydd'. Os caiff Hywel ei ffordd bydd Lleucu, 'fy chwaer, yn chwerthin'; 'fy chwaer chwerthin egwan' yw gwrthrych awdl 3. Yn ôl llinell a geir yn nhestun Cyfres Beirdd y Tywysogion o'r Gorhoffedd ond a hepgorwyd yn y gyfrol hon, 'Gwenglaer uch gwengaer ydd ym daerawd';[28] egyr awdl 3 â'r llinell drawiadol o debyg: 'Caraf-i gaer wenglaer o du gwenlan'.

Cyd-ddigwyddiadau? Y mae hynny'n ddigon posibl o ystyried natur gonfensiynol geirfa a delweddaeth y canu serch. Ond er y gwahaniaeth rhwng diddanwch hwyliog y gerdd 'Cyfarchaf i'r Dewin gwerthefin' a sensitifrwydd tyner yr awdlau byrion, y tebyg yw mai moliant yn rhith cariad sydd wrth wraidd y cerddi hynny hefyd. Y maent yn gerddi cryno, croyw, apelgar, ac oherwydd yr hyn a alwem ni heddiw yn 'delynegrwydd' hudolus, ac oherwydd bod enwau'r merched o'r golwg, y mae'n demtasiwn eu darllen fel cerddi serch personol, 'diledryw', i'w datgan o'r neilltu yn null honedig y Bardd Teulu:

> O deruyd e'r urenhynes mennu kerd, aet e bard teylu e canu ydy yn dyuessur, a henny en araf, mal nat aulonedo e neuad ganthav.[29]

Pa un a yw disgrifiad Cyfraith Hywel yn berthnasol i feirdd llys y ddeuddegfed ganrif ai peidio, pan ganodd Cynddelw Rieingerdd Efa fe'i canodd er clod i'r dywysoges a'i theulu ac er difyrrwch i gynulleidfa'r neuadd frenhinol, yn wŷr a gwragedd:

> Arddunedig ddyn a ddwg i ffyniant
> Ardduniant moliant, mal yd glywir.
> A glywch chi, ddeon, a ddywedir?[30]

Byddai mawl yr awdlau i ferched dienw, drwy ymestyniad, yn fawl i 'ddeon' hefyd, yn dadau, yn wŷr ac yn dylwyth bonheddig. Diddorol yn y cyswllt hwn yw sylwadau Morfydd E. Owen ar 'natur lysaidd' trosglwyddiad canu Beirdd y Tywysogion. Y mae'n drawiadol, er enghraifft, fod Rhieingerdd Efa yn rhagflaenu marwnad ei gŵr, Cadwallon, yn Llawysgrif Hendregadredd, ac weithiau gwelir nodweddion orgraffyddol amrywiol mewn cerddi o'r un math gan yr un bardd, gan gynnwys yr awdlau serch a briodolir i Hywel ab Owain Gwynedd. Goblygiad hyn, meddai,

> yw mai man cychwyn cofnodi'r cerddi oedd archif mewn llys, neu archif mam eglwys neu fynachlog, a oedd â chysylltiad agos â llys neu linach, a phwysigrwydd y llys neu'r archif oedd yn cyfrif i raddau helaeth am eu goroesiad.[31]

Dichon y trysorid awdl 4 yn rhan o'r archif deuluol yn y 'gaer falchwaith o'r Gyfylchi' yng nghantref Arfon. Ceir awgrym yn y gramadegau barddol diweddarach fod serch yn rhan ddisgwyliedig o'r mawl i'r rhiain Gymreig:

> Riein a uolir o bryt, a thegwch, a chymhendawt, a disymylder, ac eglurder mod a deuodeu, a haelyoni, a diweirdeb, a molyanrwyd, a boned, a lletneisrwyd, a charedicrwyd, ac idi y perthyn serch a charyat. Ac yn vnwed a hynny y molir mab.[32]

Y 'serch a chariad' confensiynol foliannus hwn a welir ym marwnad Einion ap Gwalchmai i Nest ferch Hywel, merch y câi'r bardd 'aur mâl er ei moli':

> Ac yn ei goddau, gweddi—a ddodaf,
> A'm dodes nwyf i'm haddoedi.
> Ni bu dyn mor gu gennyf â hi . . .[33]

Cymharer â hynny 'addoed' neu aflwydd dolurus Hywel ab Owain Gwynedd yn awdl 3:

> Chweris o'i haddawd-hi addoed cynran,
> Ethiw â'm enaid-i, athwyf yn wan.

Yr un yw ei dynged yn awdl 5, a hynny 'Cyd gwnelwyf ar ddyn urddas—o foliant'.

Tebyg iawn yw rhinweddau gwreigdda ddelfrydol y Gramadeg, ond 'ny pherthyn moli gwreicda herwyd serch a charyat, kany pherthyn idi orderchgerd'.[34] Eto, ni lynodd y Cywyddwyr wrth y cyfarwyddyd hwnnw, ac ymddengys fod gwragedd priod yn ogystal â rhianedd ifainc ymhlith gwrthrychau'r awdlau byrion hwythau. I 'wraig' y canwyd awdl 4, â'i chartref 'Yn ynial Arfon, yn Eryri', ac mae'r diweddglo,

> Pei chwaerai ei budd er barddoni,
> Nebawd noswaith y byddwn nesaf iddi!

yn dwyn i gof ddiwedd awdl fer Cynddelw, 'Ni mad gyrchawdd gwen gwely Eiddig!'[35] Y mae'r wraig o Arfon yn 'llewychu', a cheir pwyslais ar ei gloywder hithau a gloywder ei chaer. Tybed, felly, o gofio ystyr lythrennol yr enw personol, nad oes yma gysylltiad â Lleucu'r gerdd 'Cyfarchaf i'r Dewin gwerthefin', yr un y dymuna'r bardd ei gweld yn chwerthin er gwaethaf ei gŵr? Awgrymwyd mai 'r[h]ywbeth fel "child-bride"' yw ystyr 'mabwraig' yn y gerdd honno,[36] a gwelwyd bod yr un gair yn digwydd yn awdl 1. Dichon na ddylid bod yn rhy ddeddfol ynglŷn â thermau o'r fath; wedi'r cwbl, y mae'r sawl a gyrchodd wely Eiddig yng ngherdd Cynddelw yn 'forwyn' ac yn 'rhiain'. Ond os merch ifanc newydd briodi a folir yn awdl 1, ni ddylai hynny ein synnu, er gwaetha'r cyfeiriad adnabyddus at ei hoedran—'Bychan y mae hŷn no dyn dengmlwydd'. Am resymau gwleidyddol ymarferol nid oedd yn anghyffredin i ferched briodi'n ifanc iawn ymhlith teuluoedd brenhinol ac aristocrataidd yr Oesoedd Canol. Mewn egwyddor, nid oedd yr Eglwys yn cydnabod cytundeb priodasol oni bai fod y ddau a briodid yn saith mlwydd oed, o leiaf.[37] Yn ôl fersiwn Llyfr Iorwerth o Gyfraith Hywel:

> O'e deudeg bluyd allan e dau bronneu a chedor arney ac e blodeuha, ac ena e byd oet ydy e rody e ur . . . ac o'e deudeg bluyd hyt em pedeyr bluyd ar dec e dele bot hep ueychyogy, ac o'y pedeyr bluyd ar dec hyt e deu ugeyn bluyd e dele emduen . . .[38]

Tybed, felly, nad yn sgil uniad priodasol y canwyd awdlau 1 a 4, er mwyn anrhydeddu'r briodasferch a'i theulu?[39]

Boed a fo am hynny, y mae gwrthrychau pob un o'r awdlau byrion yn berthnasau go agos i riain a gwreigdda'r Gramadeg o ran eu rhinweddau moesol a chorfforol.[40] Y maent yn deg o bryd, yn fonheddig, yn wylaidd, yn hael, yn llysaidd goeth eu hymarweddiad, ac fel yng Nghyfraith Hywel y mae yma gryn bwyslais ar ddiweirdeb. 'Claer wanllun wenlleddf wynlliw cyŵydd' yw gwrthrych awdl 1, fel y mae Efa'r rhieingerdd yn 'Llaes wengall, wengan, wengaen deced'.[41] Y mae hi y tu hwnt i gyrraedd y bardd—'Cerais ni gefais gyfai awydd'—fel y mae Efa a'i 'llawforynion gwyry' hwythau yng ngolwg Cynddelw: 'Llawen y'u carwn-i ceni'm cerynt', meddai hwnnw'n llawn cellwair.[42] Tebygrwydd mwy trawiadol fyth rhwng y gerdd hon a Rhieingerdd Efa yw dramatigrwydd annisgwyl y rhan olaf, lle y mae'r bardd yn troi i gyfarch yr ymbiliwr ar droed:

> Peddestrig iolydd, a'm bydd-i eilwydd?
> Pa hyd y'th iolaf? Saf rhag dy swydd!

Y mae'r cyd-drawiad geiriol rhwng y cwpled hwn a llinell glo Rhieingerdd Efa—'Peddestrig iolydd, pa hyd y'th iolir'[43]—yn awgrymu'n go bendant fod cysylltiad o ryw fath rhwng y ddwy gerdd (ac ar ddechrau awdl 5, y mae'r bardd yn cyfarch ei farch yn debyg i'r modd y cyfarcha Cynddelw'r 'gorfynnawg drythyll', y march awchus, bywiog, yn yr un gerdd). Tynnwyd sylw droeon at y tebygrwydd sydd rhwng y motiff o anfon negesydd neu farch at y gariadferch a chonfensiwn y llatai ddwy ganrif yn ddiweddarach. Gellir sylwi hefyd ar debygrwydd arwynebol rhwng datblygiad y gerdd hon ac adeiladwaith rhai o'r cywyddau llatai. Yn gyntaf, ceir disgrifiad o natur (sef y llatai ei hun yn achos y cywyddau); yn ail, disgrifiad o'r ferch ac o serch y bardd; ac yn drydydd, cyfarch ac anfon negesydd. Serch hynny, y mae'n amheus mewn gwirionedd a yw cywyddau llatai Dafydd ap Gwilym a'i gyfoeswyr yn ddatblygiad ymwybodol o ganu serch Beirdd y Tywysogion.[44] Nodwedd ddiddorol arall ar y gerdd hon yw'r tebygrwydd sydd rhyngddi a Gorhoffedd Hywel ab Owain Gwynedd. Yn ogystal â'r fformiwla agoriadol 'Caraf-i', a ddefnyddir droeon yn y Gorhoffedd ac ar ddechrau awdlau 3 a 4, cyfunir adfywiad yr haf â brwydro ac â serch mewn modd cyffelyb. Dyma eto ategu'r dybiaeth fod difyrru cynulleidfa gymysg y llys yn rhan o swyddogaeth yr awdlau hyn.

Perthyn yr un apêl esthetig i awdl 2. Fel Efa, clodforir y rhiain fonheddig hon am ei Chymraeg coeth gan awgrymu gwrthgyferbyniad eironig â'i mudandod diymateb, ac unwaith eto newidir y cywair yn ddisymwth tua diwedd y gerdd ar ffurf cyfarchiad uniongyrchol: 'Beth a dewi-di, deg ei gosteg?' Yr un yw cwyn Cynddelw:

> Gorthewis-hi wrthyf-i gwerth fy hirglwyf,
> Nid gorthaw a wnaf wrth a garwyf.[45]

Yn ôl J. E. Caerwyn Williams, 'y mae'r rhieingerddi yn ein taro fel petaent yn fwy o arbrofion mewn celfyddyd ac arddull' na'r cerddi i ddynion.[46] Os felly, a yw'n bosibl mai ymarferion bardd ifanc yw'r awdlau byrion? Nid oes amheuaeth nad yw'r agoriad 'Fy newis-i' a'r chwarae ar y gair 'dewis'[46] drwy gydol y gerdd hon yn dwyn i gof y trioedd gwirebol, ac yn enwedig 'ddewisbethau' yr areithiau pros diweddarach.[47] Sylwer hefyd ar yr ailadrodd gydag amrywiadau ar ddechrau awdlau 3 a 4: 'Caraf-i . . ., Caraf-i . . .' Ond os oes elfen o ymarfer rhethregol yn perthyn i'r cerddi hyn, yna y mae'n ymarfer hynod o soffistigedig gan fardd anghyffredin o fedrus.

Wrth geisio olrhain cyd-destunau posibl canu serch Hywel ab Owain Gwynedd, sylwir na soniwyd dim hyd yma am ddylanwad cyfandirol. Y rheswm am hynny yw nad oes raid chwilio dramor am batrymau'r canu hwn mewn gwirionedd. Afraid pwysleisio bod i'r canu elfennau tebyg i farddoniaeth a ddaeth yn ffasiynol yng Ngorllewin Ewrop tua'r un cyfnod—i ganu'r Trwbadwriaid ym Mhrofens, y Trwferiaid yng Ngogledd Ffrainc, neu'r *Minnesänger* a ganai yn yr iaith Almaeneg. Heb ymhelaethu yma, y mae'n ddiamau fod peth o ysbryd ac amryw o gonfensiynau'r traddodiad serch cwrtais Ewropeaidd wedi treiddio i Gymru erbyn y bedwaredd ganrif ar ddeg. Ond pa mor debygol yw hynny ganrif a hanner ynghynt? Tebygol iawn, yn ôl J. Lloyd-Jones. Gan gyfeirio at awdlau byrion Hywel ab Owain Gwynedd, meddai,

There can be little doubt that these love-lyrics, and the other poems addressed to women, were mainly the product of the pervasive and permeating spirit of that literary movement of which the poetry of the wandering scholar, the troubadour, and the trouvère were the outstanding expression on the Continent.[49]

Fe all, meddai, fod rhyddid y bardd-dywysog rhag llyffethair y gyfundrefn nawdd wedi ei alluogi i arloesi'r ffordd i eraill. Y mae sylw Thomas Parry ynghylch Rhieingerdd Efa yr un mor adnabyddus:

> This love song to Madog's daughter Efa is so reminiscent of Troubadour songs to noble ladies that one is led to believe that such songs were known in Wales at the time.[50]

Awgrymodd Rachel Bromwich hithau y gallasai dylanwadau llenyddol gyrraedd gogledd Cymru'r ddeuddegfed ganrif yn uniongyrchol o Brofens ar hyd llwybrau masnach;[51] yr oedd Caernarfon, Conwy a Biwmares yn borthladdoedd prysur ar y pryd. Yr oedd Kenneth Jackson wedi cynnig posibilrwydd tebyg eisoes wrth drafod yr agoriad natur, y *Natureingang*, ond mai canolfannau Normanaidd de Cymru fuasai cyfrwng y trosglwyddo yn ei dyb ef.[52] Yn fwy diweddar, awgrymodd Rachel Bromwich gyfryngau dylanwad llai penodol:

> But far more important than trade-channels, I am now convinced, was the wide circulation of ideas and the dissemination of all kinds of information—not excluding news and gossip—at all periods through the widespread organization of the Christian Church: that is, through the activities of itinerant ecclesiastics, from bishops to monks and friars, pilgrims, and migrant crusaders, both within the island of Britain and between Britain and Europe.[53]

Gallasai croesffrwythloni o'r fath, meddai, fod ar waith hyd yn oed cyn y Goncwest Normanaidd, er enghraifft drwy gyfrwng y gymuned Normanaidd a sefydlwyd yn Henffordd yn yr unfed ganrif ar ddeg ac a adlewyrchir yn chwedl 'Manawydan'. Cyfeiria hefyd at ambell air o darddiad Romáwns a geir yng nghanu'r ddeuddegfed ganrif ac ym Mhedair Cainc y Mabinogi.

Y mae hyn oll yn ddichonadwy, ac ni ellir dysytyru safbwyntiau'r ysgolheigion uchod. Tynnwyd sylw hefyd at bresenoldeb y lladmeryddion proffesiynol a gyfryngai rhwng Norman a Chymro yn y Mers ac yn neheubarth Cymru,[54] ac at y priodasau cymysg a ddigwyddai fwyfwy ymhlith yr uchelwriaeth.[55] Yr oedd Cadwaladr, brawd Owain Gwynedd, yn briod cyn 1153 â merch o'r enw Alisa a oedd yn perthyn i deulu Clare, ac ym 1174 priododd brawd Hywel, Dafydd ab Owain Gwynedd, â Dâm Emma a oedd yn hanner chwaer i Harri II o Loegr. A cheir digon o esiamplau o dywysogion a mân arglwyddi Cymreig yn ymladd ochr yn ochr â'r barwniaid Normanaidd. Cofier hefyd i Hywel Sais, mab i'r Arglwydd Rhys, fod yn wystl yn llys Harri II rhwng 1158 ac 1171, ac iddo ddilyn y brenin ar ei gyrchoedd yn Ffrainc; rhaid, meddir, ei fod yn medru Lladin, Ffrangeg a Saesneg yn y fath awyrgylch.[56] Yn un o'r awdlau arwrol a briodolir i Hywel ab Owain (awdl 8.1), sonnir am gipio Ffrancwyr, sef gwŷr Harri II o Loegr, yn y Gogledd, er mai pur annhebygol fuasai unrhyw gyfathrach lenyddol dan amgylchiadau o'r fath. Gelyniaethus hefyd fuasai'r gyfathrach rhwng Hywel a'r gormeswyr Normanaidd yng Ngheredigion.

Yr oedd Hywel a Chynddelw yn eu blodau yr un pryd â Thrwbadwriaid mawr fel Jaufre Rudel, Bernart de Ventadorn a Raimbaut d'Aurenga, beirdd a wnaeth lawer i gyfoethogi'r cysyniad dyrchafol o *fin' amors* a fu'n graddol ddatblygu ym Mhrofens ers diwedd yr unfed ganrif ar ddeg, o leiaf. Y mae dylanwad beirdd Profens yn hanesyddol bosibl felly. Ac eto, fel yr wyf wedi dadlau o'r blaen,[57] ymddengys yn bur annhebygol fod y syniadau a'r confensiynau llenyddol y rhoddwyd bri neilltuol arnynt gan y Trwbadwriaid wedi treiddio i Gymru, ac yn enwedig i Wynedd annibynnol, cyn iddynt ddod yn ffasiynol yn Ffrangeg gogledd Ffrainc yn rhamantau Chrétien de Troyes ac yn fuan wedyn yng nghanu serch y Trwferiaid. Credir i Chrétien lunio ei holl ramantau yn ystod saithdegau ac wythdegau'r ddeuddegfed ganrif; fel y gwelwyd, credir i Gynddelw gyfansoddi ei Rieingerdd i'r dywysoges Efa cyn 1160, beth bynnag a feddylir am yr awdlau a briodolir i'w noddwr o dywysog. Nid oes canu serch Eingl-Normaneg sydd yn gynharach na diwedd y ddeuddegfed ganrif, a chymharol brin ydyw o'i gymharu â llenyddiaeth ddidactig yn yr iaith honno, er bod cryn dipyn o'r cyfryw ganu, mae'n debyg, wedi diflannu.[58] Gwyddys i'r Trwbadŵr Bernart de Ventadorn ganlyn ei noddwraig Elinor o Acwitain i Loegr am ysbaid yn sgil coroni ei hail ŵr, Harri II, yn frenin ym 1154. Yr oedd eu llys yn Llundain yn fwrlwm o ddiwylliant, ac fel noddwraig frwd ac wyres i'r Trwbadŵr cyntaf y gwyddom ei enw, sef Guilhem IX o Acwitain, dug Poitiers, ni fuasai'n syndod pe daethai rhagor o feirdd y Cyfandir yn ei sgil.⁵⁹ Serch hynny, pan ddeuir i ystyried dylanwad y Trwbadwriaid ar lenyddiaeth Lloegr y ddeuddegfed ganrif, niwlog iawn yw'r darlun. Ac, wrth geisio olrhain eu dylanwad ar gynnyrch y ddwy ganrif nesaf, tuedda Chaytor ac Audiau, ill dau, i bwysleisio dolen gyswllt gogledd Ffrainc o ddiwedd y ddeuddegfed ganrif ymlaen.⁶⁰

Yn niffyg tystiolaeth fwy argyhoeddiadol, haws cydsynio â'r ysgolheigion hynny a wêl ganu Beirdd y Tywysogion i wragedd a merched yn amlygiad cyfamserol o'r hyn a alwodd Peter Dronke yn serch cwrtais byd-eang ('universal courtly love').⁶¹ Dyma ddehongliad o serch fel grym anghyffredin sydd yn dyrchafu'r ferch yn destun edmygedd eithafol, yn enwedig felly mewn cyd-destunau llysaidd soffistigedig. Yng nghanu'r Trwbadwriaid, fe'i datblygwyd i gynnwys elfennau athronyddol ac ysbrydol wedi eu seilio ar wasanaeth ffiwdal, ond yn ei ffurf sylfaenol gall ymddangos mewn gwahanol ddiwylliannau ar wahanol adegau. Rhan o hanfod y math 'cyffredinol' hwn o serch cwrtais yw delwedd y carwr ymostyngol a dioddefus, y creadur gwelw, ochneidiol sydd yn clafychu neu'n colli cwsg neu hyd yn oed yn colli arno'i hun. Yn sicr ddigon, nid oes raid inni fwrw'n golygon tua chyfandir Ewrop er mwyn egluro'r motiffau hyn yn y canu serch a briodolir i Hywel ab Owain Gwynedd. Yr oedd amryw o'r elfennau sylfaenol yn bod eisoes yn ein chwedlau brodorol. Dyna hanes Gilfaethwy a Goewin ym mhedwaredd gainc y Mabinogi:

> ac ynteu Giluaethwy uab Don a dodes y uryt ar y uorwyn, a'y charu hyt na wydat beth a wnay ymdanei. Ac nachaf y liw a'y wed a'y ansawd yn atueilaw o'y charyat, hyt nat oed hawd y adnabot . . . Sef a wnaeth ynteu yna, pan wybu ef adnabot o'y urawt y uedwl, dodi ucheneit dromhaf yn y byt.⁶²

Y mae ymserchu yn brofiad yr un mor ysgytwol yn hanes Blodeuwedd a Gronw Pebr:

> Sef a wnaeth Blodeued, edrych arnaw ef, ac yr awr yd edrych, nit oed gyueir arnei hi ny bei yn llawn o'e garyat ef. Ac ynteu a synywys arnei hitheu; a'r un medwl a doeth yndaw ef ac a doeth yndi hitheu.⁶³

Cymharer ymateb Culhwch pan glyw enw Olwen gyntaf:

> Lliuaw a oruc y mab, a mynet a oruc serch y uorwyn ym pob aelawt itaw kyn nys rywelhei eiroet.⁶⁴

Rhoddir cryn bwyslais ar brydferthwch merched, eu gwedd a'u gwisg,[65] er mai prin yw'r disgrifiadau estynedig manwl fel y disgrifiad enwog o Olwen. Rhan o draddodiad brodorol hefyd yw'r ddelweddaeth lachar a ddefnyddia Beirdd y Tywysogion a'u holynwyr i gyfleu tegwch merch, sef, yn bennaf oll, goleuni, eira ac ewyn môr.[66] Y mae'n ddelweddaeth yr oedd Hywel ab Owain yn dra chyfarwydd â hi. Ceir rhywbeth tebyg yn y gerdd enigmataidd honno o Lyfr Du Caerfyrddin, 'Breuddwyd a welwn neithiwr':

>Neur uum y dan un duted
>a bun dec liu guanec gro.[67]

A cheir mymryn adlais o ieithwedd y canu serch yn 'Afallennau Myrddin' o'r un llawysgrif:

>Tra fuvm pwyll. wastad am buiad in i bon.
>a. bun wen warius. Vn weinus vanon.[68]

Efallai'n wir yr adlewyrchid rhai o'r confensiynau cynhenid hyn mewn canu llai llysaidd ei naws na'r hyn a gynrychiolir gan y cerddi i dywysogesau a merched bonheddig.

Er mai ffurf ar fawl yw canu'r *fin' amors* hefyd yn ei hanfod, y mae'r *domna*, a siarad yn gyffredinol, yn fwy o ddelfryd anghyffwrdd na'i chymhares Gymreig. O'u cymharu â'r Trwbadwriaid, rhydd Beirdd y Tywysogion fwy o bwyslais ar foli rhinweddau corfforol a moesol y gwrthrych. Pan fyddant yn canolbwyntio ar bryd a gwedd tuedda beirdd Profens yn aml, fel beirdd Lladin yr Oesoedd Canol, i ddilyn patrwm rhethregol y *descriptio puellae* clasurol, gan symud yn drefnus o'r pen i lawr. Ni cheir cynifer ag un enghraifft o hyn mewn barddoniaeth Gymraeg cyn y bedwaredd ganrif ar ddeg.[69] Er mor fanwl ydyw, ymddengys y disgrifiad hwn o Rieingerdd Efa yn llai rhethregol fwriadus ei gyfansoddiad:

>Neud llawer y'm llif-i lliw amaerwy—ton
>Ban llewych ei bron ger ei breichrwy:
>Golwg dof, dewis, gan a'i syllwy,
>Goleuliw golwg i'r a'i gwelwy.
>Gwelais-i ystlys glwys, gloyw ei gylchwy
>(Ni rhyweles teg nwy rhywelwy!)
>Ac a dan ruddem, ruddaur fodrwy,
>Ac uch wyneb gwyn, gwinai fagwy.[70]

Un arall o briodweddau'r traddodiad brodorol yw meistrolaeth merch ar gelfyddyd ymddiddan. Fe gofir bod Hywel ab Owain a Chynddelw yn cyfeirio at goethder Cymraeg. Rhyfedda Hywel at ei ddewis riain 'Ban ddywaid o fraidd weddaidd wofeg' (awdl 2), ac ni pherthyn dim 'anghymhenrwydd' i barabl y ferch sydd yn wrthrych awdl 1. Diddorol yw tystiolaeth Gerallt Gymro ar y pen hwn:

> Ond am y rhai a fo'n cyrraedd yn oriau'r bore, difyrrir hwy tan yr hwyr ag ymddiddan llancesau ac â cherdd dannau. Y mae gan bob tŷ yma lancesau a thelynau ar gyfer y gwaith hwn.[71]

Y mae ymddiddan yn rhan ganolog o ddelfryd benywaidd y chwedlau, yn enwedig yn y Pedair Cainc:[72] 'dissymlaf gwreic a bonedigeidaf i hannwyt a'y hymdidan' yw gwraig Arawn yn y gainc gyntaf,[73] ac yn y drydedd gainc dyma sut y disgrifir cyfarfyddiad Manawydan a Rhiannon:

> Ac yna dechreu kydeisted ac ymdidan o Uanawydan a Riannon; ac o'r ymdidan tirioni a wnaeth y uryt a'y uedwl wrthi, a hoffi yn y uedwl na welsei eiryoed wreic digonach y thecket a'y thelediwet no hi.[74]

T. M. Charles-Edwards biau'r sylwadau canlynol ar ddefodaeth y llys Cymreig:

> The high value put upon *ymddiddan* in the Four Branches of the Mabinogi is not surprising to the student of the Laws of Court: the skilful elaboration of domestic routine, the ingenious ways in which household matters were given meaning—the making of domesticities into political sacraments, effective signs—all this would make it surprising indeed if there were not a comparable elaboration of language. In the work of the court poets we know that there was just such an exceptional elaboration; and, perhaps, in the evident courtliness of language and mind exhibited by the author of the Four Branches we can see what would be required of *ymddiddan* in the court of a king.[75]

Pwysodd R. M. Jones ar y coethder llysaidd hwn wrth gymharu'r tair rhamant Gymraeg â'u cefndryd Ffrangeg, gan ddadlau bod traddodiad cryf o gwrteisi a sifalri yn bod eisoes ymhlith y Celtiaid.[76] Datblygwyd y thema hon gan Manon Phillips, sydd yn casglu'n bur argyhoeddiadol fod y math o gwrteisi cymdeithasol a adlewyrchir yn y chwedlau Cymraeg ac yng nghanu Beirdd y Tywysogion yn debycach o fod wedi tarddu o ddiwylliant cynhenid y llys nag o ddylanwad uniongyrchol llenyddiaeth Ffrainc.[77] Fel y dywed, y mae rhagor o waith i'w wneud ar y modd y datblygodd y cwrteisi hwnnw o dan ddylanwad cyfandirol ac yn sgil cyfathrach â diwylliant Eingl-Normanaidd. Beth bynnag yw union berthynas y tair rhamant Gymraeg â rhamantau Chrétien de Troyes ac â'r deunydd cyfatebol a gyfareddodd orllewin Ewrop,[78] prin y dadleuai neb nad genre estron yw'r rhamant yn ei hanfod. Pa mor Gymreig bynnag yw rhai agweddau ar gynnwys ac arddull 'Owain', 'Geraint' a 'Peredur', y mae eu dehongliad o serch cwrtais fel ffenomen ddyrchafol ym mywyd y marchog, sydd wedi ei seilio ar wasanaethu merch, yn bur wahanol i'r hyn a geir yn y chwedlau 'brodorol'. Diddorol yng nghyswllt Hywel ab Owain Gwynedd yw'r awgrymiadau a gafwyd yn ddiweddar yn y gyfrol *Canhwyll Marchogyon : Cyd-destunoli Peredur* nad i'r de-ddwyrain y perthyn cychwyn traddodiad ysgrifenedig 'Peredur', ond, yn hytrach, i lysoedd Gwynedd yn nechrau neu, o leiaf yn hanner cyntaf, y drydedd ganrif ar ddeg.[79] Yn ei chyfraniad hithau, cynigia Morfydd E. Owen y gall mai cyfathrach Gwynedd â Normaniaid y Mers—'profiad o'r byd sifalrïaidd neu wybodaeth o lawlyfrau sifalri'—yn ogystal â rhamant Chrétien de Troyes, sydd wrth wraidd y portread o Beredur, y darpar farchog.[80] Ac wrth sôn am yr 'elfen fenywol' o 'ordderchu gwragedd a'u harbed rhag y gelyn, a ddatblygodd i raddau o grefft ac athroniaeth y trwbadŵr', awgryma fod dylanwad y syniadau hyn i'w weld eisoes, o bosibl, yng nghanu Hywel ab Owain Gwynedd.[81] Ond â hyn â ni'n ôl gryn hanner canrif, o leiaf, cyn rhoi rhamant 'Peredur' ar glawr, a rhai blynyddoedd cyn cyfnod Chrétien a chyfnod blodeuo'r canu serch cwrtais yng ngogledd Ffrainc. Tynnwyd sylw at gyfatebiaeth bosibl rhwng y gaer ar lan y môr sydd yn gartref i'r ferch yn awdlau 3 a 4 a'r *topos* cyffelyb yn y rhamantau, ond annoeth fyddai rhoi gormod o bwys ar gyffelybiaeth fel hon.[82] Nid oes raid rhagdybio ffynhonnell lenyddol ar gyfer disgrifiadau o'r fath.

Fodd bynnag, y mae un cwestiwn mwy problematig i'w ystyried ynghylch perthynas y canu hwn â chanu serch Ewropeaidd. Ai *gilos* y Trwbadwriaid, *jaloux* y Trwferiaid, yw'r gŵr eiddig sydd yn ymddangos mor annisgwyl ar ddiwedd awdl fer Cynddelw i ferch ddienw—'Ni mad gyrchawdd gwen gwely Eiddig!'? Ac a geir adlewyrchiad o'r un cymeriad stoc gan Hywel ab Owain Gwynedd yn y llinellau hyn o'r gerdd 'Cyfarchaf i'r Dewin gwerthefin', â'u hamwysedd rhywiol chwareus:

> Moch gwelwyf, a'm nwyf yn eddëin—wrthaw,
>   Ac i'm llaw fy lläin,
> Lleucu glaer, fy chwaer, yn chwerthin,
> Ac ni chwardd ei gŵr-hi rhag gorddin![83]

Gellid dehongli'r rhain fel esiamplau eithriadol o gonfensiwn cyfandirol ei darddiad. Yn wir, fe'i ceir tua'r un cyfnod yn Ffrangeg Marie de France, bardd a oedd yn gyfarwydd â llys brenhinol Lloegr. Yn ei 'Lai de Laüstic' a gyfansoddwyd, mae'n debyg, rhwng tua 1160 ac 1180 ar sail deunydd o darddiad Llydewig, y mae'r gŵr eiddig yn lladd yr eos am i'w wraig honni mai gwrando cân yr aderyn y bu, a hithau mewn gwirionedd yng nghwmni ei charwr.[84] Ar y llaw arall, diau fod Cynddelw'n gyfarwydd â'r 'eiddig' mewn diarhebion ac yn y canu gwirebol Cymraeg:

> Gorwyn blaen ka6n; g6ythla6n eidic;
> ys odit ae diga6n—
> g6eithret call y6 caru yn ia6n.[85]

Rhaid cofio hefyd am farddoniaeth Ofydd, sef ffynhonnell debygol y gŵr cenfigennus a gwyliadwrus yng nghanu serch y Cyfandir. Daw'r dyfyniad hwn o lyfr cyntaf yr *Amores*:

> nocte uir includet; lacrimis ego maestus obortis,
>   qua licet, ad saeuas prosequar usque fores.[86]

('Yn y nos bydd ei gŵr yn ei chloi i mewn, a byddaf innau'n dilyn yn ddigalon a'r dagrau'n cronni hyd at y drws creulon, lle y caniateir imi fod.')

Fe all fod disgrifiad Hywel ab Owain ohono'i hun yn y Gorhoffedd fel 'cariadawg cerdded Ofydd'[87] ('carwr yng nghyflwr Ofydd') yn arwyddocaol, er nad yw'r ymwybyddiaeth o Ofydd fel carwr diarhebol, wrth reswm, yn rhagdybio gwybodaeth o'i waith. Ond nid yw'n gwbl annhebygol y byddai Hywel a'i gyfoeswyr yn gyfarwydd â chanu'r bardd Lladin. Canfuwyd glosau Cymraeg o'r nawfed neu'r ddegfed ganrif ar destun o lyfr cyntaf yr *Ars Amatoria*,[88] gwaith a gyfieithwyd i amryw o ieithoedd ac a gafodd ddylanwad aruthrol ar draddodiad serch cwrtais yr Oesoedd Canol. Er mai anodd yw gosod bys ar unrhyw debygrwydd penodol, nid annichon fod a wnelo Ofydd, neu ei efelychwyr ymhlith ysgolheigion crwydrad yr Oesoedd Canol, y *clerici vagantes*, rywbeth â'r darlun o'r carwr dioddefus ym marddoniaeth Gymraeg y ddeuddegfed ganrif. Yr oedd Gerallt Gymro yn dra chyfarwydd â'r clasuron Lladin, gan gynnwys yr *Amores* a'r *Ars Amatoria* a ddaeth yn dra phoblogaidd o'r ddeuddegfed ganrif ymlaen,[89] er y dylid cofio bod dyfnder ei ddysg ac arbenigrwydd ei dras Normanaidd-Gymreig yn ei wneud yn Gymro go annodweddiadol o'i oes. Cofier hefyd am weithiau Lladin meibion Sulien a luniwyd yng nghlas Llanbadarn Fawr, ac am *Historia Regum Britanniae* a gwblhawyd gan Sieffre o Fynwy tua 1136, lle y gosodwyd seiliau llenyddol y delfryd sifalrïaidd a fyddai'n blodeuo maes o law yn y rhamant Arthuraidd. Yn ôl Ceri Davies:

> Not least among the cultural currents which crossed Wales in the wake of the coming of the Normans was a heightened sense of the classical past, and a greater awareness . . . of classical Latin literature. Undoubtedly, the single most important agent in creating this awareness was the Church: not now the native Welsh *clas* with its own indigenous roots but an organization unified under papal authority and one with developments which were happening over the whole continent of Europe.[90]

Yng ngoleuni'r cyd-destun eglwysig, gellid dadlau bod dylanwad y traddodiad Lladinaidd, boed farddoniaeth Ofydd neu ganu serch Lladin yr Oesoedd Canol, yr un mor debygol, o leiaf, â dylanwad beirdd Profens. Â'r un awdur rhagddo, fodd bynnag, i bwysleisio ceidwadaeth ac annibyniaeth y gyfundrefn farddol Gymreig yn y cyfnod hwn, gan amau dyfnder gwybodaeth y beirdd o'r iaith Ladin a chan ddadlau bod y traddodiad 'clasurol' cynhenid yn sylfaenol rydd rhag dylanwadau estron.[91] Os yw hynny'n wir am ganu Beirdd y Tywysogion i noddwyr gwrywaidd, gall fod yn wir hefyd am y canu sydd dan sylw yma. Mwyaf yn y byd y darllenir awdlau Hywel ab Owain Gwynedd a'i gyfoeswyr i wragedd a merched ochr yn ochr â chanu serch yr Oesoedd Canol mewn ieithoedd eraill, cryfaf yn y byd yw'r argraff fod a wnelom â thraddodiad brodorol sydd heb ei liwio gan unrhyw ddylanwadau allanol o bwys.

Nodiadau

1. At olygiad newydd y gyfrol hon o ganu Hywel ab Owain Gwynedd y cyfeirir isod, gw. Atodiad A.
2. T. Gwynn Jones, *Rhieingerddi'r Gogynfeirdd* (Dinbych, 1915).
3. Kathleen Ann Evans, 'Cerddi'r Gogynfeirdd i rianedd a gwragedd: Astudiaeth destunol a beirniadol o ddetholiad ohonynt' (traethawd MA, Prifysgol Cymru, Aberystwyth, 1972).
4. J. E. Caerwyn Williams, 'Cerddi'r Gogynfeirdd i Wragedd a Merched, a'u Cefndir yng Nghymru a'r Cyfandir', *LlC* 13 (1974–81), 3–112.
5. *Idem*, 'Beirdd y Tywysogion: Arolwg', *LlC* 11 (1970–1), 73; cf. J. Lloyd-Jones, 'The Court Poets of the Welsh Princes', *PBA* 34 (1948), 188.
6. *GCBM* i. 4.8.
7. Rhestrir y cerddi gan J. E. Caerwyn Williams, 'Cerddi'r Gogynfeirdd i Wragedd a Merched', 72-3.
8. *GCBM* i. 5.1–2.
9. *GMB* 26.15–16.
10. Gw. *GCBM* i. 5.125n.
11. Ibid., t. 51.
12. *GMB* t. 195, ond gw. bellach Rhian M. Andrews, 'Golwg ar Yrfa Gwalchmai', *LlC* 27 (2004), 33–6 lle yr awgrymir mai 1147 oedd dyddiad cyfansoddi'r Gorhoffedd.
13. *GLlF* tt. 104–5, 168, 174, ond ynghylch dyddio'r ddwy awdl filwrol, gw. bellach sylwadau J. Beverley Smith uchod, tt. 72–3.
14. Gw. ymhellach drafodaeth Nerys Ann Jones, tt. 118–19 isod.
15. D. M. Lloyd, 'Astudiaeth feirniadol o farddoniaeth Cynddelw Brydydd Mawr, o ran iaith a gwerth llenyddol' (traethawd MA, Prifysgol Cymru, Abertawe, 1932), 243.
16. Yn ei awdl fawl iddo, nad yw'n sôn dim am allu Hywel fel bardd, dywed Cynddelw i'r tywysog ganiatáu iddo ei gadair ymryson—'Rhym-gedir ei gadair ymryson' (*GCBM* ii. 6.237). Barn Rhian M. Andrews yw mai Gwalchmai oedd y dylanwad sylfaenol ar y tywysog ifanc ac mai cynnal diddordeb y bardd aeddfed oedd cyfraniad Cynddelw, gw. isod tt. 177–9.
17. Y mae llawer o rym yn y ddadl mai Cynddelw yw gwir awdur y ddwy gerdd hon; gw. Gruffydd Aled Williams, 'Owain Cyfeiliog: Bardd-dywysog?' yn *BaTh* 180–201.
18. Gw. R. Geraint Gruffydd, 'The Early Court Poetry of South West Wales', *SC* 14/15 (1979/80), 95–105, a cf. Rachel Bromwich, *Aspects of the Poetry of Dafydd ap Gwilym* (Caerdydd, 1986), 104.
19. A oes yma, tybed, gyfeirio cellweirus at ryddid rhywiol y tywysogion? Yn ôl yr achau, bu i Owain Gwynedd o leiaf ddau ar bymtheg o feibion a dwy ferch—yr oedd deuddeg o famau i gyd; gw. isod Atodiad B (*EWGT* 96–7). Ceir defnydd tebyg o'r ferf 'caffael' yn yr hanesyn smala a adroddir gan Gerallt Gymro (*GG* 191): 'Y mae Tegaingl yn enw ar dalaith yng Ngwynedd, yr arglwyddiaethai Dafydd ab Owain arni, ac y buasai brawd iddo rywbryd yn ei meddu. Yr oedd hefyd yn enw ar

ryw wraig y dywedid i'r ddau ei chaffel. Ac oherwydd hyn dywedwyd gan rywun: "Y mae'n anghyfiawn i Ddafydd gaffel Tegaingl pan yw ei frawd yntau eisoes wedi ei chaffel."'

[20] *GCBM* i. 5.20, 50.
[21] *GMB* 9.35–6.
[22] 'Cerddi'r Gogynfeirdd i Wragedd a Merched', 86–97; cf. ei sylwadau ar ddiwedd yr astudiaeth, t. 112: 'Gwyddys bod cwyno cur cariad wedi mynd yn rhemp yng ngwaith Dafydd ap Gwilym, ei gyfoeswyr a'i olynwyr, ac yn wir wedi mynd yn chwerthinllyd . . . Ceir arwyddion fod yr ochr chwerthinllyd yn amlwg i rai o'r Gogynfeirdd . . . Ond tybed nad oedd chwerthin a chellwair yn rhan o'r confensiwn hwn o'r dechrau?'
[23] *GLILl* 14.19–20.
[24] Ar hyn, gw. Ann Parry Owen, 'Rhieingerdd Efa ferch Madog ap Maredudd: Cynddelw Brydydd Mawr a'i cant', *YB* 14 (1988), 56–86.
[25] Helen Fulton, *Dafydd ap Gwilym and the European Context* (Caerdydd, 1989), 78–9.
[26] Ibid., 83.
[27] *GCBM* ii. 6.140.
[28] *GLlF* 6.80.
[29] *LlI* 10. Ar gyfeiriadau'r Cyfreithiau at y Bardd Teulu, gw. Dafydd Jenkins, '*Bardd Teulu* and *Pencerdd*' yn *WKC* 142–66.
[30] *GCBM* i. 5.117–19.
[31] Morfydd E. Owen, 'Noddwyr a Beirdd' yn *BaTh* 78.
[32] *GP* 16.
[33] *GMB* 26.30, 53–5.
[34] *GP* 16.
[35] *GCBM* i. 4.8. Tebygrwydd arall rhwng y ddwy gerdd yw eu bod wedi eu canu ar fesur cyhydedd nawban. Er mai dyna brif fesur pob un o'r awdlau byrion a briodolir i Hywel ab Owain, awdl 4 yw'r unig un a ganwyd yn llwyr ar y mesur hwnnw.
[36] *GLlF* 6.59n.
[37] Angela M. Lucas, *Women in the Middle Ages: Religion, Marriage and Letters* (Brighton, 1983), 89; Helen M. Jewell, *Women in Medieval England* (Manceinion ac Efrog Newydd, 1996), 122–3: 'Children could be betrothed young, though canon law did not allow marriage below the age of seven, and marriages between that age and puberty, twelve for the girl and fourteen for the boy, were supposed to be reviewed then and confirmed as agreeable to the couple or publicly disavowed. The haste was to tie up eligible heirs and heiresses, and the marriages were in the nature of investments and business partnerships. The families negotiated over the heads of the youngsters involved.'
[38] *LlI* 66.
[39] Ar y posibilrwydd mai *epithalamia*, cerddi i'w canu ar achlysur priodasau bonheddig, yw Rhieingerdd Efa ac awdl Prydydd y Moch i Wenllïan ferch Hywel, gw. Williams, 'Cerddi'r Gogynfeirdd i Wragedd a Merched', 91–7.

40 Fe all, wrth gwrs, mai ar ganu Beirdd y Tywysogion y seiliwyd disgrifiadau'r Gramadeg. 'Tebyg i "ddewis riain" Hywel', meddai Saunders Lewis, 'yw'r merched a folir gan fwyafrif beirdd y tywysogion, a honno a aeth i mewn i oriel personau Einion Offeiriad', *Braslun o Hanes Llenyddiaeth Gymraeg* (adarg., Caerdydd, 1986), 87. Y mae'n drawiadol fod disgrifiad Casnodyn o Wenllïant, a luniwyd tua'r un adeg â Gramadeg Einion yn gynnar yn y bedwaredd ganrif ar ddeg, fel petai'n adleisio'n fwriadol un o awdlau byrion Hywel ab Owain: gw. isod pennod 5, t. 136.
41 *GCBM* i. 5.44.
42 Ibid., 5. 17. Cf. hefyd ddiweddglo awdl 1: 'Adwyf-i yn anfedredd o ynfydrwydd—caru, / Ni'm cerydd Iesu, y Cyfarwydd', â'r llinell 'A chen ni'm caro, na'm cerydded—fyth' (*GCBM* i. 5.61). O blith y cyfatebiaethau geiriol eraill rhwng canu Hywel ab Owain a Rhieingerdd Efa, gellir nodi'r ymadrodd anghyffredin 'bod/mynd o nwyf' (awdl 3; *GCBM* i. 5.54, 94, ac eto yn 26.69), a'r cyd-drawiad rhwng 'Ail yw'r llall o'r pall, pell fy min/ I wrthi, i am orthorch eurin' (o'r gerdd 'Cyfarchaf i'r Dewin gwerthefin'), a 'Gorddawg pall eurawg pell nas gwelwyf' (*GCBM* i. 5.22).
43 Ibid., 5.134.
44 Gw. Huw M. Edwards, *Dafydd ap Gwilym: Influences and Analogues* (Rhydychen, 1996), 125–7.
45 *GCBM* i. 5.27–8.
46 Williams, 'Beirdd y Tywysogion: Arolwg', 64.
47 Cf. 'Hawis, fy newis defawd yn y gerdd' 'Cyfarchaf i'r Dewin gwerthefin'.
48 *AP* 49–56. Gw. *GLlF* 8.1n.; Morfydd E. Owen, '"Trioedd Hefut Y6 Yrei Hynn"', *YB* 14 (1988), 99. Cf. hefyd y rhestr o 'addfwynau' a geir gan Einion ap Gwalchmai yn *GMB* 29.25–36.
49 Lloyd-Jones, 'The Court Poets of the Welsh Princes', 192.
50 *The Oxford Book of Welsh Verse*, gol. Thomas Parry (adarg., Rhydychen, 1983), 542.
51 Rachel Bromwich, 'Dafydd ap Gwilym: Y Traddodiad Islenyddol' yn *Dafydd ap Gwilym a Chanu Serch yr Oesoedd Canol*, gol. John Rowlands (Caerdydd, 1975), 55; cf. *eadem*, *Aspects*, 103. Ar y posibilrwydd y bu'r fasnach win a gwlân rhwng Profens a Lloegr yn gyfrwng dylanwad ar ganu serch Saesneg, gw. H. J. Chaytor, *The Troubadours and England* (Caer-grawnt, 1923), 24–33.
52 Kenneth Jackson, *Studies in Early Celtic Nature Poetry* (Caer-grawnt, 1935), 196; gw. Rachel Bromwich, 'Dafydd ap Gwilym: Influences and Analogues', *CMCS* 33 (Haf 1997), 88. Yn ei astudiaeth ef o'r *Natureingang*, 'The Nature Prologue in Welsh Court Poetry', *SC* 24/25 (1989/90), 70–90, dadleua J. E. Caerwyn Williams fod dylanwad ar y confensiwn hwnnw o du'r traddodiad Ewropeaidd yn annhebygol.
53 Bromwich, 'Dafydd ap Gwilym: Influences and Analogues', 88.
54 Gw. yn arbennig Constance Bullock-Davies, *Professional Interpreters and the Matter of Britain* (Caerdydd, 1966).
55 Gw., e.e., Williams, 'Cerddi'r Gogynfeirdd i Wragedd a Merched', 13.
56 Bullock-Davies, *Professional Interpreters*, 29.
57 Edwards, *Dafydd ap Gwilym: Influences and Analogues*, 85 ymlaen.

[58] Gw. M. Dominica Legge, *Anglo-Norman Literature and its Background* (Rhydychen, 1963), 332–61.
[59] Ar ddiwylliant y llys hwnnw, gw. Chaytor, *The Troubadours and England*, 35 ymlaen. Ceir cryn dipyn o amwysedd rhywiol chwareus, a pheth ohono'n ddigon amrwd, ym marddoniaeth Guilhem, ac fel, efallai, yn achos Hywel ab Owain Gwynedd, dichon fod a wnelo ei statws cymdeithasol â'r rhyddid hwnnw. Arno, gw. L. T. Topsfield, 'The Burlesque Poetry of Guilhem IX of Aquitaine', *Neuphilologische Mitteilungen*, 69 (1968), 280–302; Peter Dronke, 'Serch *Fabliau* a Serch Cwrtais' yn *Dafydd ap Gwilym a Chanu Serch yr Oesoedd Canol*, 1–17, yn arbennig tt. 3–4.
[60] Chaytor, *The Troubadours and England*, 20–1; Jean Audiau, *Les Troubadours et l'Angleterre* (Paris, 1927), 34.
[61] Peter Dronke, *Medieval Latin and the Rise of European Love-Lyric*, cyf. 1 (Rhydychen, 1965), pennod 1: 'The Unity of Popular and Courtly Love-Lyric', tt. 1–56; cf. *idem*, 'Serch *Fabliau* a Serch Cwrtais'.
[62] *Math uab Mathonwy: Pedwaredd Gainc y Mabinogi*, gol. Ian Hughes (Aberystwyth, 2000), 1. Am ddisgrifiadau tebyg o effeithiau serch yn llenyddiaeth Iwerddon, gw. Séan Ó Tuama, 'Serch Cwrtais mewn Llenyddiaeth Wyddeleg', yn *Dafydd ap Gwilym a Chanu Serch yr Oesoedd Canol*, 18–42. Yn ei farn ef, dylanwadwyd ar y traddodiad cynhenid hwn gan serch cwrtais y Cyfandir rhwng tua 1300 a 1650.
[63] *Math uab Mathonwy*, 12.
[64] CO 2–3. Yn ôl O. J. Padel, fe all fod y llinell 'I wen a'm lluddir yn llys Ogrfan' yn awdl 3 yn cyfeirio at chwedl goll o'r un math (*Arthur in Medieval Welsh Literature* (Caerdydd, 2000), 57): 'Other references to Ogrfan envisage him as a warlike hero, but it seems likely that this refers to Ogrfan as father of Gwenhwyfar, and that Hywel was comparing himself with Arthur as a suitor for Gwenhwyfar; his reference to the lady as *Gwen* ('the fair one') perhaps offers a further allusion to her name. (Since Ogrfan was a giant, we may be meant to think of Culhwch's suit for Olwen as well.)'
[65] Gw. Sioned Davies, 'Pryd a Gwedd yn y Mabinogion', *YB* 14 (1988), 115–33.
[66] Ceir dadansoddiad o ddelweddaeth y cerddi hyn gan T. Gwynn Jones yn *Rhieingerddi'r Gogynfeirdd*, 27–30.
[67] *LlDC* 2.7–8.
[68] Ibid., 16.56–7. Tybed a oes a wnelo hyn â dymuniad Hywel ab Owain yn y gerdd 'Cyfarchaf i'r Dewin gwerthefin' i ganu 'Cerdd foliant, fal y cant Myrddin,/ I'r gwragedd a'i medd fy marddrin'? Cf. 'No phan gant Myrddin mawrddysg Gwenddydd' (*GBF* 30.60).
[69] Gw. cywydd Iolo Goch i ferch, *GIG* XXIV (sy'n adleisio'r cerddi serch a briodolir i Hywel ab Owain Gwynedd), ac ymdriniaeth Ann Matonis, 'Nodiadau ar Rethreg y Cywyddwyr: y *Descriptio Pulchritudinis* a'r Technegau Helaethu', *Y Traethodydd*, 133 (Gorffennaf 1978), 155–67. Ceir enghraifft arall mewn cywydd gan gyfoeswr iddo, Gruffudd Gryg, *DGG* LXXII. Am enghreifftiau mewn Profensaleg, Eingl-Normaneg a Saesneg, gw. Audiau, *Les Troubadours et l'Angleterre*, 69–74; am enghreifftiau Lladin, gw. Fulton, *Dafydd ap Gwilym and the European Context*, 45.
[70] *GCBM* i. 5.99–106.

71 *GG* 183.
72 Gw. Sioned Davies, *Crefft y Cyfarwydd* (Caerdydd, 1995), 189–91.
73 *PKM* 4. Y mae 'disymylder ymadrodyon a gweithredoed' ymhlith rhinweddau gwreigdda ddelfrydol y Gramadeg, *GP* 16.
74 *PKM* 50.
75 T. M. Charles-Edwards, 'Food, Drink and Clothing in the Laws of Court' yn *WKC* 337.
76 R. M. Jones, 'Y Rhamantau Cymraeg a'u Cysylltiad â'r Rhamantau Ffrangeg', *LlC* 4 (1956–7), 208–27.
77 Manon Phillips, 'Defod a Moes y Llys' yn *WKC* 347–61.
78 Gw. Ceridwen Lloyd-Morgan, 'Y Cyd-destun Ewropeaidd' yn *CMCP* 113–27.
79 Gw. *CMCP* x a *passim*.
80 Morfydd E. Owen, '"Arbennic Milwyr a Blodeu Marchogyon": Cymdeithas *Peredur*' yn *CMCP* 91–112, yn arbennig t. 110.
81 Ibid., 110.
82 *GLlF* 146; Morfydd E. Owen, 'Literary Convention and Historical Reality: the Court in the Welsh Poetry of the Twelfth and Thirteenth Centuries', *EC* 29 (1992), 75; *eadem*, *CMCP* 95. Annhebygol hefyd yw'r awgrym fod cysylltiad rhwng y rhamantau a'r *chansons de toile* a disgrifiad Cynddelw o lawforynion Efa'n ei wylio wrth ffenestri gwydr, *GCBM* i. 5.13–20; gw. Parry Owen, 'Rhieingerdd Efa', 72–3.
83 Atodiad A, 7.21–4.
84 *Die Lais der Marie de France*, gol. K. Warnke (Halle, 1900), 146–51. Ar Marie de France, gw. Lucas, *Women in the Middle Ages*, 158–61. Ychydig yn ddiweddarach, yn niwedd y 12g, ceir cerdd Eingl-Normaneg, 'Le Donnei des Amants', sy'n honni bod y gair *gelus* yn tarddu o'r ferf *geler*, 'rhewi', gan fod rhew yn rhwystro llif dŵr yn union fel y rhwystrir gwraig gan ei gŵr; gw. Legge, *Anglo-Norman Literature*, 132. Cf. hefyd gerdd Saesneg o lawysgrif a luniwyd tua 1200, lle y cwyna'r bardd fod ei gariad wedi ei chloi mewn castell gan ei gŵr; Dronke, *Medieval Latin*, i, 114n.
85 *Early Welsh Gnomic Poems*, gol. Kenneth Jackson (Caerdydd, 1935), VI, pennill 6. Gw. ymhellach Edwards, *Dafydd ap Gwilym: Influences and Analogues*, 73–4.
86 *Ovid's Amores. Book One*, gol. John A. Barsby (Rhydychen, 1973), 4.61–2; cf. ibid., 9.27–8.
87 Cf. 'boen Ofydd—gennad' mewn cerdd o waith Owain Cyfeiliog (neu Gynddelw?), *GLlF* 15.17. Gall fod dylanwad Ofydd ar fotiff yr eos fel aderyn serch yng ngorhoffeddau Hywel ab Owain a Gwalchmai. Gw. Edwards, *Dafydd ap Gwilym: Influences and Analogues*, 82–3; A. E. Lea, 'The Nightingale in Medieval Latin Lyrics and the *Gorhoffedd* by Gwalchmai ap Meilyr', *ZCP* 51 (1999), 160–9.
88 Bromwich, *Aspects*, 71.
89 Gw. Ceri Davies, *Welsh Literature and the Classical Tradition* (Caerdydd, 1995), 37. Ar ddylanwad Ofydd ar lenyddiaeth yr Oesoedd Canol, gw. Dronke, *Medieval Latin*, i, 163–8.
90 Davies, *Welsh Literature and the Classical Tradition*, 27.

⁹¹ Ibid., 44. Dyfynna, ibid., 40, farn Ceri Lewis, *A Guide to Welsh Literature* ii., gol. A. O. H. Jarman a Gwilym R. Hughes (Abertawe, 1979), 74: 'no evidence exists to prove that prior to the fourteenth century the Welsh professional bards, in general, had more than a very superficial knowledge of Latin and its literature, acquired mainly from the Church services and from some familiarity with the life of the monasteries'.

4

'Gorhoffedd Hywel ab Owain'

Nerys Ann Jones

Ymhlith cerddi'r beirdd a ganai yn llysoedd Cymru yn ystod y ddeuddegfed ganrif a'r drydedd ganrif ar ddeg prin y ceir unrhyw beth mor swynol ac mor soffistigedig â 'Gorhoffedd Hywel ab Owain'.[1] Cyfuniad digymar ydyw o hiwmor a hiraeth, canu serch, canu rhyfel a chanu natur, mynegiant gan arwr o dywysog a dynghedwyd i farw ar faes y gad o'i gariad angerddol at ferched, at fywyd ac at ei wlad ei hun. Nid yw'n syndod mai hwn yw'r mwyaf adnabyddus yn y cyfnod modern o blith canu Beirdd y Tywysogion a bod detholiad ohono ym mhob blodeugerdd sydd yn cynnwys eu gwaith. Nod y bennod hon yw taflu goleuni newydd ar y Gorhoffedd drwy fwrw golwg fanylach nag a wnaethpwyd o'r blaen arno a'i osod yn ei gyd-destun canoloesol gan ddechrau gyda'r ffynhonnell lawysgrifol.

Digwydd y copi cynharaf a'r unig gopi canoloesol o 'Gorhoffedd Hywel ab Owain' yn Llawysgrif Hendregadredd, blodeugerdd o waith Beirdd y Tywysogion a luniwyd gan ysgrifydd anhysbys, yn Ystrad-fflur yn ôl pob tebyg, yn gynnar yn y bedwaredd ganrif ar ddeg.[2] Y mae'r Gorhoffedd i'w ganfod ym mhlyg olaf y llawysgrif fel y mae heddiw, ar ddechrau casgliad bychan o gerddi a briodolir i Hywel.[3] O graffu ar y llawysgrif, gwelir bod i'r gerdd ddau bennawd. Ychwanegwyd 'Gorhoffet Hywel ap Ywein' mewn inc coch gan law italig o'r ail ganrif ar bymtheg o dan deitl rhannol a ysgrifennwyd gan brif ysgrifydd y llawysgrif, sef '. . . aawdl hynn ehun ae cant'. Barn y paleograffydd Daniel Huws yw mai enghraifft gynnar o law yr hynafiaethydd Robert Vaughan yw'r ychwanegiad.[4] Gwyddom i Vaughan ddechrau llunio adysgrif o Lawysgrif Hendregadredd tua 1616 gan fod ychydig ddalennau o'r copi anorffenedig hwnnw ar glawr.[5] Dichon iddo adael y gwaith ar ei hanner am nad oedd y llyfr ond ar fenthyg ganddo. Erbyn 1617, fodd bynnag, yr oedd yn ei feddiant ac awgryma'r ffaith ei fod ef a'i gyfaill, y Dr John Davies o Fallwyd, wedi gwneud nodiadau ynddo gan ddefnyddio'r un inc iddynt ei astudio gyda'i gilydd.[6] Yr adeg hon gwnaethpwyd adysgrif llawn o'r llawysgrif,[7] ond cyn hynny trefnodd Robert Vaughan iddi gael ei hailrwymo yn ôl y drefn a bennwyd gan John Davies.[8] Tociodd y rhwymwr dros fodfedd oddi ar frig y dail[9] ac, o ganlyniad, collwyd llinell gyntaf pennawd gwreiddiol 'Gorhoffedd Hywel ab Owain'.[10] Collwyd hefyd deitl un o awdlau Gwalchmai, ac ychwanegodd Vaughan deitl newydd i'r gerdd honno hefyd, sef 'Y Eua y wreic', gan ddefnyddio yr un inc.[11] Y mae i deitlau Vaughan nodweddion orgraffyddol sydd yn hŷn na'r ail ganrif ar bymtheg a gall hyn awgrymu ei fod wedi defnyddio ffynhonnell ysgrifenedig sydd yn anhysbys bellach—ei gopi ef ei hun o'r llawysgrif efallai.[12] Fel yr awgrymwyd gan Peredur Lynch, fodd bynnag, nid syn fod gŵr dysgedig fel Vaughan, a oedd mor gynefin â thestunau canoloesol Cymraeg, yn defnyddio'r un orgraff â'r llawysgrif.[13] Y mae'n bosibl, felly, ei fod wedi ychwanegu'r teitlau hyn o'i gof neu ei fod wedi eu creu o'i ben a'i bastwn ei hun ar sail ei ddarlleniad o'r cerddi.

Gan fod penawdau'r prif ysgrifydd yn Llawysgrif Hendregadredd yn dilyn fformiwlâu arbennig,[14] y mae modd bwrw amcan ynglŷn â geiriad rhan gyntaf pennawd gwreiddiol 'Gorhoffedd Hywel'. Awgryma gweddill y teitl, sef 'aawdl hynn: e hun a'e cant', mai amrywiad ydyw ar y patrwm mwyaf cyffredin, sef [enw'r gerdd], [bardd] a'e cant: e.e. 'Marwnad Ruffudd ap Kynan, Meilyr Brydyt a'e cant'; 'Arwyrein yr Arglwyt Rys, Kyndelw a'e cant'; 'Canu y Dewi, Gwynnuart Brycheinyawc a'e cant'. Ymdebyga i deitl Gorhoffedd Gwalchmai, sef 'Gorohoffet Gwalchmai: e hun a'e cant', ac i eiddo cerdd enwog Owain Cyfeiliog yn Llyfr Coch Hergest, 'Hirlas Owein, Owein Kyueilyawc e hun a'e cant'.[15] Cymerir bod y geiriau 'aawdl hynn', felly, yn perthyn i ddiwedd cymal sydd yn disgrifio'r gerdd. Y mae'r cyfuniad yn dwyn i gof deitl Marwysgafn Cynddelw, sef 'Marwysgafn Gynddelw y gelwir y pymawdl hyn'.[16] Ar sail y pennawd hwn a hefyd benawdau tebyg uwchlaw cerddi gan Lygad Gŵr,[17] y mae modd ail-greu'r pennawd gwreiddiol fel a ganlyn:

[Gor(o)hoffet Hywel y gelwir y pedeir] aawdl hynn: e hun a'e cant.

Petrus iawn yw'r adluniad, wrth gwrs, ac y mae'r geiriau agoriadol yn dibynnu ar bennawd Robert Vaughan, ond y mae hwn yn ddarganfyddiad pwysig oherwydd ei fod yn dwyn tystiolaeth newydd i'r hen ddadl ynglŷn ag union natur 'Gorhoffedd Hywel' a'r canu gorhoffedd yn gyffredinol.

Fel yn achos nifer o gerddi eraill o waith Beirdd y Tywysogion, y mae'r pennawd—pennawd Robert Vaughan yn yr achos hwn—wedi dylanwadu'n drwm ar y modd y dehonglwyd y gerdd gan ei beirniaid. Ansicr ac annibynadwy, fodd bynnag, yw tystiolaeth y pennawd hwn ar sawl cyfrif, fel y gwelwyd eisoes. Fel y sylwodd yr Athro T. Gwynn Jones: 'Ni ddigwydd y gair "Gorhoffedd" yn y naill na'r llall o'r cerddi a'i dwg fel teitl [sef 'Gorhoffedd Hywel' a 'Gorhoffedd Gwalchmai'], felly ni ellir bod yn sicr a yw, yn yr ystyr sydd iddo yn y teitlau, cyn hyned â'r cerddi eu hunain.'[18] Ymhellach, nid ymffrost yw unig ystyr bosibl y gair 'gorhoffedd'. Mewn cerdd fawl gan Brydydd y Moch o'r drydedd ganrif ar ddeg ac yng ngwaith Gruffudd ap Maredudd a'i gyfoeswyr yn y bedwaredd ganrif ar ddeg, gall hefyd olygu 'edmygedd, canmoliaeth fawr, balchder'.[19] Cymerwyd yn gyffredinol mai 'math o ganu ymffrostgar' yw ystyr 'gorhoffedd' yn y teitlau hyn, fodd bynnag, a hynny ar sail y dyb fod cerddi Hywel a Gwalchmai yn cynrychioli traddodiad ehangach o ganu ymffrost a barhaodd hyd y bymthegfed ganrif. Y mae'r ymresymu a geir yn y *Cydymaith i Lenyddiaeth Cymru* yn nodweddiadol:[20]

> Awgryma Ieuan ap Rhydderch yn ei 'Gywydd y Fost' ei fod wrth ei ganu ar ddiwedd gwledd yn dynwared cerdd Hywel, ac oherwydd cynnwys honno a cherdd Gwalchmai a'r dywediad 'Hanner y wledd, hoffedd yw', rhesymol yw tybio mai cerdd ymffrost oedd 'gorhoffedd' i'w chanu ar ddiwedd gwledd, ac i'w chymharu' â'r *gabs* Ffrangeg.

Gŵr bonheddig o Geredigion ym mlynyddoedd canol y bymthegfed ganrif oedd Ieuan ap Rhydderch. Yr oedd wedi ei drwytho yn niwylliant Cymreig yr Oesoedd Canol ac wedi astudio llenyddiaeth gynnar Cymru. Y mae'n debygol iawn ei fod yn gyfarwydd â chynnwys Llawysgrif Hendregadredd gan i'r llyfr fod ym meddiant ei daid, Ieuan Llwyd o Lyn Aeron, a'i dad, Rhydderch.[21] Darllen 'Gorhoffedd Hywel' yn y llawysgrif, yn ôl pob tebyg, a ysbrydolodd Ieuan i ganu ei gerdd ymffrost. Yng ngeiriau golygydd 'Cywydd y Fost', R. Iestyn Daniel: 'Efelychiad ohono o ran ysbryd yn bennaf yw'r cywydd, a gwahanol iawn yn ei gynnwys gyda'r holl sôn am addysg brifysgol a rhagoriaeth yr awdur fel bardd, chwaraewr gemau, daliwr swyddi pwysig, ac ati.'[22] Nid oes unrhyw arwydd fod cerdd Ieuan yn rhan o draddodiad byw o ganu ymffrost a darddodd yn llysoedd Gwynedd yn y ddeuddegfed ganrif. Nid yw hyn yn gwadu'r posibilrwydd fod traddodiad islenyddol o ganu ymffrost yn bodoli yng Nghymru'r Oesoedd Canol, traddodiad sydd, o bosibl, yn dod i'r amlwg yng ngwaith beirdd isradd fel Iocyn Ddu yn y bedwaredd ganrif ar ddeg[23] ac a adlewyrchir efallai yn y ddihareb o gasgliad Llyfr Coch Hergest 'hanner y wledd hoffedd yw'.[24] Yr unig dystiolaeth bendant i fodolaeth genre o ganu 'gorhoffedd' yng ngwaith Beirdd y Tywysogion, fodd bynnag, yw'r tebygrwydd sydd rhwng y ddwy gerdd sydd yn dwyn y term fel teitl iddynt, sef 'Gorhoffedd Hywel' a 'Gorhoffedd Gwalchmai'.[25] 'Yr un ydyw'r edafedd y gwewyd y ddwy ohonynt', honna'r Athro J. E. Caerwyn Williams[26] ond tybed a fu i ysgolheigion ganolbwyntio'n ormodol ar y nodweddion sydd yn gyffredin i'r ddwy gerdd gan anwybyddu'r gwahaniaethau sylfaenol a ddaw i'r golwg o ystyried bwriad y beirdd wrth eu cyfansoddi? Yn y bennod hon edrychir o'r newydd ar 'Gorhoffedd Hywel' gan ymdrin â'i adeiladwaith yn gyntaf cyn troi at ei gynnwys.

Yr Athro J. Lloyd Jones oedd y cyntaf i awgrymu nad un gerdd hir yw 'Gorhoffedd Hywel'.[27] Sylwodd ei fod yn ymrannu'n fydryddol yn ddwy adran: y ddau ganiad cyntaf ar fesurau pedwar neu wyth curiad, sef cyhydedd nawban, toddaid a chyhydedd hir, a'r ddau ganiad sydd yn dilyn ar fesurau tri neu chwe churiad, sef cyhydedd fer a thoddaid byr. Anaml iawn y gwelir Beirdd y Tywysogion yn ieuo mesurau yn y modd hwn o fewn un cyfanwaith.[28] Yn wir, nid oes ond un enghraifft debyg ar glawr, sef cerdd fawl Einion ap Gwgon i Lywelyn ap Iorwerth, lle y mae'r trydydd caniad ar fesur gwahanol i'r gweddill.[29] Er mai fel 'canu' y disgrifir y gerdd honno yn y pennawd yn Llawysgrif Hendregadredd, yn wahanol i'r rhan fwyaf o awdlau amlganiad Beirdd y Tywysogion, ni chysylltir ei chaniadau gan ailadrodd gair neu ymadrodd yn llinell gyntaf pob caniad neu gan gyrch-gymeriad.[30] Nid oes cysylltiad seingol amlwg ychwaith rhwng ail a thrydydd caniad 'Gorhoffedd Hywel' er bod y cyntaf a'r ail yn agor gyda'r un ymadrodd a'r trydydd a'r pedwerydd wedi eu clymu gan gyrch-gymeriad. O ystyried geiriad tebygol teitl gwreiddiol y Gorhoffedd, diddorol yw ei gymharu â 'theirawdl' Llygad Gŵr i Ruffudd ap Madog lle y mae'r trydydd caniad wedi ei ynysu oddi wrth y ddau ganiad cyntaf, a'r 'pumawdl' i Lywelyn ap Gruffudd lle y mae'r cyswllt rhwng yr ail ganiad a'r trydydd, y trydydd a'r pedwerydd a'r pedwerydd a'r pumed yn wan iawn.³¹Tybed ai dilyniant o gerddi yn hytrach nag un cyfanwaith oedd y rhain yn wreiddiol, megis arwyreiniau Gwalchmai a Chynddelw i Owain Gwynedd, cyfresi englynion Cynddelw i Wenwynwyn a'i gerddi dadolwch i'r Arglwydd Rhys?³² Os felly, ni ellir bod yn sicr ai'r beirdd neu'r datgeiniaid ynteu'r ysgrifwyr oedd yn gyfrifol am ddwyn y cerddi hyn ynghyd a'u cysylltu. Yn achos y 'Gorhoffedd', fodd bynnag, gellid dadlau bod y ffaith fod llinellau cyntaf y caniad cyntaf a'r ail, ond nid y trydydd a'r pedwerydd, yn cael eu hailadrodd ar eu diwedd, yn awgrymu bod y ddwy adran wedi eu cymryd o ffynonellau ysgrifenedig gwahanol.³³ Dyfais a ddefnyddid gan ysgrifwyr i ddynodi diwedd cerdd yw'r ailadrodd hwn ac fe'i ceir yn gyffredin mewn cyfresi englynion yn Llawysgrif Hendregadredd. Y mae lle i gredu, felly, mai dilyniant o dair cerdd annibynnol yw'r 'Gorhoffedd', sef dwy awdl fer un caniad yn agor gyda'r un geiriau³⁴ yn cael eu dilyn gan awdl ac iddi ddau ganiad.

Cadarnheir hyn gan y diffyg cyswllt rhwng cynnwys y ddwy awdl gyntaf sydd yn llysaidd eu natur a'r ddwy sydd yn dilyn sydd yn llawer mwy poblogaidd.³⁵ Yn ogystal, y mae i'r adran olaf strwythur pendant sydd yn dibynnu ar agoriad ffurfiol sydd yn creu disgwyliad ffug yn y gynulleidfa.³⁶

> Cyfarchaf i'r Dewin gwerthefin,—gwyrthfawr
>   Gwrth ei fod yn Frenin,
>   Cysylltu canu cysefin,
>   Cerdd foliant, fal y cant Myrddin . . .

('Erfyniaf ar y Dewin goruchaf [a] grymus, / gan ei fod yn Frenin, / [am gael] llunio cerdd yn yr hen ddull, / cerdd foliant, fel y canodd Myrddin . . .')

Dyma'r math o agoriad a geir ym moliannau a marwnadau mwyaf mawreddog y cyfnod. Y mae'n cynnwys cyfarchiad i Dduw, moliant iddo a chais ar iddo ysbrydoli'r bardd i lunio cerdd debyg i eiddo un o'r Cynfeirdd.³⁷ Awgryma'r llinellau agoriadol hyn mai awdl foliant i ryw dywysog o filwr sydd yn dilyn, ond gwragedd sydd â hawl ar awen farddol Hywel—nid un ond nifer helaeth ohonynt! Fe'u molir ganddo fel y

> Pennaf oll yn y gollewin
> O byrth Caer hyd Borth Ysgewin,

gan ddwyn i gof y gynulleidfa, yn ddiau, epithetau megis 'gollewin wledig' a 'gollewin eryr' a ddefnyddir gan y beirdd am dywysogion Gwynedd a'r modd y darluniodd Meilyr Brydydd enwogrwydd Gruffudd ap Cynan yn lledu 'o Ysgewin barth hyd borth Efrawg'.[38] Yn ogystal â chonfensiynau'r canu mawl, mabwysiadodd Hywel hefyd rai o arferion y canu serch llysaidd gan gyflwyno'r merched hyn fel rhai 'hir hwyrweddawg ... am rin', yn araf i gytuno i gyfarfyddiad neu gyfathrach ddirgel ag ef.[39] Wrth eu moli wrth eu henwau, Gwenllïant, Gweirfyl a Gwladus, pwysleisia eu harddwch, eu bonedd a'u hamharodrwydd i gael perthynas ag ef. Mabwysiada bersona y carwr gwrthodedig gan ddefnyddio motifau megis yr ochenaid ddirgel a llafnau serch, i gyfleu ei ddioddefaint.[40] Y mae'r caniad yn gorffen mewn modd annisgwyl, fodd bynnag, gyda dymuniad amheus am gael gweld Lleucu'n chwerthin yn ei gwmni:

> Moch gwelwyf, a'm nwyf yn eddëin—wrthaw,
> Ac i'm llaw fy lläin,
> Lleucu glaer, fy chwaer yn chwerthin,
> Ac ni chwardd ei gŵr-hi rhag gorddin!

('Boed i mi ei gweld yn fuan, a'm chwant yn ddieithr iddo ef, / a'm llafn yn fy llaw, / Lleucu ddisglair, fy nghariad, yn chwerthin, / ond ni chwardd ei gŵr oherwydd cyrch!')

Yn y llinellau hyn gyda'u chwarae ar ystyron geiriau a'u cyfeiriad at ffigur y Gŵr Eiddig, fel yn llinell glo awdl fer Cynddelw i ferch ddienw,[41] try'r bardd gonfensiwn y canu llysaidd ar ei ben a sylweddola'r gynulleidfa eu bod wedi eu camarwain yn fwriadol ganddo.

Clymir y ddau ganiad ynghyd yn gelfydd gan chwarae ar ystyron y gair 'gorddin' wrth i Hywel ddychwelyd at iaith a theimladau aruchel y canu serch. Mynega ei hiraeth am bump o ferched, Nest, Perweur, Generys, Hunydd a Hawis ond, gyda'i sylwadau herfeiddiol am rai o'r merched hyn, aiff y canu yn fwyfwy anllysaidd ac y mae'n gorffen drwy ymffrostio iddo gael perthynas rywiol ag wyth o ferched yn dâl am ei gerddi mawl iddynt:[42]

> Cefais-i fun dduun, ddiwyrnawd,
> Cefais-i ddwy, handid mwy eu molawd,
> Cefais-i dair a phedair â ffawd,
> Cefais-i bymp o rai gwymp eu gwyngnawd,
> Cefais-i chwech heb odech pechawd,

Cefais-i saith, ac ef gwaith gorddygnawd,
Cefais-i wyth yn nhâl pwyth peth o'r wawd—yr gaint . . .

('Cefais i ferch barod, ddibynadwy, / cefais i ddwy, mwy yw eu moliant, / cefais i dair a phedair gyda lwc, / cefais i bump o rai hardd eu cnawd gwyn,/ cefais i chwech heb osgoi pechod, / cefais i saith ac yr oedd yn waith dygn, / cefais i wyth yn dâl am beth o'r mawl yr wyf wedi ei ganu . . .')

Nid enwir y merched hyn gan Hywel, ond wrth gloi mor swta gyda'r ddihareb 'ys da daint rhag tafawd' ('da fod dannedd o flaen tafod!'), awgryma eu bod yn y gynulleidfa—testun difyrrwch mawr yn ddiau![43]
Cerdd ysgafn yw hon, yn rhagredegydd i gerddi megis 'Merched Llanbadarn' gan Ddafydd ap Gwilym sydd yn defnyddio'r ferf 'cael' yn yr un modd.[44] Ei bwriad yw gwenieithio a thynnu coes merched bonheddig y llys a difyrru eu tadau, eu brodyr a'u gwŷr. Saif ar ei thraed ei hun a hawdd gweld sut y gellid rhoi iddi'r teitl 'Gorhoffedd Hywel'. Cysêt neu ffansi ydyw ac iddi elfen gref o hunan-ganmoliaeth ond gyda thafod y bardd yn gadarn yn ei foch. Diddorol yn y cyswllt hwn, felly, yw sylw T. Gwynn Jones fod 'gorhoffedd' yn cael ei ddefnyddio yn gyfystyr â'r term 'cysêt' fel elfen mewn enwau hen geinciau gwerin.[45] Nid oes modd gwybod ysywaeth ai dull cymharol ddiweddar o ddefnyddio'r gair ydyw, wedi ei seilio ar deitlau cerddi Hywel a Gwalchmai yn Llawysgrif Hendregadredd efallai, ynteu adlewyrchiad o un o ystyron 'gorhoffedd' yn yr Oesoedd Canol.[46]
Beth am y ddwy awdl a gyplysir â hon yn Llawysgrif Hendregadredd? Awgrymwyd eisoes eu bod wedi eu canu mewn cywair tra gwahanol a daw hynny'n amlwg o'r llinellau cyntaf un:

Ton wen orewyn a orwlych bedd,
Gwyddfa Rufawn Bybr, ben teÿrnedd.

('Ton wen ewynnog a lifa dros fedd, / claddfa Rhufawn Bybyr, pennaeth brenhinoedd.')

Disgrifiwyd yr agoriad anghyffredin hwn fel prolog natur, nodwedd ar nifer o awdlau Beirdd y Tywysogion yn gerddi mawl a marwnad a cherddi serch, gan gynnwys 'Gorhoffedd Gwalchmai' sydd yn agor gyda disgrifiad o ddechrau'r haf.[47] Gellid dadlau bod y darlun o'r don ewynnog sydd yn golchi dros feddrod yma, ac yn codi yn chwyrn yn erbyn anheddau yn yr ail awdl, yn cynrychioli llanw uchel a stormydd y gaeaf ond y mae'r cwpled hefyd yn dwyn i gof 'Englynion y Beddau' sydd yn agor gyda darlun nid annhebyg o feddau'r arwyr yn cael eu gwlychu gan y glaw.[48] Diddorol nodi bod bedd Rhufawn yn cael ei enwi yn 'Englynion y Beddau' mewn adran sydd, i bob golwg, yn perthyn i chwedl Taliesin lle y mae Elffin yn rhoi 'barddrin' neu wybodaeth draddodiadol Taliesin ar brawf.[49]

Egyr y llinell ddilynol gyda'r ffurf 'caraf' a ailadroddir saith gwaith yn y caniad hwn. Fe'i defnyddir droeon yn 'Gorhoffedd Gwalchmai' hefyd i restru'r pethau yr oedd y bardd yn ei fwynhau gan ddwyn i gof rai o gerddi'r Taliesin chwedlonol.[50] Yma, fodd bynnag, gall ei fod yn dwyn themâu'r canu serch i feddwl y gwrandawr yn ogystal,[51] ac yn ei atgoffa yn arbennig o rai o awdlau Hywel ei hun sydd yn agor gyda'r gair 'caraf' a darlun o gaer ar lan y môr a'r tonnau'n taro yn ei herbyn.[52] Defnyddir yr arfordir neu lannau afonydd fel cefnlen i nifer o gerddi Beirdd y Tywysogion lle y mynegir serch neu hiraeth, yn eu plith awdl Dafydd Benfras i Ddafydd ap Gruffudd a luniwyd pan oedd y bardd yn alltud o Gymru a marwnad Einion ap Gwalchmai i Nest ferch Hywel.[53] Egyr rhai o ganiadau 'Gorhoffedd Gwalchmai' hefyd gyda'r syniad fod y bardd hiraethus yn cael ei ddeffro gan sŵn y môr.[54]

Nid mynegi ei serch tuag at wraig o gnawd yw bwriad Hywel yn y dilyniant sydd yn dilyn, fodd bynnag:

> Caraf, trachas Lloegr, lleudir Gogledd—heddiw,
> Ac yn amgant Lliw, lliaws calledd.

('Caraf i, yr un a gaseir gan wŷr Lloegr, dir agored y Gogledd heddiw, / ac yn ardal [Afon] Lliw y mae nifer o goed.')

Dehonglwyd y llinellau hyn yn gyffredinol fel mynegiant o gariad y tywysog tuag at dir Gwynedd, teyrnas ei dad, ond y maent mewn gwirionedd yn amwys dros ben. Nid ar gyfer Gwynedd y defnyddir y term 'Gogledd' fel arfer gan y beirdd ond ar gyfer yr Hen Ogledd, hen deyrnasoedd Brythonig de'r Alban a gogledd Lloegr. Fe'i ceir am ogledd Cymru yn unig pan fo angen gwrthgyferbynnu de a gogledd. Y mae'n bosibl mai er mwyn creu fframwaith dramatig ar gyfer y gerdd y'i defnyddir yma gyda Hywel yn alltud yn ne Cymru yn mynegi ei gariad at fro ei febyd. Wrth ddefnyddio'r term 'Gogledd', fodd bynnag, heuwyd y syniad o'r Hen Ogledd a'i holl gysylltiadau ym meddwl y gynulleidfa gan eu hatgoffa hefyd, o bosibl, mai un o arwyr yr ardal honno oedd Rhufawn yn wreiddiol.[55]

Y mae'r cyfeiriad at Afon Lliw yn amwys hefyd gan fod sawl afon o'r enw hwn ym mhob cwr o Gymru ac, o bosibl, yn yr Hen Ogledd hefyd.[56] Nid yw'n glir ai bwriad y bardd yw gwrthgyferbynnu ei gariad tuag at diroedd agored gogledd Cymru â'i gas tuag at ardal goediog Afon Lliw yn y De, ynteu fynegi ei hoffter o dirwedd amrywiol Gwynedd. Diddorol nodi bod Gwalchmai wrth sôn am y don wrth Aberffraw yn ei Orhoffedd yn honni nad oedd yno 'argoed' i gysgodi aderyn.[57]

Diddorol sylwi hefyd mai 'yng Nghawrnwy', sef Llanfair yng Nghornwy yng ngogledd eithaf Môn nid nepell o lys brenhinol Cemaes, y lleolir bedd Rhufawn ym marwnad Gwilym Ddu o Arfon i Drahaearn Brydydd Mawr ac mewn ffynonellau eraill o'r bedwaredd ganrif ar ddeg.[58] Tybed ai at y llys hwnnw y cyfeirir yn y cwpled sydd yn dilyn?

> Caraf a'm rhoddes rhybuched medd
> Myn y dyhaedd mŷr maith gywrysedd.

('Caraf yr un a roddodd i mi rodd o fedd / lle cyrhaedda'r moroedd, maith eu terfysg.')

Cymerir fel arfer mai rhoddwr y medd oedd Owain, tywysog Gwynedd a thad Hywel. Elfen bwysig yn 'Gorhoffedd Gwalchmai' yw moliant Owain ac ymffrostia'r bardd iddo yntau dderbyn gwin 'o'i wen addaf udd yn Arfonig gaer ger Hiriell bau',[59] gan ddwyn i gof y defnydd a wneir yn 'Y Gododdin' o fedd neu win i gynrychioli'r berthynas rhwng arglwydd a'i ryfelwyr ifanc. Awgrymodd Marged Haycock fod dewis Hywel o'r gair 'cywrysedd' ('terfysg, brwydr') i ddisgrifio tonnau geirwon y môr yn awgrymu ei fod am atgoffa ei wrandawyr am y cysylltiad traddodiadol rhwng medd ac ymladd ac am y pris y disgwylid i'r rhyfelwr ei dalu am ei rodd.[60]

Yn y cwpled dilynol, fodd bynnag, datgelir bod y medd-roddwr yn fenywaidd:

> Caraf ei theulu a'i thew annedd—ynddi,
> Ac wrth fodd ei rhi rhwyfaw dyhedd.

('Caraf ei gosgordd a'i haml drigfan o'i mewn, / ac arwain rhyfel yn ôl dymuniad ei brenin.')

Owain Gwynedd yn ddiau yw 'ei rhi' ond awgryma'r treigladau mai ffigur benywaidd yw'r un y cysylltir y tir a'i rinweddau ag ef.

> Caraf ei morfa a'i mynyddedd,
> A'i chaer ger ei choed a'i chain diredd,
> A dolydd ei dwfr a'i dyffrynnedd,
> A'i gwylain gwynion a'i gwymp wragedd.
> Caraf ei milwyr a'i meirch hywedd,
> A'i choed a'i chedyrn a'i chyfannedd.
> Caraf ei meysydd a'i mân feillion anaw
> Myn yd gafas ffaw ffyrf orfoledd.
> Caraf ei brooedd, braint hyŵredd,
> A'i diffaith mawrfaith a'i marannedd.

('Caraf ei morfa a'i mynyddoedd, / a'i chaer ger ei choed a'i thiroedd hardd, / a dolydd ei hafonydd a'i dyffrynnoedd, / a'i gwylanod gwynion a'i gwragedd heirdd. / Caraf ei milwyr a'i meirch hydrin, / a'i choed a'i gwŷr cedyrn a'i thir cyfanheddol. / Caraf ei meysydd a'i chyfoeth o fân feillion / lle y cafodd yr un enwog orfoledd sicr. / Caraf ei broydd, braint gwroldeb, / a'i thir diffaith maith iawn a'i chyfoeth.')

Tybed ai delwedd sydd yma o dir y gogledd wedi ei bersonoli fel merch yn cynnig i'w ddarpar frenin ddiod symbolaidd o fedd? Syniad cyffredin yw hwn mewn llenyddiaeth Wyddeleg, ond nid oes yr un enghraifft ar glawr yn y traddodiad Cymraeg er bod ambell awgrym ohono yn y testunau rhyddiaith yn ogystal ag yn y farddoniaeth.[61]

Yn ei hymdriniaeth â'r ddau orhoffedd, awgryma Helen Fulton fod cyfeiriadau Hywel at y byd naturiol yn yr adran hon yn fwy ffigurol ac arddulliedig nag eiddo Gwalchmai.[62]

> In Hywel's poem, the features of the landscape which he celebrates are symbols of the beauty hidden in strength which characterizes the warriors themselves ... In this martial context, nature imagery, with its emphasis on the sea-coast of Wales and the fertile agricultural lands, implies the strategic significance of the coast and the need to own land to support a warband.

Edrych ar y wlad drwy lygad rhyfelwr a wna Hywel wrth ganmol ei 'brooedd a'i diffaith mawrfaith', sef tiroedd y ffin a'r tiroedd anghyfannedd y byddai aelodau gosgordd y brenin yn gofalu amdanynt ac yn elwa ohonynt.[63] Ond fel carwr, yn hytrach, y canmola ei 'gwylain gwynion a'i gwymp wragedd'[64] a'i 'meysydd a'i mân feillion anaw'[65] ac y mae'r llinell 'myn yd gafas ffaw ffyrf orfoledd' yn llawn amwysedd awgrymog.[66]

Cyfeiriad at ryw wrthdaro y bu i Hywel gymryd rhan ynddo rhwng Madog ap Maredudd, tywysog Powys, a gwŷr Gwynedd sydd yn y llinellau dilynol:

> Gwneuthum â gwthwayw gwaith ardderchedd
> I rwng glyw Powys a glwys Wynedd.

('Ymleddais â gwaywffon hyrddiol frwydr ardderchog / rhwng gwŷr Powys a Gwynedd hardd.')

Tybed ai am Frwydr Cwnsyllt ym 1150 y mae'n sôn, pan drechwyd byddinoedd Madog ac iarll Caer a sicrhaodd Owain Gwynedd ei afael ar Iâl, Tegeingl ac Ystrad Alun?[67] Ymffrost milwrol confensiynol sydd yma i bob golwg, ond sylwer sut y mae'r ansoddair 'glwys' yn cyfleu'r syniad o wlad Gwynedd fel merch hardd unwaith eto.

Y mae'r awdl yn cloi gyda dymuniad y caiff y bardd ei ryddhau o alltudiaeth:

> Ac i ar welw gan gynnif rysedd
> Gorpwyf ellyngdawd o alltudedd!

('Ac ar gefn [march] gwyn, gwelw [gydag] ymdrech enfawr / boed i mi ennill rhyddhad o alltudiaeth!')

Byddai'r darlun a geir yn y llinellau hyn yn sicr o atgoffa'r gwrandawyr o thema alltudiaeth y bardd-garwr o gartref gwrthrych ei serch, thema a ddefnyddir gan Hywel mewn dwy o'i awdlau serch byrion.[68] Diddorol sylwi bod march o'r enw Gwelwgan Gohoywgain yn cael ei enwi yn Nhrioedd Ynys Prydain yn un o 'Dri Gordderchfarch Ynys Prydain', a chyfeirir ato hefyd mewn englyn o gerdd latai a dadogir ar Wilym Ryfel.[69] O ystyried y cwpled blaenorol, fodd bynnag, anodd credu nad oedd gan Hywel fwriad mwy difrifol hefyd. Gwyddom iddo dreulio deng mlynedd o'i fywyd y tu allan i Wynedd, pan oedd yn arglwydd yng Ngheredigion rhwng 1143 a thua 1153. O ddarllen *Brut y Tywysogyon*, gwelir ei bod yn debygol iawn y byddai, erbyn dechrau'r pumdegau, yn dymuno cael ei ryddhau o'i ddyletswyddau yng Ngheredigion.[70] Yn y cyswllt hwn, diddorol yw'r cyfeiriad at freuddwyd yn y llinell glo:

> Ni ddaliaf, diau, yni ddêl i'm plaid,
> Breuddwyd a'i dywaid, a Duw a'i medd.

('Nid ymgynhaliaf, yn sicr, nes y daw [hyn] i'm plaid, / gweledigaeth a'i dywed, a Duw a'i galluoga.')

Gall fod yn gyfeiriad at freuddwyd serch megis eiddo Macsen Wledig neu'r bardd o'r bedwaredd ganrif ar ddeg, Gruffudd ap Tudur Goch, lle y mae merch hardd yn ymddangos i'r carwr,[71] ond y mae'n bosibl mai bwriad Hywel oedd dwyn i gof fath arall o freuddwyd broffwydol am ddarpar frenin, fel a geir yn yr 'aisling' yn Iwerddon.[72]

Y mae'r ail awdl yn fyrrach na'r gyntaf a thema serch yn amlycach ynddi, ond dilyna'r un drefn yn union â'r awdl sydd yn ei rhagflaenu. Egyr gyda chyfeiriad at y don ewynnog a cheir adran fer wedi ei chysylltu â'r ffurf 'caraf' yn dilyn:

> Ton wen orewyn wychr wrth drefydd,
> Gyfliw ag arien, awr yd gynnydd.
> Caraf y morfa ym Meirionnydd
> Men y'm bu fraich wen yn obennydd.
> Caraf yr eaws ar wyriaws wŷdd
> Yng Nghymer Deuddyfr, dyffrynt iolydd.

('Ton wen ewynnog chwyrn yn erbyn anheddau, / yr un lliw â llwydrew, yr adeg yr ymleda. / Caraf y morfa ym Meirionnydd / lle bu i mi fraich wen yn obennydd. / Caraf yr eos ar goeden doreithiog (*neu* yn gwyro) / yng Nghymer Deuddyfr, dyffryn dymunol (*neu* dyffryn y llatai).')

Y tro hwn, at ddau leoliad ym Meirionnydd lle yr arferai gyfarfod â'i gariadwragedd y cyfeiria'r bardd, 'sef y morfa . . . men y'm bu fraich wen yn obennydd',[73] a 'Chymer Deuddyfr', sef cymer afonydd Wnion a Mawddach lle y codwyd abaty Sistersaidd yn ddiweddarach. Yng Nghymer clywodd yr eos, aderyn serch, yn canu mewn dyffryn a ddisgrifir ganddo fel 'dyffrynt iolydd', ymadrodd y gellid ei ddehongli fel 'dyffryn y llatai', hynny ydy, dyffryn y byddai'r llatai yn anelu ato.[74] Anodd gwybod a oes chwarae bwriadol ar eiriau yma ond y mae'n sicr mai motiff yr oed yn yr awyr agored sydd mor gyffredin yng ngwaith Dafydd ap Gwilym a'i gyfoeswyr a awgrymir yn y llinell hon.

Er nad oes sôn am ryfela yn y llinellau hyn, rhaid cofio hefyd mai cipio Meirionnydd oddi ar ei ewythr, Cadwaladr, ym 1147 oedd un o fuddugoliaethau pwysicaf Hywel. Fel yr awgryma'r hanesydd J. E. Lloyd, y mae'r gwrthgyferbyniad rhwng y darlun sydd gennym o'r rhyfelwr ar y naill law a'r bardd-garwr ar y llaw arall yn drawiadol: 'The man who took Meirionnydd by storm in 1147 and made the flames roar round its castle of Cynfael was himself taken captive by its delicate beauty.'[75]

Fel yn yr awdl gyntaf, y mae Hywel yn cyfarch Duw cyn cwyno am ei alltudiaeth:

> Arglwydd nef a llawr, gwawr Gwyndodydd,
> Mor bell o Geri gaer Lliwelydd!

('Arglwydd nef a llawr, rheolwr gwŷr Gwynedd, / mor bell o Geri yw caer Lliwelydd (*neu* Caerliwelydd)!')

Yna ymffrostia ei fod wedi marchogaeth, ar gefn march melyn y tro hwn, o Faelienydd ym Maesyfed heddiw i deyrnas Rheged yn yr Hen Ogledd mewn noson.

> Esgynnais ar felyn o Faelienydd
> Hyd yn nhir Rheged rhwng nos a dydd.

('Marchogais ar [farch] melyn o Faelienydd / i dir Rheged, ddydd a nos.')

Cyfeirir at y gamp o farchogaeth dros bellter mawr gan Walchmai hefyd. Yn ei Orhoffedd, honna ei fod wedi teithio i Gaer Efrog ar farch nwyfus ac iddo ddatgan rhagoriaeth Owain Gwynedd yno:[76]

> Neu dreiddiais-i tra Lliw Lleuddiniawn drefydd,
> Neu dremyrth Efrawg Gaer ar derydd . . .

('Ymwelais i tu draw i Liw â thrigfannau Lleuddinion, / croesais at Gaer Efrog ar farch nwyfus . . . ')

Ond tybed a oes arwyddocâd pellach i ddefnydd Hywel o'r motiff hwn? Yr oedd Caerliwelydd yn un o brif lysoedd David I, brenin yr

Alban, yn y cyfnod hwn. Yn ystod y gwrthryfel yn erbyn y Brenin Steffan cynhaliwyd yno nifer o gyfarfodydd pwysig megis hwnnw i urddo'r Tywysog Harri yn farchog ym 1149.[77] Tybed a oedd Hywel ab Owain ymhlith y gwahoddedigion?

Y mae posibilrwydd arall hefyd, oherwydd gellid dadlau bod y bardd yn chwarae ar yr enw lle Caerliwelydd a'i fod yn cyfeirio yn ogystal at gartref merch o'r enw Lliwelydd.[78] Os felly, cawn yn y llinellau hyn, fel yn yr adran flaenorol, thema'r bardd-garwr alltud ymhell o gartref y ferch a garai. Dyma'r union sefyllfa a ddefnyddir gan Gynddelw yn fframwaith dramatig i 'Rieingerdd Efa'.[79] Cyffredin yn y canu serch yw'r arfer o leoli merch hardd mewn caer[80] a diddorol yn y cyswllt hwn yw cyfeiriad Dafydd Benfras dros ganrif yn ddiweddarach at 'Gaer Efa' ger Arwystli a Cheri, cyfeiriad at gartref priodasol Efa ferch Madog ap Maredudd ym Maelienydd yn ddiau, ac adlewyrchiad, efallai, o'i henwogrwydd fel noddwraig.[81i] Galw ar ei farch i fynd ar neges drosto i lys Efa a wna Cynddelw ond yma ceir y darlun mwy confensiynol o'r bardd ei hun yn marchogaeth i gartref gwrthrych ei serch, i 'gaer Lliwelydd'.[82]

Ond beth yw arwyddocâd y cyfeiriadau at Geri a Maelienydd yn y llinellau hyn? Cwmwd a chantref cyffiniol yn Rhwng Gwy a Hafren ydynt a oedd yn draddodiadol yn rhan o deyrnas Powys ond yn y cyfnod hwn fe'u rheolid gan arglwyddi annibynnol a disgynnai o Elystan Glodrydd.[83] Cysylltiad posibl yw merch o gig a gwaed o'r enw Lliwelydd a enwir yn yr achau yn ferch i Einion Clud, arglwydd cantref Elfael yn Rhwng Gwy a Hafren a fu farw ym 1177. Yr oedd ef yn frawd i Gadwallon ap Madog, arglwydd Ceri a Maelienydd a gŵr Efa ferch Madog, gwrthrych rhieingerdd Cynddelw.[84] Yr oedd Lliwelydd yn perthyn i Hywel ab Owain drwy ei daid, Gruffudd ap Cynan a oedd yn hendaid iddi hi, a bu ei thad yn cydweithio â'i dad, yntau, Owain Gwynedd.[85] Yn ôl yr achau, priododd Lliwelydd â Goronwy ab Einion ab Llywarch, uchelwr yr oedd ei ddisgynyddion yn dal tir yng Ngharnwyllion ac Is Cennen yn Neheubarth.[86] Tybed ai at ymweliad â'i chartref priodasol, ymhell o'i chynefin yn Rhwng Gwy a Hafren, y cyfeiria Hywel yma? Os felly, y mae'r sôn am Reged yn magu arwyddocâd ychwanegol gan fod Goronwy, yn ôl ei ach, yn disgyn o Basgen ab Urien Rheged.[87]

Y mae'r ail awdl, fel y gyntaf yn cloi gyda dymuniad:

> Gorpwyf-i, cyn bwyf bedd, buddai newydd,
> Tir Tegeingl, tecaf yn ei helfydd.

('Boed i mi ennill, cyn bwyf [mewn] bedd, fuddugoliaeth (*neu* rodd) newydd, / [sef] tir Tegeingl, yr harddaf yn ei gwlad!')

Arglwyddi Normanaidd a fu'n rheoli cantref Tegeingl yng ngwr gogledd-ddwyreiniol Cymru hyd tua 1150 pan feddiannodd Owain Gwynedd yr ardal a'i sicrhau ym Mrwydr Cwnsyllt.[88] Tua'r adeg hon a'i awdurdod yng Ngheredigion dan fygythiad gan feibion Gruffudd ap Rhys, arglwyddi Deheubarth, diau y byddai'r syniad o gael rheoli Tegeingl yn ddymunol iawn i Hywel.[89] Yno yr oedd cyfle i ennill ysbail ac i ennill bri drwy ymladd yn erbyn y Normaniaid. Gellid dadlau unwaith eto, fodd bynnag, fod y llinellau hyn yn fwriadol amwys. Awgryma'r ymadrodd 'tecaf yn ei helfydd' y gall fod y bardd yn dymuno ennill merch o'r enw Tegeingl yn ogystal â'r ardal o'r un enw. Nid ymddengys yr enw Tegeingl yn yr achau, ond digwydd mewn stori a gynhwysodd Gerallt Gymro yn ei *Descriptio Kambriae* a ysgrifennodd tua 1193:[90]

> Y mae Tegaingl yn enw ar dalaith yng Ngwynedd, yr arglwyddiaethai Dafydd ab Owain arni, ac y buasai brawd iddo rywbryd yn ei meddu. Yr oedd hefyd yn enw ar ryw wraig y dywedid i'r ddau ei chaffel. Ac oherwydd hyn dywedwyd gan rywun: 'Y mae'n anghyfiawn i Ddafydd gaffel Tegaingl pan yw ei frawd yntau eisoes wedi ei chaffel.'

Y mae'n debyg i Ddafydd ab Owain ddod yn arglwydd ar barthau dwyreiniol Gwynedd gan gynnwys Tegeingl ar ôl marw ei dad ym 1170 ac fe'u daliodd hyd nes i Lywelyn ap Iorwerth a meibion Cynan ei ddisodli ym 1194.[91] Er nas enwir, ac er nad oes tystiolaeth iddo erioed 'feddu' Tegeingl, tybed ai Hywel yw'r brawd y cyfeirir ato? Un o ddirgelion gyrfa Hywel i'r hanesydd yw'r prinder gwybodaeth am ei weithgareddau rhwng 1153 a'i farwolaeth ym 1170.[92] Bid a fo am hynny, y mae'n bur sicr fod yma chwarae ar yr enw Tegeingl a'r bardd-dywysog fel petai yn cuddio difrifoldeb ei gais dan gochl ysgafnder direidus y bardd serch.

Y mae'n bosibl fod chwarae tebyg ar waith yn y cwpled clo hefyd:

> Cyd bwyf-i cariadawg cerdded Ofydd,
> Gobwylled fy Nuw-i fy nihenydd!

('Er mai carwr ydwyf yn [yr un] cyflwr [ag] Ofydd (*neu* ar daith [debyg i eiddo] Ofydd), / boed i'm Duw ystyried fy nhynged!')

Fel y dangosodd yr Athro J. Lloyd-Jones, nid oes sicrwydd fod yma gyfeiriad at Ofydd a ystyrid yn batrwm o fardd serch yng Nghymru'r Oesoedd Canol[93] ond os felly, tybed a oedd Hywel yn ymwybodol i'r bardd hwnnw fod yn alltud hefyd?[94] Nid oes amau beiddgarwch y weddi glo sydd i'w chymharu o ran ei rhyfyg â rhai o gywyddau serch Dafydd ap Gwilym ddwy ganrif yn ddiweddarach.[95] Awgrymodd John McQueen fod yn y defnydd o'r ferf brin 'gobwyllaw' adlais bwriadol o linellau agoriadol marwnad Taliesin i Owain fab Urien,[96]

> Eneit Owein ap Vryen,
> Gobwyllit y Ren o'e reit!

('Enaid Owain ab Urien, / boed i'w Arglwydd ystyried ei angen!')

ac mai bwriad Hywel oedd ei uniaethu ei hun ym meddwl ei gynulleidfa â'r tywysog o arwr o'r Hen Ogledd.[97] Os felly, y mae'r awdl yn gorffen ar nodyn herfeiddiol gan atgoffa'r gynulleidfa o hawliau a disgwyliadau Hywel fel mab hynaf Owain Gwynedd.

Wrth gyflwyno yr adran o'r *Descriptio Kambriae* y dyfynnwyd ohoni uchod, dywed Gerallt Gymro fod

> gwŷr llys a theulu [Cymru] . . . yn defnyddio llawer iawn o arabedd yn eu hymddiddan: gollyngant yn gynnil a chellweirus, ffraethebau neu eiriau gogan, yn awr â thafod ysgafn, dro arall ag un frathog, tan rith gair mwys neu ystyr ddyblyg.[98]

Efallai nad â thafod frathog y canodd Hywel ab Owain y ddwy awdl hynod soffistigedig a chywrain hyn, ond credaf fod ei fwriad yn un difrifol a'i fod wedi defnyddio 'ffraethebau . . . dan rith air mwys' ynghyd a themâu'r canu serch cyfoes ac adleisiau o'r canu traddodiadol er mwyn cyflwyno apêl i'w dad, Owain Gwynedd, rywbryd ar ôl Brwydr Cwnsyllt ym 1150 ar iddo gael ei ryddhau o'i 'alltudiaeth' yng Ngheredigion a derbyn arglwyddiaeth newydd yng ngogledd-ddwyrain Cymru. Credaf mai ei fwriad hefyd oedd atgoffa'r llys o'i allu a'i brofiad, o'i sefyllfa fel darpar dywysog Gwynedd ac o'i barodrwydd i dderbyn y cyfrifoldeb hwnnw pan ddeuai'r amser.

Nid oes yma ofod i gymharu'r awdlau hyn yn fanwl â 'Gorhoffedd Gwalchmai' y gosodir ei gyfansoddi gan Rhian Andrews ar ddechrau haf 1147,[99] dim ond nodi bod y ddau fardd wedi tynnu ar themâu cyffredin, sef harddwch byd natur, rhagoriaeth y bardd fel rhyfelwr, ei deithiau eang a'i gariad at ferch neu ferched penodol. Y mae'n bosibl fod y cyfuniad hwn o themâu yn deillio o draddodiad diflanedig o ganu a adnabyddid fel Gorhoffedd, ond ymddengys i mi fod Gwalchmai a Hywel wedi defnyddio yr un elfennau crai i ddibenion pur wahanol. Yn ei hanfod, cerdd fawl i Owain Gwynedd yw eiddo Gwalchmai, yn ddathliad o'i fuddugoliaethau milwrol ac o'i lwyddiant fel tywysog.[100] Gellid ei hystyried yn ôl awgrym yr Athro Caerwyn Williams 'fel math ar gân a genid er difyrrwch i'r fyddin ar gyrch ymosod neu yn paratoi rhag y cyfryw cyrch'.[101] Ar gyfer clustiau Owain y bwriadwyd awdlau Hywel hefyd, ond tra gwahanol oedd ei berthynas ef â'r tywysog i eiddo Gwalchmai, y bardd llys, ac adlewyrchir hynny yn y gerdd a luniodd.

Nodiadau

[1] Ceir testun diweddaredig ac aralleiriad yn Atodiad A isod.
[2] Ymhellach gw. Daniel Huws, 'Llawysgrif Hendregadredd', *CLlGC* 22 (1981), 1–16 ac *idem* 'The Hendregadredd Manuscript' yn *Medieval Welsh Manuscripts* (Aberystwyth a Chaerdydd, 2000), 193–226.
[3] Gw. Nerys Ann Jones, 'Ffynonellau Canu Beirdd y Tywysogion', *SC* 37 (2003), 123–4.
[4] Gohebiaeth bersonol, Ionawr 1998 a Ionawr 2003. Gw. ymhellach t. ii uchod.
[5] Sef llawysgrif LlGC 20,119. Ymhellach, gw. Daniel Huws, 'Copi Robert Vaughan o Lawysgrif Hendregadredd', *CLlGC* 16 (1969–70), 172. (Sylwer fy mod wedi methu'r llawysgrif hon yn fy arolwg 'Ffynonellau Canu Beirdd y Tywysogion', ac nis nodir ychwaith yng ngolygiad Cyfres Beirdd y Tywysogion o waith Bleddyn Fardd, *GBF* cerddi 45–57, 52, 54–7.)
[6] Gw. Huws, 'Llawysgrif Hendregadredd', trn. 10.
[7] Sef BL Add. 14869. Ymhellach gw. Nerys Ann Jones a Morfydd E. Owen, 'John Davies and the Poets of the Princes: Cognoscere, Intellegere, Scire' yn *Dr John Davies of Mallwyd: Welsh Renaissance Scholar*, gol. Ceri Davies (Caerdydd, 2004), 174–7.
[8] Gw. Huws, 'Llawysgrif Hendregadredd', 2.
[9] Ibid. 9.
[10] Y mae gwaelod llythrennau'r llinell goll i'w weld ar frig y ddalen.
[11] *GMB* cerdd 13. Gw. Peredur Lynch, 'Cân Gwalchmai "y Eua y wreic"', *YB* 19 (1993), 29–45.
[12] 'Gorhoffet hywel vab Ywein e hun ae cant' yw'r pennawd yn BL Add. 14869, f. 232^r, sef cyfuniad o deitl Vaughan a rhan o weddill y teitl gwreiddiol, sydd yn awgrymu i'r llawysgrif honno gael ei chreu wedi i'r difrod gael ei wneud.
[13] Lynch, 'Cân Gwalchmai', 41.
[14] Gw. Jones, 'Ffynonellau', 82–3.

15 Gw. *GMB* cerdd 9 (cymerir yma mai 'Gorhoffet Gwalchmei' yw enw'r gerdd a bod 'e hun' yn cael ei ddefnyddio yn annibynnol ar ddechrau brawddeg annormal, gw. *GMW* 89) a *GLlF* cerdd 14.

16 *GCBM* ii. cerdd 18. Ar berthynas adran agoriadol llawysgrif John Davies, LlGC 4973 a Llawysgrif Hendregadredd, gw. Jones, 'Ffynonellau', 87–8.

17 *GBF* 24, 'Llemma bymhawdl a gant Llygat Gwr y Lewelyn vab Gruffud' a '*GBF* 25, 'Llyma deirawdl a gant Llygat Gwr y Ruffut vap Madawc'.

18 T. Gwynn Jones, *Rhieingerddi'r Gogynfeirdd* (Dinbych, 1915), 9.

19 *GLlLl* 26.40, 'A'i breiddiawr gorfawr gorhoffedd'; *GGM* i. 3.65–6, 'Iôr ciwdawd hoywffawd orhoffedd—dangnef / Oedd ef, wendref nef Naf brenhinedd'; 4.13–14, 'Cystal Nudd am fudd, fodd gorhoffedd / Cystegwr byddin, drin drachywedd'; *GSRh* 5.25–6, 'Bid ar hyffawd hoedl, byd orhoffedd . . . byw flwynyddedd!' Gw. ymhellach *GPC* a *G*. Fel y dengys Ifor Williams, 'hoffi, ymhoffi, hoffedd, gorhoffedd', *B* 2 (1925), 39–41, y mae i 'hoffi' a 'hoffedd' hefyd yr ystyron 'canmol, moli' yn ogystal ag 'ymffrostio'.

20 *Cydymaith i Lenyddiaeth Cymru*, gol. Meic Stephens (arg. newydd, Caerdydd, 1997), 279.

21 Huws, 'Llawysgrif Hendregadredd', 18.

22 *Gwaith Ieuan ap Rhydderch*, gol. R. Iestyn Daniel (Aberystwyth, 2003), 20.

23 Gw. Huw Meirion Edwards, *Dafydd ap Gwilym: Influences and Analogues* (Rhydychen, 1996), 79–88.

24 Gw. William Hay, *Diarhebion Cymru* (Lerpwl, 1955), 135.

25 Am olygiad o 'Gorhoffedd Gwalchmai', gw. *GMB* cerdd 9.

26 J. E. Caerwyn Williams, 'Cerddi'r Gogynfeirdd i Wragedd a Merched, a'u Cefndir yng Nghymru a'r Cyfandir', *LlC* 13 (1974–9), 97.

27 J. Lloyd-Jones, 'The Court Poets of the Welsh Princes', *PBA* 34 (1948), 188.

28 Peredur Lynch, 'Yr Awdl a'i Mesurau' yn *BaTh* 271–275.

29 *GDB* cerdd 18.

30 Lynch, 'Yr Awdl a'i Mesurau', 279–80.

31 *GBF* cerddi 25 a 24.

32 *GMB* cerdd 8, *GCBM* ii. cerddi 1–3 a *GCBM* i. cerddi 18–20. Diddorol sylwi bod cyfres englynion Cynddelw i'r Arglwydd Rhys, ei awdl ddadolwch a'i arwyrain (*GCBM* ii. 8–10), oll yn digwydd dan yr un teitl yn Llyfr Coch Hergest, sef 'Dadolwch Rys vab Gruffud, Kyndelw a'e cant': gw. ymhellach Jones, 'Ffynonellau', 112.

33 Gw. isod Atodiad A, 6.26n.

34 Cf. y dilyniant o ddwy awdl un caniad o waith Hywel sydd yn dechrau gyda'r geiriau 'Caraf-i gaer', y naill wedi ei chopïo gan brif ysgrifydd Llawysgrif Hendregadredd a'r llall gan gydweithiwr iddo: Atodiad A, cerddi 3 a 4.

35 Gellid dadlau bod yr ymgais a wnaed yn Williams, 'Cerddi'r Gogynfeirdd i Wragedd a Merched', 101 ac yn *GLlF* 114, i'w cysylltu drwy awgrymu bod cyfeirio at 'wymp' wragedd fel un o ogoniannau'r Gogledd yn y rhan gyntaf a'r cyfeiriad at Ofydd yn rhagdybio'r canu serch yn yr ail ran, yn anwybyddu'r gwahaniaeth yng nghywair y ddwy adran.

36 Digwydd agoriadau ffurfiol tebyg mewn cerddi dychan megis eiddo Llywelyn Ddu ap y Pastard i Fadog ap Hywel a'i osgordd, *GLlBH* cerdd 19.

Trafodir eu diben yn y cyd-destun hwnnw yn Dylan Foster Evans, 'Goganwr am gig ynyd': The Poet as Satirist in Medieval Wales (Aberystwyth, 1996), 21–3.

[37] Am restr o linellau agoriadol cerddi'r Gogynfeirdd sy'n cynnwys cyfeiriadau at Dduw, gw. y Chwaer Bosco, 'Awen y Cynfeirdd a'r Gogynfeirdd' yn BaTh 28–34. Am enghreifftiau o agor cerdd fawl gyda'r ffurf 'cyfarchaf', gw. GCBM i. 7.1, GLlLl 1.1–2, 25.1, GDB 18.1, ac am yr arfer o gymharu'r gerdd y bwriedir ei llunio ag eiddo un o'r Cynfeirdd, gw. GLlLL 25.3, GDB 25.1–8 a GCBM i. 21.1–6.

[38] GMB 3.56.

[39] Cf. isod ll. 13 am Weirfyl 'fy rhin ni gefais'; GMB 26.29, 'Nid oedd ffawd rygnawd rin i genthi' (Einion ap Gwalchmai am Nest); GCBM i. 5.7, 'rhin wolaith woleddf' (Cynddelw am Efa).

[40] Gw. pennod 3 uchod.

[41] GCBM i. cerdd 4. Am drafodaeth ar ffigur yr Eiddig, gw. pennod 3 uchod.

[42] Dyma enghraifft arall o wyrdroi un o gonfensiynau'r canu serch llysaidd: cwyno a wna'r beirdd fel arfer fod y ferch yn barod i roi golud materol iddynt am gerdd ond yn amharod i roi ei serch, gw. e.e. GCBM i. 5.121–2 a GMB 26.29–30.

[43] Ymhellach ar y ddihareb hon, gw. Richard Glyn Roberts, 'Y Traddodiad Paremiolegol yng Nghymru'r Oesau Canol II: "y reyn oll sydd yn llawn diarebion"', Dwned 12 (2006), trn. 11.

[44] GDG cerdd 48. Tybed a fyddai defnydd Hywel o'r ferf 'cael' yn dwyn i gof linellau enwog megis eiddo Meilyr Brydydd, 'cefais-i liaws awr aur a phali' (GMB 4.21), lle yr ymffrostia'r beirdd yn y rhoddion a dderbyniasant yn dâl am eu cerddi mawl?

[45] Jones, Rhieingerddi, 9. Dichon fod ei sylw yn seiliedig ar eiddo Goronwy Owen mewn llythyr ganrif a hanner ynghynt: 'I observe that the word *gorhoffedd* itself signifies the same thing as we now call *cynsêt*, i.e. *conceit*, as *cynset yr Arglwyddes Owen* (hen gaingc ar y delyn) &c.', LGO 53.

[46] Ni thrafodir yr ystyr hon yn Williams, "hoffi, ymhoffi, hoffedd, gorhoffedd'. Fe'i ceir am 'hoffedd', ond nid 'gorhoffedd' yn GPC.

[47] Gw. J. E. Caerwyn Williams, 'The Nature Prologue in Welsh Court Poetry', SC 24/25 (1989–90), 84.

[48] Thomas Jones, 'The Black Book of Carmarthen "Stanzas of the Graves"', PBA 53 (1967), 97–137. Sylwer bod trefn yr ail linell, 'gwyddfa Rufawn Bybr, ben teyrnedd', yn debyg iawn i drefn llinellau megis 'bedd Meigen mab Rhun, rhwyf cant', a ddefnyddir i gloi'r englynion.

[49] Jones, 'Stanzas of the Graves' I 42–3.

[50] Gw. yn arbennig 'Addfwynau Taliesin' (The Book of Taliesin, gol. J. Gwenogvryn Evans (Llanbedrog, 1910) 8.20–10.3) y mae Einion ap Gwalchmai yn eu dynwared o bosibl mewn awdl grefyddol (GMB cerdd 29).

[51] Diddorol iawn yw'r tebygrwydd rhwng y rhan hon o'r gerdd a'r *sirventes* adnabyddus a briodolir i'r trwbadŵr Bertran de Born, 'Be·m plai lo gais temps de pascor' (Caraf adeg llawen y gwanwyn), gw. The Poems of the Troubadour Bertran de Born, gol. W. D. Paden et al. (Berkley, Los Angeles a Llundain, 1986), cerdd 30, a Catherine Léglu, 'Moral and Satirical Poetry' yn The Troubadours: An Introduction, gol. Simon Gaunt a

Sarah Kay (Caer-grawnt, 1999), 55–6. Y mae nifer o gerddi serch ei gyfoeswr, Marcabru, hefyd yn dechrau gyda disgrifiadau o fyd natur a'r geiriau 'Bel m'es quan . . .' (Caraf pan . . .), gw. *Marcabru: A Critical Edition*, gol. Simon Gaunt et al. (Caer-grawnt, 2000), cerddi XI–XIII a XXI.

52 Gw. Atodiad A cerddi 3 a 4 ac ymhellach ar y darlun o'r gaer ar lan y môr sydd yn *topos* yn y rhamantau rhyddiaith, gw. Morfydd E. Owen, 'Literary Convention and Historical Reality: the Court in the Welsh Poetry of the Twelfth and Thirteenth Centuries', *EC* 29 (1992), 75.

53 *GDB* cerdd 28, *GMB* cerdd 26, ac ymhellach *EWSP* 22.

54 Gall fod Prydydd y Moch mewn cerdd fawl ysgafn i Lywelyn ap Iorwerth (*GLlLl* 22) yn adleisio'r thema hon neu yn ei pharodïo, hyd yn oed.

55 Annelwig iawn yw'r darlun sydd gennym o ddatblygiad Rhufawn fel ffigur chwedlonol a thraddodiadol. Gall mai yr un ydyw â Rhufawn fab Cunedda o'r Hen Ogledd neu â'r arwr Rhufawn Hir y cyfeirir ato yn 'Y Gododdin' ond ymddengys fod rhai o'r traddodiadau amdano wedi eu hail-leoli yng Ngwynedd erbyn y bedwaredd ganrif ar ddeg. Ystyrid ef yn un o hen frenhinoedd Gwynedd gan awdur 'Araith Iolo Goch' (*AP* 12) a rhestrir ef yn un o 'Dri Gwyndeyrn Ynys Prydain' yn Nhrioedd Ynys Prydain (*TYP* rhif 3). Nid oes modd gwybod a ystyrid ef yn y ddeuddegfed ganrif yn un a fu farw'n alltud ac a gladdwyd ymhell o fro ei febyd.

56 R. J. Thomas, *Enwau Afonydd a Nentydd Cymru* (Caerdydd, 1938), 121. O'r holl gyfeiriadau at Afon Lliw mewn llenyddiaeth gynnar, un yn unig y gellir ei leoli gyda sicrwydd, sef Jones, 'Stanzas of the Graves' I 39 sydd yn cyfeirio at afon Lliw yn llifo i Afon Llychwr, sef Afon Llwchwr yn ne-orllewin Cymru. Yn y ddwy enghraifft arall sydd ar glawr, defnyddir Afon Lliw gan y beirdd fel ffin a gall fod yn afon yng Nghymru neu yn yr Hen Ogledd: 'Neu dreiddiais-i tra Lliw Lleuddiniawn drefydd' gan Walchmai (*GMB* 9.155) ac yng Nghanu Llywarch Hen, 'Pell oddyman Aber Lliw' (*CLlH* I 45a). Nid oes, hyd y gwyddys, dystiolaeth arall fod Afon Lliw yn yr Hen Ogledd.

57 *GMB* 9.113–16.

58 *GGDT* 8.30.

59 *GMB* 9.139–40.

60 Marged Haycock, 'Medd a Mêl Farddoni' yn *BaTh* 44.

61 Gw. Rhian Andrews, 'Rhai Agweddau ar Sofraniaeth yng Ngherddi'r Gogynfeirdd, *B* 27 (1976), 23–30 ac yn arbennig y darlun o Owain Cyfeiliog yn *GCBM* i. 17.25–8 a'r chwarae ar ystyron y gair 'priod' yn *GLlLl* 5.59–60 a 18.31. Am drafodaeth ar y thema yn y canu englynol cynnar, gw. *EWSP* 145–9, ac yn y testunau rhyddiaith, gw. Rachel Bromwich, 'Celtic Dynastic Themes and the Breton Lays', *EC* 9 (1960), 439–74 a Catherine A. McKenna, 'The Theme of Sovereignty in Pwyll', *B* 29 (1980), 35–52.

62 Helen Fulton, *Dafydd ap Gwilym and the European Context* (Cardiff, 1989), 88–9.

63 Gw. Atodiad A 6.17n.

64 Y mae gwylanod, fel yr eos isod, yn adar a gysylltid â serch, gw. *GLlF* 9.2, *GMB* 9.11–12, *GLlLl* 22.10 a *GDG* cerdd 118, ac yma gall fod yn drosiad am ferched ifanc fel yn 'Rhieingerdd Efa', *GCBM* i. 5.15.

65 Ar ddefnydd y beirdd o feillion fel symbol o serch ac o ffrwythlondeb y tir, gw. *GGGr* 8.18n.
66 Diddorol sylwi nad yw Hywel yn ei enwi ei hun yma nac yn yr un o'r cerddi eraill a briodolir iddo, yn wahanol i Walchmai yn ei Orhoffedd (*GMB* 9.39), Cynddelw yn 'Rhieingerdd Efa' (*GCBM* i. 5.20) a Phrydydd y Moch yn ei awdl i Wenllïan (*GLlLl* 14.13).
67 Gw. *HW* ii. 494–5.
68 Gw. isod cerddi 1 a 4.
69 Gw. Rachel Bromwich, 'The Triads of the Horses' yn *HCC* 104, 116 a *GLlF* cerdd 30.
70 Gw. Atodiad C isod adrannau 5–7 ac ymhellach gw. pennod 2 uchod.
71 Gw. Rhiannon Ifans, 'Cerdd Freuddwyd', *YB* 22 (1997), 143–60.
72 Gw. Brian Ó Cuív, 'Irish Language and Literature, 1691–1845' yn *A New History of Ireland* iv., gol. T. W. Moody a W. E. Vaughan (Rhydychen, 1986), 374–423, 396, 406–9.
73 Cyfeiriad o bosibl at Morfa Mawddach, Morfa Tywyn neu ardal ar lan Afon Dyfi y cyfeirir ati gan Ddafydd Benfras fel Morfa Meirion, gw. *GDB* 19.31.
74 Ar 'iolydd' (llatai), cf. yr ymadrodd 'pedestrig iolydd' a ddefnyddir gan Hywel a Chynddelw, isod 1.17 a *GCBM* i. 5.134
75 *HW* ii. 534.
76 *GMB* 9.155–60.
77 Gw. G. W. S. Barrow, *Scotland and its Neighbours in the Middle Ages* (Llundain, 1992), 64–5; Richard Oram, *David I: The King Who Made Scotland* (Stroud, 2004), 178, 187–9, 191–2.
78 Ar yr enw Lliwelydd, gw. Melville Richards, 'Gwŷr, Gwragedd a Gwehelyth', *THSC*, 1965, 40.
79 Gw. Ann Parry Owen, 'Rhieingerdd Efa ferch Madog ap Maredudd, Cynddelw Brydydd Mawr a'i cant', *YB* 14 (1988), 65–7.
80 Gw. pennod 5 isod.
81 Gw. *GDB* 35.62 a cf. hefyd y cyfeiriad at 'gaeroedd Gwenlliant' yn awdl Prydydd y Moch (*GLlLl* 14.29), at 'gaer newydd' Gwenllian yn awdl Iorwerth Fychan (*GBF* 30.4), a hefyd yr enw lle 'Llys Gwenllian' yn Ninbych a drafodir yn Melville Richards, *Enwau Tir a Gwlad* (Caernarfon, 1998), 83–4.
82 Gw. dwy o awdlau serch byrion Hywel, Atodiad A cerddi 3 a 5, ac awdl Prydydd y Moch i Wenllïan a drafodir yn Nerys Ann Jones, 'Prydydd y Moch: Dwy Gerdd "Wahanol"', *YB* 18 (1992), 57–8.
83 Gw. *HW* ii. 406 n.31; 477 n.49.
84 Gw. *WG1* 'Elystan Glodrydd' 40. Nodir gan P. C. Bartrum fod Lliwelydd yn perthyn i genhedlaeth 4, sef y rheini a aned tua 1170, ond y mae'n bosibl ei bod wedi ei geni dipyn ynghynt. Nid oes sôn am ei thad, Einon Clud yn *Brut y Tywysogyon* cyn 1160, ond awgryma cyfeiriadau ym marwnad Cynddelw (*GCBM* i. cerdd 21) fod ei hewythr, Cadwallon, wedi cymryd rhan yn y brwydro yn erbyn y Normaniaid yng Ngheredigion tua 1136 sydd yn gosod ei eni ef tua 1120 os nad ynghynt.
85 Mam Cadwallon ap Madog oedd Rhanillt ferch Gruffudd ap Cynan yn ôl 'Achau Brenhinoedd a Thywysogion Cymru' (*EWGT* 104). Y tebyg

yw mai hi oedd mam Einion Clud hefyd. Ceir ym marwnad Cynddelw a *Brut y Tywysogyon* dystiolaeth am y cysylltiadau gwleidyddol a fu rhwng Cadwallon a thywysogion Gwynedd ar wahanol adegau yn ei yrfa. Ymhellach gw. y Rhagymadrodd uchod, t. 7.

[86] Gw. *WG1* 'Einion ap Llywarch' 4; P. C. Bartrum, 'Pedigrees of the Welsh Tribal Partriarchs', *CLlGC* 13 (1963), 109–10, 132. Yn *WG1* gesyd Bartrum Einion yng nghenhedlaeth 4 ac yn 'Pedigrees' rhydd ddyddiad ei eni c.1150 ond amhosibl yw canfod pryd y ganed ef o'r dystiolaeth sydd ar glawr.

[87] Am gyfeiriadau eraill at Reged yng ngherddi Beirdd y Tywysogion ac am y ddyfais o uniaethu tywysog ag Urien neu ei fab Owain, gw. Nerys Ann Jones, 'Hengerdd in the Age of the Poets of the Princes' i'w gyhoeddi yn *Beyond the Gododdin: Dark Age Scotland in Medieval Wales*, gol. Alex Woolf. Tybed ai rhy ffansïol fyddai awgrymu y gall mai bwriad y cyfeiriad at farch 'melyn' oedd dwyn i gof Arfwl Melyn, march Pasgen ab Urien, y cyfeirir ato yn y canu englynol ac yn Nhrioedd Ynys Prydain, gw. Bromwich, 'The Triads of the Horses' yn *HCC* 111–12.

[88] Gw. David Crouch, 'The March and the Welsh Kings' yn *The Anarchy of King Stephen's Reign*, gol. E. King (Rhydychen, 1994), 279.

[89] Tybed a yw'r ffaith fod Hywel yn sôn am Feirionnydd ond nid am Geredigion yn arwyddocaol? Gyrrwyd ef o ogledd Ceredigion ym 1151 a chollodd ei gastell olaf yno i feibion Gruffudd ap Rhys ym 1153: gw. ymhellach pennod 2 uchod.

[90] *GG* 191.

[91] *HW* ii. 551–2; 588–90.

[92] Gw. ymhellach pennod 2 uchod.

[93] Gw. J. Lloyd-Jones, 'gofydd', *B* 15 (1952–4), 198–200 a *GLlF* 6.40n am y posibiliadau. Ar Ofydd, gw. Ceri Davies, *Welsh Literature and the Classical Tradition* (Caerdydd, 1995), 45–9.

[94] Ni ddeuthum o hyd i unrhyw awgrym arall fod beirdd Cymru'r Oesoedd Canol yn ymwybodol o alltudiaeth Ofydd, ond ar ddylanwad y gweithiau a gynhyrchodd Ofydd tra oedd yn alltud ar wŷr dysgedig Iwerddon yn y nawfed ganrif, gw. Máire Herbert, 'Becoming an Exile: Colum Cille in Middle-Irish Poetry' yn *Heroic Poets and Poetic Heroes in Celtic Tradition: CSANA Yearbook 3–4*, gol. J. F. Nagy ac L. E. Jones (Dulyn, 2005), 137–40.

[95] Cf. e.e. linellau olaf 'Trafferth mewn Tafarn', *GDG* 124.

[96] *CT*, X 1–2.

[97] John MacQueen, *St Nynia* (ail olygiad, Caeredin, 1990), 62–3. Diddorol sylwi bod Cynddelw wedi uniaethu Owain Gwynedd ag Owain ab Urien drwy adleisio rhai o gerddi Taliesin mewn awdl fawl a ganodd tua 1160, gw. ymhellach, Jones, 'Hengerdd in the Age of the Poets of the Princes'.

[98] *GG* 190–1. Nid Hywel oedd yr unig un o blith Beirdd y Tywysogion i ddefnyddio amwysedd yn fwriadol: gw. Nerys Ann Jones, 'Golwg Arall ar y Canu i Gadfan Sant gan Lywelyn Fardd', *Dwned*, 10 (2004), 9–31. Ar y gair mwys yng ngherddi'r Cywyddwyr, gw. Eurys Rowland, 'Cywydd Dafydd ap Gwilym i Fis Mai', *LlC* 5 (1958), 1–25 a Gilbert Ruddock, 'Amwysedd ac Eironi ym Marwnad Lleucu Llwyd', *YB* 9 (1976), 67–79.

Diddorol sylwi bod chwarae ar eiriau ac ar enwau merched yn arbennig, yn nodweddu cerddi serch Giraut de Borneil a oedd yn gyfoeswr i Hywel, gw. *The* Cansos *and* Sirventes *of the Troubadour Giraut de Borneil: A Critical Edition*, gol. Ruth Verity Sharman (Caer-grawnt, 1989), 16–17.

[99] Rhian Andrews, 'Golwg ar Yrfa Gwalchmai', *LlC* 27 (2004), 36.

[100] Sylwer bod Owain yn cael ei enwi ddeg gwaith yn y 'Gorhoffedd' a bod canran uchel o linellau'r gerdd yn cynnwys moliant iddo.

[101] *GMB* 195.

5

Hywel ab Owain Gwynedd a Beirdd yr Uchelwyr

Dafydd Johnston

Y mae gan Hywel ab Owain Gwynedd le arbennig yn hanes barddoniaeth Gymraeg, fel y bardd serch cynharaf, ac fel un o ddau fardd-dywysog nodedig y ddeuddegfed ganrif. Saif ei gerddi allan o blith awdlau mawl gwrthrychol yr oes oherwydd yr argraff gref o bersonoliaeth eofn, a naturiol yw ymdeimlo â chyswllt rhyngddo a'r arloeswr mawr arall ym maes y canu serch, Dafydd ap Gwilym. Ond tybed pa mor adnabyddus oedd cerddi Hywel erbyn y bedwaredd ganrif ar ddeg? Bydd yr ymgais i archwilio ei ddylanwad ar Feirdd yr Uchelwyr yn codi cwestiynau ynghylch natur y traddodiad barddol a'i gyfryngau.

Oherwydd parhad amlwg y canu mawl ar draws y canrifoedd, y mae tuedd i synio am y traddodiad barddol fel grym annibynnol ar feirdd unigol, a'r cerddi'n bodoli uwchlaw amser a gofod yn hysbys i bawb. Hawdd meddwl, felly, fod pob bardd yn gyfarwydd â holl waith ei ragflaenwyr, heb ymholi am yr union ddull a modd. Y mae traddodiad llafar yn syniad cyfleus o annelwig, ac o ran ei hanfod ni ellir cael tystiolaeth amdano heblaw'n anuniongyrchol mewn testunau ysgrifenedig amrywiol. Yr unig un o Feirdd y Tywysogion y ceir tystiolaeth o'r fath am drosglwyddiad llafar ei gerddi yw Gruffudd ab yr Ynad Coch, a hynny y mae'n debyg oherwydd apêl arbennig ei farwnad enwog a'i gerddi defosiynol.[1]

Ffordd arall o amddiffyn y gred yn hollbresenoldeb traddodiad y gorffennol yw dadlau bod llawer o lawysgrifau wedi mynd ar goll. Diau fod rhai pethau wedi'u colli, ond y gwir amdani yw mai prin iawn yw'r dystiolaeth am fodolaeth unrhyw gopïau ysgrifenedig o gerddi Beirdd y Tywysogion a wnaed yn y bedwaredd ganrif ar ddeg heblaw yr hyn a geir yn Llawysgrif Hendregadredd a Llyfr Coch Hergest.[2] Y mae canolbwyntio ar fodolaeth faterol y farddoniaeth yn y ddwy lawysgrif hyn yn fodd i gywiro'r delfryd o draddodiad holl-bresennol.

Ychydig iawn o gyfeiriadau penodol at Feirdd y Tywysogion a geir yng ngherddi Beirdd yr Uchelwyr. Y mae'n amlwg fod y Gogynfeirdd diweddar ar ddechrau'r bedwaredd ganrif ar ddeg yn ymwybodol o'r olyniaeth ac yn cadw cof am eu rhagflaenwyr, fel y dengys y rhestri o enwau beirdd llys a geir gan Iorwerth Beli a Gwilym Ddu o Arfon (ond nid yw Hywel ab Owain yn eu plith).[3] Yn nes ymlaen yn y ganrif cyfeiriodd Gruffudd ap Tudur Goch at Gynddelw a Llywarch Brydydd y Moch, ac yn benodol at awdl Llywarch i Wenllïan fel patrwm o rieingerdd.[4] Soniodd Dafydd ap Gwilym am 'ferw Cynddelwaidd' fel safon o arddull farddol aruchel.[5] Ar y cyfan, fodd bynnag, yr oedd y Cywyddwyr cynnar yn fwy tueddol o gyfeirio at feirdd lled-chwedlonol fel Taliesin, Myrddin a Thydai Tad Awen a ystyrid yn sylfaenwyr y traddodiad barddol. Ac erbyn y bymthegfed ganrif, Dafydd ap Gwilym, Iolo Goch a'u cyfoedion oedd cewri traddodiad newydd y cywydd.

Dim ond un cyfeiriad penodol a geir at farddoniaeth Hywel ab Owain Gwynedd, a hwnnw gan Ieuan ap Rhydderch yn gynnar yn y bymthegfed ganrif yn 'Cywydd y Fost'. Cyfeiria at Gorhoffedd Hywel ab Owain Gwynedd fel patrwm ar gyfer ei froliant ei hun:

> Hywel a wnaeth, mab maeth medd,
> Awen gain, Owain Gwynedd,
> Gerdd hydr fydrfawl gwrawl gyrf,
> Gwrdd gledd, gorhoffedd hoywffyrf,
> I ddangos, myfyrglos mawl,
> Ei ragorau, ri gwrawl.
> Gwnaf finnau cyn maddau medd
> Gwawd gair hyffawd, gorhoffedd.[6i]

Cedwid Gorhoffedd Hywel a'i gerddi eraill yn Llawysgrif Hendregadredd, casgliad o gerddi Beirdd y Tywysogion a luniwyd yn ôl pob tebyg yn Abaty Ystrad-fflur tua dechrau'r bedwaredd ganrif ar ddeg.[7] Dangosodd Daniel Huws fod y llawysgrif honno ym meddiant Ieuan Llwyd o Lyn Aeron erbyn canol y ganrif, a'i fab Rhydderch ar ei ôl. Mab Rhydderch ab Ieuan Llwyd oedd y bardd Ieuan ap Rhydderch, a rhesymol yw tybio iddo ddarllen cerddi Hywel ab Owain Gwynedd ar aelwyd ei dad.

Ni ellir gorbwysleisio arwyddocâd y ffaith mai Llawysgrif Hendregadredd oedd y ffynhonnell ar gyfer yr unig gyfeiriad penodol at farddoniaeth Hywel ab Owain Gwynedd. Hyd y gwyddys, nid oedd ffynhonnell arall ar gael yr adeg honno. Y mae'n wir fod dwy o awdlau serch Hywel i'w cael yn Llyfr Coch Hergest, ond y maent yn ddienw yn y llawysgrif honno ac fe'u trinnir fel petaent yn rhan o 'Rhieingerdd Efa' gan Gynddelw.[8] Gellir gweld dylanwad cerddi Hywel ab Owain Gwynedd ar dri bardd o'r bedwaredd ganrif ar ddeg, sef Casnodyn, Dafydd ap Gwilym ac Iolo Goch, a chafodd y tri gyfle i weld Llawysgrif Hendregadredd ar aelwyd Ieuan Llwyd a'i fab Rhydderch.

Y mae'r llinellau hyn o awdl fawl Casnodyn i Ieuan Llwyd yn adnabyddus iawn oherwydd y cyfeiriad gogleisiol at feirdd iselradd o ardal Caeo:

> Llyw a'm dysgawdd hawdd hoddiaw—gerdd berffaith,
> Nid fal sothachiaith beirdd caith Caeaw.[9]

Ond beth yn hollol oedd y 'gerdd berffaith' a ddysgodd Casnodyn gan Ieuan Llwyd? Go brin y gallai'r uchelwr ddysgu dim i'r bardd ynghylch crefft cerdd dafod fel y cyfryw, ond fe allai ddangos cerddi Beirdd y Tywysogion iddo yn Llawysgrif Hendregadredd. Fe'i hystyriai Casnodyn ei hun yn fab 'o ddysg doethion . . . Môn ac Arfon', sef beirdd llys Gwynedd, ac y mae'i holl waith yn ymgais i barhau a chywreinio crefft draddodiadol yr awdl. Y mae canu serch yn ffurfio cyfran sylweddol o waith Casnodyn, ac felly gellid meddwl y byddai cerddi Hywel ab Owain Gwynedd yn cynnig model pwysig iddo. Yr enghraifft gliriaf o ddylanwad Hywel ar Gasnodyn yw'r pennill hwn o awdl Casnodyn i Wenllïant, gwraig Syr Gruffudd Llwyd o Arfon:

> Main firain riain gain Gymräeg,
> Mwyn forwyn hunddwyn, hoenddygn gysteg;
> Mynych lle llewych lliw ehöeg—ym
> Man y'm dug gwelwlym ar rym redeg.[10]

Y mae yma adlais glir o linellau cyntaf ail awdl serch Hywel:

> Fy newis-i rhiain firain, feindeg,
> Hirwen yn ei llen lliw ehöeg.[11]

Yn nes ymlaen yn yr un awdl mola Hywel 'goeth Gymräeg' y ferch, fel y gwnaeth Cynddelw yn 'Rhieingerdd Efa'.[12] Yr un brifodl sydd i'r ddwy gerdd, ac felly ceir nifer o eiriau yn gyffredin yn safle'r brifodl, sef 'gwaneg, atreg, g[w]ofeg, gosteg, rheg, teg', ac yn fwyaf arwyddocaol y gair prin 'cyhydreg'. Yr oedd Gwenllïant yn gyfnither i Ellylw, mam Ieuan Llwyd, ac y mae'n debyg mai dyna pam y cadwyd awdl Casnodyn iddi yn Llawysgrif Hendregadredd, ond ymddengys hefyd fod y copïydd a'i hysgrifennodd yno yn ymwybodol o'r tebygrwydd i gerddi Hywel ab Owain Gwynedd, oherwydd fe'i dododd mewn gofod gwag ar ddiwedd y plyg sydd yn cynnwys cerddi Hywel (ar ôl dwy awdl serch Iorwerth Fychan).

Hawdd gweld pam y byddai Casnodyn am adleisio canu serch tywysog o Wynedd mewn rhieingerdd i wraig uchelwr mwyaf blaenllaw Gwynedd yn ei ddydd. Efallai fod adleisiau eraill, llai pendant, i'w canfod yn ei awdl i ferch Gruffudd ab Iorwerth o Fôn. Y mae dau beth yn y llinellau hyn sydd yn dwyn i gof ddiweddglo trydedd awdl Hywel:

> Neud addwyf o glwyf yn glaf,—hwyr dianc
> (Naid addoed gyfranc) o'r tranc trymaf.[13]

Yn ogystal â'r gystrawen 'Neud addwyf / athwyf o glwyf / nwyf yn . . .', gallai 'addoed gyfranc' fod yn atgof o 'addoed cynran' yn y darn hwn:

> Chweris o'i haddawd-hi addoed cynran,
> Ethiw â'm enaid-i, athwyf yn wan;
> Neud athwyf o nwyf yn ail Garwy Hir
> I wen a'm lluddir yn llys Ogrfan.[14]

Ac yn nes ymlaen yn awdl Casnodyn ceir yr ymadrodd 'fy chwaer wenglaer' a allai fod yn atgof o 'gaer wenglaer' wedi'i ddilyn o fewn ychydig linellau gan 'fy chwaer' yn yr un awdl gan Hywel.[15] Gwelaf y rhain yn adleisiau anymwybodol, ond gyda'r awdl i Wenllïant yr ydym ar dir gwahanol, a phriodol yw sôn yn yr achos hwnnw am gyfeiriadaeth lenyddol ymwybodol.

O ran trefn amseryddol, y bardd nesaf i ddangos dylanwad Hywel ab Owain Gwynedd o weld ei gerddi yn Llawysgrif Hendregadredd oedd Dafydd ap Gwilym. Gan fod Dafydd wedi ymateb i'w ragflaenydd mewn ffordd fwy creadigol, fodd bynnag, carwn ystyried yn gyntaf yr adleisiau geiriol penodol a geir mewn cywydd serch gan Iolo Goch.

Sonia Iolo Goch yn 'Ymddiddan yr Enaid â'r Corff' am ymweld â chartref Rhydderch ab Ieuan Llwyd ar daith glera.[16] Yr oedd Rhydderch yn ŵr llengar, fel ei dad o'i flaen, a byddai'n barod iawn i drafod cynnwys Llawysgrif Hendregadredd gyda'r bardd (yn ogystal â'r Llyfr Gwyn wrth gwrs). Os oes angen prawf o'i ddiddordeb deallus, ystyrier y llinell hon o awdl Llywelyn Goch ap Meurig Hen i Rydderch a'i gyfyrder Llywelyn Fychan:

> Deallu barddlyfr da a ellynt,

cyfeiriad, ond odid, at Lawysgrif Hendregadredd ei hun.[17] A gellir meddwl i Rydderch dynnu sylw Iolo Goch at waith y bardd-dywysog o Wynedd yn arbennig, oherwydd y mae dylanwad cerddi serch Hywel i'w weld yn glir ar gywydd serch gan Iolo. Y mae'r adlais mwyaf penodol yn y llinellau hyn:

> O chemir bys yn chwimwth
> O'i blaen, lygad crynfaen crwth,
> Brwynen ewinwen wanwyrth,
> Braidd fel tywys haidd na syrth.[18]

Cymharer yr ail o'r llinellau canlynol o'r gyntaf o awdlau serch Hywel yn Llawysgrif Hendregadredd:

> Claer wanllun wenlleddf wynlliw cywŷdd,
> Wrth gamu brwynen braidd na ddygwydd.[19]

Nid yr un syniad yn union sydd yma; dywed Hywel mai prin y syrthia brwynen dan droed y ferch, tra honna Iolo fod plygu bys yn sydyn o'i blaen bron yn ddigon i beri i'r ferch syrthio fel brwynen. Ond yr un yw'r ergyd gyffredinol, sef bod y ferch yn ysgafn ac yn dyner tu hwnt. Ac y mae'r tebygrwydd geiriol yn drawiadol, sef y ferf 'camu', gair cyfansawdd gyda 'gwan' yn elfen gyntaf, y frwynen sydd yn wrthrych gan Hywel ac yn ddelwedd am y ferch gan Iolo (cymharer 'brwynengorff' yn gynharach yn y cywydd), a'r gystrawen gyda 'braidd na'. Dyma'r math o adlais anfanwl, argraffiadol y gellid ei ddisgwyl pe bai bardd wedi darllen copi o gerdd unwaith ac yn dibynnu ar ei gof wedyn. Ac y mae cyfatebiaethau eraill rhwng y ddwy gerdd. Defnyddir y gegiden yn ddelwedd am y ferch yn y ddwy, a '(g)wen' yn ail elfen gair cyfansawdd yn ffurfio odl cynghanedd sain y ddau dro.[20]

> Cegiden hirwen, hwyrwan ogwydd[21]

> Cegiden bebyrwen babl[22]

Cyfetyb geiriau cyntaf y ddwy gerdd hefyd, y ffurf gryno 'Caraf-i' yn yr awdl a'r ffurf gwmpasog 'Caru'dd wyf' yn y cywydd. Ac adleisir manylion o awdlau eraill Hywel yn ogystal. Sonia Hywel am 'goeth Gymräeg' un rhiain, ac am 'chwerthin egwan' un arall.[23] Ceir y ddwy nodwedd gyda'i gilydd yn y llinell hon gan Iolo:

> Cymräeg lwyschweg laschwardd.[24]

Y mae cymariaethau ag ewyn ac eira yn hollol gyffredin yn y canu serch, ac efallai nad oes arwyddocâd arbennig i'r gyfatebiaeth rhwng 'lliw ton dylan' a 'hoywliw'r don'.[25] Y mae'r patrwm geiriol, fodd bynnag, yn creu cyfatebiaeth fanylach rhwng 'Lliw eiry llathr oerfel ar uchel fan' a 'Lliw eira bas ar lasgraig'.[26] O ystyried bod dwy o awdlau Hywel yn lleoli'r ferch mewn caer, y mae'n ddiddorol fod Iolo'n sôn am 'caredigferch caer Degfedd'.[27] Gogleisiol hefyd yw'r ffaith fod y ddau fardd yn cyfeirio mewn modd enigmatig braidd at yr Iesu tua diwedd eu cerddi:

> Ni'm cerydd Iesu, y Cyfarwydd.[28]

> Duw a'i gwnaeth, arfaeth eurfab,
> Myn delw Bedr, ar fedr ei fab.[29]

Yn gyffredinol, y mae'r ddau fardd yn cyfleu'r un delfryd o ferch fonheddig ac anghyraeddadwy, ddisglair ei gwedd, ond gwan a goddefol.

Y mae hwn yn gywydd eithriadol o gywrain, a diben yr adleisiau hyn fyddai ei ddyrchafu ymhellach trwy ddwyn i gof urddas y traddodiad, yn union fel y dyrchafodd Iolo ei gywyddau mawl trwy ddefnyddio geiriau fel 'arwyrain'. Diddorol, felly, yw nodi mai hwn yw'r unig gywydd a gynhwyswyd yn Llyfr Coch Hergest. Ni cheir adleisiau pendant o waith Hywel ab Owain Gwynedd yng ngherddi eraill Iolo, ac mewn ffordd y mae hynny'n cadarnhau'r argraff ei fod yn cyfeirio ato'n fwriadol yn y cywydd hwn. Yr unig gyfatebiaeth arall yw'r ffaith fod y ddau fardd yn defnyddio'r un ddihareb, 'Da daint rhag tafod', ond mewn cyd-destunau hollol wahanol, y naill wrth dynnu coes merched y llys a'r llall mewn proffwydoliaeth wleidyddol.[30] Gan ei bod yn ddihareb, anodd yw profi adlais, ond efallai fod esiampl Hywel wedi ysgogi Iolo i ddefnyddio'r ddihareb yn ei gerdd.

Y mae cyswllt Dafydd ap Gwilym â chartref Ieuan Llwyd yn ddigon hysbys, gan iddo ganu cywydd serch ac awdl farwnad i Angharad, gwraig Ieuan, a ffug-farwnad i'w fab Rhydderch.[31] Gallwn fod yn gwbl sicr ei fod yn gyfarwydd â chynnwys Llawysgrif Hendregadredd, ac y mae lle i gredu mai Dafydd ei hun a ysgrifennodd y copi o'i englynion i Grog Caerfyrddin yn y llawysgrif.[32] Cafodd ddigon o gyfle, felly, i ddarllen cerddi Hywel ab Owain Gwynedd, ond nid mor hawdd yw dangos eu dylanwad arno ag yn achos Iolo Goch. Ni cheir yn ei waith adleisiau geiriol mor benodol â'r rhai a welwyd yng nghywydd Iolo ond, serch hynny, y mae modd gweld bod cerddi Hywel wedi ysgogi awen Dafydd. Yn wahanol i Iolo Goch, ni fyddai Dafydd yn mynd ati'n bwrpasol i ddyrchafu'i gywyddau trwy adleisio Beirdd y Tywysogion, ond byddai'n cymryd deunydd crai'r traddodiad yn fan cychwyn ar gyfer cerdd, gan ei weddnewid trwy ei ddychymyg creadigol.

Enghraifft o gywydd gan Ddafydd a allasai fod wedi'i ysbrydoli, yn rhannol o leiaf, gan ddarllen un o awdlau Hywel ab Owain Gwynedd yw 'Yr Wylan'. Digon hawdd yw meddwl bod cefndir y cywydd hwn yn hollol naturiol, a bod Dafydd wedi cael ei ysbrydoliaeth o edrych ar wylan yn hedfan o amgylch castell lle yr oedd ei gariad ar y pryd, yn Aberystwyth efallai, neu un o'r cestyll niferus eraill ar hyd yr arfordir. Y mae tirlun diriaethol yn ymgynnig i'r meddwl yn syth, ac y mae manylder y dyfalu'n cryfhau'r argraff mai'r weithred o weld oedd man cychwyn y gerdd. Ond mewn gwirionedd y mae gwedd lenyddol gref i'r gerdd hon. Un arwydd amlwg o hynny yw'r honiad na charodd Myrddin na Thaliesin erioed ferch dlysach na hon. Dyna enghraifft o duedd y Cywyddwyr i gyfeirio at y Cynfeirdd a'r chwedloniaeth a oedd yn gysylltiedig â hwy (Myrddin a Gwenddydd), yn hytrach nag at feirdd hanesyddol diweddarach fel Hywel ab Owain Gwynedd. Ac y mae'r wylan ei hun yn rhan o lenyddoldeb y gerdd, fel y dengys y disgrifiad 'cyweirglod bun' (clod perffaith merch).[33] Yr oedd gwylan yn glod merch am fod yr aderyn hwnnw wedi'i ddefnyddio'n aml yn y canu serch fel delwedd am wynder croen merched. Ceir enghraifft gan Gynddelw yn 'Rhieingerdd Efa', lle y delweddir llawforynion Efa fel 'trybelid wylain'.[34] Ac y mae Hywel ab Owain Gwynedd yn cyplysu merched â gwylanod ddwywaith. Er nad trosiad fel y cyfryw yw'r adar yn y llinell hon o'i Orhoffedd, y mae'r cyfosodiad yn awgrymog iawn:

> A'i gwylain gwynion a'i gwymp wragedd.[35]

Daw'r enghraifft arall ar ddechrau'r drydedd o awdlau serch Hywel, ac y mae'r darlun o'r ferch yn gwylio gwylan o'r gaer yn agos iawn i'r sefyllfa a ddychmygir yng nghywydd Dafydd:

> Caraf-i gaer wenglaer o du gwenlan,
> Myn yd gâr gwyldeg gweled gwylan.[36]

Os oedd y darn hwn ym meddwl Dafydd ap Gwilym pan luniodd 'Yr Wylan', yna dim ond man cychwyn ydoedd, oherwydd aeth Dafydd ymlaen i ddyfalu'r wylan mewn modd dychymygus nas gwnaeth yr un o Feirdd y Tywysogion. Y pwynt pwysig yma yw bod cerddi Hywel ab Owain Gwynedd yn agor ein llygaid i'r cefndir llenyddol cryf sydd y tu ôl i gywydd Dafydd.

Y mae'r pellter sydd rhwng y bardd a'i gariad yn elfen gyffredin yng ngherddi Hywel a Dafydd, ac wrth gwrs yr oedd hwn yn fotiff safonol mewn llenyddiaeth serch llysaidd. Ond y mae ymateb y ddau fardd i'r sefyllfa hon yn ddadlennol, ac yma eto gwelwn newydd-deb Dafydd ap Gwilym. Mynega Hywel ei awydd i fynd at y ferch ar gefn march (fel y gwna hefyd yn ei bumed awdl) er mwyn ei gweld ac adrodd ei deimladau tuag ati:

> Yd garwn-i fyned (cyni'm cared yn rhwy)
> Rhy eiddun ofwy i ar feingan
> I edrych fy chwaer chwerthin egwan,
> I adrawdd caru, can doeth i'm rhan . . .[37]

Yn ei awdl gyntaf anfonodd Hywel negesydd i erchi ffafr y ferch, a'i gyfarch fel 'peddestrig iolydd'. Gan fod yr un ymadrodd i'w gael gan Gynddelw am y march a anfonodd at Efa yn 'Rhieingerdd Efa', y mae'n debyg mai march oedd gan Hywel mewn golwg hefyd fel negesydd. Dyma'r enghreifftiau cynharaf o anfon anifail yn llatai serch, ac yn arwynebol y mae yma gyswllt â cherddi llatai Dafydd ap Gwilym. Ond o ystyried cryfder y traddodiad o anfon march yng nghanu serch y Gogynfeirdd (hyd at gyfnod Gruffudd ap Maredudd yn ail hanner y bedwaredd ganrif ar ddeg), y mae'n drawiadol na cheir cywydd o'r fath gan Ddafydd, ac mewn gwirionedd y mae ysbryd tra gwahanol yn ei gerddi llatai ef. Pa un a oedd y march i fod i gludo'r bardd ei hun neu i fynd â neges ar ei ran, yr oedd y creadur yn dal i fod yn symbol o rym gwrywaidd, yn filwrol ac yn rhywiol, ac felly'n awgrymu gallu'r bardd i oresgyn y pellter a'i gwahanai oddi wrth y ferch, yn llythrennol ac yn drosiadol, a'i meistroli. Creadur a berthynai i'r byd dynol oedd y march, ac y mae Dafydd ap Gwilym yn pwysleisio rhyddid ei lateion ef, yr iwrch, yr ehedydd a'r gwynt, rhag rhwystrau ac ymyrraeth dynion. Yr wylan yw'r unig un o'i lateion sydd yn symbol o brydferthwch y ferch, ac yn hytrach na chyfleu'r penderfyniad i'w meddiannu, fel y gwna'r march, saif yn ddelfryd agos ('lawlaw â mi') ac eto mor anghyraeddadwy â'r ferch ei hun.

Y mae lle i gredu, felly, fod trydedd awdl serch Hywel ab Owain Gwynedd ymhlith clwstwr o gerddi yn Llawysgrif Hendregadredd, gan gynnwys 'Rhieingerdd Efa' Cynddelw ac awdl Prydydd y Moch i Wenllïan, a fu ar waith yn nychymyg Dafydd ap Gwilym wrth iddo lunio 'Yr Wylan', yn ysbrydoliaeth i ryw raddau, ond hefyd yn sbardun iddo sylweddoli ei hunaniaeth farddol ei hun.

Yr oedd myfyrdod ar ddelweddaeth draddodiadol yn hanfodol i 'Yr Wylan'. Un arall o gywyddau Dafydd sydd yn ymdrin â'r math o ddelweddaeth a geir yng ngherddi Hywel ab Owain Gwynedd yw 'Morfudd fel yr Haul'. Yn y llinellau agoriadol gwelwn Ddafydd yn cynnig y ddwy ddelwedd safonol am wynder croen merch, sef eira ac ewyn, ac yn eu cael yn annigonol, cyn cyrraedd uchafbwynt gyda ffynhonnell pob goleuni, yr haul ei hun:

> Gorllwyn ydd wyf ddyn geirllaes,
> Gorlliw eiry mân marian maes;
> Gwŷl Duw y mae golau dyn,
> Goleuach nog ael ewyn.
> Goleudon lafarfron liw,
> Goleuder haul, gŵyl ydyw.[38]

Tynnai Dafydd ar draddodiad hir o ganu serch yn y darn hwn, ac nid oes lle i gredu ei fod yn ddyledus i Hywel ab Owain Gwynedd yn neilltuol. Ond y mae un llinell yn nes ymlaen yn y gerdd sydd efallai'n dwyn atgof o bedwaredd awdl serch Hywel. Dyma linellau cyntaf yr awdl honno, sydd eto'n lleoli'r ferch mewn caer:

> Caraf-i gaer falchwaith o'r Gyfylchi,
> Yn y bylcha balchlun fy hun ynddi.[39]

Ceir yr un gynghanedd rhwng 'balch' a 'bwlch' ynghyd â delwedd y gaer yn sangiad y frawddeg hon yng nghywydd Dafydd:

> Y naill wers yr ymddengys
> Fy nyn gan mewn llan a llys,
> A'r llall, ddyn galch falch fylchgaer,
> Yr achludd gloyw Forfudd glaer . . .[40]

Y mae'n debyg mai *battlements* yw ystyr elfen gyntaf y gair 'bylchgaer' yno, ac efallai fod y darlun o ferch yn cerdded ar hyd brig y mur gan fynd o'r golwg ac ymddangos eto am yn ail yn atgyfnerthu'r anwadalwch sydd yn thema yn y brif frawddeg. Ond tŷ bwrgeisiol ym Mhenrhyncoch oedd cartref Morfudd a'i gŵr, nid castell (er i Ddafydd ddelweddu'r tŷ fel castell yn 'Tri Phorthor Eiddig').

Y mae'n ddigon posibl mai atgof clywedol oedd yn gyfrifol am yr adlais, anfwriadol efallai, o awdl Hywel ab Owain Gwynedd. Ond yn ddiddorol iawn y mae'r un awdl yn cynnwys delwedd ymhlyg, ond digon eglur, o wraig fel haul:

> Dewisle lywy loyw gyteithi,
> Glaer, gloyw ei dwyre o du gweilgi.
> A'r wraig a lewych ar eleni
> Yn ynial Arfon, yn Eryri . . .[41]

Un o nodweddion arddull argraffiadol Hywel ab Owain Gwynedd yw'r amwysedd o ran gwrthrych rhwng y gaer a'r wraig. Disgrifio'r gaer ar lan y môr y mae'r ail linell uchod, ond y mae'r ymadrodd 'gloyw ei dwyre' yn sicr yn achub y blaen ar ddelwedd yr haul yn y llinell ganlynol. Er na ddylid rhoi gormod o bwys ar y cyfuniad 'glaer / gloyw' a geir yn y llinell honno ac am Forfudd yn y darn o gywydd Dafydd a ddyfynnwyd uchod, gan ei fod yn drawiad cyffredin, ynghyd â'r cyfatebiaethau eraill y mae'n cadarnhau'r argraff bod yr awdl hon ym meddwl Dafydd wrth iddo gyfansoddi ei gywydd. Ond fel yn achos 'Yr Wylan', nid yw adnabod un o ffynonellau ei ysbrydoliaeth yn ddigon i egluro athrylith Dafydd ap Gwilym yn y cywydd arbennig hwn. Gweithio'n groes i'r deunydd traddodiadol a wnaeth yma eto, gan archwilio goblygiadau negyddol delwedd yr haul, sef yr anwadalwch yn ogystal â'r disgleirdeb.

Y mae caerau neu lysoedd yn ganolog yn y ddwy enghraifft o ddylanwad Hywel ar Ddafydd ap Gwilym a welwyd hyd yn hyn, ac o gofio bod dwy o bum awdl serch Hywel yn dechrau 'Caraf-i gaer', fe ddichon fod y motiff hwnnw'n rhan flaenllaw o atgof Dafydd am ei waith. Heblaw'r gaer ar lan y môr a oedd yn drigfan i'w gariad, cyfeiria Hywel hefyd at lys chwedlonol Gogrfan Gawr, tad Gwenhwyfar:

> Chweris o'i haddawd-hi addoed cynran,
> Ethiw â'm enaid-i, athwyf yn wan;
> Neud athwyf o nwyf yn ail Garwy Hir
> I wen a'm lluddir yn llys Ogrfan.[42]

Y mae'r cyfeiriad hwn yn gynnil iawn, ond sonia Dafydd am yr un chwedl yn 'Y Ffenestr', a cheir mwy o fanylion ganddo am hanes Melwas yn mynd i ystafell Gwenhwyfar trwy ffenestr:

> Ni bwyf hen o bu o hud
> Ffenestr â hon un ffunud,
> Dieithr, hwyl dau uthr helynt,
> Yr hon ar Gaerlleon gynt
> Y dôi Felwas o draserch
> Drwyddi heb arswydi serch,
> Cur tremynt, cariad tramawr
> Gynt ger tŷ ferch Ogfran Gawr.[43]

Chwedl goll yw hon, ond y mae'n debyg fod ei hanfod wedi'i gadw yn fersiwn Ffrangeg Chrétien de Troyes am Lancelot, *Le Chevalier de la Charrette*, lle y llwydda Lancelot i rwygo'r barrau haearn o'r ffenestr er mwyn cyrraedd Gwenhwyfar yn ei hystafell.[44] Cerdd hunanwawdiol a gwrtharwrol yw cywydd Dafydd oherwydd y gwrthgyferbyniad rhwng camp Melwas a methiant Dafydd i agor y ffenestr. Er mai anodd yw mesur tôn awdl gynnil Hywel, diddorol yw sylwi ar yr ymadrodd 'addoed cynran', 'aflwydd [i] arwr', ac 'athwyf yn wan', sydd efallai'n awgrymu ei fod yntau hefyd yn cyferbynnu rhwng ei fethiant ei hun a llwyddiant yr arwr chwedlonol. Os felly, dyma gynsail i'r hunan-wawd sydd mor nodweddiadol o waith Dafydd ap Gwilym.

Un o gerddi niferus Dafydd ap Gwilym ar thema'r rhwystrau yw 'Y Ffenestr', a gair thematig yn y cerddi hynny a ailadroddir deirgwaith ar ddiwedd y cywydd gan grynhoi'r holl rwystredigaeth yw 'lluddio'. Diddorol, felly, yw nodi bod yr un gair yn digwydd yn llinell olaf awdl Hywel, fel y gwelir uchod. O gofio mai hon yw'r awdl sydd yn cynnig cynsail i 'Yr Wylan' hefyd, y mae digon o le i gredu iddi ddylanwadu ar Ddafydd ap Gwilym trwy gynnig nifer o syniadau a themâu ffrwythlon.

Y mae tebygrwydd amlwg rhwng y darlun o fyd natur sydd yn rhagymadrodd i ddatganiad o serch ar ddechrau awdl gyntaf Hywel a nifer o gerddi Dafydd ap Gwilym, a gellid nodi yn enwedig yr odl rhwng 'caraf' a 'haf' sydd yn thematig yng nghywydd Dafydd, 'Yr Haf'.[45] Ni ddylid ystyried hyn yn enghraifft o ddylanwad, fodd bynnag, oherwydd cyfranogai'r ddau fardd o draddodiad ehangach o ganu natur defodol a oedd yn gysylltiedig â chylch y tymhorau. Arwydd yw cerdd Hywel o'r math o beth a fyddai'n wybyddus i Ddafydd. Cyffelyb yw'r berthynas rhwng y ddau o ran eu lle yn nhraddodiad y canu serch.

Yn ogystal â dylanwad unrhyw gerddi penodol o'i eiddo, ystyrir Hywel ab Owain Gwynedd yn rhagflaenydd pwysig i Ddafydd ap Gwilym am fod rhai o nodweddion yr hyn a elwir yn serch llysaidd neu serch cwrtais i'w gweld yn ei waith, sef thema'r carwr dioddefus a'r agwedd addolgar at y ferch. Trwbadwriaid Profens a ddatblygodd y serch llysaidd fwyaf, ac arferid credu bod eu dylanwad hwy i'w weld ar gerddi serch Hywel a'i gyfoeswr Cynddelw. Y mae'n anodd credu bod dylanwad wedi treiddio i Gymru o dde Ffrainc mor gynnar â chanol y ddeuddegfed ganrif, fodd bynnag, ac felly erbyn hyn y mae dwy ddamcaniaeth wedi'u cynnig i esbonio'r nodweddion hyn yn y cerddi Cymraeg. Un yw bod y syniad o serch fel nychdod a salwch yn gynhenid i'r traddodiad Cymraeg, a'r un Gwyddeleg hefyd, fel y gwelir yn rhai o'r disgrifiadau o effeithiau serch yn y chwedlau rhyddiaith, megis yr enghraifft hon o'r bedwaredd gainc:

> A'r uorwyn oed gyt a Math yn wastat; ac ynteu Gilfaethwy uab Don a dodes y uryt ar y uorwyn, a'y charu hyt na wydat beth a wnay ymdanei. Ac nachaf y liw a'y wed a'y ansawd yn atueilaw o'y charyat, hyt nat oed hawd y adnabot.[46]

Y mae'n debyg fod chwedl goll am arwr o'r enw Garwy Hir a gynrychiolai'r cyflwr hwn, ac y mae'r cyfeiriadau cynnil ato gan

Hywel a Dafydd yn brawf o gynhysgaeth lenyddol gyffredin.[47] Os elfennau brodorol oedd yr anhunedd, y gwendid a'r ynfydrwydd yng ngwaith Hywel ab Owain Gwynedd, yna nid oes angen eu hystyried yn esiamplau o ddylanwad estron yng ngwaith Dafydd ap Gwilym ychwaith. Ar y llaw arall, y mae'n ffaith ddiddorol fod y ddau fardd yn cyfeirio at Ofydd, bardd clasurol a gydnabyddid yn awdurdod ar serch yn yr Oesoedd Canol ac sydd yn sôn cryn dipyn am ddioddefaint y carwr. Os oedd Ofydd yn fwy nag enw yn unig iddynt, yna fe ddengys eu bod yn gwybod am lenyddiaeth estron a fyddai'n atgyfnerthu'r traddodiad brodorol.

Ffordd arall o esbonio'r nodweddion serch llysaidd yng ngwaith Hywel ab Owain Gwynedd a Chynddelw yw'r ddamcaniaeth bod sefyllfa gyfatebol mewn llysoedd diwylliedig wedi cynhyrchu'r un math o lenyddiaeth serch yn annibynnol. Y cynnydd yn statws merched yn llysoedd Ewrop y ddeuddegfed ganrif oedd y ffactor allweddol a arweiniodd at lenyddiaeth serch a ddelfrydai ferched fel gwrthrychau serch. Hawdd yw gweld perthnasedd hyn i gerddi Hywel o ystyried y pwyslais ynddynt ar drigfannau'r merched ac ar aelodau penodol o gwmni'r llys yn ail ran y Gorhoffedd. A gwnaeth Dafydd ap Gwilym yn union yr un peth yn y cywydd cyntaf a ganodd am Ddyddgu, gan ei gosod yng nghyd-destun llys ei thad ac apelio am farn y gynulleidfa yno yn y diweddglo.[48] O dderbyn y ddamcaniaeth am sefyllfa gymdeithasol gyfatebol, ni raid gweld unrhyw gyswllt penodol rhwng y ddwy esiampl o serch llysaidd. Yr hyn sydd yn baradocsaidd am y berthynas rhwng Hywel ab Owain Gwynedd a Dafydd ap Gwilym yw bod ystyriaeth ofalus o'r cyfatebiaethau yn tueddu i ddangos nad oedd Dafydd yn ddyledus i'w ragflaenydd. Y mae bodolaeth cerddi Hywel yn brawf y gallai gwaith Dafydd fod wedi deillio'n annibynnol o draddodiad brodorol ehangach yn sgil sefyllfa gymdeithasol gyfatebol.

Y mae serch cwrtais yn gysyniad diarhebol o gymhleth a phroblematig, ac y mae cerddi Hywel ab Owain Gwynedd yn ein hatgoffa nad yw serch llysaidd bob amser yn gwrtais yn ystyr gyffredin y gair hwnnw. Y mae llawer o rym canu serch Hywel yn deillio o'r tyndra rhwng yr agwedd addolgar ac ymbilgar tuag at y ferch ar y naill law, ac ar y llaw arall y chwant rhywiol amdani a fynegir yn eofn a digywilydd ar brydiau. Y mae hyn yn fwyaf amlwg yn y Gorhoffedd gyda'r defnydd o'r ferf 'cefais' mewn ystyr rywiol, a hynny am ferched a oedd yn ôl pob tebyg yn bresennol yn y gynulleidfa. Yr oedd Dafydd ap Gwilym yn fwy tueddol o wneud hwyl am ben ei fethiannau ei hun, ond gellir cymharu'r cywydd byr 'Taeru' sydd yn gwadu llw y ferch na chyffyrddodd eu haelodau noeth.⁴⁹

Y mae 'Gorhoffedd Hywel' yn cynnwys enghraifft amlwg o symbolaeth ffalig, ac y mae delwedd y 'llain' (cleddyf) yn nodweddiadol o'r modd y mae milwriaeth yn wedd ar rywioldeb yn ei gerddi:

> Moch gwelwyf, a'm nwyf yn eddëin—wrthaw,
> Ac i'm llaw fy llain,
> Lleucu glaer, fy chwaer, yn chwerthin,
> Ac ni chwardd ei gŵr-hi rhag gorddin!⁵⁰

Tebyg iawn yw ymffrost Dafydd yn 'Y Cleddyf', a'r cleddyf eto'n symbol awgrymog o'i rym rhywiol ei hun yn ogystal ag yn arf yn erbyn y Gŵr Eiddig:

> Rhyir wyd, gyflwyd gyflun,
> Rho Duw, gledd, ar hyd y glun.
> Ni ad dy lafn, hardd-drafn hy,
> Gywilydd i'w gywely.
> Cadwaf fi di i'm deau;
> Cedwid Duw y ceidwad tau.
> Mau gorodyn, mygr ydwyd,
> Meistr wyf, a'm grymuster wyd.
> Gŵr fy myd ni gâr fy myw,
> Gwrdd ei rwystr, gerddor ystryw . . .⁵¹

Ar ddiwedd un o'i awdlau awgryma Hywel fod ffafr rywiol yn ddyledus iddo fel tâl am ei gerdd i'r ferch:

> Pei chwaerai ei budd er barddoni,
> Nebawd noswaith y byddwn nesaf iddi!⁵²

Cawn yr un syniad gan Ddafydd yn y diweddglo hwn i un o'i gywyddau i Ddyddgu. Cofier ystyr rywiol blaen y ferf 'cael' yma:

> Oni'th gaf er cerdd erddrym
> Ddidranc, ddyn ieuanc ddawn ym,
> Mi a'th gaf, addwyn wyneb,
> Fy nyn, pryd na'th fynno neb.⁵³

Yr hyn sydd yn drawiadol am y cywydd 'Caru Merch Fonheddig' yw'r modd y newidia'r cywair o'r mwyaf ymostyngol ar y dechrau i'r honiad beiddgar hwn ar y diwedd. Cyffelyb yw ei ddelwedd ddireidus ohono'i hun fel ych yn barod i dynnu'r aradr drwy dir heb ei aredig o'r blaen, a honno yng nghanol darn o fawl parchus i Ddyddgu:

> Yn deg lân, Indeg loywnwyf,
> Yn dir g{ydd (enderig wyf)...⁵⁴

Y mae'r cyfuniad hwn o gwrteisi parchus a digywilydd-dra sydyn yn nod amgen ar waith Hywel ab Owain Gwynedd a Dafydd ap Gwilym fel ei gilydd, a gellir esbonio'r tebygrwydd trwy ystyried statws cymdeithasol y ddau. Er nad oedd mor freinteidig ei safle â'r tywysog yn llys brenhinol Gwynedd, perthynai Dafydd ap Gwilym o ran ei dras i haen uchaf y gymdeithas Gymraeg, ac y mae lle i gredu nad oedd yn gyfan gwbl ddibynnol ar farddoni am ei fywoliaeth. Gallai'r ddau ddefnyddio rôl y bardd gwasanaethgar at eu dibenion eu hunain yn eu cerddi, a'i diosg pan fynnent. Dadlennol yw'r gymhariaeth â 'Rhieingerdd Efa', lle y gwelir Cynddelw yn cynnal agwedd ddarostyngedig tuag at ferch ei noddwr brenhinol (a darpar-wraig noddwr arall iddo), yn debyg i'r berthynas rhwng gwas ac arglwyddes sydd yn safonol yn llenyddiaeth serch llysaidd Ewrop.

Heblaw'r pedwar bardd hyn, un yn aelod o deulu Parcrhydderch a'r tri arall yn feirdd a ymwelai â'r llys hwnnw, nid oes dim i awgrymu bod yr un arall o Feirdd yr Uchelwyr yn gyfarwydd â cherddi Hywel ab Owain Gwynedd. Pe bai bri ar enw Hywel yn y bymthegfed ganrif, gellid meddwl y byddai cyfeiriadau ato, pa un ai fel bardd serch ynteu fel bardd-dywysog. Soniodd Guto'r Glyn ar fwy nag un achlysur am feirdd enwog a ganai ar eu bwyd eu hunan, ond lle y gellid disgwyl iddo sôn am Hywel ab Owain, enghreifftiau chwedlonol sydd ganddo, sef y Brenin Arthur, Llywarch Hen, a Thrystan (y Tri Oferfardd).⁵⁵ O ystyried bod Casnodyn, Dafydd ap Gwilym, Iolo Goch ac Ieuan ap Rhydderch oll wedi cael cyfle i ymgyfarwyddo â cherddi Hywel yn Llawysgrif Hendredgadredd, yr esboniad symlaf ar dawedogrwydd beirdd eraill yw mai honno oedd yr unig ffynhonnell ar gyfer ei gerddi yn yr Oesoedd Canol diweddar, ac nad oedd y llawysgrif honno'n adnabyddus i feirdd ar ôl amser Ieuan ap Rhydderch. Y wers, felly, yw bod parhad y traddodiad barddol yn ddibynnol iawn ar gadwraeth llawysgrifau unigol, a bod yr olwg arno sydd gennym heddiw, er mor fylchog y bo, mewn rhai ffyrdd yn gyflawnach na'r un a oedd gan feirdd yr Oesoedd Canol.

Y mae un esboniad arall yn bosibl ar dawedogrwydd beirdd diweddarach ynghylch Hywel ab Owain Gwynedd, er fy mod braidd yn gyndyn i'w gynnig mewn cyfrol sydd yn dathlu ei fywyd a'i waith. Gellid dadlau mai rhith o fardd ydyw, creadigaeth copïwyr Llawysgrif Hendregadredd. Dadleuodd yr Athro Gruffydd Aled Williams mai Cynddelw Brydydd Mawr a luniodd y cerddi sydd wrth enw y tywysog Owain Cyfeiliog.[56] Gan fod Cynddelw wedi canu awdlau mawl i Owain Cyfeiliog a Hywel ab Owain Gwynedd, heb ddweud gair am ddoniau barddol y naill na'r llall, y mae lle i ofyn a allai'r un peth fod yn wir am fardd-dywysog arall y ddeuddegfed ganrif. Prif sail yr Athro Williams oedd nifer o gyfuniadau geiriol a geir yn y cerddi a briodolir i Owain Cyfeiliog ac yng ngwaith Cynddelw. Y mae'r cyfle ar gyfer astudiaeth gymharol o'r fath yn llai yn achos Hywel ab Owain Gwynedd gan fod llai o ganu serch ar gael gan Gynddelw, ond man cychwyn amlwg fyddai'r tebygrwydd trawiadol rhwng llinell olaf 'Rhieingerdd Efa' a dwy linell o awdl gyntaf Hywel:

> Peddestrig iolydd, pa hyd y'th iolir?[57]
>
> Peddestrig iolydd, am bydd-i eilwydd?
> Pa hyd y'th iolaf? Saf rhag dy swydd![58]

Y mae'n bosibl mai'r tebygrwydd hwn a barodd i gopïydd Llyfr Coch Hergest gyfuno dwy o'r awdlau serch â'r rhieingerdd. Os oedd y tair awdl gyntaf yn dilyn y rhieingerdd yn ei ffynhonnell yn yr un drefn ag yn Llawysgrif Hendregadredd, yna hawdd fyddai i'r llygad neidio o linell olaf y rhieingerdd i ddiwedd yr awdl gyntaf. Fodd bynnag, y mae'n bwysig nodi nad yw'r Llyfr Coch yn cefnogi Llawysgrif Hendregadredd o ran awduraeth y ddwy awdl. Dichon mai dyfaliad gan gopïwyr y llawysgrif honno neu ei ffynhonnell oedd y priodoliad i Hywel ab Owain. Nid pwrpas yr ysgrif hon yw gwadu bodolaeth bardd o'r enw Hywel ab Owain Gwynedd, ond codaf y posibilrwydd mai Cynddelw a ganodd y cerddi yn llais Hywel fel un ffordd o esbonio'r ffaith fod pob traddodiad am ei waith fel petai'n deillio o Lawysgrif Hendregadredd.

Anodd fyddai torri'r ddadl honno'n derfynol y naill ffordd neu'r llall, ac ar un olwg y mae'n gwestiwn di-fudd beth bynnag. Y peth pwysig yw bod y rhai a luniodd Lawysgrif Hendregadredd ac a gafodd gyfle i'w gweld yn credu mai Hywel ab Owain Gwynedd oedd awdur y cerddi a briodolir iddo. Y mae delfryd y bardd-dywysog eofn yn wrthbwynt pwysig i'r beirdd llys swyddogol yn hanes barddoniaeth Gymraeg, ac yn rhagflaenydd angenrheidiol i Ddafydd ap Gwilym. Pe na bai'n bod, byddai'n rhaid ei ddyfeisio.

Nodiadau

[1] Gw. Dafydd Johnston, 'Bywyd Marwnad: Gruffudd ab yr Ynad Coch a'r Traddodiad Llafar' yn *Cyfoeth y Testun: Ysgrifau ar Lenyddiaeth Gymraeg yr Oesoedd Canol*, gol. Iestyn Daniel et al. (Caerdydd, 2003), 200–19.

[2] Eithriad yw'r ddau ddryll a geir yn llawysgrif Peniarth 10, gw. Dafydd Johnston ac Ann Parry Owen, 'Tri Darn o Farddoniaeth yn Llawysgrif Peniarth 10', *Dwned*, 5 (1999), 35–45.

[3] GGDT 8.11–28, 15.15–20.

[4] GGGr 8.44–8.

[5] GDG 15.40.

[6] *Gwaith Ieuan ap Rhydderch*, gol. R. Iestyn Daniel (Aberystwyth, 2003), cerdd 3 (llau. 1–8).

[7] Gw. Daniel Huws, 'Llawysgrif Hendregadredd', *CLlGC* 22 (1981–2), 1–26; 'The Hendregadredd Manuscript', *Medieval Welsh Manuscripts* (Cardiff, 2000), 193–226.

[8] Gw. *The Poetry in the Red Book of Hergest*, gol. J. Gwenogvryn Evans (Llanbedrog, 1911), col. 1428. Y rhifau wrth y caniadau a ddengys fod y copïydd yn ystyried mai un gerdd oedd y rhain. Y mae lle i gredu, serch hynny, fod ffynhonnell gyffredin y tu ôl i gopïau Llawysgrif Hendregadredd a'r Llyfr Coch, gw. fy adolygiad ar *GLlF* yng Nghyfres Beirdd y Tywysogion yn *LlC* 20 (1997), 152–9.

[9] GCas 1.7–8.

[10] GCas 5.29–32.

[11] At olygiad y gyfrol hon y cyfeirir. Gw. 2.1–2 yn Atodiad A isod.

[12] GCBM i. 5.4.

[13] GCas 4.15–16.

[14] Atodiad A isod, 3.11–14.

[15] Atodiad A, 3.1, 5.

[16] GIG XIV.76–80.

[17] *Gwaith Llywelyn Goch ap Meurig Hen*, gol. Dafydd Johnston (Aberystwyth, 1998), 4.49.

[18] GIG XXIV.47–50.

[19] Atodiad A, 1.9–10.

[20] Atodiad A, 1.7; GIG XXIV.7.

[21] Atodiad A, 1.7.

[22] GIG XXIV.7.

[23] Atodiad A, 2.8; 3.5.

24 *GIG* XXIV.45.
25 Atodiad A, 3.8; *GIG* XXIV.9.
26 Atodiad A, 3.10; *GIG* XXIV.11.
27 Atodiad A, 3.1; 4.1; *GIG* XXIV.4.
28 Atodiad A, 1.20.
29 *GIG* XXIV.58–9. Ar sail y llinellau hyn yn bennaf y dadleuodd Gilbert Ruddock mai lleian oedd gwrthrych y gerdd: gw. 'Cywydd i Grefyddes?', *LlC* 22 (1972–3), 117–20.
30 Atodiad A, 7.40; *GIG* VIII.87.
31 *GDG* 140, 16, 17.
32 Gw. *GLlBH* rhif 4.
33 *GDG* 118.11. Ar y dehongliad hwn (sy'n groes i'r cyfieithiadau cyhoeddedig o'r cywydd) gw. D. R. Johnston, 'Nodiadau ar Waith Dafydd ap Gwilym', *B* 32 (1985), 79–83.
34 *GCBM* i. 5.15.
35 Atodiad A, 6.12.
36 Atodiad A, 3.1–2.
37 Atodiad A, 3.3–6.
38 *GDG* 42.1–6.
39 Atodiad A, 4.1–2.
40 *GDG* 42.17–20.
41 Atodiad A, 4.5–8.
42 Atodiad A, 3.11–14.
43 *GDG* 64.19–26.
44 Gw. David Johnston, 'The Serenade and the Image of the House in the Poems of Dafydd ap Gwilym', *CMCS* 5 (Gaeaf 1983), 1–19.
45 Atodiad A, 1.1–4; *GDG* 24.
46 *PKM* 67.
47 Atodiad A, 3.13; *GDG* 48.15.
48 *GDG* 45.
49 *GDG* 55.
50 Atodiad A, 7.21–4.
51 *GDG* 143.1–10.
52 Atodiad A, 4.11–12.
53 *GDG* 37.41–4.
54 *GDG* 79.11–12.
55 *Gwaith Guto'r Glyn*, gol. J. Llywelyn Williams ac Ifor Williams (ail arg., Caerdydd, 1961), XXVII.40–50; LXIV.51–60.
56 *GLlF* tt. 199–206.
57 *GCBM* i. 5.134.
58 Atodiad A, 1.17–18.

6

Cynganeddion Hywel ab Owain

Rhian M. Andrews

Naw cerdd a oroesodd o waith Hywel ab Owain a chadwyd copïau da ohonynt yn Llawysgrif Hendregadredd a Llyfr Coch Hergest.[1] Awdlau yw'r naw.[2] Canwyd y mwyafrif ohonynt ar fesurau pedwar/wyth curiad y gwawdodyn hir (awdl gyntaf y Gorhoffedd cyntaf, 6 (i), a cherddi 1, 2, 3, 5) a'r gyhydedd nawban (ail awdl y Gorhoffedd cyntaf, 6 (ii), a cherdd 4), a'r gweddill ar fesur tri/chwe churiad y byr a thoddaid a'r clogyrnach (trydydd a phedwerydd caniad yr ail Orhoffedd, 7 (i)–(ii), a cherddi 8, 9).[3] Mesurau cyfoes nas ceir gan y bardd yw'r rhupunt a'r englyn. Cyfanswm y llinellau yw 181 a rhennir hwy yn fras fel y canlyn: deuparth i'r gwawdodyn hir ynghyd â'r gyhydedd nawban, a thraean i'r byr a thoddaid.[4] Hepgorwyd pedair llinell o gyhydedd nawban, gan adael 177 o linellau y dadansoddir yma eu cynganeddion.[5]

Perthyn cynganeddion Hywel ab Owain i'r tri dosbarth a restrir yn *Cerdd Dafod* John Morris-Jones: cynghanedd gytsain, cynghanedd sain a chynghanedd lusg, ynghyd ag odl fewnol a chynghanedd gymysgedig.[6] Y gynghanedd gytsain a'r gynghanedd sain a ddigwydd fynychaf o bell ffordd, fel y gwelir yn y tabl isod:

Tabl 1

Cytsain	95 (54%)
Sain	72 (40.5%)
Llusg	5 (3%)
Odl	4 (2%)
Cymysgedig	1 (0.5%)

Y Gynghanedd Gytsain

Dwy brif ran sydd i'r gynghanedd gytsain a chytseinia prif acen y naill â phrif acen y llall. Yng nghanu Hywel, megis yng nghanu Bleddyn Fardd, deil y pwyslais pennaf i fod ar gytseiniaid y ddwy brif acen hyn, heb amcanu at lenwi'r llinell â chyfres o gytseiniad cyfatebol, er y mentrir i gyfeiriad cyfatebiaeth lawnach ar dro.

Yn ôl aceniad diwedd y ddwy brif acen, gellir adnabod pedair ffurf o gynghanedd: cytbwys acennog, cytbwys ddiacen, anghytbwys ddisgynedig ac anghytbwys ddyrchafedig. O ddosbarthu llinellau Hywel yn ôl y pedair ffurf hyn, gwelir bod y rheolau a ddisgrifir yn *Cerdd Dafod ar gyfer y ddwy brif acen* eisoes, i raddau helaeth, yn bodoli yng nghanol y ddeuddegfed ganrif.[7] Yn ogystal â hyn, defnyddir cyfatebiaeth ragflaenol a chyfatebiaeth ragobennol. Nod amgen cyfatebiaeth ragflaenol, a geir mewn traean o'r llinellau, yw bod sillaf un o brif guriadau'r gynghanedd yn cytseinio â sillaf ddiguriad:[8]

y dosbarth dolennog, lle y daw'r sillaf ddiguriad yn ail:
   caraf] a'm RHóddes * RHybúched [medd[9]   6.5

y dosbarth cadwynog, lle y daw'r sillaf ddiguriad yn gyntaf:
   wi a un] Mab dúw * Máwr [a ryfedd   6.19

Cynigir yma yr enw 'cyfatebiaeth ragobennol' ar gyfer cynghanedd lle y daw'r cytseiniad a atebir, ynghyd ag un neu fwy nas atebir, yn y sillaf ddiguriad sydd o flaen y brif acen:[10]

   yng nghoed] GoRfýnwy * yng NGoRddíbed—[lloegr[11]   9.5

Rhoddir yn gyntaf nifer y llinellau ym mhob dosbarth.[12]

Tabl 2

Cytbwys acennog	5
Cytbwys ddiacen	27
Anghytbwys ddisgynedig	18
Anghytbwys ddyrchafedig	15
Dolennog	25
Cadwynog	3
Rhagobennol	2
Cyfanswm	95

Prin yw'r enghreifftiau o'r *gytbwys acennog* ond cytunant â'r rheolau a rydd Cerdd Dafod ar gyfer y ddwy brif acen, e.e.,

    myn y dyhaedd] Mýr * Máith [gywrysedd   6.6

gan ateb y gytsain ar ôl yr acen unwaith:

    gorawenus] GLýW * rhaG GLéW [arglwydd[13]   1.2

Mwy niferus o lawer yw'r enghreifftiau o'r *gytbwys ddiacen*. Cytunir â rheolau Cerdd Dafod yn y mwyafrif helaeth o'r llinellau, e.e.,

    aCHéNăf | uCHéNăid [gyfrin   7.19

ond weithiau anwybyddir y cytseiniaid ar ôl yr acen, e.e.,

    BaN RHýfĕl | PaN RHúddĭd [ei thai[14]   8.3

neu eu hollti:

    iawn] yw DeWíSăw * DeWíSdўn [teg   2.12

Yn achos yr *anghytbwys ddisgynedig*, atebir y cytseiniaid ar ôl yr acen yn llawn mewn hanner o'r llinellau, e.e.,

    ac i ar] welw GáN * GýNNĭf [rysedd   6.23

ond yn y gweddill fe'u hanwybyddir, e.e.,

    er fy LLádd-i | â LLáfnău [deufin   7.15

neu weithiau eu hollti, e.e.,

    i edrych] fy CHWáeR * CHWéRthĭn [egwan   3.5

Ceir bron cynifer o enghreifftiau o'r *anghytbwys ddyrchafedig* ag o'r ddisgynedig, er ei phrinned yng nghanu caeth y Cywyddwyr.[15] Mewn bron hanner o'r llinellau atebir y cytseiniaid ar ôl yr acen, e.e.,

    Ni DDáLiăf | diau * (yNi DDéL [i'm plaid   6.25

ond yn y gweddill fe'u hanwybyddir, e.e.,

    wrth gamu] BRẁynĕn * BRáidd [na ddygwydd   1.10

Yn achos y *dosbarth dolennog*, os diwedda prif far *cyntaf* y gynghanedd yn *acennog*, atebir y cytseiniaid sydd ar ôl yr acen mewn hanner o'r llinellau, e.e.,

    mor HíR | HwyRwéddawg [ŷnt am rin   7.6

ond yn y gweddill fe'u hanwybyddir, e.e.,

    caraf] trachas LLóe**g**r * LLeudir gógledd—[heddiw   6.3

neu eu hollti yn hon:[16]

    FFRáiNc || pan FFaRáoN / fföed   9.2

Nid oes digon o enghreifftiau o'r *dosbarth cadwynog* i brofi rheol. Yn hon, lle y diwedda'r *ail* brif far yn *acennog*, nid atebir y gytsain sydd ar ôl yr acen:[17]

    wi a un] Mab dúw * Máwr [a ryfedd   6.19

Os diwedda prif far *cyntaf* y gynghanedd yn y *dosbarth dolennog* yn *ddiacen*, atebir y cytseiniaid sydd ar ôl yr acen mewn traean o'r llinellau, e.e.,

    ac im] bai ÁRẁydd * ER yn wás—[edmyg   5.5

ond yn y gweddill fe'u hanwybyddir, e.e.,

    hyd yn nhir] RHégĕd * RHwng nós [a dydd   6.36

neu weithiau eu hollti, e.e.,[18]

    caraf] y MóRfă * ym (MeiRiónnydd   6.29

Yn y *dosbarth cadwynog*, diwedda'r *ail* brif far yn *ddiacen* mewn dwy linell. Atebir y cytseiniaid sydd ar ôl yr acen yn hon:

cyd gwnelwyf] AR DDýn * ÚRDDăs—[o foliant   5.9

a'u hollti yn hon:[19]

cyd bwyf-i] CaRiádawg * CéRddĕd [ofydd   6.39

Cyhydedd Nawban

Pedwar curiad sydd i linell o gyhydedd nawban. Rhennir y llinell yn 5:4 sillaf gan amlaf, ond amrywiad cyffredin yw 6:4, tra digwydd 7:4 a 4:4 yn achlysurol.[20]

Braidd Gyffwrdd Ceir y math hwn mewn pedair ar bymtheg o linellau, gan gynnwys pump â chyfatebiaeth ragflaenol ynddynt. Cyfyngir y gynghanedd i'r ddau far yng nghanol y llinell, gan adael y bar cyntaf a'r olaf 'ar goll'. Daw'r orffwysfa yn rhaniad y llinell, e.e.,

mor bèll] o GéRi * GáeR [lliwélydd   6.34

Braidd Gyffwrdd Wreiddgroes Pedair enghraifft sydd. Deil y prif acenion i sefyll yn y ddau far canol, ond cysylltir y bar cyntaf (y rhag-acen) â hwy drwy gynnwys y brif gytsain (neu gytseiniaid) yno, e.e.,[21]

GwnèuTHum / â GẃTHwayw * GwáiTH [arddérchedd   6.21

Braidd Gyffwrdd Wreidd-draws Dwy enghraifft sydd. Deil y prif acenion i sefyll yn y ddau far canol, tra cysylltir y bar cyntaf a'r olaf â'u cytseinedd eu hun, e.e.,

Gỳfliw / ag ÁRien * ÁWR / yd Gýnnydd   6.28

Traws Wreiddgoll Ceir y math hwn mewn deg o linellau, gan gynnwys chwech o'r dosbarth dolennog. Cyfyngir y gynghanedd i'r ail far a'r pedwerydd, gan adael y bar cyntaf 'ar goll'. Daw'r orffwysfa yn rhaniad y llinell, e.e.,

dèwis] yw GéNNyf-i * hàrddliw (GwáNeg   2.7

Gair teirsill sydd yn y bar olaf ym mhob enghraifft ond yr uchod, a gogwyddair di-gytsain sydd fynychaf yn y trydydd bar, e.e.,[22]

    esgỳnnais] ar FéLyN * ò (FaeLiéNydd   6.35

Traws Wreiddgroes Dwy enghraifft o'r dosbarth dolennog sydd. Deil y prif acenion i sefyll yn yr ail far a'r pedwerydd, ond cysylltir y bar cyntaf (y rhag-acen) â hwy drwy gynnwys y brif gytsain yno, e.e.,

    a'i CHòed / a'i CHédyrn * à'i (CHyfánnedd   6.14

Gair teirsill sydd yn y bar olaf a gogwyddair di-gytsain o'i flaen. Addurn ychwanegol yw ateb y ddau far cyntaf yn llawn (*ChoeD—CHeDyrn*).

Traws Bengoll Dwy enghraifft sydd. Cyfyngir y gynghanedd i'r bar cyntaf a'r trydydd, gan adael y bar olaf 'ar goll'. Daw'r orffwysfa ar ddiwedd y bar cyntaf, e.e.,

    ÉTHiw | â'm ènaid-i * ÁTHwyf [yn wán   3.12

Croes Ni cheir y math hwn ond mewn dwy linell. Saif y prif acenion yn yr ail far a'r pedwerydd a daw'r orffwysfa yn rhaniad y llinell. Atebir cytseiniaid y ddwy brif acen, ynghyd â'r rhai a berthyn i'r ddwy rag-acen yn y bar cyntaf a'r trydydd, ond nid amcenir at ateb pob un yn y llinell:[23]

    gan HùN / aRLLúDDiaw * HòeN / aRLLúDDias   5.4

Enghraifft o'r gynghanedd groes o gyswllt yw'r ail linell, a berthyn i'r dosbarth dolennog:[24]

    yN ỳNial / ÁRfo(N * ỳN / ERýri   4.8

Croes Bengoll Diddorol yw'r unig enghraifft o'r math hwn, oherwydd cyfyngir y gynghanedd i hanner cyntaf y llinell, gan adael yr ail hanner i gyd 'ar goll'. Daw'r orffwysfa ar ddiwedd y bar cyntaf:[25]

    tir TéGeingl | TéCaf * [ỳn / ei hélfydd   6.38

Gwelir yma gytsain ddi-lais yn ateb ei ffurf leisiol ar ôl y brif acen (*c:g*) a chytseinedd ychwanegol ar ddechrau'r llinell (*Tir—Tegeingl—Tecaf*).

Toddaid a Chyhydedd Hir

Wyth curiad sydd i'r toddaid ac i'r gyhydedd hir. Rhennir y ddau fesur fel ei gilydd yn bedwar cymal o 5:5:5:4 sillaf, a chysylltir yr ail gymal â'r trydydd un ai drwy odl, neu drwy gytseinedd (y toddaid yn unig), neu drwy gyfuniad o'r ddwy.[26] At hyn, ceir yng nghanu Hywel ddau doddaid gwahanol eu trefniant. Yn y naill, cysylltir yr ail gymal â'r pedwerydd, nid â'r trydydd:[27]

> nid ydiw heddiw * nid huaddas—*fy mhorth*
>   yn y myn ydd oedd * *fy mherth*ynas   5.13–14

ac yn y llall, cysylltir y cymal cyntaf, nid yr ail, â'r trydydd:[28]

> *dewi*sais-i fun * fal nad atreg—gennyf
>   iawn yw *dewi*saw * dewisdyn teg   2.11–12

Y ffordd egluraf o drafod cynghanedd y ddau fesur hyn yw ystyried y cymal cyntaf a'r ail (neu'r llinell gyntaf, yn ôl y dull argraffu arferol) ar wahân i'r trydydd a'r pedwerydd (neu'r ail linell), a hynny a wneir yma.

Toddaid a Chyhydedd Hir—yr ail linell

Pedwar curiad sydd i'r llinell hon. Megis y gyhydedd nawban, rhennir hi yn ddau gymal o 5:4 sillaf ac amrywiad achlysurol yw 4:4.[29] Tri math o gynghanedd gytsain a geir; dyfynnir y cysylltair o'r llinell gyntaf ond heb ei gynnwys wrth ddosbarthu'r gynghanedd.

Braidd Gyffwrdd Saith enghraifft sydd, e.e.,

> hir || i wèn] a'm LLúddir * yn LLýs [ógrfan   3.14

Yn yr unig gyhydedd hir, ceir yr hyn a waharddwyd yn ddiweddarach o dan yr enw Gormodd Odlau, sef gair acennog yn odli â'r brifodl (*deg—gosteg*):[30]

fi ‖ bèth] a Déwi-di * Dég [ei gósteg　　　　　　　　　　　2.10

Braidd Gyffwrdd Wreiddgroes Un enghraifft sydd, a chyfatebiaeth lafarog ynddi:

yn rhwy ‖ rhy Èlddun / Ófwy * i Ár [féingan　　　　　　　3.4

Cytseinedd, yn ogystal ag odl, sy'n cysylltu'r gair cyrch â'r ail linell (RH*wy*—RHy—of*wy*).³¹

Traws Ni cheir y math hwn ond mewn un enghraifft o'r dosbarth dolennog. Saif y prif acenion yn y bar cyntaf a'r pedwerydd a daw'r orffwysfa ar ddiwedd y bar cyntaf:

caru ‖ ni'm CéRydd | ièsu * ỳ (CyfáRwydd　　　　　　　1.20

Gair teirsill sydd yn y bar olaf a gogwyddair di-gytsain o'i flaen. Cytseinedd y prif acenion, yn ogystal ag odl, sy'n cysylltu'r gair cyrch â'r ail linell (CaR*u*—CeRydd—ies*u*).

Toddaid a Chyhydedd Hir—y llinell gyntaf
Pedwar curiad sydd i'r llinell hon. Rhennir hi yn ddau gymal o 5:5 sillaf ac amrywiad cyffredin yw ychwanegu sillaf at y naill gymal neu'r llall; llai cyffredin yw saith sillaf neu bedair mewn un o'r cymalau.³² Gwahaniaethir rhwng y ddau fesur yn ôl trefniant yr odlau yn y llinell gyntaf: yn y gyhydedd hir, odla diwedd y cymal cyntaf â diwedd yr ail; yn y toddaid, odla canol yr ail gymal (y gwant) â'r brifodl. Gwahaniaeth pellach yw'r dull o gynganeddu'r ddau fesur. Yn y cyfnod caeth, cynganeddir dau gymal cyntaf y gyhydedd hir ar wahân; yn y toddaid, estynnir y gynghanedd o ddechrau'r llinell hyd at ddiwedd y gwant.³³ Yn y ddeuddegfed ganrif (ac yn y drydedd ganrif ar ddeg), fodd bynnag, ceir enghreifftiau o doddeidiau lle yr hepgorir y brifodl o'r gwant³⁴ ac, yn achlysurol, o gynghanedd sy'n ymestyn ar hyd y llinell yn y ddau fesur.³⁵ Gan hynny, trafodir y llinell gyntaf yn gyflawn yma, heb anwybyddu ei diwedd.

Braidd Gyffwrdd Deg enghraifft sydd (gan gynnwys saith â chyfatebiaeth ragflaenol ynddynt), e.e.,

àdwyf-i] yn aNFéDReDD * o yNFýDRwyDD—[cáru　　　1.19

Braidd Gyffwrdd Bengroes Un enghraifft o'r dosbarth dolennog sydd. Nid cytseiniaid canol y llinell a atebir yn y pen, eithr cytseiniaid diwedd y trydydd bar:

> càraf] ei THéulu * a'i THew ÁNNeDD—ÝNDDi   6.7

Cyfatebiaeth ragflaenol anhydyn sydd rhwng *THéulu—THew ánnedd*.[36]

Traws Bengoll Dwy enghraifft sydd, un ohonynt yn dod o'r unig gyhydedd hir:

> dewis GéNNyf-i | dì̲ * (beth yw GéNNyt-ti [fí   2.9

Toddaid Byr

Chwe churiad sydd i'r toddaid byr. Rhennir y mesur yn dri chymal o 5:5:6 sillaf, a chysylltir yr ail gymal â'r trydydd un ai drwy odl, neu drwy gytseinedd, neu drwy gyfuniad o'r ddwy.[37] Diwedd yr ail gymal (y gair cyrch) yw'r cyswllt arferol, ond yng nghanu Hywel ceir dau doddaid byr gwahanol eu trefniant, lle y cysylltir dechrau'r ail gymal (y gwant) â'r trydydd:[38]

> am enerys wyry * *ni wa*rawd—im hoen
>   *ni o*rpo-hi diweirdawd   7.29–30

> a lladd â lliwed * a *gwaedl*ed—ei lefn
>   a *gwaedl*iw ar giwed   9.9–10

Megis yn achos y toddaid a'r gyhydedd hir, ystyrir y cymal cyntaf a'r ail (neu'r llinell gyntaf, yn ôl y dull argraffu arferol) ar wahân i'r trydydd.

Toddaid Byr—y llinell gyntaf
Pedwar curiad sydd i'r llinell hon. Rhennir hi yn ddau gymal o 5:5 sillaf ac amrywiad achlysurol yw ychwanegu sillaf at y naill gymal neu'r llall; llai cyffredin yw saith sillaf neu bedair mewn un o'r cymalau.[39] Y mae'r hyn a ddywedwyd eisoes yn achos llinell gyntaf y toddaid yn wir hefyd am y toddaid byr: ceir yn y ddeuddegfed ganrif (ac yn y drydedd ganrif ar ddeg) enghreifftiau o hepgor y brifodl

o'r gwant[40] ac, yn achlysurol, o estyn y gynghanedd ar hyd y llinell.[41] Gan hynny, trafodir y llinell gyntaf yn gyflawn yma, heb anwybyddu ei diwedd.

Braidd Gyffwrdd Dwy enghraifft sydd (un ohonynt yn cynnwys cyfatebiaeth ragobennol), e.e.,

    am enèrys] WýRy * ni WáRawd—[im hóen   7.29

Traws Wreiddgroes Un enghraifft yn cynnwys cyfatebiaeth ragobennol sydd:

    TRengìsiant / TRydýdydd * o fài—(TRychan llóng   8.9

Eithriadol yw hepgor y gwant o'r gynghanedd yn y modd hwn, ac nis ceir gan neb arall o gyfoeswyr Hywel ond Gwalchmai yn y llinell hon (sydd yn doddaid byr ac yn draeanog):[42]

    un MáB / Marèd<u>udd</u> * a thrì—(MaiB grúff<u>udd</u>[43]   GMB 10.27

Toddaid Byr—yr ail linell
Dau guriad a chwe sillaf sydd i'r llinell hon; amrywiadau prin yw saith sillaf neu bump.[44] Yng nghanu Bleddyn Fardd, gwelir dau ddull o drin y llinell: lle yr odla'r cyrch, y mae'r gynghanedd yn gyflawn hebddo ac â i ddiwedd y llinell; lle y cytseinia'r cyrch, rhaid ei gynnwys a bydd y gynghanedd yn bengoll.[45] Yr ail ddull sydd yn wahanol yng nghanu Hywel, oherwydd gall y gynghanedd yma hefyd ymestyn hyd at y diwedd. Er mwyn hwyluso'r gymhariaeth â chynghanedd Bleddyn, cedwir at y drefn o ddyfynnu'r cyrch, gan ei ddiystyru pan odla a'i gynnwys pan gytseinia. Dan y fath drefn ceir chwe math o gynghanedd:

y gair cyrch yn odli
    Braidd Gyffwrdd   foliant || gwenLLíant | LLiw háfin   7.10
    Croes   wrthaw || ac i'm LLáw | fy LLáin   7.22

y gair cyrch yn cytseinio
    Croes Bengoll   LLóeGR || a LLýGRu [ei thréfred   9.6
    Croes Estynedig   FFRáiNc || pan FFaRáoN / FFóed[46]   9.2

y gwant yn cytseinio
    Traws Bengoll   Ni wáRawd | —*im h*òen || (Ni óRpo-hi [diwéirdawd 7.29–30
    Traws Bengroes a GWáeDLed | —*ei l*è*fn* || (a GWáeDLiw / ar Gíwed 9.9–10

Braidd Gyffwrdd Yr enghraifft uchod, o'r dosbarth dolennog, yw'r unig un. Daw'r orffwysfa yng nghanol y llinell chwesill a chyfyngir y cytseinedd i'r sillafau o bobtu iddi.

Croes Pedair enghraifft sydd. Daw'r orffwysfa yng nghanol y llinell chwesill ac nid atebir o reidrwydd bob cytsain yn nwy ran y gynghanedd.

Croes Bengoll Tair enghraifft sydd. Daw'r orffwysfa ar ddiwedd y cyrch a diwedda'r gynghanedd yng nghanol y llinell chwesill. Dechrau'r gynghanedd yw cytsain gyntaf y cyrch, er bod rhai cytseiniaid heb eu hateb yn hon:[47]

    trycha**N LL**ó**NG** || y**N LL**ý**NG**es [ar fórdai   8.10

Croes Estynedig Llunnir y math hwn yn yr un modd â'r groes bengoll ond gan 'estyn' y gynghanedd y tu hwnt i ganol y llinell chwesill. Tair enghraifft sydd, dwy ar lun 9.2 uchod, ac un o'r dosbarth dolennog lle yr estynnir y gytsain ddiwethaf yn y rhes (*f*):[48]

    GWý**RTHF**awr || **WRTH** ei **F**ód / yn **F**ré**n**in   7.2

Gwelir yma gytsain dreigledig yn ateb ei ffurf gysefin (*w:gw*), gan fod *wrth* yn tarddu o 'gw̯wrth'.

Traws Bengoll a *Thraws Bengroes* Yr enghreifftiau uchod yw'r unig rai. Daw'r orffwysfa ar ddiwedd y gwant ac eir 'dros' y gair cyrch (a italeiddir). Gadewir y bar olaf 'ar goll' yn y draws bengoll ond cysylltir ef â'r gynghanedd yn y bengroes drwy beri iddo gytseinio'n syml â'r bar blaenorol. Addurn ychwanegol yw'r odl lusg yn y ddau far olaf (*gwaedliw—giwed*).[49]

Cyhydedd Fer

Tri churiad ac wyth sillaf sydd i linell o gyhydedd fer. Amrywiad cyffredin yw naw sillaf, tra digwydd saith yn achlysurol.[50] Gan nad oes ond dwy ran i'r gynghanedd gytsain, gwelir yn y llinellau canlynol ddulliau Hywel o drafod y trydydd curiad.

Croes Bengoll	BaN RHúDDLan | PaN RHúDDLys [lósgai[51]	8.4
Croes Wreiddgoll	ac ni chwàrdd] ei GẁR-hi | rhaG GóRddin[52]	7.24
Croes	LLaw ar GRóeS | LLù / a ddyGRýSed	9.7

Ni ddigwydd y gynghanedd draws, er mor addas fyddai.[53]

Croes Bengoll Ceir y math hwn mewn un llinell ar ddeg, gan gynnwys tair a berthyn i'r dosbarth dolennog. Cyfyngir y gynghanedd i'r ddau guriad cyntaf tra gadewir yr olaf 'ar goll'. Daw'r orffwysfa yn y drydedd sillaf (y bedwaredd lle y bo naw sillaf) neu, unwaith, yn yr ail (7.6).

Croes Wreiddgoll Dwy enghraifft sydd. Cyfyngir y gynghanedd i'r ddau guriad olaf, tra gadewir y cyntaf 'ar goll'. Daw'r orffwysfa yn y bumed sillaf (y chweched lle y bo naw sillaf).

Croes Dwy enghraifft sydd. Daw'r orffwysfa yn y drydedd sillaf ac nid amcenir at ateb pob cytsain.

Y Gynghanedd Sain

Tair rhan sydd i'r gynghanedd sain: odla'r rhan gyntaf â'r ail a chytseinia'r ail â'r drydedd. Yn ôl aceniad diwedd yr ail ran a'r drydedd, gellir adnabod pedair ffurf: y gytbwys acennog, y gytbwys ddiacen, yr anghytbwys ddisgynedig a'r anghytbwys ddyrchafedig. O ddosbarthu llinellau Hywel yn ôl y pedair ffurf hyn, gwelir bod y rheolau a ddisgrifir yn *Cerdd Dafod* eisoes, i raddau helaeth, yn bodoli yng nghanol y ddeuddegfed ganrif.[54] Yn ogystal â hyn, defnyddir cyfatebiaeth ragflaenol. Rhoddir yn gyntaf nifer y llinellau ym mhob dosbarth.[55]

Tabl 3

Cytbwys acennog	8
Cytbwys ddiacen	19
Anghytbwys ddisgynedig	17
Anghytbwys ddyrchafedig	8
Dolennog	15
Cadwynog	5
Cyfanswm	72

Cytuna'r enghreifftiau o'r *gytbwys acennog* â'r rheolau syml a rydd *Cerdd Dafod*, e.e.,

    i haeddu] daddl f<u>aith</u> * cyn LL<u>á</u>ith | LLéas   5.3

gan ateb y gytsain ar ôl yr acen unwaith:

    bechani<u>gen</u> | W<u>é</u>N * WáN [ei gogwydd   1.11

Yn achos y *gytbwys ddiacen*, cytunir â rheolau *Cerdd Dafod* mewn hanner o'r llinellau, e.e.,

    gorwisgwys] af<u>all</u> * ÁR<u>ă</u>ll | ÁRŵydd   1.4

gan ateb y gytsain ar ddiwedd y sillaf ddiacen deirgwaith, e.e.,

    anw<u>ar</u> | don LáF<u>ă</u>R * LéFăwR [wrthi   4.4

ond anwybyddir y cytseiniaid ar ôl yr acen yn y llinellau eraill, e.e.,

    fy newis-i] rhi<u>ain</u> * Fír<u>ă</u>in | Féin**d**ĕg   2.1

neu weithiau eu hollti, e.e.,

    edmyg || ei lliw] oedd deb<u>yg</u> * GWéNŷg | GWýNIăs   5.6

Yn achos yr *anghytbwys ddisgynedig*, atebir y cytseiniaid ar ôl yr acen yn llawn mewn chwarter o'r llinellau, e.e.,

    gorddin m<u>awr</u> | a'M D<u>áw</u>R | a'M DáeRăwd   7.25

ond gan amlaf anwybyddir y cytseiniaid ar ôl yr acen, e.e.,

    cefais-i b<u>ymp</u> | o rai GW<u>ýmp</u> | eu GWý**ngn**ăwd   7.36

neu weithiau eu hollti, e.e.,

    pan fai <u>arf</u> | am Fá**Rf** | a FýRiĕd   9.4

Yn achos yr *anghytbwys ddyrchafedig*, lle y caniateir yng nghanu caeth y Cywyddwyr ateb y cytseiniaid ar ôl yr acen neu eu hanwybyddu, ceir ychydig yn fwy o enghreifftiau o'r dewis cyntaf, e.e.,

    mabddysg] oedd idd<u>i</u> * RHóDD<u>ī</u> | yn RHẃyDD   1.14

nag o'r ail, e.e.,

    as unaswn-i] hedd<u>iw</u> * farch GLóywl<u>īw</u> | GLás   5.1

Yn achos y *dosbarth dolennog*, os diwedda *ail* ran y gynghanedd yn *acennog*, atebir y cytseiniaid sydd ar ôl yr acen mewn traean o'r llinellau, e.e.,

    ail yw'r ll<u>all</u> | o'r Pá**LL** | PeLL fy mín   7.11

ond yn y gweddill fe'u hanwybyddir, e.e.,[56]

    moch gwel<u>wyf</u> | a'm Nẃ<u>yf</u> * yN eddéin—[wrthaw   7.21

Nid oes digon o enghreifftiau o'r *dosbarth cadwynog* i brofi rheol. Yn y ddwy lle y diwedda'r *drydedd* ran yn *acennog*, nid atebir y gytsain sydd ar ôl yr acen, e.e.,[57]

    enw<u>awg</u> | DRafférth<u>awg</u> * a DRái**dd** [iddi   4.3

Os diwedda *ail* ran y gynghanedd yn y *dosbarth dolennog* yn *ddiacen*, atebir y cytseiniaid sydd ar ôl yr acen mewn hanner o'r llinellau, e.e.,

    nid yd<u>iw</u> | HéDD<u>īw</u> * nid HuáDDas—[fy mhorth[58]   5.13

ond yn y gweddill fe'u hanwybyddir, e.e.,

a hir<u>ae</u>th | ySý<u>wă</u>eth | ySy náwd   7.26

neu eu hollti yn hon:⁵⁹

a'i diff<u>aith</u> | MáwRf<u>ăi</u>th * a'i (MaRánnedd   6.18

Yn y *dosbarth cadwynog*, diwedda'r *drydedd* ran yn *ddiacen* mewn tair llinell ac atebir y cytseiniaid sydd ar ôl yr acen, e.e.,⁶⁰

car<u>af</u>-i | AMSer h<u>áf</u> * ÁMSăthr [gorŵydd   1.1

Cyhydedd Nawban

Tair rhan sydd i'r gynghanedd sain, eithr pedwar curiad sydd i linell o gyhydedd nawban. Ystyrier, felly, y llinellau canlynol, a ddengys amryfal ddulliau Hywel o drafod y pedwerydd curiad.

1 Sain Wreiddgoll	bỳchan] y mae h<u>ýn</u> * no D<u>ýn</u> | Déngmlwydd	1.12
2 Sain Bengoll	er twf m<u>áin</u> | RHí<u>ain</u> * RHúddaur [wánas	5.12
3 Sain Ganolgoll	caraf-i g<u>áer</u> | WéNgL<u>aer</u> * o dù (GWéNLan⁶¹	3.1
4 Sain Deirodl	hoed èrdd<u>i</u> | a m<u>í</u> * Gént<u>i</u> | yn Gás	5.8
5 Sain Ledodl Wreiddgroes	myn yd Gàr | GẁyLd<u>eg</u> * GwéL<u>ed</u> | GẁyLan	3.2
6 Sain Dro Wreiddgoll	ni ddìrper] Péb<u>yll</u> * ni s<u>ýll</u> | Páli	4.9
7 Sain Dro Bengoll	i rwng GLýw | pó<u>wys</u> * a GL<u>ẃys</u> [wýnedd	6.22
8 Sain Deirodl Bengoll	t<u>ŏn</u> | a gál<u>on</u> | H<u>ón</u> * Hóed [a gáfas	5.11
9 Sain Driphroest Bengoll	t<u>ŏn</u> | w<u>én</u> | ORéw<u>yn</u> * a ÓRwlych [bédd	6.1
10 Sain Estynedig Bengoll	górp<u>wyf</u>-i | cyn B<u>w̃yf</u> | BéDD * BúDDai [néwydd	6.37

Dyma sbloet o amrywiaeth wrth ochr wyth cynghanedd gyfatebol a disgybledig Bleddyn Fardd. Yn y saith enghraifft gyntaf, ceir tair rhan y gynghanedd yn cyd-daro â thri o guriadau'r gyhydedd nawban, tra bo'r pedwerydd curiad un ai 'ar goll' o safbwynt y gynghanedd neu'n cynnal odl neu gytseinedd ychwanegol (4 a 5).⁶² Yn y tair enghraifft ddiwethaf, fodd bynnag, rhennir tri churiad cyntaf y nawban rhwng tair rhan y gynghanedd ynghyd ag estyniad, tra bo'r pedwerydd curiad 'ar goll'. Cyn manylu ymhellach, rhaid sôn am enghreifftiau 6 a 7.

    Yn achlysurol y defnyddia'r Gogynfeirdd sain dro. Y tair rhan arferol sydd iddi, dwy yn odli a dwy yn cytseinio, ond arall yw trefn y rhannau. Pedwar dull sydd:⁶³

[1] MoL<u>awd</u> | i'r drind<u>awd</u> * MaL [gweddïau   *GMB* 27.106
[2] o gwydd<u>aw</u> | pob LLawr * cer LL<u>aw</u> [ei ben   *GCBM* i. 24.14
[3] i'm ARglwydd | uch<u>af</u> * ARch<u>af</u> [weddi   *GMB* 4.2
[4] a GŵR | yn GoRf<u>od</u> * a chl<u>od</u> [iddaw   *GDB* 24.78

Defnyddia Hywel bob un o'r dulliau hyn a manylir arnynt ymhellach isod.

Sain Wreiddgoll Ceir y math hwn mewn un llinell ar ddeg, gan gynnwys un o'r dosbarth dolennog.[64] Daw curiad (neu rag-acen) cyn yr odl gyntaf a saif bar y curiad hwnnw ar wahân i'r gynghanedd. Cytuna tair rhan y gynghanedd â thri churiad olaf y llinell a daw rhaniad y llinell ar ôl yr odl gyntaf.

Sain Bengoll Ceir y math hwn mewn wyth o linellau, gan gynnwys dwy o'r dosbarth cadwynog. Cytuna tair rhan y gynghanedd sain â thri churiad cyntaf y llinell, gan adael bar y pedwerydd curiad 'ar goll'. Daw rhaniad y llinell ar ôl yr ail odl.

Sain Ganolgoll Ceir y math hwn mewn dwy linell. Cytuna tair rhan y gynghanedd â churiad cyntaf y llinell, â'r ail ac â'r pedwerydd, gan adael bar y trydydd curiad 'ar goll'. Daw rhaniad y llinell ar ôl yr ail odl.[65] Yn yr enghraifft a berthyn i'r dosbarth dolennog, saif gogwyddair di-gytsain yn y bar 'coll':

    a'i díff<u>aith</u> | MáwRf<u>aith</u> * à'i (MaRánnedd   6.18

Sain Deirodl Llunnir y math hwn yn yr un modd â'r sain wreiddgoll, ond yn hytrach na gadael y bar cyntaf 'ar goll', cysylltir ef â'r gynghanedd drwy odl. Dwy enghraifft sydd, ac un ohonynt yn perthyn i'r dosbarth dolennog.

Sain Ledodl Wreiddgroes Enghraifft 5 uchod yw'r unig un a gwelir mai lledodl sydd yn lle'r odl arferol.[66] Llunnir y math hwn eto yn yr un modd â'r sain wreiddgoll, ond cysylltir y bar 'coll' â'r gynghanedd drwy gytseinedd syml â'r bar dilynol lle y saif y lledodl gyntaf (*Gâr—Gwyldeg*). Addurn ychwanegol yw'r cytseinedd rhwng y lledodl gyntaf a'r ddwy ran ganlynol (*GwyLdeg—GweLed—GwyLan*).

Sain Dro Wreiddgoll Llunnir y math hwn eto yn yr un modd â'r sain wreiddgoll, ond trefnir tair rhan y gynghanedd yn wahanol. Yn y ddwy enghraifft, odla'r rhan gyntaf â'r ail a chytseinia â'r drydedd (dull [1] uchod).

Sain Dro Bengoll Llunnir y math hwn yn yr un modd â'r sain bengoll, ond trefnir tair rhan y gynghanedd yn wahanol. Yn enghraifft 7 uchod, odla'r ail ran â'r drydedd, a gytseinia â'r gyntaf (dull [3] uchod). Yn y ddwy enghraifft arall gan Hywel, odla'r ail ran â'r drydedd, a chytseinia'r rhan gyntaf â'r ail (dull [4] uchod):

> yn y BýLCHa | BáLCHlun * fy hún [ýnddi   4.2
> LLiw ÉIRy | LLathr ÓERfel * ar úchel [fán   3.10

Sain Deirodl Bengoll Enghraifft 8 uchod yw'r unig un. Yn wahanol i'r sain deirodl, gadewir bar olaf y llinell 'ar goll' a daw rhaniad y llinell cyn rhan olaf y gynghanedd. Rhaid, felly, hepgor y curiad a syrth ar yr odl gyntaf 'ychwanegol' (*ton*).[67]

Sain Driphroest Bengoll Llunnir y math hwn yn yr un modd â'r sain deirodl bengoll, ond gan ddefnyddio proest yn lle odl.[68] Perthyn y ddwy enghraifft i'r dosbarth cadwynog.

Sain Estynedig Bengoll Enghraifft 10 uchod yw'r unig un. Daw tair rhan y gynghanedd cyn y rhaniad, lle nad oes ond dau guriad, felly rhaid hepgor y curiad a syrth fel arfer ar yr ail odl (*bwyf*). Yna estynnir y cytseinedd y tu hwnt i'r rhaniad, gan adael y bar olaf 'ar goll'.[69]

Toddaid

Toddaid—yr ail linell
Dosberthir cynganeddion sain ail linell y toddaid, megis y gwnaed eisoes yn achos y cynganeddion cytsain, heb gynnwys y cysylltair o'r llinell gyntaf. Ceir tri math.

Sain Wreiddgoll Tair enghraifft sydd, e.e.,

> ar wreigiaidd || ban ddỳwaid] o fráidd * Wéddaidd | Wófeg   2.4

Sain Bengoll Dwy enghraifft sydd (un ohonynt yn perthyn i'r dosbarth dolennog), e.e.,

    i drais || cér<u>ais</u> | ni GéF<u>ais</u> * GýFai [áwydd   1.6

Sain Broest Bengoll Un enghraifft sydd. Llunnir hi yn yr un modd â'r sain bengoll, ond gan ddefnyddio proest yn lle odl:

    i'm plaid || bréudd<u>wyd</u> | a'i DýW<u>aid</u> * a DúW [a'i médd   6.26

Toddaid—y llinell gyntaf
Trafodir y llinell gyntaf yn gyflawn yma, heb anwybyddu ei diwedd, megis y gwnaed eisoes yn achos y gynghanedd gytsain. Tri math o gynghanedd sain a geir.

Sain Bengoll Tair enghraifft o'r dosbarth dolennog sydd, e.e.,

    mábwr<u>aig</u> | mwy yd FF<u>áig</u> * FFenedígrwydd—[ar wén   1.15

Addurn ychwanegol yw'r cytseinedd ar ddechrau'r ddau far cyntaf (*Mabwraig—Mwy*).

Sain Estynedig Un enghraifft sydd:

    i édr<u>yd</u> | fy LLéDFR<u>yd</u>-i * a'i LLéD | óFRwy   3.7

Cytuna tair rhan y gynghanedd sain â thri churiad cyntaf y llinell, a diweddir y cytseinedd ym mar y pedwerydd curiad. Dyma gynghanedd a berthyn i'r gyhydedd nawban ac na ddigwydd yn llinell gyntaf y toddaid.[70]

Sain Dro Bengoll Un enghraifft sydd. Trefnir tair rhan y gynghanedd yn ôl dull [3] uchod:

    yd GáRwn-i | fýn<u>ed</u> * cyni'm CáR<u>ed</u> [yn rhẃy   3.3

Gwelir yma gytsain gysefin yn ateb ei ffurf dreigledig (*c:g*).

Toddaid Byr

Toddaid Byr—y llinell gyntaf
Yma eto, trafodir y llinell gyntaf yn gyflawn, heb anwybyddu ei diwedd. Pum math o gynghanedd sain a geir.

Sain Wreiddgoll Un enghraifft o'r dosbarth cadwynog sydd:

    cyfàrchaf] i'r déw<u>in</u> * GWeRTHéF<u>in</u>—GWýRTHFawr[71]   7.1

Sain Bengoll Tair enghraifft sydd (gan gynnwys dau o'r dosbarth dolennog), e.e.,

    cefais-i <u>wyth</u> | yn nhâl P<u>wyTH</u> * PeTH o'r wáwd—[yr gáint   7.39

Sain Bengroes Un enghraifft sydd. Llunnir hi yn yr un modd â'r sain bengoll ond cysylltir y bar 'coll' â'r gynghanedd drwy ateb cytseiniaid diwedd y drydedd ran (*FeBin—FaBwraig*):

    a gwlád<u>us</u> | WÉdd<u>us</u> * ŴYl FéBin—FáBwraig   7.17

Sain Dro Bengoll Pedair enghraifft sydd.[72] Perthyn un i ddull [4] uchod:

    a LLádd | â LLíw<u>ed</u> * a gwáed<u>led</u>—[ei léfn   9.9

un arall, o'r dosbath dolennog, i ddull [3]:

    PaN ÚCHer | úch<u>ed</u> * PaN ACHúb<u>ed</u>—[ffráinc   9.1

a dwy i ddull [2], lle yr odla'r rhan gyntaf â'r drydedd, a gytseinia â'r ail, e.e.,

    pan rhúdd<u>ai</u> | rudd FFLáM * FFLeMých<u>ai</u>—[hyd néf   8.5

Addurn ychwanegol yw'r cytseinedd rhwng yr ail ran a'r ddwy arall yn 9.1 (*UCHer—UCHed—ACHubed*), a'r cytseinedd rhwng y rhan gyntaf a'r ail yn 8.5 (*RHuDDai—RuDD*).

Sain Estynedig Ganolgoll Un enghraifft sydd. Daw tair rhan y gynghanedd cyn y rhaniad, lle nad oes ond dau guriad, felly rhaid hepgor y curiad a syrth fel arfer ar yr odl gyntaf (*un*). Yna estynnir y cytseinedd i ddiwedd y llinell, ond gan adael y trydydd bar, sef y gwant, 'ar goll':[73]

 ūn | yw'r Fún | a Fýdd * cysèfin—(Fóliant)   7.9

Toddaid Byr—yr ail linell
Nid oes un enghraifft yng nghanu Hywel o gynghanedd sain yn ail linell y toddaid byr.[74]

Cyhydedd Fer

Tair rhan sydd i'r gynghanedd sain a thri churiad sydd i linell o gyhydedd fer, felly nid yw'n annisgwyl mai'r sain lefn a ddefnyddia Hywel bron yn ddieithriad.

Sain Lefn Ceir y math hwn mewn dwy ar bymtheg o linellau, sef bron hanner o holl linellau'r gyhydedd fer. Cytuna tair rhan y gynghanedd â thri churiad y mesur ond nid 'llyfn' yw'r gynghanedd bob tro, gan y defnyddir cyfatebiaeth ragflaenol yn achlysurol. Tair ar ddeg o linellau rheolaidd eu haceniad sydd, a'r cwbl, bron, yn perthyn i'r ffurf anghytbwys ddisgynedig, e.e.,

 a gwáedlen | am BéN | a BáNNed   9.11

I'r dosbarth dolennog y perthyn y llinellau â chyfatebiaeth ragflaenol ynddynt, e.e.,

 ail yw'r lláll | o'r PáLL | PeLL fy mín   7.11

Sain Dro Lefn Un enghraifft sydd a pherthyn i ddull [1] uchod:

 CySýlltu | cánu | CySéfin   7.3

Addurn ychwanegol yw'r cytseinedd rhwng yr ail ran a'r ddwy arall (*Cysylltu—Canu—Cysefin*).

Y Gynghanedd Lusg

Hon yw'r lleiaf cyffredin o'r cynganeddion; er hynny, y mae'r ganran o linellau a'i cynnwys ychydig yn uwch yng nghanu Hywel (2.5%) nag yng nghanu Bleddyn (1%). Defnyddia Hywel yn ogystal amrywiadau sydd yn absennol o waith Bleddyn ac nas nodir yn *Cerdd Dafod*.[75]

Llusg Dwy enghraifft sydd, y naill yn y gyhydedd nawban a'r llall yn ail linell y toddaid. Perthyn y ddwy i'r ffurf anghytbwys ddisgynedig. Daw'r odl gyntaf yn y rhaniad yn y nawban:[76]

    men y'm bù / fraich wén * ỳn / obénnydd   6.30

ac yn y bar cyntaf yn y toddaid:

    fy mhorth || yn y mýn | ydd òedd * fỳ / mherthýnas   5.14

Llusg Deirodl Un enghraifft sydd, a'r tair odl yn cyd-fynd â thri churiad y gyhydedd fer:

    cefais-i chwèch | heb ódech | péchawd   7.37

Llusg Ragobennol Un enghraifft yn y gyhydedd fer sydd eto. Cytuna'r odl gyntaf â'r curiad cyntaf, tra daw'r ail odl yn y sillaf ddiacen o flaen y trydydd curiad:[77]

    pennaf óll | ỳn / y gŏlléwin   7.7

Llusg Wreiddgroes Un enghraifft yn ail linell y toddaid sydd. Daw'r odl gyntaf yn y rhaniad a chysylltir y bar cyntaf â hi drwy gytseinedd syml:[78]

    ar wen || no PHàrabl / o'i PHén * ànghymhénrwydd   1.16

Odl Fewnol

Yn ogystal ag odl arbennig y gynghanedd lusg, ceir yn llinellau Hywel odl fewnol rhwng diwedd geiriau.[79] Dwy odl sydd mewn tair o'r enghreifftiau. Yn y gyhydedd nawban ac yn ail linell y toddaid saif yr odlau o bobtu i'r rhaniad:

llìfiant / o'i chýf<u>oeth</u> * a dd<u>óeth</u> / átan   3.9

o foliant || ni'm gwna pòen / rẁyddi<u>ant</u> * bóddi<u>ant</u> / pa drás   5.10

ac yn y gyhydedd fer fe'u ceir yn cyd-fynd â'r ddau guriad cyntaf:

cerdd fóli<u>ant</u> / fal y c<u>ánt</u> / mýrddin[80]   7.4

Lle y rhoddir tair odl yn y gyhydedd nawban, fe'u ceir yn cyd-daro â'r tri churiad cyntaf:

neb a rẁ<u>y</u> / gár<u>wy</u> * yn fẁ<u>y</u> / no hí   4.10

Cynganeddion Cymysgedig

Cynganeddion a berthyn i ddau ddosbarth yw'r rhain.[81] Ni cheir gan Hywel ond un enghraifft o'r seinlusg, a thair rhan y gynghanedd yn cyd-fynd â thri churiad y gyhydedd fer:

am hún<u>ydd</u> | DDéfn<u>ydd</u> | hyD D<u>ýdd</u>brawd   7.31

Gwelir yma ffurf ddi-lais *d* yn ateb ei ffurf dreigledig (*t:dd*).[82]

Atseiniau

Nid yw Hywel yn ailgylchu ei gynganeddion yn null Bleddyn Fardd, ond rhydd yr un parau o eiriau ynghyd fwy nag unwaith:[83]

chwaer / chwerthin
cyhydedd fer: lleucu glaer | fy chwaer | yn chwerthin   7.23
cyhydedd nawban: i edrých] fy chwaer * chwerthin [egwan   3.5

dwfr / dyffrynt
cyhydedd nawban: a dolydd / ei dwfr * a'i (dyffrynnedd[84]   6.11
cyhydedd nawban: yng nghymer] deuddyfr * dyffrynt [iolydd   6.32

nef / -n addef
toddaid:	nef ‖ cyn addef ǀ goddef * gwae fi [na'm llas	5.16
toddaid byr:	hyd nef ‖ un addef ǀ ni noddai	8.6

rheg / rhin
toddaid byr:	gweirful deg ǀ fy rheg * fy rhin—[ni gefais	7.13
toddaid:	â bun ‖ a bod] yn gyfrin * am rin ǀ am reg	2.6

Addurn Ychwanegol

Cyfeirir yn achlysurol uchod at linellau lle yr ychwanegir addurn at y llinell. Tri dull sydd gan Fleddyn Fardd o wneud hyn ac fe'u harferir gan Hywel, yntau, ond yn llai aml (mewn 7% o'i linellau, yn hytrach na 12%).[85]

1 Dechrau'r bar cyntaf yn cytseinio â'i ddiwedd, e.e.,

    GLaer GLòyw ǀ ei dẃyre * o dú ǀ gwéilgi[86]   4.6

2 Odlau'r gynghanedd sain yn cytseinio, e.e.,[87]

    a Gwáedlan ǀ a Grán ǀ yn Gréuled   9.12

3 Yr odl gyntaf yn cytseinio â dechrau bar yr ail odl, e.e.,

    rhy'm GWálaeth-i ǀ GWraig bráwdfaeth ǀ brénin   7.16
    PaN Fái ǀ lawen fráin * PaN Frýsiai—[waed   8.1

Cyfatebiaeth Cytseiniaid[88]

Cysefin a Threigledig

Dyfynnir uchod enghreifftiau o gytseiniaid treigledig yn ateb eu ffurfiau cysefin, ac o rai di-lais yn ateb eu ffurfiau lleisiol (un enghraifft ar ddeg sydd yn gyfan gwbl). Nid Hywel yw'r unig fardd a wna hyn, ac ymddengys i'r arfer barhau tan ddiwedd y drydedd ganrif ar ddeg, er nas ceir gan Fleddyn Fardd.[89]

*w ansillafog*⁹⁰

Ceir bod Hywel, fel Bleddyn Fardd, yn ateb y lled-lafariad mewn odl ond nid o anghenrhaid mewn cytseinedd, fel y gwelir ymhlith yr enghreifftiau a ddyfynwyd eisoes.

*f led-lafarog*⁹¹

Atebir *f* o bobtu i'r prif acenion mewn nifer o'r dyfyniadau uchod. Anwybyddir hi'n achlysurol hefyd, fel y gwneir â chytseiniaid eraill ond, yn wahanol i Fleddyn Fardd, ni ellir dweud bod Hywel yn ei hanwybyddu lawer yn amlach na'r cytseiniaid eraill. Yr hyn sy'n ddiddorol, o gofio tebygrwydd *f* i *w* gynt, yw llinellau fel y rhain, lle yr ymddengys fod y ddwy yn ateb ei gilydd:⁹²

    am BéRWeur | BéRFedd [fy mhechawd   7.28

    am haw<u>is</u> | fy NéW<u>is</u> | DéFawd⁹³   7.32

*Yr Anadliad Caled*⁹⁴

Yn y llinellau rheolaidd eu haceniad, atebir *h* pan ddaw o flaen y brif acen, e.e.,

    cegiden | Hírwen * Hẃyrwan [ogwydd   1.7

ond nid pan fo'n ychwanegiad:

    chweris] o'i Háddawd-hi * áddoed [cynran   3.11

Yn y llinellau a berthyn i'r dosbarth dolennog, atebir *h* pan ddaw o flaen y brif acen gyntaf, e.e.,

    mor Hír | Hwyrwéddawg [ŷnt am rin   7.6

Yn yr un modd atebir *rh* gan *rh* (dyfynnir enghreifftiau uchod), ac *ngh* gan *ngh*:⁹⁵

    hiraethawg] fy NGHóf * yng (NGHywéithas   5.7

Hollti Cytseiniaid

Sylwa *Cerdd Dafod* ar enghreifftiau achlysurol o beidio ag ateb cytsain pan fo dwy neu fwy ynghlwm.[96] Yng nghanu Bleddyn Fardd y mae ffurfiau'r gynghanedd lle y digwydd hyn yn fwy niferus nag yng nghanu'r Cywyddwyr ond, er hynny, yr un yw safle'r gytsain nas atebir, sef diwedd y sillaf acennog, e.e.,

    neud amser] gae<u>af</u> * GWéLw<u>af</u> | GWéiLgi   *GBF* 54.1

Dyfynnir uchod enghreifftiau tebyg yng nghanu Hywel ond, yn ogystal â'r rhain, ceir pedair llinell lle y daw'r gytsain a anwybyddir mewn safle gwahanol:

  o flaen yr ail gytsain a atebir:

    pei chwaerai] ei BúDD * er (BarDDóni[97]   4.11

    i'r gwragedd | a'i Mé<u>DD</u> | fy MárDDrin   7.5

  ynghanol y cwlwm:

    caraf-i g<u>aer</u> | WéNgL<u>aer</u> * o du (GWéNLan   3.1

  a chyn y brif acen:

    gorpwyf] eLLýngDawd * o (aLLtúDedd[98]   6.24

Mewn dwy llinell bellach, a berthyn i'r dosbarth dolennog, ceir cytsain ychwanegol cyn y brif acen:

    a'm dewis] GýDRan * GyhýDReg—[â bun[99]   2.5

    caru || ni'm CéRydd | iesu * y (CyfáRwydd[100]   1.20

Er bod safle'r cytseiniaid a holltir yn amrywio, yr un yw canran y llinellau hyn yng nghanu Hywel (12%) ac yng nghanu Bleddyn (11%).

Diweddglo

Y mae'n amlwg fod Hywel ab Owain, megis Bleddyn Fardd, yn gwau ei gynghanedd oddi mewn i drefn benodol y gellir ei dadansoddi'n fanwl, a bod y rheolau a ddarganfu John Morris-Jones yn y canu caeth ar gyfer cyfatebiaeth y ddwy brif acen eisoes i raddau helaeth mewn grym, heb fod ond ychydig yn llacach yng nghanu Hywel nag yng nghanu Bleddyn. Nid yw celfyddyd Hywel, wrth reswm, yn union fel yr eiddo Bleddyn, oherwydd dau gymeriad barddol gwahanol ydynt a bwlch o ganrif yn eu gwahanu.

Perthyn cynganeddion Hywel i dri grŵp: y cyntaf yw cynganeddion cyffredin y Gogynfeirdd, megis braidd gyffwrdd; yr ail yw cynganeddion y ddeuddegfed ganrif, megis sain ledodl; a'r trydydd yw cynganeddion Hywel ei hun, megis sain driphroest bengoll.[101] Wrth geisio cynganeddion tebyg i'w eiddo ef, chwiliwyd yn bennaf ymhlith gwaith y ddau gyfoeswr y cadwyd helaethrwydd o'u cerddi, sef Gwalchmai a Chynddelw, y naill ychydig yn hŷn na Hywel a'r llall ychydig yn iau, a'r ddau wedi derbyn nawdd tywysogion Gwynedd.

Meibion Gruffudd ap Cynan, sef Cadwallon (m. 1132), Owain (m. 1170) a Chadwaladr (m. 1172), oedd noddwyr Gwalchmai ymhlith y to hynaf, a dilynwyd hwythau gan ddau o feibion Owain, sef Dafydd a Rhodri.[102] Fe all, ymhellach, mai yn llysoedd Gwynedd y treuliodd Gwalchmai ei ieuenctid, yn dysgu ei grefft gan ei dad, Meilyr Brydydd, bardd Gruffudd ap Cynan. Yn sicr, gellir dychmygu Gwalchmai yn 1137 yn y gynulleidfa a wrandawai ar Feilyr yn datgan ei farwnad i Ruffudd, cynulleidfa a gynhwysai weddw Gruffudd, ei blant ac, ymhlith ei wyrion, Hywel.[103] Ai un o ddyletswyddau Gwalchmai yn ystod y 1130au oedd dysgu cerdd dafod i feibion ieuainc ei noddwyr, ac a ddeffrodd ddiddordeb oes mewn un ohonynt?

Ryw chwarter canrif yn ddiweddarach cyrhaeddodd Cynddelw lysoedd Gwynedd. Ym Mhowys, dan nawdd Madog ap Maredudd a'i fab, Llywelyn, y treuliodd flynyddoedd cynnar ei yrfa ond, rywbryd wedi marw Madog a Llywelyn yn 1160, ymadawodd a throi am nawdd at Owain Gwynedd.[104] Canodd arwyreiniau i'w noddwr newydd a'i farwnadu yn 1170. Cyn diwedd y flwyddyn honno, dathlodd Cynddelw urddo Hywel yn frenin drwy ganu cân fawreddog iddo, yr unig gerdd gan Gynddelw i Hywel sydd wedi goroesi.[105] Yn ystod cyfnod Cynddelw yn llysoedd Gwynedd, a ddaliodd Hywel ar y cyfle i drafod cerdd dafod gyda bardd ei dad ac, efallai, i estyn ei nawdd ei hun iddo?[106]

Ymddengys mai Gwalchmai oedd y dylanwad sylfaenol ar awen a chrefft yr Hywel ifanc ac mai cynnal diddordeb y tywysog aeddfed oedd rhan Cynddelw.[107] Gwelir dylanwad Gwalchmai yn bennaf yn y nifer uchel o linellau o hyd afreolaidd sydd yng ngherddi Hywel;[108] yn y toddaid yn 2.11–12 ac yn y toddaid byr yn 8.9–10; yn absenoldeb y gynghanedd sain yn ail linell y toddaid byr, ac ym mhrinder yr addurn ychwanegol yn y gynghanedd sain;[109] mewn mân bwyntiau cynganeddol y sylwyd arnynt uchod; ac yn y themâu a'r bywiogrwydd a nodwedda awdlau Gorhoffedd Hywel a'i ganu serch.[110]

Yn 1160 canodd Gwalchmai farwnad gywrain iawn i Fadog ap Maredudd, a Chynddelw yn ddiau yn y gynulleidfa.[111] Clogyrnach yw'r mesur, ac ynddi digwydd sawl toddaid byr a'i gymalau unigol yn dechrau â'r un geiriau, a'r cymeriad yn parhau yn y llinellau dilynol o gyhydedd fer (15–18, 87–90, 99–104, 129–30). Yn 1170 canodd Cynddelw ei gerdd fawr i Hywel.[112] Clogyrnach yw'r mesur ac, yn ei seithfed caniad, digwydd cyfres estynedig o linellau (164–76) yn dechrau â'r gair 'pan', a chymalau unigol y toddeidiau byr, hwythau, yn dechrau â'r un gair. Rywbryd cyn 1170 canodd Hywel ei gerddi rhyfel ar fesur clogyrnach, gan ddefnyddio'r union batrwm ynghyd â'r pâr 'pan/ban' mewn cyfresi byr (8.1–6, 9.1–4). Ai patrwm a gafodd gan Walchmai flynyddoedd ynghynt oedd hwn, ac ai dull Cynddelw o gyfeirio at ddawn farddol ei noddwr oedd cynnig adlais crefftus o rai o'i linellau, gan ddatblygu patrwm Gwalchmai yr un pryd? Adleisiau pellach yng ngherdd Cynddelw yw'r toddaid byr yn llinellau 222–3:

> Mor gadarn ei ffwyr ar pharaon—Ffrainc
> Ac ar ffrawdd o wystlon

cymharer Hywel:

> Pan ucher uched, pan achubed—Ffrainc,
> Pan Ffaraon fföed, 9.1–2

a'r toddaid byr arall yn llinellau 268–9:

> Gnawd canaf-i foliant fal Afan—Ferddig
> Neu farddwawd Arofan

cymharer Hywel:

> Cysylltu canu cysefin,
> Cerdd foliant, fal y cant Myrddin, 7.3–4

Cyfeiria Gwalchmai a Chynddelw, ill dau, at frwydro yn Rhuddlan:

> Gwelais yn Rhuddlan ruthr fflam rhag Owain GMB 9.79
>
> Gnawd y gwna rhuddlanw am gylch Rhuddlan—gaer GCBM ii. 6.264

cymharer Hywel:

> Ban Rhuddlan, pan rhuddlys losgai,
> Pan rhuddai rudd fflam . . .   8.4–5

Cynyrfiadau gwahanol a barodd i Gynddelw ddanfon ei farch yn negesydd serch at Efa ferch Madog ap Maredudd, rywbryd cyn 1160.[113] Llinell glo ei gerdd yw cais i'w farch frysio ati:

> Peddestrig iolydd, pa hyd y'th iolir? GCBM i. 5.134

Dioddefai Hywel, yntau, o'r un diffyg amynedd:

> Peddestrig iolydd, a'm bydd-i eilwydd?
> Pa hyd y'th iolaf? . . .   1.17-18

Ai yng Ngwynedd, gan Gynddelw ei hun, y clywodd Hywel 'Rhieingerdd Efa'? Oni ellir dychmygu'r ddau yn trafod y canu serch yn frwd, a Hywel yn benthyca syniadau ac yn parhau i farddoni tan ei ddiwedd annhymig yn 1170? Nid oes rhaid tybio mai canu gŵr ifanc yw ei ganu serch i gyd![114]

Atodiad 1

Rhoddir isod enghraifft o bob math o gynghanedd sain a chytsain, yn ôl y mesur lle y digwydd.

BRAIDD GYFFWRDD
nawban   mor bèll] o GéRi * GáeR [lliwélydd
nawban—dolennog   i àdrawdd] Cáru * Can dóeth [i'm rhán

nawban—cadwynog	wi a ùn] Mab dúw * Máwr [a rýfedd
toddaid 2	hir ‖ i wèn] a'm LLúddir * yn LLýs [ógrfan
toddaid 1	àdwyf-i] yn aNFéDReDD * o yNFýDRwyDD—[cáru
toddaid 1—dolennog	dewìsais-i] Fún * Fal nad átreg—[génnyf
toddaid 1—cadwynog	cyd gwnèlwyf] AR DDýn * ÚRDDas—[o fóliant
todd. byr 1	am enèrys] WýRy * ni WáRawd—[im hóen
todd. byr 1—rhagobennol	yng nghòed] GoRfýnwy * yng NGoRddíbed—[llóegr
todd. byr 2—dolennog	foliant ‖ gwenLLíant ǀ LLiw háfin

BRAIDD GYFFWRDD BENGROES
toddaid 1—dolennog	càraf] ei THéulu * a'i THew ÁNNeDD—ÝNDDi

BRAIDD GYFFWRDD WREIDDGROES
nawban	GwnèuTHum / â GẃTHwayw * GwáiTH [arddérchedd
toddaid 2	yn rhwy ‖ rhy ÈIddun / Ófwy * i Ár [féingan

BRAIDD GYFFWRDD WREIDD-DRAWS
nawban	Gỳfliw / ag ÁRien * ÁWR / yd Gýnnydd

TRAWS
toddaid 2—dolennog	caru ‖ ni'm CéRydd ǀ ièsu * ỳ (CyfáRwydd

TRAWS BENGOLL
nawban	ÉTHiw ǀ â'm ènaid-i * ÁTHwyf [yn wán
toddaid 1	Ni DDáLiaf ǀ dìau * (yNi DDéL [i'm pláid
todd. byr 2	Ni wáRawd ǀ—im hòen ‖ (Ni óRpo-hi [diwéirdawd

TRAWS WREIDDGOLL
nawban	dèwis] yw GéNNyf-i * hàrddliw (GwáNeg
nawban—dolennog	esgỳnnais] ar FéLyN * ò (FaeLiéNydd

TRAWS BENGROES
todd. byr 2	a GWáeDLed ǀ—ei lèfn ‖ (a GWáeDLiw / ar Gíwed

TRAWS WREIDDGROES
nawban-dolennog	a'i CHòed / a'i CHédyrn * à'i (CHyfánnedd
todd. byr 1—rhagobennol	TRengìsiant / TRydýdydd * o fái—(TRychan llóng

CROES
nawban	gan HùN / aRLLúDDiaw * HòeN / aRLLúDDias

nawban—dolennog		yN ỳNial / ÁRfo(N * ỳN / ERýri
todd. byr 2		wrthaw ‖ ac i'm LLáw ǀ fy LLáin
cyh. fer		LLaw ar GRóeS ǀ LLù / a ddyGRýSed

CROES BENGOLL
nawban	tir TéGeingl ǀ TéCaf * [ỳn / ei hélfydd
todd. byr 2	LLóeGR ‖ a LLýGRu [ei thréfred
cyh. fer	BaN RHúDDLan ǀ PaN RHúDDLys [lósgai
cyh. fer—dolennog	hawdd GwéLed ǀ GoLéulosg [arnai

CROES WREIDDGOLL
cyh. fer	a dècant] Cýnran ǀ a'i Cíliai

CROES ESTYNEDIG
todd. byr 2	FFRáiNc ‖ pan FFaRáoN / FFóed
todd. byr 2—dolennog	GWýRTHFawr ‖ WRTH ei Fód / yn Frénin

SAIN LEFN
cyh. fer	a gwáedlen ǀ am BéN ǀ a BáNNed
cyh. fer—dolennog	ail yw'r lláll ǀ o'r PáLL ǀ PeLL fy mín

SAIN BENGOLL
nawban	er twf máin ǀ RHíain * RHúddaur [wánas
nawban—cadwynog	énwawg ǀ DRafférthawg * a DRáidd [íddi
toddaid 2	i drais ‖ cérais ǀ ni GéFais * GýFai [áwydd
toddaid 2—dolennog	nef ‖ cyn áddef ǀ Góddef * Gwae fí [na'm llás
toddaid 1—dolennog	mábwraig ǀ mwy yd FFáig * FFenedígrwydd—[ar wén
todd. byr 1	gweirful dég ǀ Fy RHég * Fy RHín—[ni géfais
todd. byr 1—dolennog	cefais-i ŵyth ǀ yn nhâl PŵyTH * PeTH o'r wáwd—[yr gáint

SAIN WREIDDGOLL
nawban	bỳchan] y mae hýn * no Dýn ǀ Déngmlwydd
nawban—dolennog	arglwydd nèf] a lláwr * GWáwr ǀ GWyndódydd
toddaid 2	ar wreigiaidd ‖ ban ddỳwaid] o fráidd * wéddaidd ǀ wófeg
todd. byr 1—cadwynog	cyfàrchaf] i'r déwin * GWeRTHéFin—GWýRTHFawr

SAIN GANOLGOLL
nawban	caraf-i gáer ǀ WéNgLaer * o dù (GWéNLan
nawban—dolennog	a'i díffaith ǀ MáwRfaith * à'i (MaRánnedd

SAIN BENGROES
todd. byr 1   a gwládus | ŴÉddus * ŴYl FéBin—FáBwraig

SAIN LEDODL WREIDDGROES
nawban   myn yd Gàr | GẃyLdeg * GwéLed | GẃyLan

SAIN DEIRODL
nawban   hoed èrddi | a mí * Génti | yn Gás
nawban—dolennog   y dòeth | i'th gýfoeth-di * Góeth | Gymráeg

SAIN DEIRODL BENGOLL
nawban   tŏn | a gálon | Hón * Hóed [a gáfas

SAIN BROEST BENGOLL
toddaid 2   i'm plaid ‖ bréuddwyd | a'i DýWaid * a DúW [a'i médd

SAIN DRIPHROEST BENGOLL
nawban—cadwynog   tŏn | wén | ORéwyn * a ÓRwlych [bédd

SAIN ESTYNEDIG
toddaid 1   i édryd | fy LLéDFRyd-i * a'i LLéD | óFRwy

SAIN ESTYNEDIG BENGOLL
nawban   górpwyf-i | cyn Bw̌yf | BéDD * BúDDai [néwydd

SAIN ESTYNEDIG GANOLGOLL
todd. byr 1   ŭn | yw'r Fún | a Fýdd * cysèfin—(Fóliant

SAIN DRO LEFN
cyh. fer   [1] CySýlltu | cánu | CySéfin

SAIN DRO BENGOLL
nawban   [4] yn y BýLCHa | BáLCHlun * fy hún [ýnddi
nawban   [3] i rwng GLýw | pówys * a GLẃys [wýnedd
toddaid 1   [3] yd GáRwn-i | fýned * cyni'm CáRed [yn rhẃy
todd. byr 1   [4] a LLádd | â LLíwed * a gwáedled—[ei léfn
todd. byr 1   [2] PaN Fái | lawen FRáin * PaN FRýsiai—[waed
todd. byr 1   [2] pan rhúddai | rudd FFLáM * FFLeMýchai—[hyd néf
todd. byr 1   [3] PaN ÚCHer | úched * PaN ACHúbed—[ffráinc

SAIN DRO WREIDDGOLL
nawban   [1] ni ddìrper] Péb<u>yll</u> * ni s<u>ýll</u> | Páli

Symbolau
´ acen | gorffwysfa'r gynghanedd
` rhag-acen || diwedd y gair cyrch
* rhaniad y llinell   / diwedd bar
] y bar ar ddechrau'r llinell a saif y tu allan i'r gynghanedd
[y bar ar ddiwedd y llinell a saif y tu allan i'r gynghanedd
(dechrau rhan nesaf y gynghanedd ar ôl adran goll ynghanol y llinell

Atodiad 2

O dan 'Cyfanswm' rhoddir yn gyntaf nifer y llinellau rheolaidd eu haceniad ac, yn ail (ar ôl +), nifer y llinellau a chyfatebiaeth ragflaenol ynddynt. A = anhydyn.

CYHYDEDD NAWBAN	acennog	diacen	disgynedig	dyrchafedig	dolennog	cadwynog	rhagobennol	Cyfanswm
Braidd Gyffwrdd	3	2	3	6	3	2		14 + 5
Braidd Gyffwrdd Wreiddgroes	1	1		2				4
Braidd Gyffwrdd Wreidd-draws				2				2
Traws Bengoll		2						2
Traws Wreiddgoll		4			6			4 + 6
Traws Wreiddgroes					2			0 + 2
Croes		1			1			1 + 1
Croes Bengoll		1						1
Sain Bengoll	2	3		1		2		6 + 2
Sain Wreiddgoll	2	3	2	3	1			10 + 1
Sain Ganolgoll		1			1			1 + 1
Sain Ledodl Wreiddgroes		1						1
Sain Deirodl				1	1			1 + 1
Sain Deirodl Bengoll	1							1
Sain Driphroest Bengoll						2		0 + 2
Sain Estynedig Bengoll			1					1
Sain Dro Bengoll	1	1	1					3
Sain Dro Wreiddgoll		2						2
Cyfanswm	10	22	7	15	15	6		54 + 21

TODDAID/CYHYDEDD HIR—AIL LINELL

	acennog	diacen	disgynedig	dyrchafedig	dolennog	cadwynog	rhagobennol	Cyfanswm
Braidd Gyffwrdd	1	1	2	3				7
Braidd Gyffwrdd Wreiddgroes				1				1
Traws					1			0+1
Sain Bengoll		1			1			1+1
Sain Wreiddgoll	1	2						3
Sain Broest Bengoll				1				1
Cyfanswm	2	4	2	5	2			13+2

TODDAID/CYHYDEDD HIR—LLINELL GYNTAF

	acennog	diacen	disgynedig	dyrchafedig	dolennog	cadwynog	rhagobennol	Cyfanswm
Braidd Gyffwrdd		3			6 (1A)	1		3+7
Braidd Gyffwrdd Bengroes					1 (1A)			0+1
Traws Bengroes		1		1				2
Sain Bengoll				1	3 (1A)			0+3
Sain Estynedig				1				1
Sain Dro Bengoll		1						1
Cyfanswm		5		2	10	1		7+11

TODDAID BYR—LLINELL GYNTAF

	acennog	diacen	disgynedig	dyrchafedig	dolennog	cadwynog	rhagobennol	**Cyfanswm**
Braidd Gyffwrdd			1				1	1 + 0 + 1rh
Traws Wreiddgroes							1	0 + 0 + 1rh
Sain Bengoll	1				2			1 + 2
Sain Wreiddgoll						1		0 + 1
Sain Bengroes		1						1
Sain Estynedig Ganolgoll			1					1
Sain Dro Bengoll			2		2			2 + 2
Cyfanswm	1	1	4		4	1	2	6 + 5 + 2rh

TODDAID BYR—AIL LINELL

	acennog	diacen	disgynedig	dyrchafedig	dolennog	cadwynog	rhagobennol	**Cyfanswm**
Braidd Gyffwrdd					1			0 + 1
Traws Bengoll		1						1
Traws Bengroes		1						1
Croes		2	2					4
Croes Bengoll		1	2					3
Croes Estynedig			2		1			2 + 1
Cyfanswm		5	6		2			11 + 2

CYHYDEDD FER	acennog	diacen	disgynedig	dyrchafedig	dolennog	cadwynog	rhagobennol	Cyfanswm
Croes		5	2					2
Croes Bengoll		1	3		3			8 + 3
Croes Wreiddgoll			1					2
Sain Lefn		2	10	1	4 (1A)			13 + 4
Sain Dro Lefn		1		1				1
Cyfanswm		9	16	1	7			26 + 7

Cynganeddion Hywel ab Owain

Nodiadau

1. Dilyniant yw'r gwaith presennol i'm herthygl, 'Cynganeddion Bleddyn Fardd', *SC* 28 (1994), 117–52. Ar y llawysgrifau, sef *LlGC* 6680B, *c*.1300–25, a J 111, *c*.1400, gw. y Rhagymadrodd uchod.
2. Cyfeirir at y golygiad o gerddi Hywel yn Atodiad A ar ddiwedd y gyfrol.
3. Llunnir gwawdodyn hir drwy gyfuno fel y mynnid gwpled o gyhydedd nawban a thoddaid (neu gyhydedd hir). Llunnir byr a thoddaid drwy gyfuno fel y mynnid gwpled o gyhydedd fer a thoddaid byr (neu draeanog); pan fai un cwpled rhwn̄g pob toddaid byr (neu draeanog), ceid clogyrnach. Ar y mesurau hyn a'u curiadau, gw. *CD* 311–15, 334–42, a Peredur Lynch, 'Yr Awdl a'i Mesurau' yn *BaTh* 258–87.
4. Gadewir bwlch yn y golygiad ar gyfer llinell goll dybiedig yn 9.8.
5. Dosberthir y 177 yn ôl y mesurau canlynol: cyhydedd nawban 78, cyhydedd fer 37, toddaid/cyhydedd hir 36, toddaid byr 26. Yn y golygiad isod, hepgorwyd pedair llinell a chyfeirir atynt yma drwy ddefnyddio < > a rhif y llinell flaenorol. Y pedair yw: <6.26, 6.40, 7.37, 3.10>. Ailadrodd 6.1, 6.27 a wneir yn <6.26, 6.40>. Llinellau crwydr o gerddi eraill gan Hywel, efallai, yw <7.37, 3.10>. Tyr <7.37> gymeriad llau. 33–40 ac, yn unigryw yng ngwaith Hywel, tyr fesur y caniad (llinell o gyhydedd nawban ydyw, yn ymrannu'n 5:4 sillaf, yng nghanol byr a thoddaid). Y mae <3.10> yn rhy debyg i 3.14 ac yn rhy agos ati; hon hefyd yw'r unig linell ddigynghanedd yng ngwaith Hywel. (Gthg. dwy linell Gwalchmai, *GMB* 9.64, 9.88, sydd mewn dau ganiad gwahanol.) Gw. ymhellach y Nodiadau testunol yn Atodiad A ar ddiwedd y gyfrol.
6. *CD* 143.
7. *CD* 144–59.
8. Gw. ymhellach Andrews, 'Cynganeddion', tt. 119–21. Ceir cyfatebiaeth ragflaenol mewn traean o linellau Hywel, fel yng nghanu Bleddyn yntau.
9. Eglurir y symbolau ar ddiwedd y bennod, t. 183.
10. Prin yw'r enghreifftiau, ond cf. ymhellach: *GLlF* 28.9, DRi d**á**wn—DRinw**ý**chydd (Gwilym Rhyfel), *GCBM* i. 16.115, PeN c**é**irw—PeNh**í**llfaeth (Cynddelw), *GLlLl* 1.171, B**e**n rh**í**au—B**o**dd n**é**fawl (Prydydd y Moch).
11. Gwelir yma yn ogystal gytsain dreigledig yn ateb ei ffurf gysefin (*ng:g*).
12. Ceir y manylion yn llawn ar ddiwedd y bennod yn Atodiad 2, tt. 184–7.
13. Gan fod *glew* yn caledu ar ôl *rhag* (*CD* 207), ceir yma enghraifft o gytsain ddi-lais yn ateb ei ffurf leisiol (*c:g*). Hoffwn ddiolch i'r Athro Peredur Lynch am ei sylwadau ar y pwnc hwn.
14. Gwelir yma gytsain ddi-lais yn ateb ei ffurf leisiol (*p:b*).
15. Gw. *CD* 150, 281. Y mae'r rheolau yng nghanu Hywel yn cyd-fynd â'r rhai cyfatebol yn y gynghanedd sain (*CD* 166–7), tra bo'r rheolau yng nghanu Bleddyn Fardd yn nes at yr hyn a geir yn *CD* 150; gw. Andrews, 'Cynganeddion', tt. 136–7.
16. Yng nghanu Bleddyn Fardd, atebir y cytseiniaid sydd ar ôl yr acen mewn 14 (54%) o'r enghreifftiau, eu hanwybyddu mewn 11, a'u hollti mewn 1. (Ni roddir yr ystadegau yn Andrews, 'Cynganeddion'.)
17. Atebir y cytseiniaid sydd ar ôl yr acen yn y ddwy enghraifft gyfatebol gan Fleddyn Fardd.

18   Atebir y cytseiniaid sydd ar ôl yr acen yn y deuddeg enghraifft gyfatebol gan Fleddyn Fardd.
19   Nid oes enghreifftiau cyffelyb gan Fleddyn Fardd.
20   Ceir 19 llinell o'r mesur gan Hywel sy'n 'afreolaidd' eu hyd a'r rhagenw ôl mewn 14 ohonynt. Diwygiwyd dwy linell, sef 4.8, 6.36. Os anwybyddir y rhagenw, erys pedair llinell â'r rhaniad 6:4 (sef 4.2, 5.1, 6.2, 6.35), ac un â'r rhaniad 7:4 (sef 4.12). Trafodir y pwnc yn f'erthygl, 'Y Rhagenwau Ôl yng Ngherddi'r Gogynfeirdd', *B* 36 (1989), 13–29. Manylir ymhellach ar nifer y sillafau yn y mesur hwn ac yn y mesurau eraill isod yn Lynch, 'Awdl', *passim*.
21   Eglurir y term 'rhag-acen' yn *CD* 269.
22   Eglurir y term 'gogwyddair' yn *CD* 266–7.
23   Cf. enghreifftiau cyfatebol gan Fleddyn Fardd yn Andrews, 'Cynganeddion', t. 137.
24   Gw. *CD* 157–9. Prin y mae'r groes o gyswllt yn ddosbarth ar wahân yn y cyfnod hwn. Am enghraifft o'r sain o gyswllt yn yr un mesur gan Fleddyn Fardd, gw. Andrews, 'Cynganeddion', t. 123.
25   Cf. *GMB* 14.95 (Gwalchmai), *GCBM* i. 21.138 (Cynddelw).
26   Defnyddia Hywel odl saith gwaith, cytseinedd unwaith (2.5–6), a'r ddwy ynghyd wyth gwaith.
27   Ni lwyddwyd i ddarganfod toddaid arall tebyg.
28   Yr unig doddaid tebyg yw *GMB* 9.127–8, <u>dybrysais innau</u> * *yn aroloedd i eingl* / <u>dyfrydedd yn lloegr</u> * *rhag llwybr fy llaw* (Gwalchmai).
29   Ceir dwy linell o'r mesur gan Hywel sy'n 'afreolaidd' eu hyd, sef 6.4, a ddiwygiwyd, a 2.10, a gynnwys y rhagenw ôl. O anwybyddu'r rhagenw yn yr olaf, ceir rhaniad 4:4 i'r llinell.
30   *CD* 300–1. Am enghraifft ar fesur cyhydedd nawban, gw. *GMB* 9.95, 9.111 (Gwalchmai), *GCBM* i. 5.104, 24.120 (Cynddelw).
31   Cf. Andrews, 'Cynganeddion', t. 138.
32   Ceir 11 llinell o'r mesur gan Hywel sy'n 'afreolaidd' eu hyd a'r rhagenw ôl mewn 4 ohonynt. Diwygiwyd un llinell, sef 2.9. Os anwybyddir y rhagenw, erys saith llinell â'r rhaniad 5:6 (sef 1.5, 1.15, 3.3, 5.13, 6.3, 6.7, 6.15), a llinell yr un â'r rhaniad 6:6, 6:4 a 4:6 (sef 1.19, 3.7, 2.11).
33   Cyhydedd hir: *CD* 338–9; toddaid: *CD* 276, 285, 289 *et passim*.
34   Gw. yn arbennig *GMB* cerdd 9 (Gwalchmai) a *GCBM* i. cerdd 24 (Cynddelw). Ceir chwe thoddaid o'r math hwn gan Hywel: 2.3–4, 3.3–4, 3.7–8, 3.13–14, 6.15–16, 6.25–6.
35   Gw., e.e., *GMB* 11.76, 11.84 (Gwalchmai), *GLlF* 1.19, 1.65 (Llywelyn Fardd I), *GCBM* i. 21.192, 24.153 (Cynddelw).
36   Defnyddir yr ansoddair 'anhydyn' pan ddaw llafariad, nid cytsain, o flaen yr ail brif acen; gw. Andrews, 'Cynganeddion', t. 124.
37   Defnyddia Hywel odl bedair gwaith, cytseinedd wyth gwaith, a'r ddwy ynghyd unwaith (8.5–6).
38   Gw. f'erthygl, 'Amrywiad ar Doddaid Byr a Thraeanog', *B* 35 (1988), 14–19.
39   Ceir pum llinell o'r mesur gan Hywel sy'n 'afreolaidd' eu hyd a'r rhagenw ôl mewn un ohonynt. Diwygiwyd un llinell, sef 7.21. Os anwybyddir y rhagenw, erys tair llinell â'r rhaniad 6:5 (sef 7.1, 7.39, 8.9), a llinell yr un â'r rhaniad 5:6 a 5:4 (sef 7.21, 8.1).

40 Gw. yn arbennig *GMB* cerdd 13 (Gwalchmai) a *GCBM* i. cerdd 16 (Cynddelw). Nis ceir gan Hywel.
41 Gw., e.e., *GLlF* 3.13 (Llywelyn Fardd I), 16.53 (Llywarch Llaety), *GCBM* i. 16.151, ii. 4.67 (Cynddelw).
42 Am ddwy enghraifft o linell gyntaf y toddaid, gw. *GDB* 15.5 (Phylip Brydydd), 27.55 (Dafydd Benfras). Dyfynnir ail enghraifft Hywel isod (7.9 'sain estynedig ganolgoll').
43 Ar sail yr enghraifft hon, gellid dadlau y byddai 'traws ganolgroes' yn enw addasach.
44 Ceir dwy linell o'r mesur gan Hywel sy'n 'afreolaidd' eu hyd, sef 8.10, a ddiwygiwyd, a 7.30, a gynnwys y rhagenw ôl. O anwybyddu'r rhagenw yn yr olaf, ceir chwe sillaf yn y llinell.
45 Gw. Andrews, 'Cynganeddion', tt. 129–30, 140–2.
46 Tybir bod y ddwy *n* yn ateb ei gilydd, er mai *ŋ* yw sain y gyntaf; gw. *CD* 225, a cf. *GMB* 8.40, 'a thrin a thranc' (Gwalchmai).
47 Cf. Andrews, 'Cynganeddion', t. 141.
48 Cf. *GMB* 7.111–12 (traeanog: Gwalchmai), *GLlF* 27.9–10 (Gwilym Rhyfel), *GCBM* i. 11.53–4 (Cynddelw).
49 Cf. *GLlF* 18.15–16 (Daniel ap Llosgwrn Mew).
50 Ceir 11 llinell o'r mesur gan Hywel sy'n 'afreolaidd' eu hyd a'r rhagenw ôl mewn 9 ohonynt. Os anwybyddir y rhagenw, erys pedair llinell â naw sillaf (sef 7.12, 7.26, 7.36, 7.38).
51 Gwelir yma gytsain ddi-lais yn ateb ei ffurf leisiol (*p:b*). Tebyg mai damweiniol yw'r odl fewnol yn -*an*; gw. *CD* 263n.
52 O achos caledu 'gorddin' ar ôl 'rhag' (*CD* 207), ceir yma gytsain ddi-lais yn ateb ei ffurf leisiol (*c:g*).
53 Cf. esgyll englynion Bleddyn Fardd yn Andrews, 'Cynganeddion', t. 142.
54 *CD* 162–8.
55 Ceir y manylion yn llawn ar ddiwedd y bennod yn Atodiad 2, tt. 184–7.
56 Yng nghanu Bleddyn Fardd, atebir y cytseiniaid sydd ar ôl yr acen mewn 15 (30%) o'r enghreifftiau, anwybyddir hwy mewn 30, a holltir hwy mewn 5.
57 Yng nghanu Bleddyn Fardd, atebir y cytseiniaid sydd ar ôl yr acen mewn 3 o'r enghreifftiau, anwybyddir hwy mewn 15 (75%), a holltir hwy mewn 2.
58 Sylwer mai cyfatebiaeth anhydyn sydd yn y llinell hon.
59 Yng nghanu Bleddyn Fardd, atebir y cytseiniaid sydd ar ôl yr acen mewn 25 (74%) o'r enghreifftiau, anwybyddir hwy mewn 2, a holltir hwy mewn 7.
60 Atebir y cytseiniaid sydd ar ôl yr acen yn y pum enghraifft gyfatebol gan Fleddyn Fardd.
61 Gwelir yma gytsain gysefin yn ateb ei ffurf dreigledig (*gw:w*).
62 Dyma ddull Bleddyn, er na cheir ganddo enghreifftiau 5–7; gw. Andrews, 'Cynganeddion', t. 123.
63 Tynnwyd yr enghreifftiau uchod o'r gyhydedd nawban er mwyn eglurder. Gw. ymhellach fy nodyn, 'Sain Dro', *LlC* 26 (2003), 151–7.
64 Gw. ymhellach Andrews, 'Cynganeddion', t. 123.
65 Gw. ymhellach ibid., t. 124.
66 Cf. *GMB* 3.116 (Meilyr Brydydd).

67 Gw. ymhellach Andrews, 'Cynganeddion', t. 130. Am enghreifftiau yn llinell gyntaf y toddaid a'r toddaid byr, gw. *GMB* 11.48 (Gwalchmai), *GCBM* ii. 6.120 (Cynddelw).
68 Gw. ymhellach f'erthygl, 'Sain Broest', *LlC* 21 (1998), 166–72.
69 Cf. *GLlF* 25.33–4 (Gwynfardd Brycheiniog), *GCBM* ii. 18.47 (Cynddelw).
70 Cf. Andrews, 'Sain Broest', t. 168, enghreifftiau IV 2.16, VII 30.62, a n. 12.
71 Yr un yw'r brifodl a'r odl fewnol, cf. *GLlF* 16.29 (Llywarch Llaety), *GCBM* i. 8.41 (Cynddelw).
72 Yn y rhain yr un yw'r brifodl a'r odl fewnol.
73 Ceir sawl toddaid byr tebyg gan Gynddelw, ond i'r trydydd bar yr estynnir y cytseinedd, e.e., *GCBM* ii. 6.120, 9.187. Gw. y sylwadau ar linell 8.9 uchod a n. 42.
74 Dwy yn unig sydd gan Fleddyn Fardd, yntau; gw. Andrews, 'Cynganeddion', tt. 129–30. Yng nghanu Cynddelw y ceir hyn fynychaf, e.e., *GCBM* ii. 10.37. Nis ceir gan Walchmai.
75 *CD* 173–81.
76 Cf. Andrews, 'Cynganeddion', t. 143.
77 Gw. D. Myrddin Lloyd, 'Some Metrical Features in Gogynfeirdd Poetry', *SC* 3 (1968), 39–46 (tt. 40–1).
78 Cf. *GLlLl* 24.29 (Llywarch ap Llywelyn).
79 Lled-awgryma Thomas Parry, 'Twf y Gynghanedd', *THSC*, 1936, 143–60 (t. 146), fod odl lusg wedi hen ddisodli odl fewnol erbyn cyfnod Gruffudd ab yr Ynad Coch. Er hynny, digwydd enghreifftiau o odl fewnol o hyd yng nghanol y drydedd ganrif ar ddeg, e.e., *GDB* 29.85, 30.27 (Dafydd Benfras). Nis ceir yng nghanu Bleddyn Fardd.
80 Addurn ychwanegol yw'r cytseinedd rhwng yr odl gyntaf a dechrau bar yr ail odl (*FoLiant*—*FaL*).
81 *CD* 181–4.
82 Ar galedu *dd* ar ôl *hyd*, gw. T. J. Morgan, *Y Treigladau a'u Cystrawen* (Caerdydd, 1952), t. 394, a *CD* 231. Orgraff y llawysgrif yw 'am hunyt ddefnyt hyd dytbrawd'; gw. *GLlF* 6.73 (t. 120).
83 Gw. Andrews, 'Cynganeddion', t. 134. Cf. hefyd y pâr *caer / gwenglaer*: 'caraf-i gaer wenglaer o du gwenlan' (3.1), 'gwenglaer uch gwengaer ydd ym daerawd' (<7.37>); gw. n. 5 uchod.
84 Am enghraifft bellach o *ffr* yn ateb *fr*, gw. *GMB* 14.6, cyFRaid—cyFFRöi (Gwalchmai).
85 Gw. Andrews, 'Cynganeddion', tt. 133–4, 143.
86 Yn yr enghraifft hon o fraidd gyffwrdd wreidd-draws, ceir yr hyn a gondemniwyd yn ddiweddarach dan yr enw 'crych a llyfn' (*GLóyw*—*GwéiLgi*); gw. Andrews, 'Sain Broest', n. 7.
87 Digwydd hyn yn aml yng nghanu Cynddelw, e.e., *GCBM* i. 3.12, 3.15, 3.40, 3.42, 3.44, 24.131, 24.142, ii. 4.8, 4.51, 4.53, 4.59, 8.8, 8.22, 8.43.
88 Gw. yr adran gyfatebol yn Andrews, 'Cynganeddion', tt. 144–6. Nid oes digon o waith Hywel wedi goroesi i allu ei gymharu yn llawn ag arferion Bleddyn.
89 Gw., e.e., *GMB* 7.98 (Gwalchmai), *GCBM* ii. 10.24 (Cynddelw), *GLlLl* 4.13 (Prydydd y Moch), *GBF* 2.17–18 (Y Prydydd Bychan), 43.9 (Gruffudd ab yr Ynad Coch).

[90] *CD* 190–9.
[91] *CD* 199–200.
[92] Ceir dwy enghraifft debyg gan Fleddyn Fardd: *GBF* 47.11, 48.11.
[93] Gwelir yma gytsain dreigledig yn ateb ei ffurf gysefin (*n:d*).
[94] *CD* 204–6.
[95] Atebir *rh* gan ei ffurf dreigledig *r* unwaith (8.5), ac atebir *mh* gan *mh* unwaith (5.13–14).
[96] *CD* 148–50, 155, 165, 167.
[97] Cf. *GMB* 10.28, BúDD—BeirDD wéini (Gwalchmai).
[98] Cf. *GMB* 10.14, iR Góf—aRGlẃyddi (Gwalchmai). Ceir hefyd gytsain ychwanegol o flaen yr ail gytsain a atebir yn *eLLýngDawd*.
[99] Cf. *GLIF* 26.75, DóFydd—DihéuFardd (Gwynfardd Brycheiniog).
[100] Cf. *GLIF* 2.5, WéDD—WeinýDDaf (Llywelyn Fardd I).
[101] Gellir disgwyl amodi'r datganiad hwn pan ddadansoddir cynganeddion rhagor o'r Gogynfeirdd.
[102] Gw. *GMB* tt. 130–7. Hoffwn diolch i Dr Nerys Ann Jones am lawer trafodaeth fuddiol ar y beirdd a'u noddwyr.
[103] Gw. *GMB* cerdd 3.
[104] Gw. *GCBM* i. tt. xxxv–xxxviii, a'r cerddi: i. 1–2, 5–9, ii. 1–4.
[105] Gw. *GCBM* ii. cerdd 6 a'r detholiad yn Atodiad Ch isod ac, ymhellach, y sylwadau ar arwyddocâd 'brenin' yn T. M. Charles-Edwards a Nerys Ann Jones, '*Breintiau Gwŷr Powys*: The Liberties of the Men of Powys' yn *WKC* 191–223 (tt. 195–6, 215). Efallai mai rhwng marw Owain ac achlysur datgan ei farwnad y canwyd yr awdl oherwydd, os dechreuodd yr ymrafael am yr olyniaeth pan oedd Owain Gwynedd, yng ngeiriau Gerallt o Gymru, 'yn ei ingoedd olaf', nid oedd amser i oedi cyn cyhoeddi Hywel yn frenin; gw. *GG* 137. (Ddeng mlynedd ynghynt, lladdwyd Llywelyn, etifedd Madog ap Maredudd, cyn i Walchmai orffen cyfansoddi ei farwnad i'w dad; gw. *GMB* 7.85–98).
[106] Ni ddywedir yn ddiamwys yn yr awdl fod Cynddelw eisoes wedi derbyn nawdd Hywel, oni ddeellir llau. 262–3 felly.
[107] Enwir noddwyr Gwalchmai yn ei awdl i Ddafydd ab Owain (*GMB* cerdd 10); nid yw Hywel yn eu plith.
[108] Hywel: 28%, neu 17% os anwybyddir y rhagenw ôl syml; Gwalchmai: 19%, neu 17% lle y gellir hepgor rhagenw (30%, neu 26% lle y gellir hepgor rhagenw, yn ei Orhoffedd, *GMB* cerdd 9); Cynddelw (ei gerddi i ferched, *GCBM* i. cerddi 4 a 5): 14%, neu 2% os anwybyddir y rhagenw ôl syml; gw. ymhellach Lynch, 'Awdl', tt. 260–9.
[109] Gw. nn. 74 a 87 uchod.
[110] Y mae canu Hywel yn nes o lawer at asbri Gorhoffedd Gwalchmai nag yw at sidetrwydd cerddi Cynddelw i ferched.
[111] Gw. *GMB* cerdd 7.
[112] Gw. n. 105 uchod.
[113] Gw. *GCBM* i. tt. 55–6.
[114] Hoffwn ddiolch i Dr Ann Parry Owen am ei chymorth drwy gyfrwng ei mynegair anghyhoeddedig o waith y Gogynfeirdd, ac am ei sylwadau ar fersiwn cynharach o'r bennod hon.

Llawysgrif Hendregadredd, ffolio 124ᵛ, llaw α, J a C, awdlau i ferched
(cerddi 3, 4 a 5 yn Atodiad A).

Atodiad A

Cerddi Hywel ab Owain
(Aralleiriadau)

Awdlau i Ferched

1

      Caraf i, adeg haf, bystylad march,
      Llawen yw['r] llu gerbron arglwydd dewr,
      Ewynnog ei brig yw['r] don gyflym ei llifeiriant nerthol,
4   Gwisgodd [yr] afallen [amdani] ddangosiad gwahanol.
      Claerwyn yw fy nharian ar fy ysgwydd ar gyfer brwydr;
      Cerais yr hyn na chefais er bod awydd [arnaf i'w gael],
      [Sef] cegiden dal a golau, tyner ac eiddil [ei] hosgo,
8   [Un o] ymddangosiad y wawr wen [hyd yn oed] ar ganol dydd,
      Un hardd a thyner, eiddil ei llun a disglair ac iddi ymddangosiad hardd,
          ?llathraid/hawddgar,
      Wrth [iddi] gamu ar frwynen, prin nad yw['r frwynen] yn plygu.
      Y fechan fach annwyl hardd, eiddil ei hosgo,
12   Nid yw ond ychydig yn hŷn na merch ddengmlwydd,
      [Yr] un lluniaidd, lencynnaidd, lawn prydferthwch,
      Dysg llencyndod iddi oedd rhoi [rhoddion] yn hael.
      [Yn] wraig ifanc, mwy [tebyg] yr ymddengys ffyrnigrwydd yn [y] ferch
16   Nag [y dengys] ymadrodd o'i genau anghwrteisi.
      Erfyniwr ar droed, a fydd i mi oed?
      Am ba hyd yr erfyniaf arnat? Cyflawna dy ddyletswydd!
      Yr wyf mewn maint difesur o ynfydrwydd cariad
20   [Ond] ni'm beia Iesu, y Tywysydd.

2

      Fy newis i [yw] boneddiges brydweddol, deg a main,
      Tal a golau yn ei mantell o liw porffor;
      A'm dewisol brofiad [yw] rhyfeddu at [yr] un fenywaidd [ei natur]
4   Pan yngana yn ddistaw ymadrodd gweddus;
      A'm dewisol ran [fyddai] ymryson â['r] ferch
      A bod yn gyfrannog o gyfrinach [am gyfeillach], o rodd [o serch].
      Fy newis i yw [yr] un o liw hardd y don
8   Y daeth i'th deyrnas Gymraeg coeth.
      Fy newis i wyt ti: beth wyf i i ti?
      Pam y tewi di, yr un [y mae] ei distawrwydd [hyd yn oed] yn hyfryd?
      Dewisais i ferch [o'r fath] fel na [fydd yn] edifar gennyf;
12   Iawn yw dewis merch ddewisol, hardd.

Cerddi Hywel ab Owain
(Testunau diweddaredig)

Awdlau i Ferched

1

Caraf-i, amser haf, amsathr gorŵydd,
Gorawenus glyw rhag glew arglwydd,
Gorewynnawg ton tynhegl ebrwydd,
4   Gorwisgwys afall arall arwydd.
Gorwen fy ysgwyd ar fy ysgwydd—i drais;
    Cerais ni gefais gyfai awydd,
Cegiden hirwen, hwyrwan ogwydd,
8   Cyfeiliw gwen wawr yn awr echŵydd,
Claer wanllun wenlleddf wynlliw cyŵydd,
Wrth gamu brwynen braidd na ddygwydd.
Bechanigen wen, wan ei gogwydd,
12   Bychan y mae hŷn no dyn dengmlwydd,
Mabinaidd luniaidd lawn gweddeiddrwydd,
Mabddysg oedd iddi rhoddi yn rhwydd.
Mabwraig, mwy yd ffaig ffenedigrwydd—ar wen
16   No pharabl o'i phen anghymhenrwydd.
Peddestrig iolydd, a'm bydd-i eilwydd?
Pa hyd y'th iolaf? Saf rhag dy swydd!
Adwyf-i yn anfedredd o ynfydrwydd—caru,
20   Ni'm cerydd Iesu, y Cyfarwydd.

2

Fy newis-i rhiain firain, feindeg,
Hirwen yn ei llen lliw ehöeg;
A'm dewis synnwyr syniaw ar wreigiaidd
4   Ban ddywaid o fraidd weddaidd wofeg;
A'm dewis gydran gyhydreg—â bun
    A bod yn gyfrin am rin, am reg.
Dewis yw gennyf-i harddliw gwaneg
8   Y doeth i'th gyfoeth-di goeth Gymräeg.
Dewis gennyf-i di: beth yw gennyt-ti fi?
Beth a dewi-di, deg ei gosteg?
Dewisais-i fun fal nad atreg—gennyf;
12   Iawn yw dewisaw dewisdyn teg.

3

    Caraf i gaer ddisgleirwen wrth ymyl traeth gwyn
    Lle y câr un wylaidd a hardd wylio gwylan.
    Fe garwn i fynd (er na'm carwyd yn ormodol [ganddi])
4   [Ar] ymweliad dymunol iawn ar gefn [march] gwyn a main
    I ymweld â'm cariad ddistaw ei chwerthin,
    I draethu cariad, gan iddo ddod i'm rhan,
    I ddatgan fy nhristwch i a'i harddwch helaeth hi,
8   I gartref [yr] un hardd o liw ton y môr.
    ?Dylifiad/nychdod o'i theyrnas a ddaeth atom,
    [Yr un o] liw eira o oerni disglair ar gopa uchel.
    Digwyddodd yn ei phreswylfod hi aflwydd [i] arwr,
12 Y mae [hi] wedi mynd â'm henaid i, yr wyf wedi mynd yn wan;
    Yr wyf wedi mynd o ran/oherwydd angerdd [serch] yn un tebyg i Arwy Hir
    Er mwyn [y ferch] wen a wrthodir i mi yn llys Ogrfan.

4

    Caraf i gaer wych ei hadeiladwaith o'r Gyfylchi,
    Lle y bylcha [yr] un wych ei llun fy nghwsg ynddi.
    Un sydd yn enwog [am fod yn] helbulus sydd yn ymweld â hi,
4   [Y mae] ton wyllt, swnllyd a bloeddfawr/wylofus [yn curo] yn ei herbyn;
    Man ddewisol [yr] un hardd, ddisglair [ei] chynneddf
    [Ac] eglur, disglair ei chyfodiad o ymyl y weilgi.
    A'r wraig a lewyrcha dros y flwyddyn hon
8   Yn nhir diffaith Arfon, yn Eryri,
    Ni [cheisia] ennill mantell, ni rydd sylw i [rodd o] bali,
    Y sawl a fo'n helaeth garu yn fwy nag [y gwna] hi,
    [Ond] pe deuai ei ffafr [i mi] yn dâl am farddoniaeth,
12 Ryw noson fe fyddwn [yn gorwedd] yn nesaf ati!

5

    Yr oeddwn i wedi dymuno heddiw, farch glas disglair ei ymddangosiad,
    Ymweld ar dy gefn â gwlad hardd Cynlas,
    Er mwyn ceisio ymddiddan hir cyn cyflafan marwolaeth
4   Gyda['r un sydd yn] atal cwsg, yn atal llawenydd.
    Ac [o! na] byddai rhagfynegiad [ohoni] i mi ers [imi fod] yn llanc urddasol:
    Yr oedd ei gwedd yn debyg i donnau gwynlas.
    Hiraethus [yw] fy mryd [hyd yn oed] mewn cwmni,
8   [Y mae i mi] dristwch o'i herwydd, a minnau'n gas ganddi!
    Er fy mod yn cyflwyno i['r] ferch foliant urddasol,
    Nid yw hi yn rhoi rhyddhad [rhag] poen i mi, sut foddhâd [a fydd]?
    Calon ddrylliog yw hon, profodd hiraeth
12 Oherwydd ffurf main arglwyddes, llyffeithair o aur coch/cynheiliad aur coch.
    ?Nid yw [fy nghalon] heddiw (nid teilwng [yw] fy nghynhaliaeth)
    Yn y lle yr oedd fy eiddo,
    O, unig Fab Duw o deyrnas nef,
16 Cyn [i mi] gydnabod [fy] nioddefaint, gwae fi na'm lladdwyd!

3

Caraf-i gaer wenglaer o du gwenlan,
Myn yd gâr gwyldeg gweled gwylan.
Yd garwn-i fyned (cyni'm cared yn rhwy)
4 Rhy eiddun ofwy i ar feingan
I edrych fy chwaer chwerthin egwan,
I adrawdd caru, can doeth i'm rhan,
I edryd fy lledfryd-i, a'i lled ofrwy,
8 I edrydd llywy lliw ton dylan.
Llifiant o'i chyfoeth a ddoeth atan,
Lliw eiry llathr oerfel ar uchel fan.
Chweris o'i haddawd-hi addoed cynran,
12 Ethiw â'm enaid-i, athwyf yn wan;
Neud athwyf o nwyf yn ail Garwy Hir
I wen a'm lluddir yn llys Ogrfan.

4

Caraf-i gaer falchwaith o'r Gyfylchi,
Yn y bylcha balchlun fy hun ynddi.
Enwawg drafferthawg a draidd iddi,
4 Anwar don lafar, lefawr wrthi;
Dewisle lywy loyw gyteithi,
Glaer, gloyw ei dwyre o du gweilgi.
A'r wraig a lewych ar eleni
8 Yn ynial Arfon, yn Eryri,
Ni ddirper pebyll, ni syll pali,
Neb a rwy garwy yn fwy no hi,
Pei chwaerai ei budd er barddoni,
12 Nebawd noswaith y byddwn nesaf iddi!

5

As unaswn-i heddiw, farch gloywliw glas,
Athreiddiaw arnad geinwlad Gynlas,
I haeddu daddl faith cyn llaith lleas
4 Gan hun arlluddiaw, hoen arlluddias.
Ac im bai arwydd er yn was—edmyg:
Ei lliw oedd debyg gwenyg gwynlas.
Hiraethawg fy nghof yng nghyweithas,
8 Hoed erddi, a mi genti yn gas!
Cyd gwnelwyf ar ddyn urddas—o foliant,
Ni'm gwna poen rhwyddiant, boddiant: pa dras?
Ton a galon hon, hoed a gafas
12 Er twf main rhiain, rhuddaur wanas.
Nid ydiw heddiw (nid huaddas—fy mhorth)
Yn y myn ydd oedd fy mherthynas.
Oi a un Mab Duw o deyrnas—nef,
16 Cyn addef goddef, gwae fi na'm llas!

'Gorhoffedd Hywel'

6

(i)
Ton wen ewynnog a lifa dros fedd,
Claddfa Rhufawn Bybyr, pennaeth brenhinoedd.
Caraf i, yr un a gaseir gan wŷr Lloegr, dir agored y Gogledd heddiw,
4   Ac yn ardal [Afon] Lliw y mae nifer o goed.
Caraf yr un a roddodd i mi rodd o fedd
Lle cyrhaedda'r moroedd, maith eu terfysg.
Caraf ei gosgordd a'i haml drigfan o'i mewn,
8   Ac arwain rhyfel yn ôl dymuniad ei brenin.
Caraf ei morfa a'i mynyddoedd,
A'i chaer ger ei choed a'i thiroedd hardd,
A dolydd ei hafonydd a'i dyffrynnoedd,
12   A'i gwylanod gwynion a'i gwragedd heirdd.
Caraf ei milwyr a'i meirch hydrin,
A'i choed a'i gwŷr cedyrn a'i thir cyfanheddol.
Caraf ei meysydd a'i chyfoeth o fân feillion
16   Lle y cafodd yr un enwog orfoledd sicr.
Caraf ei broydd, braint gwroldeb,
A'i thir diffaith maith iawn a'i chyfoeth.
O unig Fab Duw! [Dyna] ryfeddod mawr,
20   Mor odidog yw [y] ceirw, gymaint y golud!
Ymleddais â gwaywffon hyrddiol frwydr ardderchog
Rhwng gwŷr Powys a Gwynedd hardd,
Ac ar gefn [march] gwyn, gwelw [gydag] ymdrech enfawr
24   Boed i mi ennill rhyddhad o alltudiaeth!
Nid ymgynhaliaf, yn sicr, nes y daw [hyn] i'm plaid,
Gweledigaeth a'i dywed, a Duw a'i galluoga.

(ii)
Ton wen ewynnog chwyrn yn erbyn anheddau,
28   Yr un lliw â llwydrew, yr adeg yr ymleda.
Caraf y morfa ym Meirionnydd
Lle bu i mi fraich wen yn obennydd.
Caraf yr eos ar goeden doreithiog/sy'n gwyro
32   Yng Nghymer Deuddyfr, dyffryn dymunol/y llatai.
Arglwydd nef a llawr, rheolwr gwŷr Gwynedd,
Mor bell o Geri yw caer Lliwelydd/Caerliwelydd!
Marchogais ar [farch] melyn o Faelienydd
36   I dir Rheged, ddydd a nos.
Boed i mi ennill, cyn bwyf [mewn] bedd, fuddugoliaeth/rodd newydd,
[Sef] tir Tegeingl, yr harddaf yn ei gwlad!
Er mai carwr ydwyf yn [yr un] cyflwr [ag] Ofydd (*neu* ar daith [debyg i eiddo] Ofydd),
40   Boed i'm Duw ystyried fy nhynged!

'Gorhoffedd Hywel'

6

(i)

Ton wen orewyn a orwlych bedd,
   Gwyddfa Rufawn Bybyr, ben teÿrnedd.
Caraf, trachas Lloegr, lleudir Gogledd—heddiw,
4   Ac yn amgant Lliw, lliaws calledd.
Caraf a'm rhoddes rhybuched medd
   Myn y dyhaedd mŷr, maith gywrysedd.
Caraf ei theulu a'i thew annedd—ynddi,
8   Ac wrth fodd ei rhi rhwyfaw dyhedd.
Caraf ei morfa a'i mynyddedd,
   A'i chaer ger ei choed a'i chain diredd,
A dolydd ei dwfr a'i dyffrynnedd,
12   A'i gwylain gwynion a'i gwymp wragedd.
Caraf ei milwyr a'i meirch hywedd,
   A'i choed a'i chedyrn a'i chyfannedd.
Caraf ei meysydd a'i mân feillion anaw
16   Myn yd gafas ffaw ffyrf orfoledd.
Caraf ei brooedd, braint hyŵredd,
   A'i diffaith mawrfaith a'i marannedd.
Wi a un Mab Duw! Mawr a ryfedd,
20   Mor yw eilon mygr, maint y rheufedd!
Gwneuthum â gwthwayw gwaith ardderchedd
   I rwng glyw Powys a glwys Wynedd,
Ac i ar welw gan gynnif rysedd
24   Gorpwyf ellyngdawd o alltudedd!
Ni ddaliaf, diau, yni ddêl i'm plaid,
   Breuddwyd a'i dywaid, a Duw a'i medd.

(ii)

Ton wen orewyn wychr wrth drefydd,
28   Gyfliw ag arien, awr yd gynnydd.
Caraf y morfa ym Meirionnydd
   Men y'm bu fraich wen yn obennydd.
Caraf yr eaws ar wyriaws wŷdd
32   Yng Nghymer Deuddyfr, dyffrynt iolydd.
Arglwydd nef a llawr, gwawr Gwyndodydd,
   Mor bell o Geri gaer Lliwelydd!
Esgynnais ar felyn o Faelienydd
36   Hyd yn nhir Rheged rhwng nos a dydd.
Gorpwyf-i, cyn bwyf bedd, buddai newydd,
   Tir Tegeingl, tecaf yn ei helfydd!
Cyd bwyf-i cariadawg cerdded Ofydd,
40   Gobwylled fy Nuw-i fy nihenydd!

(i)
Erfyniaf ar y Dewin goruchaf [a] grymus,
Gan ei fod yn Frenin,
[Am gael] llunio cerdd yn yr hen ddull,
4 Cerdd foliant, fel y canodd Myrddin,
I'r gwragedd sydd â hawl ar fy awen farddol
(Mor araf [a] hwyrfrydig ydynt i gael cyfeillach [â mi]!)
[Y rhai] pennaf oll yn y gorllewin
8 O byrth Caer hyd Borth Ysgewin.
Un yw'r ferch a fydd flaenaf [o ran ei] moliant,
Gwenlliant [o] liw'r heulwen.
Ail yw'r llall yn y fantell/o'r neuadd, pell fy ngwefus
12 Oddi wrthi, oherwydd torch euraid:
Gweirfyl hardd, fy rhodd [o serch], fy nghyfeillach, ni chefais [mohoni],
Ni chafodd neb o'm llinach [mohoni];
Er fy nharo â llafnau daufiniog,
16 Gwraig brawd maeth brenin sydd wedi fy nhristáu.
A Gwladus weddaidd, gwraig ifanc fwyn, lencynnaidd,
Gobaith ei phobl;
Gollyngaf ochenaid ddirgel,
20 Molaf hi ag eithin melyn.
Boed i mi weld yn fuan, a'm chwant yn ddieithr iddo ef,
A'm llafn yn fy llaw,
Leucu ddisglair, fy nghariad, yn chwerthin,
24 Ond ni chwardd ei gŵr oherwydd cyrch!

(ii)
Cyrch mawr a'm poena, a ddaeth i mi,
A hiraeth, gwaetha'r modd, sydd yn arferol
Am Nest hardd fel blodau'r afallen,
28 Am Berweur, craidd fy mhechod.
Am Enerys ddihalog nad yw'n fy ngwared rhag angedd [serch],
Na foed iddi gadw ei diweirdeb!
Am Hunydd, [digon o] ddefnydd hyd Ddydd y Farn;
32 Am Hawis, fy arfer ddewisol.
Cefais i ferch barod, ddibynadwy,
Cefais i ddwy, mwy yw eu moliant,
Cefais i dair a phedair gyda lwc/llwyddiant,
36 Cefais i bump o rai hardd eu cnawd gwyn,
Cefais i chwech heb osgoi pechod,
Cefais i saith ac yr oedd yn waith dygn,
Cefais i wyth yn dâl am beth o'r mawl yr wyf wedi ei ganu:
40 Da fod dannedd o flaen tafod!

(i)
Cyfarchaf i'r Dewin gwerthefin,—gwyrthfawr,
    Wrth ei fod yn Frenin,
  Cysylltu canu cysefin,
4   Cerdd foliant, fal y cant Myrddin,
I'r gwragedd a'i medd fy marddrin
(Mor hir hwyrweddawg ŷnt am rin!)
Pennaf oll yn y gollewin
8   O byrth Caer hyd Borth Ysgewin.
Un yw'r fun a fydd cysefin—foliant,
    Gwenllïant lliw hafin.
  Ail yw'r llall o'r pall, pell fy min
12   I wrthi, i am orthorch eurin:
Gweirfyl deg, fy rheg, fy rhin,—ni gefais,
    Ni gafas neb o'm llin;
  Er fy lladd-i â llafnau deufin,
16   Rhy'm gwalaeth-i gwraig brawdfaeth brenin.
A Gwladus weddus, ŵyl febin—fabwraig,
    Gofynaig ei gwerin;
  Achenaf uchenaid gyfrin,
20   Mi a'i mawl â melyn eithin.
Moch gwelwyf, a'm nwyf yn eddëin—wrthaw,
    Ac i'm llaw fy lläin,
  Lleucu glaer, fy chwaer, yn chwerthin,
24   Ac ni chwardd ei gŵr-hi rhag gorddin!

(ii)
    Gorddin mawr a'm dawr, a'm daerawd,
    A hiraeth, ysywaeth, ysy nawd
    Am Nest deg debyg afallflawd,
28   Am Berweur, berfedd fy mhechawd.
Am Enerys wyry, ni warawd—im hoen,
    Ni orpo-hi diweirdawd!
  Am Hunydd, ddefnydd hyd Dyddbrawd;
32   Am Hawis, fy newis defawd.
Cefais-i fun dduun, ddiwyrnawd,
Cefais-i ddwy, handid mwy eu molawd,
Cefais-i dair a phedair â ffawd,
36   Cefais-i bymp o rai gwymp eu gwyngnawd,
Cefais-i chwech heb odech pechawd,
Cefais-i saith, ac ef gwaith gorddygnawd,
Cefais-i wyth yn nhâl pwyth peth o'r wawd—yr gaint:
40   Ys da daint rhag tafawd!

Canu Mawl

8

    Pan fyddai brain llawen, pan ddarparai ef waed ar frys,
    Pan chwaraeai ef ar faes y gwaed,
    Trystfawr [oedd] rhyfel pan ruddid ei hadeiladau hi,
4   [Sef] Rhuddlan aruchel, pan losgai'r llys rhudd.
    Pan ruddai'r fflam rudd, fflamiai [Rhuddlan] hyd y nef,
    Ni warchodai yr un cartref;
    Hawdd oedd gweld [y] goelcerth a oedd arni
8   O['r] Gaerwen yn ymyl [Afon] Menai.
    Trengodd ar y trydydd o Fai [lond] tri chan llong
    Mewn llynges ger [y] llys,
    A mil o ryfelwyr a'u gyrrai ar ffo,
12   [Rhai] llwyr arfog [ond] heb yr un farf, ar [Afon] Menai.

9

    Pan ochneidiwyd gyda'r hwyr, pan gipiwyd Normaniaid,
    Pan yrrwyd Ffaro ar ffo,
    Pan fu arfau/arfwisg am gynheiliaid oherwydd brwydr,
4   Pan fyddai arf am ŵr barfog a ddymchwelwyd,
    Yng Nghoed Gorfynwy, yn y dial ar Loegr
    A['r] dinistrio [a fu ar] ei hannedd,
    [Gyda] llaw ar groes, fe gyrchwyd byddin [y gelyn]
8   [.]
    A lladd gyda byddin a gwaedlyd [oedd] ei lwyn,
    Ac [yr oedd] lliw gwaed ar liaws,
    A llen o waed o gwmpas pen a ffustiwyd,
12   A maes gwaedlyd, a grudd yn waedlyd.

Canu mawl

8

    Pan fai lawen frain, pan frysiai—waed,
        Pan wyar waryai,
        Ban rhyfel pan rhuddid ei thai,
4   Ban Rhuddlan, pan rhuddlys losgai.
    Pan rhuddai rudd fflam, fflemychai—hyd nef,
        Un addef ni noddai;
        Hawdd gweled goleulosg arnai
8   O Gaerwen geir ymyl Menai.
    Trengisiant trydydydd o Fai—trychan llong
        Yn llynges ar fordai,
        A decant cynran a'u ciliai,
12   Cyfarf heb un farf, ar Fenai.

9

    Pan ucher uched, pan achubed—Ffrainc,
        Pan Ffaraon fföed,
        Pan fu yrf am gyrf am galed,
4   Pan fai arf am farf a fyried,
    Yng Nghoed Gorfynwy, yng ngorddibed—Lloegr
        A llygru ei threfed,
        Llaw ar groes, llu a ddygrysed
8   [   ]
    A lladd â lliwed a gwaedled—ei lefn
        A gwaedliw ar giwed
        A gwaedlen am ben a banned
12   A gwaedlan a gran yn greuled.

Nodiadau

Seiliwyd y testunau a'r aralleiriadau uchod ar olygiad Kathleen Anne Bramley yn *Gwaith Llywelyn Fardd I ac eraill o feirdd y ddeuddegfed ganrif*, gol. K. A. Bramley et al. (Cyfres Beirdd y Tywysogion II, Caerdydd, 1994). Isod tynnir sylw at ddehongliadau neu ddarlleniadau gwahanol yn y golygiad newydd hwn.

Cerdd 1 (seiliwyd ar GLlF 7)

7 **cegiden** Digwydd fel enw am gnocell y coed neu am *hemlock*, planhigyn tal, gosgeiddig ac iddo fân flodau gwynion. Y mae'r ail ddefnydd yn fwy addas yma fel delwedd am ferch 'hirwen'.

15–16 **Mwy yd ffaig ffenedigrwydd ar wen . . .** Hynny yw, y mae anghwrteisi mor estron i'r ferch ag yw ffyrnigrwydd milwrol.

Cerdd 2 (seiliwyd ar GLlF 8)

5 **A'm dewis gydran gyhydreg â bun** Ymddengys mai gofynion y gynghanedd sydd yn cyfrif am y treiglad annisgwyl i'r goddrych, 'cyhydreg', yn y llawysgrifau, cf. *LlDC* 18.221 'yn ryt gynan gyhoret' (yn Rhyd Gynan [y mae] Cyhored).

8 **Y doeth i'th gyfoeth-di goeth Gymräeg** Gellid dileu yr *y* agoriadol gan gryfhau'r cymeriad a chreu cyhydedd nawban 8 sill yn ymrannu'n 4:4, patrwm y ceir enghreifftiau eraill ohono yng ngwaith y Gogynfeirdd (gw. P. Lynch, 'Yr Awdl a'i mesurau' yn *BaTh,* adran 3.2). Gellid dehongli'r llinell ddiwygiedig hon fel pâr o epithetau yn canmol y ferch: 'Doeth yn dy deyrnas di, [a'th] Gymraeg coeth.'

12 **dewisdyn teg** Cyffredin yn y cywyddau yw cadw ffurf gysefin ansoddair yn dilyn 'dyn' hyd yn oed pan fo'n cyfeirio at ferch.

Cerdd 3 (seiliwyd ar GLlF 9)

7–8 **I edryd . . . / I edrydd . . .** 'Edryt' a geir yn y ddwy linell hyn yn y ddwy lawysgrif. Yn Llawysgrif Hendregadredd y mae'n cynrychioli'r ffurf 'edrydd' (enw 'preswylfan') ac yn Llyfr Coch Hergest, 'edryd' (berfenw 'datgan'). Awgryma patrwm y cymeriad dechreuol yn yr adran hon mai dau air gwahanol a ddylai fod yma. Y tebyg yw mai orgraff amwys yng nghynseiliau'r ddwy lawysgrif oedd yn gyfrifol am y cymysgu.

9   **Llifiant o'i chyfoeth a ddoeth atan** Y mae 'llifiant' yn amwys a'r ystyron 'dylifiad [?o roddion]' a 'nychdod' yn bosibl. Os cyfeirio ato'i hun fel un o'r beirdd a wasanaethai'r ferch a wna Hywel, yna y dehongliad cyntaf sydd fwyaf addas, ond yng ngolau'r pwyslais sydd ar thema poen serch yn llau. 11–12 isod, gall fod amwysedd bwriadol.

10   Y mae llinell ychwanegol yn dilyn hon yn y ddwy lawysgrif, sef, o'i diweddaru, 'Rhag fal y'm coddid-i yn llys Ogrfan'. Ymddengys fod rhywbeth o'i le yn y rhan hon o'r gerdd. Digwydd 'llys Ogrfan' yn yr odl yn llinell olaf yr awdl hefyd ac, i'r darllenydd modern o leiaf, y mae'r ailadrodd yn gwanychu ergyd y llinell honno. Hepgorwyd y ddwy linell olaf yn fersiwn Llyfr Coch Hergest, ond anodd credu mai ychwanegiad diweddarach ydynt. Haws derbyn mai'r llinell hon, sydd yn torri ar y patrwm mydryddol ac sydd yn ddigynghanedd, yw'r ychwanegiad. Ceir gwell rhediad i'r gerdd hebddi.

Cerdd 4 (seiliwyd ar GLlF 10)

5–6   **Dewisle lywy loyw gyteithi . . .** Gan fod 'lle' yn enw benywaidd mewn Cymraeg Canol, dehonglir y llinellau hyn fel disgrifiad o'r gaer. Gall 'gloyw gyteithi', fodd bynnag, oleddfu 'dewisle' neu 'llywy' a diau fod yr amwysedd yn fwriadol, cf. y ffordd y cyplysir y ferch â'r gaer yn llau. 1 a 2 gyda'r ansoddeiriau cyfansawdd 'balchwaith' a 'balchlun'.

7   **a lewych ar eleni** Anarferol yw'r gystrawen ac anodd ei hegluro, ond y mae'r ystyr yn ddigon clir. Tybed ai cyfeirio at wraig briod ym mlwyddyn gyntaf ei phriodas a wneir yma, cf. Branwen yn ail gainc y Mabinogi?

9–10   **Ni ddirper pebyll . . .** Cymerir mai 'neb' yw goddrych y berfau yn y llinell flaenorol, a'i fod yn cyfeirio at y bardd, un sydd wedi ymroi i serch hyd yn oed yn fwy na'i noddwraig ac nad yw'n hidio am roddion o ddillad drudfawr yn dâl am ei gerddi iddi. Gwell ganddo, yn hytrach, fyddai cael treulio noson yn ei gwely!

12   **Nebawd noswaith y byddwn nesaf iddi!** Gellid hepgor y gair 'nebawd' i roi llinell reolaidd o ran sillafau.

Cerdd 5 (seiliwyd ar GLlF 11)

5   **Ac im bai arwydd** Cymerir mai ystyr 'arwydd' yw 'rhagfynegiad'—y ferch y byddai yn ei charu yn ymddangos i'r bardd mewn breuddwyd ers dyddiau ei ieuenctid. Ar y ffurf 'bai' gw. *GMW* 124(a).

10   **boddiant: pa dras?** Ansicr iawn yw'r dehongliad ond y mae 'pa dras' (sut?) yn bosibl.

12   **rhuddaur wanas** Yn y farddoniaeth, ystyr ffigurol sydd i 'gwanas' fel arfer. Yma gall fod yn ddarlun o'r ferch fel cynheiliad neu noddwraig hael neu fel un sydd yn llyffetheirio'r bardd gyda'i harddwch.

14   **yn y myn ydd oedd fy mherthynas** Sylwer bod yr enghraifft gynharaf o 'perthynas' (cysylltiad rhwng pobl neu bethau) yn *GPC* yn perthyn i'r ddeunawfed ganrif. Ni nodir yr enghraifft hon o gwbl, ond y brif ystyr yn y Cyfnod Canol yw 'eiddo' ac fe'i defnyddir fel term cyfreithiol.

Cerdd 6 (seiliwyd ar GLlF 6, llau. 1–42)

2   **Bybyr** Ffurf y llawysgrif yw 'bebyr', cf. *CO* ll. 183 'Ruawn Pebyr'. Cymerir mai amrywiad orgraffyddol ydyw ar 'pybyr' (bywiog, grymus, gwych), cf. *BRon* 6 (ll. 4) 'Rwawn Bybyr'. Gall fod y ffurf 'pebyr' wedi achosi'r cymysgu rhwng 'pybyr' a 'pefr' (disglair) yn enw Rhufawn (cf. *TYP* rhif 3 'ruvavn Beuyr', *AP* 12 'Ruuawn befr'), fel yn enwau 'Gronw Pebyr/Peuyr' a 'Tudwal Beper/Pefir', gw. *TYP* t. 365.

17   **brooedd** Y mae union ystyr y gair yn ansicr yma. Gellid 'dyffryndir, gwastadedd, iseldir' gyda *GPC*, yn gwrthgyferbynnu â 'diffaith' y llinell ddilynol, ond mwy addas efallai, o ystyried yr ymadrodd sydd yn dilyn, fyddai cymryd mai'r hen ystyr, 'goror, ffin' sydd yma, cf. *CA* 574 'heilyn achubyat pob bro'. Dyma'r tiroedd y byddai'r rhyfelwyr yn gofalu amdanynt ac yn elwa ohonynt, cf. y disgrifiad o rychtir Powys yn Breuddwyd Rhonabwy (*BRhon*, t.1, ll. 21–t. 2, ll. 1), a gw. ymdriniaeth Helen Fulton yn 'Cyd-destun gwleidyddol *Breuddwyd Rhonabwy*', *LlC* 22 (1999), 44–5.

26   Ailadroddir llinell gyntaf yr awdl ar ôl y llinell hon a digwydd yr un peth ar ddiwedd yr ail awdl. Ni chynhwyswyd y llinellau hyn yn yr aralleiriad hwn oherwydd y tebyg yw mai confensiwn llawysgrifol yn unig ydyw, sef modd o ddynodi diwedd cerdd neu gyfres o benillion. Digwydd yn gyffredin yng nghyfresi englynion Beirdd y Tywysogion yn Llawysgrif Hendregadredd a Llyfr Coch Hergest, fe'i ceir ar ddiwedd Marwnad Owain ab Urien yn Llyfr Taliesin, a cheir enghreifftiau ohono mewn llawysgrifau o farddoniaeth Wyddeleg o'r nawfed ganrif ymlaen.

Cerdd 7 (seiliwyd ar GLlF 6, llau. 43–83)

2   **Wrth ei fod yn Frenin** Gellid diwygio 'wrth' y llawysgrifau i 'gwrth' er mwyn cryfhau'r cytseinedd â'r gair cyrch ond fel y dengys Rhian M. Andrews yn ei phennod uchod, ceir enghreifftiau eraill gan Hywel o ateb cytsain â'i ffurf dreigledig.

15   **Er fy lladd-i â llafnau deufin** Gall fod chwarae yma ar ystyron 'deufin', sef 'daufiniog' a 'dwy wefus'.

21   **a'm nwyf yn eddëin wrthaw** Yn betrus, cymerir mai at ŵr y ferch y cyfeirir, un y mae'r chwant a deimla'r bardd yn brofiad dieithr iddo.

24–5 **gorddin** 'Rhuthr, ymosodiad' yw ystyr arferol y gair yng nghanu'r Gogynfeirdd, ond ymddengys fod y term hwn o fyd y frwydr yn cael ei ddefnyddio yma yn gyntaf am 'ymosodiad' y bardd ar Leucu ac yn ail am ymosodiad hiraeth neu gydwybod, efallai, ar y bardd.

31   **Dyddbrawd** Glynir at ddarlleniad y llawysgrif 'dytbrawd' er mwyn yr aceniad, a chymerir bod calediad ar ôl 'hyd'.

32   **fy newis defawd** Cymerir bod calediad i 'ddefawd' ar ôl -s.

37   Ar ôl y llinell hon ceir yn y llawysgrif y llinell 'Gwenglaer uch gwengaer ydd ym daerawd'. Y tebyg yw mai llinell a ychwanegwyd ar gam gan gopïwr ydyw oherwydd nid yn unig y mae'n torri ar y cymeriad geiriol, ar batrwm cypledol a phatrwm mydryddol y caniad, ond gyda'i darlun o'r ferch fonheddig yn ei chaer sydd yn dwyn i gof ganu serch mwy llysol ei natur, y mae'n anghydnaws â naws ymffrostgar, awgrymog y gerdd hon.

Cerdd 8 (seiliwyd ar GLlF 12)

1–5   **Pan . . . Ban . . .** Yn y llawysgrif ceir 8 enghraifft o 'pan' ym mhum llinell agoriadol y gerdd. Dehonglir hwy fel arfer fel y cysylltair Saesneg *when*. Digwydd dau ohonynt gydag enwau, 'pan rhyfel . . . pan Rhuddlan', yn hytrach na berf, rhywbeth eithriadol yng nghanu'r Gogynfeirdd. Yma, cymerir bod copïwr y gerdd yn Llawysgrif Hendregadredd neu ei ragflaenydd wedi camgysoni ei gynsail, ac mai *ban(n)* oedd y ffurf wreiddiol mewn rhai achosion. Gellid dehongli'r ffurf honno yma fel amrywiad ar y cysylltair 'pan' neu fel ansoddair 'soniarus, swnllyd, uchel; ardderchog', ond cofier bod nifer o ystyron eraill i 'ban' fel enw ac ansoddair. Y tebyg yw bod y bardd yn chwarae ar y ffurfiau ac ar yr ystyron yma. Ceir chwarae tebyg yn *GCBM* i. 6.1–2, 'Balch ei fugunawr ban lefawr ei lef / pan ganer cyrn cydawr'. Ceir 'ban' a 'pan' yn ateb ei gilydd yn *GMB* 18.11–12 'Oedd ban gawr am ben garthan / pan gafas aerwas eurwan'; *GDB* 14.53–5 'Ban ced, ban rhodded pan rhoddid—aur coeth / pan fai barabl doeth . . .'

1   **pan frysiai waed** Cadwyd 'urysyei' y llawysgrif yn hytrach na'i diwygio i 'dyfrysiai' er mwyn cael deg sillaf i'r llinell. Am enghreifftiau o Doddeidiau Byrion gyda naw sillaf yn y llinell gyntaf, gw. P. Lynch, 'Yr Awdl a'i Mesurau' yn *BaTh* adran 4.3n63. Cymerir mai berf anghyflawn yw 'brysiai' yma, cf. *GCBM* i. 16.95 'brysiws bwyd branes'; *GCBM* ii. 6.279–81 'Brysws glew. . . bwyd adar o'i adaf'. Ceir yr un syniad yma efallai, sef bod yr arwr dienw yn darparu gwaed ar frys i'r brain ar faes y gad.

2   **pan wyar waryai** Anghyffredin yw cael ffurf heblaw berf yn dilyn y cysylltair 'pan' yng nghanu'r Gogynfeirdd, ond ceir yng ngwaith Cynddelw ddwy enghraifft, *GCBM* ii. 6.165 'pan wosgor wesgerir', a 173 'pan gyhoedd gyhuddir', ac un enghraifft yng ngwaith Gwynfardd Brycheiniog, *GLlF* 25.15 'pan eurgrwydr wasgar'. Anodd gwneud 'gwyar' (gwaed; maes y gwaed) yn oddrych y ferf yma fel yn yr enghreifftiau eraill hyn, ond gellir ei ddeall yn adferfol 'Pan chwaraeai ar faes y gwaed', cf. 9.1 isod, *GCBM* ii. 6.58 'pan arfrwydr arfrys'. Am syniadau tebyg, gw. *GCBM* ii. 6.111 'gŵr yn gwarae â Lloegrwys'; *GMB* 29.30 'addfwyn yw gwarae gwayw ac arwydd'. Efallai mai 'chwarae, cellwair' yw'r ystyr yma, ond posibilrwydd arall yw'r ystyr 'cyflawni campau'.

4   **Rhuddlan** Am drafodaeth ar y cyfeiriadau at ddigwyddiadau y mae modd eu dyddio, gw. pennod 2 uchod.

5   **rudd fflam** Diwygir darlleniad y llawysgrif, sef 'rudflam', er mwyn y gynghanedd.

6   **un addef ni noddai** Diwygir darlleniad y llawysgrif, sef 'yn', i roi ystyr i'r llinell.

8   **Gaerwen** Diwygir darlleniad y llawysgrif 'gaer wenn' er mwyn y gynghanedd. Cymerir yn betrus mai cyfeiriad ydyw at (y) Gaerwen ym Môn, rhyw 3.5 milltir i'r gorllewin o Afon Menai.

9   **trychan llong** Rhennir 'trychanllog' y llawysgrif er mwyn y gynghanedd.

10   **yn llynges ar fordai** Llsgr. 'yn llynges uordei'. Y mae pum sillaf yn ail linell Toddaid Byr yn eithriadol yng ngwaith y Gogynfeirdd a diwygir i roi ystyr i'r llinell ac er mwyn arbed y mydr.

Cerdd 9 (seiliwyd ar GLlF 13)

1   **ucher** Derbynnir darlleniad y llawysgrif yn hytrach na diwygio i 'uchel', gan gymryd bod 'ucher' yn cael ei ddefnyddio'n adferfol yma.

4   **a fyried** Y dehongliad syml yw mai 'barf' yw goddrych y cymal hwn. Tybed a all fod iddo yr ystyr 'gŵr barfog', h.y. rhyfelwr aeddfed?

9   **a gwaedled ei lefn** Derbynnir darlleniad y llawysgrif a deall yn betrus 'llefn' (lwyn) sydd yn enw benywaidd, yn hytrach na diwygio'r ffurf i 'llafn' neu '*lleifn', er mai yn y ffurf luosog, 'llefnau', y'i ceir gan amlaf.

Atodiad B

'Plant Owain Gwynedd' *yn 'Achau Brenhinoedd a Thywysogion Cymru'*

Seiliwyd y testun diweddaredig isod ar olygiad P. C. Bartrum yn *Early Welsh Genealogical Tracts* (Caerdydd, 1966), 97–8.

i) Iorwerth a Maelgwn a Gwenlliant, mam Wenwynwyn ab Owain Cyfeiliawg, plant Owain Gwynedd. A'u mam oedd Wladus ferch Lywarch ap Trahaearn ap Caradawg ap Gwyn ap Gollwyn ap Ednywain ap Bleddynt ap Bleddrus ap Cynawg Mawr ap Iorwerth Hirflawdd ap Tegonwy ap Teon.

ii) Dafydd a Rhodri a Chadwallawn abad Enlli ac Angharad, wraig Gruffudd Maelawr, plant Owain Gwynedd, a Christin ferch Oronw ab Owain ab Edwin eu mam.

iii) Mam Gristin: Genilles ferch Hoedlyw ap Ithael ap Edryd ap Inethan ap Iaseth ap Carwed ap Marchudd.

iv) Mam Oronw ab Owain: Morwyl ferch Ednywain Bendew ap Neiniad ap Gwaithfoed ap Gwrydr.

v) Mam Owain ab Edwin: Iwerydd ferch Gynfyn ap Gwerystan.

vi) Mam Iwerydd: Angharad ferch Faredydd ab Owain ap Hywel Dda ap Cadell ap Rhodri Mawr.

vii) Cynan ab Owain. Angharad oedd ei fam, ferch Beredur ap Mael ap Bleddyn o Feirionnydd.

viii) Llywelyn ab Owain. Gwenlliant oedd ei fam, ferch Ednywain ap Gwrydr ap Dyfnaint.

ix) Meredudd Ddu ab Owain. Morfydd ferch Ferwydd Hir ei fam.

x) Idwal ab Owain. Afandreg ferch Wrgi o Ben Mynydd Gradifel ei fam.

xi) Rhun ab Owain. Anedd ferch Wrgi ei fam, chwaer Afandreg.

xii) Hywel ab Owain. Ffynnod Wyddeles oedd ei fam.

xiii) Madog ac Einion meibion Owain: unfam oeddynt.

xiv) Dau Gynwrig a fuant veibion i Owain. Un onaddynt a wystlws Owain i Henri Frenin yng Nghoed Ceiriawg ac y dalliwyd ef gyda'r gwystlon pan dorres Owain ac o hynny y bu farw ef.

xv) Phylip ab Owain. Morfydd ferch Elfan ap Sanddef o Ros oedd ei fam.

xvi) Rhirid ab Owain, y gŵr pieifu Clochran, y dref a rodded i hen Ruffudd ap Cynan, hon y sydd y rhwng Dinas Dulyn a Swrth Colomcili.

Atodiad C

Y Cofnodion yn Annales Cambriae ac yn fersiwn Llyfr Coch Hergest o Brut y Tywysogyon lle yr enwir Hywel

Daw'r testun Lladin o Annales Cotton Domitian 1 yn y Llyfrgell Brydeinig [C] ac o'r blwyddnodau ar ddail dechreuol Breviate Domesday Abaty Nedd a gedwir yn y Swyddfa Gofnodion Cyhoeddus [B]. Daw'r testun Cymraeg Canol o Frut Llyfr Coch Hergest. Seiliwyd y diweddariad ar olygiad Thomas Jones yn *Brut y Tywysogyon or The Chronicle of the Princes, Red Book of Hergest version* (Caerdydd, 1955; ail argraffiad 1973).

1 'Annus mcxliii Anaraut filius Grifini a familiaribus Catwaladri occisus est.' [B]
(Yn y flwyddyn 1143 lladdwyd Anarawd ap Gruffudd gan deulu Cadwaladr.)

[1143] 'Y flwyddyn wedi hynny y llas Anarawd fab Gruffudd, gobaith a chedernid a gogoniant y Deheuwyr, i gan deulu Cadwaladr, y gŵr ydd oedd yn ymddired iddaw yn gymaint ag nas ofnai. Ac wedi clybod o Owain, ei frawd, hynny, drwg fu ganddaw; canys amodi a wnaethoedd roddi ei ferch i Anarawd. A mynnu digyfoethi Cadwaladr, ei frawd, a wnaeth. Ac yna ydd achubawdd Hywel ab Owain ran Cadwaladr o Geredigiawn, ac y llosges gastell Cadwaladr, a oedd yn Aberystwyth'.

2 'Annus . . . Howel filius Owein et Kenan eius frater destruxerunt Aberteyui.' [C]
(Yn y flwyddyn [1145] . . . dinistriodd Hywel ab Owain a Chynan, ei frawd, Aberteifi.)

[1145] 'Ac yna y diffeithawdd Hywel ab Owain a Chynan, ei frawd, Aberteifi. A gwedi bod brwydr arwdost a chael onaddunt y fuddugoliaeth, ydd ymhoelasant drachefn a dirfawr anrhaith ganddunt. Ac yna y doeth Gilbert iarll, fab Gilbert arall, i Ddyfed ac y darestyngawdd y wlad; ac ydd adeilawdd gastell Caerfyrddin a chastell arall ym Mabudryd.'

3 'mcxlvii annus Catel filius Grifini cum fratribus Reso et Maredut castellum Dinweileir vi adquisierunt, Francis maiori parte occisis qui in eo erant. Non multo post, Hoelo filio Owini eis auxiliante, castellum Karmerdin adquisierunt, necnon Lanstephan ceperunt; illis [recte multis?] qui intus erant occisis, paucis relictis; et Maredut custodiendum datur.' [B]
(Yn y flwyddyn 1147 [recte 1146] cymerodd Cadell ap Gruffudd gyda'i frodyr, Rhys a Maredudd, gastell Dinwileir drwy drais, wedi lladd y rhan fwyaf o'r Ffrancod a oedd ynddo. Ychydig wedi hynny, gyda Hywel ab Owain yn eu cynorthwyo, cymerasant gastell Caerffyrddin, ac yn ogystal cipiasant Lansteffan; lladdwyd llawer a oedd y tu mewn a gadawyd ychydig; a rhoddwyd gwarchodaeth [y castell] i Faredudd.)

'Annus Cadell filius Owein et Maredut et Res filius Grifut et Howel filius Owein Cayrmerdin inuaserunt et ceperunt, necnon et castellum de Landestephan.' [C]
(Ymosododd Cadell ab Owain [recte ap Gruffudd] a Maredudd a Rhys ap Gruffudd a Hywel ab Owain ar Gaerfyrddin a'i chipio, ac yn ogystal, gastell Llansteffan.)

[1146] Yn y flwyddyn honno y gweresgynawdd Cadell ap Gruffudd gastell Dinwileir, yr hwn a wnaethoedd Gilbert iarll. Ychydig wedi hynny y gorfu ef a Hywel ab Owain gastell Caerfyrddin [drwy roddi eu heneidiau i'r carcharorion a oeddynt yno. Ychydig wedi hynny y goresgynnawdd Cadell a'i frodyr, Maredudd a Rhys, gastell Llansteffan] drwy gadarn amryson, gwedi lladd llawer o'u gelynion a brathu eraill . . .

4 'Annus mcxlviii . . . Catel cum fratribus suis, Wilielmus filius Geraldi et fratres sui, Hoelo filio Owini eis auxilante, castellum

Wiz destruxerunt.' [B]
(Yn y flwyddyn 1148 [*recte* 1147] dinistriodd Cadell gyda'i frodyr [a] Gwilym ap Gerallt a'i frodyr, gyda Hywel ab Owain yn eu cynorthwyo, gastell Gwis.)

'Kenan et Howel filii Owein vi abstulerunt Meironit a Cadwaladr.' [C]
(Cymerodd Cynan a Hywel, feibion Owain, Feirionnydd oddi ar Gadwaladr.)

[1147] 'Yn y flwyddyn honno y cyffroes Cadell ap Gruffudd a'i frodyr, nid amgen, Maredudd a Rhys, a Gwilym ap Gerald a'i frodyr gyd ag wynt, lu am ben Castell Gwis. A gwedi anobeithaw onaddunt yn eu nerthoedd eu hunain, galw Hywel ap Ywein a orugant yn borth uddunt. Canys gobeithaw ydd oeddynt o'i ddewrlew luosogrwydd ef, parotaf i ymladdau, a'i ddoethaf gyngor gaffael onaddunt y fuddugoliaeth. A Hywel, megis ydd oedd whannawg yn wastad i glod a gogoniant, a beris gynullaw llu. A gwedi kynullaw y llu glewaf a pharotaf yn anrhydedd ei harglwydd, cymryd hynt a orug tu â'r dywededig Gastell Gwis. A gwedi y arfoll yn anrhydeddus o'r dywededig farwnaid yno, pebyllaw a orug; a holl negesau y rhyfel a wneid o'i gyngor ef a'i ddechymig. Ac felly y doeth pawb o'r a oedd yno i oruchel ogoniant a buddugoliaeth, drwy orfod ar y castell o'i gyngor ef gan ddirfawr ymryson ac ymladd. Ac oddyno ydd ymhoelawdd Hywel yn fuddugawl drachefn.

Ni bu bell wedi hynny yni fu derfysg rhwng Hywel a Chynan, meibon Owain, a Chadwaladr, eu hewythr. Ac oddyna ydd aeth Hywel o'r neilltu a Chynan o'r tu arall hyd ym Meirionnydd; a galw a wnaethant i law wŷr y wlad a giliasynt i noddfäu eglwysau, gan gadw ag wynt [h]ynodiau ac anrhydedd yr Eglwys. Ac oddyna cyweiraw byddin a wnaethant tu â Chynfael, castell Cadwaladr, yr hwn a wnaethoedd Cadwaladr cyn no hynny, yn y lle ydd oedd Morfran, abad y Tŷ Gwyn [*recte* Tywyn], yn ystiward, yr hwn a wrthodes roddi ei wrogaeth uddynt cyd ys profid weithau drwy arwon fygythiau, gweithau eraill drwy aneirif o roddion a gynigid iddaw. Canys gwell oedd ganddaw ei farw yn addfwyn no dwyn ei fuchedd yn dwyllodrus. A phan welas Hywel a Chynan hynny, dwyn cyrch cynhyrfus i'r castell a wnaethant a'i ennill a orugant i drais. Ac o fraidd y diengis ceidwad y castell drwy nerth ei gyfeillon, wedi lladd rhai o'i gydymdeithon a brathu eraill.'

5 'Annus mcliii . . . Hoelus filius Owini cepit Catwanum patruelem suum, terramque cum castello sibi subiugavit. Catell et fratres sui cum exercitu Ceredigeaun intraverunt, et infra Airon sibi vendicaverunt.' [B]
(Yn y flwyddyn 1153 [recte 1150] cipiodd Hywel ab Owain Gadfan [fab Cadwaladr], ei ewythr, a goresgynnodd ei dir gyda'i gastell. Ymosododd Cadell a'i frodyr gyda byddin ar Geredigion a hawlio Is Aeron.)

'Howel filius Owein tenuit Caduan consobrinum suum, et eius terram apessit. Cadell et Res et Maredut filii Grifut Keredig'aun infra Ayron vi possederunt.' [C]
(Daliodd Hywel ab Owain Gadfan, ei gefnder, a chymerodd ei dir. Meddiannodd Cadell a Rhys a Maredudd, feibion Gruffudd, Geredigion islaw Aeron drwy drais.)

[1150] 'Yn y flwyddyn honno y delis Hywel ab Owain Gadfan fab Cadwaladr, ei gefnderw, ac ydd achubawdd ei dir a'i gastell.
Ni bu bell wedi hynny yni ddoeth meibon Gruffudd ap Rhys, nid amgen, Cadell a Meredudd a Rhys, a llu ganddunt i Geredigiawn a'i gweresgyn hyd yn Aeron.'

6 'Annus mcliv Catell cum fratribus suis circa Purificationem Beate Marie, oppugnato castello Hoeli, sed non habito, totam predam terre cum hominibus secum duxerunt; castellum Llan Restut longa obsidione ceperunt, et custodibus suis seruandum commendauerunt; sed Hoelus filius Owini, ira exestuans, illud oppidum combussit, custodibus occisis. Catell cum fratribus suis Strat Meuruc reedificauit.' [B]
(Yn y flwyddyn 1154 [recte 1151] tua Gŵyl Puredigaeth y Forwyn Fair [2 Chwefror], Cadell a'i frodyr, wedi iddynt ymosod ar gastell Hywel, ond heb ei gael, a gymerodd holl eiddo'r wlad a gwŷr gyda hwy; cipiasant gastell Llanrhystud wedi gwarchae hir, a'i gyflwyno i'w warchod gan eu ceidwaid; ond fan ferwi gan lid, llosgodd Hywel ab Owain y castell hwnnw a lladd y ceidwaid. Ailadeiladodd Cadell a'i frodyr Ystrad Meurig.

'Annus Cadell et Res et Maredut filii [sic] Howel filii [recte filio] Owein Keredigaun vi abstulerunt, et Estrat Meuric edificauerunt.' [C]

(Yn y flwyddyn, cymerodd Cadell a Rhys a Maredudd, feibion [Gruffudd], Geredigion oddi ar Hywel ab Owain trwy drais, ac adeilasant Ystrad Meurig.)

[1151] 'Deng mlynedd a deugain a chant a mil oedd oed Crist pan ddug Cadell a Meredudd a Rhys, feibon Gruffudd ap Rhys, Geredigiawn oll i ar Hywel ab Owain, eithr un castell a oedd ym Mhen-gwern yn Llanfihangel. A gwedi hynny y gwerescynasan gastell Llanrhystud o hir ymladd ag ef. A gwedi hynny y cafas Hywel ab Owain y castell hwnnw i drais ac y'i llosges wedi lladd y castellwyr oll. Ni bu hayach wedi hynny hyd pan atgyweirawdd Cadell a Meredudd a Rhys, feibon Gruffudd ap Rhys, gastell Ystrad Meurig . . . Ac yd atgyweirawdd Howel ap Ywein Gastell Hwmffre yn Nyffryn Cletwr.'

7 [1153] 'Y flwyddyn ragwyneb y cyweirawdd Meredudd a Rhys, meibon Gruffudd ap Rhys, eu byddinoedd i Benweddig; ac ymladd a wnaethant â chastell Hywel a'i darestwng.'

8 'Annus mclviii . . . Owinus princeps Norwallie cum filiis suis Hoelo, Canano, et Dauid, cum ingenti excercitu apud Dinas Bassing castra metati sunt, ibique vallum erexerunt.' [B]
(Yn y flwyddyn 1158 [recte 1157] gwersyllodd Owain, tywysog gogledd Cymru, gyda'i feibion Hywel, Cynan a Dafydd, gyda byddin anferth yn Ninas Basing ac yno y codasant amddiffynfa.)

[1157] 'Ac yna, wedi galw o Owain, dywysawg Gwynedd, ataw ei feibon a'i nerthoedd a'i allu, pebyllu a orug yn Ninas Basin, a dirfawr lu y gyd ag ef.'

9 'Annus mclx Resus combussit castella per Demetiam a Francis facta; ad Kermerdin excercitum duxit et obsedit; sed aueniente Reginaldo comiti Cornubie, obsidionem dimiisit . . . Resus deinde homines suos cum omnibus suis ad Resterwein removit. Reginaldus uero comes et comes Bristollie, et Rogerus comes Clarensis, et alii duo comites, Catwaladrus quoque filius Grifini, et Hoelus et Conanus filii Owini apud Dinweileir castra metati sunt; sed non audentes Resum adire uacui domum redierunt.' [B]

(Yn y flwyddyn 1160 [*recte* 1159] llosgodd Rhys y cestyll a adeiladwyd gan y Ffrancod ar draws Dyfed. Arweiniodd fyddin hyd Gaerfyrddin a gosodod warchae arno; ond daeth Reginald iarll Cernyw yn ei erbyn a thorrodd y gwarchae . . . Ar hynny symudodd Rhys ei wŷr gyda'u holl eiddo i [Gefn] Rhestr Main. Yn wir, gwersyllodd Reginald iarll ac iarll Bryste, a Roger iarll Clâr a dau iarll arall a hefyd Gadwaladr ap Gruffudd, a Hywel a Chynan, feibion Owain, yn Ninwileir; ond heb feiddio cyrchu Rhys dychwelasant adref yn waglaw.)

[1159] 'Y flwyddyn ragwyneb y darestyngawdd yr Arglwydd Rys ap Gruffudd y cestyll a ry wnaethoedd y Ffrainc ar draws Dyfed ac y llosges wy. Yng nghyfrwng hynny ydd arweddawdd ei lu i Gaerfyrddin ac ydd ymladdawdd ag ef. Ac yna y doeth Rheinallt fab Henri frenin yn ei erbyn, a chyd ag ef ddirfawr luosogrwydd o Ffrainc a Norddmaniaid a Fflemisiaid a Saeson a Chymry. Ac adaw a orug Rhys y castell a chynullaw ei wŷr i gyd hyd ym mynydd Cefn Rhestr. Ac yna y pebyllawdd yng nghastell Dinwileir Reinallt iarll a iarll Brustai a iarll Clâr a dau ieirll eraill a Chadwaladr ap Gruffudd a Hywel a Chynan, feibon Owain Gwynedd, a dirfawr luosogrwydd o farchogion a pheddyd gyd ag wynt. A heb feiddaw cyrchu lle ydd oedd Rhys, ymhoelud adref a orugant yn waglaw. Oddyna cynnig cynghrair i Rys a wnaethant. Ac yntau a'i cymerth, a chenetáu i'w wŷr a orug ymhoelud i'w gwlad.'

10 'Annus mclxxi . . . Hoelus filius Owini a familiaribus fratris sui Dauid, eodem assistente, occisus est.' [B]
(Yn y flwyddyn 1171 [*recte* 1170] lladdwyd Hywel ab Owain gan deulu ei frawd Dafydd, ac yntau [sef Dafydd] yn cynorthwyo.)

[1170] 'Deng mlynedd a thrugain a chant a mil oedd oed Crist pan laddawdd Dafydd ap Owain Hywel ab Owain, y brawd hynaf iddaw.'

Hywel ab ywein ae cant

Oll naob dull o cyrchas nef hyn addef goddef gwaywr nainllas.
Pan vei tawen vreu pan vryshei waed pan wyar wa
ryei pan ryuel pan rudir e thei. pan rudlan pan rudlys
losgei pan rudain rudflam fleyschei hyt nef yn addef ny
noddei hawd gwelet goleulost anei o gaer wein geir cynil
menei treghillyant trydydid o uei trychanllogr yllyghes
vordei. a decbant kymran ay kilyei kynaryf heb vn varyf
ar benei.

Hywel ab ywein ae cant

Pan ucher ucher pann achupet freme pann ffnnaon fo
et. pann yu yryf am gyryf am galet pann vei aryf
am varyf a wyet. yng goet gorwynvy yng gorwibet lloe
gyr a llygru y thretet. llav ar groes Ihu avygryssei a llav a
llawer a gwaeclet y lebyn a gwaectiv ar grwer a gwaet
lech am bem a banner. a gwaetlam agrann yn gwulet.

Llawysgrif Hendregadredd, ffolio 125[r], llaw C ac O, canu mawl
(cerddi 8 a 9 yn Atodiad A).

Atodiad Ch

Detholiad o Ganu Cynddelw Brydydd Mawr i Hywel ab Owain Gwynedd[1]
(Aralleiriad)

    Arglwydd sydd yn bennaeth a chanddo orsedd, [boed] i mi ganiatâd Duw
    [I roi] deisyfiad nerthol heb orfodaeth,
    [Am] rodd berffaith, ddibrin [a ddaw'n] ddirwystr,
4   Cerdd ddi-fai i [un] amlwg ei rodd,
    Cystuddiwr dewrion, [un] dirfawr ei ffafr, grymus a milain,
    Arglwydd tra chyffrous sydd yn dra llidiog [mewn] ymgyrch,
    [Un] gorchestol [mewn] gorthrwm treisgar [sydd yn] lladdwr gormesol [mewn] brwydr,
8   Pencampwr o orthrechwr, arglwydd hyglod.
    Cipiodd [yr] amddiffynnwr rhodd[ion] oddi arnynt,
    O'i chyfyngder, wlad helaeth Maredudd,[2]
    Pan fylchodd [yr] anogwr gwych [rengoedd y] Fflemingiaid,
12 Lladdwr [ym] mrwydr [y] tanau tanbaid,
    Bloedd wyllt o['r] gad a oedd ganddynt,
    [Bu] brwydr a gwasgaru a [bu] arswyd arnynt,
    [Bu] cyni gwaedlyd [o ganlyniad] i frwydro gyda chwynfan trist,
16 Tâl [o] gyflafan lidiog a fu'n eiddo iddynt,
    Yn rymus y'u goresgynnodd [y] pennaeth cadarn hwy,
    [Un o] natur arwr, disgynnydd Gruffudd,[3]
    Gwyddai pawb heb ei guddio [am] ffyrnigrwydd ymosodiad cadarn Hywel
20 Mewn rhyfel cyn [rhoi] rhybudd,
    [Gyda] gwaywffyn amlwg-doredig a llafnau brithgoch,
    Byddin o arwyr yng nghuddfan [y] ddaear,
    Arwyr [yn] glwyfedig mewn brwydr oherwydd poen dirfwr gwaywffyn
24 A ffrwd o waed ar eu gwedd

    Llywodraethwr buddugol ei wedd sydd yn gyrchfan [pobl ei] wlad,
    [Un] gwaedlyd ei waywffon [ac iddo] lywodraeth [megis eiddo] Grugunan,[4]

---

[1] Seiliwyd y testun diweddaredig a'r aralleiriad ar olygiad Nerys Ann Jones yn *Gwaith Cynddelw Brydydd Mawr* ii. (Caerdydd, 1995), cerdd 6.
[2] Sef Maredudd ap Gruffudd ap Rhys a fu'n rheoli Deheubarth gyda'i ddau frawd, Cadell a Rhys, o 1143 hyd ei farw ym 1155.
[3] Gruffudd ap Cynan.
[4] Arwr anhysbys. Am gyfeiriad arall ato sydd yn ei gysylltu â Gregynog yng Nghedewain, gw. *GCBM* i.28.24.

Detholiad o Ganu Cynddelw Brydydd Mawr i Hywel ab Owain Gwynedd
(Testun Diweddaredig)

    Cadair bair beryf, caniad Duw gennyf
       Cadr ddeisyf heb ddisudd
    Dawn cyflawn, digawn, digyfludd,
4   Digardd gerdd i ged ddiorchudd,
    Dihefeirch gystudd, dirfawr fudd—gwrddflwng,
    Trin drablwng drablawdd udd,
    Trais ormail ormant, ormes lofrudd
       —gawr,
8   Gorddwy llawr, gordden udd.
    Rhy gallas rheg ddinas rhagddudd
    O'i hyngder ehangdud Faredudd,
    Pan wnaeth balch odrudd bylchu Fflemisiaid,
12   Ffleimiaid graid gryd lofrudd,
    Brwysg a nâd o gad oedd ganthudd,
    Brwydr a chrwydr a chryd arnaddudd,
    Brwyn gŵyn gyfamwyn gyfamrudd—afrdwyth,
16   Gŵyth baith bwyth bu eiddudd,
    Gwych ydd aeth traws bennaeth trostudd,
    Gŵr eisor, esillydd Gruffudd
    Gwybu bawb heb gêl gŵyth gwrdd hwrdd Hywel
20   Yn rhyfel cyn rhybudd,
    Gwŷdd briwglau a llafnau lledrudd,
    Gwyddfid gwŷr yng ngweryd achludd,
    Gwŷr yng nglyw trychion rhag tra chythrudd—gwayw
24   A gwaedlin ar eu grudd.

    Grudd fuddig wledig, wlad ohen,
    Grugunan rwyfan rudd onnen.

	Nid trwy rym byddin wan yr enilla dir Llesgen,[5]
28	Felly y molir helaethrwydd ei fantell [h.y. ei anrhydedd];
	Fel y...

40	Felly yr anrhydedda['r] dewrion wir bennaeth byddin
	Deheubarth ?mor bell â Chollen,[6]
	Felly yr amddiffynna['r] brawychwr mawr, helaeth a disglair ei gaer,
	Noddwr doeth [a] medrus llys helaeth,
44	[Un o] ffyrnigrwydd llachar [ac iddo] hawl Ochren[7] echryslon,
	Llyffethair [i'r gelyn mewn] brwydr, [un o] gadernid Cyngen.[8]

	[Yr un o] filwriaeth Cyngen mewn ymrafael [yn y] De,
	Un hael tebyg i Lachau;[9]
48	Disgleiriai llafn [a ddaeth] o'i law ar arlais [gelyn],
	[Un] disglair [a] gloyw mewn rhyfel, mewn caledi,
	Ac ysgwydd yn rhwyd rhag dygnedd bwydr,
	A tharian yn erbyn ystlys [y gelyn],
52	A gwaywffyn yn gadarn hyd [yr] amgarn
	Yn asennau['r] meirw, a meirch yn chwys a gwaed;
	A gwyddys ddarfod gorchfygu Castell Gwis[10]
	[Gan yr un sydd yn achosi] trwst [ymhlith] byddin, melltennwr [mewn] brwydr,
56	[Un] gwych arwrol [ac iddo] glod amlwg,
	Bygythiwr ymladdwyr [y gelyn], ymladdwr dicllon,
	Pan...
	Hywel aflonydd, medrus ei hawlio,
	Dihysbydd [yw] ei lys gan dorf o ddeisyfwyr
	Pan ddeisyfant ei feirch.

68	Meirch buan a ddaw i mi yn fawr eu ffrwyn[au]
	Drwy ddymuniad eiddgar arglwydd, heb atal;
	Cawn [ninnau] ei roddion, caiff [yntau] ein molawdau,
	Caneuon hyglyw, cerddi celfydd.
72	Cafodd [castell] Caerwedros[11] ganddo
	Dân nerthol, ymosodiad hydraidd drwyddo,
	...

---

[5] Enw lle anhysbys ym Mhowys efallai. Cyfeirir ato hefyd ym marwnad Gwalchmai i Fadog ap Maredudd (*GMB* 7.72).
[6] Sef Llangollen, prif lys gogledd Powys.
[7] Achren, ffigur chwedlonol.
[8] Cyngen Glodrydd ap Cadell Ddyrnllug, brenin Powys yn y nawfed ganrif.
[9] Arwr Arthuraidd.
[10] Cyfeiriad at ddigwyddiad ym 1147: gw. adran 4 yn Atodiad C uchod.
[11] Castell Normanaidd a losgwyd ym 1136 yn ystod ymgyrch gyntaf gwŷr Gwynedd yng Ngheredigion: gw. *BT (RB)* 114.

	Nid o nerth llaesgad yd gaiff Llesgen—dir,
28	Hu molir maint ei len;
	Hud . . .
40	Hud ymbeirch dihefeirch â diheuben—glyw
	Deheubarth o Gollen,
	Hud amnawdd hirflawdd, hirwen—ei ysgor,
	Hirgor ddôr ddoeth gymen,
44	Huan wrŷs hawl echrys Ochren,
	Hual gryd, cedernid Cyngen.

	Cyngen gywrysedd am gywrys—Deau,
	Llary Llachau hefelys;
48	Llathrai lafn o'i law ar gyfys,
	Llachar glaer yn aer, yn nyrys,
	Ac ysgwydd yn rhwyd rhag ysgwn plymnwyd,
	Ac ysgwyd ar ystlys,
52	A pharau yn ffyrf hyd enfys
	Yn ais meirw, a meirch yn gochwys;
	Ac ar Gastell Gwis gogwys—yd orfu
	Godwrf llu, lluchiad gwrŷs,
56	Arwr falch arfoliant ysbys,
	Arfoloch dragon, draig efnys.
	Pan . . .
	Annhawel Hywel hawl gyfrwys,
	Annhywallt ei lys o liaws eirchiaid,
	Pan archant ei emys.

68	Emys ffraeth yn ffrwynfawr a'm daw
	O ffrawddfodd udd, heb luddiaw;
	Caffwn ei radau, caffawd ein gwawdau,
	Cathlau clau, cerddau caw.
72	Carwedros cafas i ganthaw
	Cadarn dân, gwân trywan trwyddaw

. . .

80   [Yr un sydd yn] bwrw allan warth o Aberffraw[12]
        Oherwydd hardd yw'r deyrnas sydd ganddo.
        Arglwyddi yn ddistaw [bellach], yn fintai niferus yn y ddaear,
        A barodd [y] pennaeth cyfoethog;
84   [Y mae] cyffro llid dygn affwysol [mewn] brwydr ynddo,
        [Yr un sydd yn] dygnu ar erlid pennaeth byddin,
        Gwasgarwr mewn ymladd â tharianau, addysgwr [mewn] ffyrnigo,
        [Un yn] prysuro dymchweliad chwyrn,
88   Brenin ffyrnig yn gorchfygu,
        Llywodraethwr [ac] arweinydd rhyfel a rhyfelwyr wrth ei ymyl,
        [Un fel] rhu ton yw['r] gŵr hael sydd yn gwisgo torch, enbyd oedd clywed amdano,
        [Sef] Twr Cynfael[13] yn syrthio;
92   A fflamau o['i] frig yn clindarddach,
        A digofaint yn ogystal â gwaywffon mewn llaw,
        A milwyr ffyrnig o amgylch [y] pyrth yn gwrthladd [y] gelyn,
        A byddin yn malurio,
96   A brwydr yn ymffyrnigo mewn rhuthr nerthol,
        A rhai egwan [a] galar [amdanynt] yn disgyn [yn farw].
        Yn Aberystwyth[14] yn cynllwynio ymosodiad,
        [Yn] ymdrefnu i ymladd [megis ar gyfer] Brwydr Baddon,[15]
100   Gosgordd [y] pen-campwr, cyn iddo [ddechrau] lladd
        Gwisgodd [yr] un hael lurig amdano;
        Noddwr barddoniaeth, cynheiliad byddin, arwr yn arfogi [ei] ben,
        Gwasgarai pawb o'i flaen;
104   Y mae un grymus [yr] osgordd yn gyfarwydd ag anrheithio
        Maes ymosod [yw] maes brwydr [i'r] un sydd yn gweini rhodd.

        Rhannwr cyfoeth, eryr [y] gorllewin,
        Arf milwyr dewr y dwyrain,
108   Marchog gwaedlyd a difaol sydd yn dosbarthu meirch,
        Y mae wedi peri i lu['r gelyn] ymrwyfo [ar y llawr].
        Pan . . .

164   Pan bwysir ar wŷr Lloegr, pan gystwyir [yr] amddiffyniad,
        Pan wesgerir [yr] osgordd,
        Pan wasgara arfau haearn, pan daenir [hwy],
        Pan wrthia ymlaen frwydr, gorchest arswydus,
168   Pan drawa yn [y] gawod wreichion, pan amddiffynnir yn ffyrnig,
        Dyfernir ef yn un disglair;
        Pan rymusa ryfel, fe['i] canmolir,
        Pan gyflawna wrhydri, clywir [amdano];

---

[12] Prif lys Gwynedd, efallai'n cynrychioli'r deyrnas gyfan yma.
[13] Cyfeiriad at ddigwyddiad ym 1147: gw. cofnod 4 yn Atodiad C uchod.
[14] Cyfeiriad at ddigwyddiad ym 1143: gw. cofnod 1 yn Atodiad C uchod.
[15] Buddugoliaeth enwog y Brenin Arthur.

80 Cardd wrthryn i wrth Aberffraw,
    Canys teg teÿrnas iddaw.
    Teÿrnedd yn daw, yn dew ddaearglas
        Rhy allas rhwyf anaw;
84 Tarf taerfar trydar fawr ynddaw,
    Tarw byddin ddilyn ddyludaw,
    Tarf ar ysgwydaw, terwyniaw—addysg,
        Terfysg ffysg ffestiniaw,
88 Terrwyn ri yn torri arnaw,
    Tëyrn draig a dragon wrthaw.
    Twrf ton, torchawg hael, trwm oedd ei
        glywael
    Tŵr Cynfael yn cwyddaw;
92 A fflamau o drum yn edrinaw,
    Ac angerdd, ac ongyr yn llaw,
    A gwŷr gyrth am byrth yn burthiaw—gorwlad,
        A bragad yn briwaw,
96 A brwydr â braisg rwysg yn brwysgiaw,
    A breuolion cwyn yn cwympiaw.
    Yn Aber Ystwyth yn ystrywiaw—gŵyth
        Gwaith Faddon ymddulliaw,
100 Gosgordd llawr, cyn lladd ohonaw,
    Gwisgwys llary llurig amdanaw;
    Gwasgawd gwawd, gwaedd nen, gŵr yn gwisgaw—pen
        Gwasgarai bawb rhagddaw;
104 Gosgordd wrdd a orddyfn preiddiaw
    Gosgrynwent cadwent ced wallaw.

    Gwallofiad alaf, gollewin eryr,
        Arf dewrwyr y dwyrain,
108 Rhuddfoawg farchawg, feirch ysgain,
    Rhiallu rhy allas yng nghrain.
    Pan . . .

164 Pan wesgir ar Lloegr, pan gosbir—tewdor,
        Pan wosgor wesgerir,
    Pan wasgar heÿrn, pan hëir,
    Pan wesgryn camawn, camp engir,
168 Pan lladd yn lluchiad, pan llochir—yn llym,
        Yn llachar yd ferwir;
    Pan gymrwy rhyfel rhy hoffir;
    Pan gymer glewder yd glywir;

Detholiad o Ganu Cynddelw Brydydd Mawr

172	Pan drycha mewn brwydr, pan ymuna lluoedd,
	Pan achwynir [arno] ar goedd,
	Pan gyfyd arfau, pan waedir,
	Pan fentra, pan ysbeilia, pan roddir prawf [arno],
176	Pan achosa['r]gorchfygwr [i] feddau ffres [gael eu cloddio] ochr yn ochr,
	Byddin anffodus a dorrir i lawr.
	Ni ellir rhwystro['r] brenin [hwn],
	Nid er lles y peidir â mentro [ato].

. . .

204	Derbynia gŵn [mewn] haid lwyd eu bwyd rhagorol,
	Derbynia farcutanod bryd boreol,
	Ceir ymgynnull o amgylch un tebyg i Drwyd,[16]
	[Y] Twrch tanbaid uwchben [ei] fwyd,
208	Derbynia feirdd eu rhodd lle [bynnag] yr wyt ti,
	Derbynia'r noeth ymgeledd rhag oerni,
	Derbynnir fy ngherdd rymus, fy nghân [o] broffwydoliaeth
	Ym mlaen brwydr a waedwyd.
212	Cenir i ti, [yr un sydd] yn gwarchod pobloed,
	[Yr] arwr gwych [a] ffyrnig, wrth [yr] angen yr wyt wedi dod,
	[Y] pen-campwr [mewn] brwydr [ac iddo] nerth llew, mintai niferus o ben-campwyr dewr
	A gynulliwyd o amgylch colofn dy [neuadd].
216	Amddiffynnwr milwyr, tir y ffin a geisi,
	[Gŵr] nerthol [y] wledd, ein pennaeth wyt,
	[Yn un] buan [a] pharod [dy] rodd, yr wyt wedi dod wyneb yn wyneb â gwanu
	Â llafnau drwy forddwyd [y gelyn].
220	Cydlifiad cyfran[nau'r] môr yw ei roddion,
	Amddiffynnwr llys helaeth [a chanddo] lumanau [tebyg i eiddo] Morgan,[17]
	Mor nerthol ei ddychryn i Pharo['r] Normaniaid[18]
	Ac i wystlon eiddgar:
224	O amgylch dwy lan dwfr afon ddofn
	Bwriai tywysogion eu chwerwder gynt,
	Bwriai['r] un dewr ei chwerwder ar lan hardd [Afon] Aeron[19]
	Pan fwydodd eryrod.
228	Cosba['r] un eiddgar [am] ei hawliau [y gelyn],
	Nodda ddeisyfwr â meirch brith,
	Tyr i lawr yn llidiog gwmni o filwyr ifanc [sydd megis] haid o fleiddiaid,
	Erlidia estroniaid,

---

[16] Y Twrch Trwyd neu'r Twrch Trwyth.
[17] Morgan Mwynfawr, un o frenhinoedd yr Hen Ogledd, efallai.
[18] Cyfeiriad dirmygus at Harri II ac efallai at Frwydr Maes Basing ym 1157, gw. *BT (RB)* 134–6.
[19] Yr afon sydd yn ffurfio'r ffin rhwng gogledd a de Ceredigion.

172	Pan gymyn yng nghad, pan gymysg lluoedd, Pan gyhoedd gyhuddir, Pan gychwyn arfau, pan gochir, Pan arfaidd, pan braidd, pan brofir,
176	Pan wnêl buddugawl beddau ir—fochfoch, Byddin droch a drychir. Nid arlluddiaw rhi rhy ellir, Nid er lles nid erllefesir

. . .

204	Ceffid eu ceinllith cŵn cunllwyd, Ceffynt ferïon forefwyd, Ceffitor ymdwr am Drwyd—hefelydd, Twrch terydd i ar fwyd,
208	Caffawd beirdd eu budd yn ydd wyd, Ceffid noeth nodded rhag annwyd, Ceffitor 'y mhraffnad, 'y mhroffwyd—araith Ym mhryffwn a waedwyd.

212	Cenir it, cenheddloedd gadwyd,
	Ceinwalch gyrth, wrth raid y doddwyd,
	Ceimiad gryd grym llew, ceimiad glew
	    dew dorf
	    Am dy gorf dysgorwyd

216	Cedwyr ddôr, amgor amgyrwyd
	Cadarn prain, ein pen ydd adwyd,
	Ced ebrwydd cyfrwydd, cyfarwyd—
	    â lladd
	    Â llafnau trwy forddwyd.

220	Môr gyfran gyfred ei ddonion, Mur mawrgor Morgant arwyddion, Mor gadarn ei ffwyr ar Pharaon—Ffrainc Ac ar ffrawdd o wystlon:
224	Am ddau ystlys dwfr dofn afon Ymddifustlynt gynt gyngreinion, Ymddifustlai lew ar lan Aeron—berth Pan borthes eryron.
228	Rhy dirwy dyrawr ei holion, Rhy dylawch eirchiaid ag eirchion, Rhy dyladd yn ddrud rhan canaon—cnud, Rhy dylud alltudion,

```
232    Haedda [gael] dinistrio penaethiaid,
       Cynllunia ymryson [ag] ymladdwyr.
       Croesawa['r] arglwydd-bennaeth ddeisyfwyr [o] feirdd crwydrol
       Sydd yn werth eu rhoddion;
236    Hyfforddaf [i] feirdd gwych,
       Caniateir i mi ei gadair ymryson,
       Teilynga fy ngherdd fy niod anrhydeddus o fedd
       Yn neuadd llys brenhinoedd.
240    Mewn brwydr, [mewn] ymgyrch â gŵr dewr,
       Yn ymrafael, [yng] ngorchest lluoedd,
       Yng nghantref Emrys,[20] mewn ymladd grymus,
       Mewn ymosodïad ynghylch pendefigion,
244    Yn Aber,[21] [man] haelioni [i] luoedd,
       [Yr oeddynt] yn wyrda ffyddlon [a] chywir.
       [Yr oedd] yn enwog, yn greulon, yn aglwydd brwydr, yn waywffon
           mewn brwydr
       Yn erbyn Iwerddon,[22]
248    Yn gadernid ar arfordir Arfon,
       Yn ergydio ag arfau gwaedlyd
       Pan wnaeth [y] prif ymladdwr ryfelwyr yn gelanedd,
       Pan dorrodd i lawr ei elynion.

252    [Y] diysgog ei lewder, toredig [ei] darian,
       Gelyn creulon yng nghaer Cadfan,[23]
       Arferol gan arglwydd cadarn [a] gwych yw lluman ddyrchafedig
       Mewn ymladdfa ar gefn march gwyn . . .
256    Arferol . . .
264    Yn arferol yr achosa lanw gwaedlyd o amgylch castell Rhuddlan[24]
       A gwawr goch ar [y] môr;
       Arferol yw [peri] ymostwng gosgordd [y gelyn nes ei fod] yn ddiflanedig
       Fel [yng] nghydhyrddio dirfawr Brwydr Camlan;[25]
268    Yn arferol y canaf [gerdd] foliant fel [eiddo] Afan Ferddig[26]
       Neu farddoniaeth Arofan[27]
       A fo yn gerdd na ddelo gwarth i'w rhan
       Na fo'n waeth nag [eiddo] Brwydr y Berllan.[28]
```

[20] Sef Arfon yn ôl pob tebyg.
[21] Sef Abergwyngregyn, un o brif lysoedd Gwynedd.
[22] Gall mai cyfeiriad at ddigwyddiadau 1143 sydd yma. Gw. cofnod 1 yn Atodiad C uchod.
[23] Enw lle anhysbys. Cf. GLlLl 1.72 'buarth Cadfan' mewn adran yn sôn am frwydro rhwng Dafydd a Hywel.
[24] Bu Owain Gwynedd yn ymgyrchu yn Rhuddlan ym 1150, 1157 a 1167.
[25] Brwydr olaf y Brenin Arthur.
[26] Bardd Cadwallon ap Cadfan, brenin Gwynedd yn y seithfed ganrif, yn ôl un o Drioedd Ynys Prydain.
[27] Bardd Selyf ap Cynan Garwyn, brenin Powys yn y seithfed ganrif, yn ôl yr un triawd.
[28] Sef Gwaith Perllan Bangor, brwydr a gysylltwyd yn *Brut y Brenhinedd* â gorchfygiad Caer yn 616 pan laddwyd Selyf ap Cynan Garwyn.

232	Rhy dyly dilain gwleidiadon,
	Rhy dylif cynnif cad faon
	Rhy-d-erfyll rhwyf ddraig rhodolion—eirchiaid
	Rhy dalant eu rhoddion;
236	Rhy dysgaf disgywen feirddion,
	Rhy'm gedir ei gadair ymryson,
	Rhy dyrllid fy ngherdd 'y ngheinion—o fedd
	Yng nghyntedd teÿrnon.
240	Yng nghyngawr, gwrawr â gwron,
	Yng nghyngest, gorchest gorchorddion,
	Yng nghantref Emrais, yn ymryfel gwrdd,
	Yn ymwrdd am haelon,
244	Yn Aber, muner meneifion
	Yn anwair, yn ddiwair ddeon.
	Yn enwawg, yn anwar, yn aerbair,
	yn aerbar
	Yn erbyn Iwerddon,
248	Yn dewdor yn arfor Arfon,
	Yn arfod ag arfau rhuddion
	Pan wnaeth pendragon pendrychion—o wŷr
	Pan drychwys ei alon.
252	Gâl ysgwn ysgwyd anghyfan,
	Garw esgar yn ysgor Gadfan,
	Gnawd gan draws lyw maws luman—archafad
	Yn aergad i ar gan;
256	Gnawd...
264	Gnawd y gwnad rhuddlanw am gylch Rhuddlan—gaer
	A rhuddliw ar ddylan;
	Gnawd gosgo gosgordd yn ddiflan
	Fal ymosgryn mawr Gawr Gamlan;
268	Gnawd canaf-i foliant fal Afan—Ferddig
	Neu farddwawd Arofan
	A fo cerdd ni fo cardd i'w rhan,
	Ni fo gwaeth no Gwaith y Berllan.

272 O amgylch pyrth Caerfyrddin[29] dioddefodd rhyfelwyr laddfa waedlyd
A bu['r] arglwydd brwydr yn drechaf;
Bennaeth [yr] osgordd, rho dâl i mi [am] yr hyn a ganaf!
Cerdd yw hon, o'm calon y'i cyfrodeddaf [hi].
. . .
288 O fôr i fôr pam y celaf fy moliant?
Ei orsedd a gynhaliaf.
O faes brwydr, o amddiffyn [yr] ymyl eitha
Yr wyt bob amser wedi mynd â'th glod yn uchaf
292 A'th . . .
Fe'th fawl beirdd [y] byd, fe'th folaf,
Boed i ti, [yr] un bonheddig [o] linach Rhun,[30] yr hyn a ddeisyfaf,
300 Fe'th gyflwynaf i gwmni yr Un Mawr [a] Thrugarog,
[Y] garfan a gâr plant Adda.

---

[29] Cyfeiriad at ddigwyddiad ym 1145 o bosibl: gw. cofnod 2 yn Atodiad C uchod.
[30] Rhun ap Maelgwn Gwynedd.

272   Am byrth Caer Fyrddin porthes gwŷr gwaedlin,
        A gwawr trin bu trechaf;
        Gwâl teilu, tâl im a ganaf!
        Gwawd yw hon, o'm bron y brwydaf.
        . . .
288   O'r môr pwy gilydd py gelaf—fy ngair?
        Ei gadair a gadwaf.
        O gadwent, o gadwyd eithaf
        Athwyd fyth â'th enw yn fwyaf.
        A'th . . .
        A'th folant feirdd byd, a'th folaf,
        A'th fo, hael hir Rhun, a unaf,
300   A'th orchymynnaf gan y Mawr Drugar
        Plaid a gâr plant Addaf.

Atodiad D

Marwnadau Peryf ap Cedifor i'w frodyr ac i'w frawd maeth, Hywel ab Owain (Aralleiriadau)

1

[ ]

Tra buom ni, ein saith, yn fyw ni fyddai tair gwaith saith yn ein herio,
Ni pharent i ni encilio cyn ein marwolaeth;
Nid oes, ysywaeth, [ar ôl] o'r saith
4 Ond tri na osgoent frwydr.

Saith gŵr y buom, [rhai] di-fai, di-ofn,
Diatal eu hymosodiad,
Saith gŵr cadarn [yn peri] ffoi di-encil,
8 Saith gynt na oddefent [unrhyw] gam.

Oherwydd bod Hywel, [un] yn goddef cyrch mewn brwydr, wedi mynd
(Roeddem yn cydfodoli gydag ef)
Yr ydym ni oll yn amlwg [ein] colled
12 [Ond] y mae llu'r nef yn harddach.

Meibion Cedifor, plant helaeth [eu] hundod,
Yn y pant uwchlaw Pentraeth,
Buont yn fywiog, [yn] nerthol [eu] bwriad,
16 Buont yn glwyfedig yn ymyl eu brawd maeth.

Lle bynnag y cynllwyniwyd brad [y] Brythoniaid anghristnogol
Gan Gristin a'i meibion,
Na foed yr un [ohonynt] yn fyw ym Môn
20 O blith disgynyddion brych a moel Brochfael!

Er cymaint o dda a ddaw o berchnogi tir y byd hwn,
Trigfan anwadal [ydyw];
Â gwaywffon (gwae Ddafydd anghyfiawn!)
24 Gwanwyd [y] gwalch rhyfel, [sef] Hywel Hir.

Marwnadau Peryf ap Cedifor i'w frodyr ac i'w frawd maeth, Hywel ab Owain
(Testunau diweddaredig)

1

[ ]

Tra fuam ein saith, trisaith—ni'n beiddai,
   Ni'n ciliai cyn ein llaith;
   Nid oes, ysywaeth, o'r saith
4   Namyn tri trin ddiolaith.

Seithwyr y buam, dinam,—digythrudd,
   Digyfludd eu cyflam,
   Seithwyr ffyrf, ffo diadlam,
8   Saith gynt ni gymerynt gam.

Can eddyw Hywel, hwyl ddi-oddef—cad
   (Cydfuam gyd ag ef)
   Handym oll goll gyfaddef,
12   Handid tegach teulu nef.

Meibion Cedifor, cyd ehelaeth—blant,
   Yn y pant uch Pentraeth,
   Buant brwysgion, braisg arfaeth,
16   Buant briw ger eu brawdfaeth.

Yn y berwid brad Brython—anghristiawn
   O Gristin a'i meibion,
   Ni bo dyn ym myw ym Môn
20   O'r Brochfaeliaid brychfoelion.

Er a ddêl o dda o ddala tir—present,
   Preswylfod anghywir;
   Â gwayw (gwae Ddafydd enwir!)
24   Gwân gwalch rhyfel, Hywel Hir.

Ers blwyddyn neu ddwy yr wyf yn dy borthi,
Ni borthaf mohonot mwyach,
Yr wyt yn dwyn arnaf gosb boenus,
4   Ni ddygi arnaf alar a fydd yn hwy [ei barhad].

Ddydd Iau [bydd] i ni farwolaeth sicr
Yn y penrhyn uchlaw Penrhos;
Ym Môn, y tu mewn i'w hynys,
8   Fe'm trewir i â llafn glas.

Boed i Fab Duw ddial Hywel [y mae] tristwch enbyd [ar ei ôl],
[Yr un a chanddo] hawl [megis eiddo] Echel, gwae [am ei] fwriad!
Am farwolaeth fradwrus, ladradaidd:
12 Ef a'i frodyr maeth, gwŷr mawr [oll].

Lladdwyd [un megis] arth yn yr ymladdfa,
Lladdwyd ffynhonnell grym rhyfelwyr, eryr maes y frwydr,
Lladdwyd Hywel olau fab Owain,
16 Lladdwyd gŵr hardd uwchlaw'r morfa.

Lladdwyd gyda Hywel, [y] gŵr dewr cadarn [ei] hawlio,
Llew tra dewr [yn achosi] dinistr aruthr,
(O ble y daw dial [am] yr un ffyrnig, dwys?)
20 Blant Cedifor olau o Went.

Lladd Brochfael olau a gwynaf,
Lladd Aearddur, y mae'r cof [amdano] yn ein nychu,
A lladd Rhirid, y mae'r boen yn fy nghynddeiriogi,
24 A lladd Iddon ac Addaf.

Brochfael ac Iddon, brodyr Hywel,
A hawlient gerddorion [i'w moli];
Lladdwyd hwy â llafnau gwaedlyd
28 Er mwyn [eu] harweinydd yn llys arweinydd [arall].

Gan fod Aerddur wedi mynd yn ei ddigofaint nerthol
I'r frwydr, [un megis] Dâr aruthrol,
Ciliai gwŷr Lloegr o flaen ei lu,
32 Mab hardd Cedifor o Went.

Am fod Hywel wedi mynd, y gŵr cadarn, di-ildio [ei] hawlio,
Daeth tristwch i'm meddwl,
Ym mhridd newydd ei droi Bangor
36 Ddoe, a dau fab Cedifor [gydag ef].

Atodiad D

2

Es blwyddyn ydd wyf neu ddwy—i'th besgi,
Ni'th basgaf a fo mwy,
Dygi im dygen ofwy,
4   Ni'm dygi hoed a fo hwy.

Difiau in diau leas
Yn y penrhyn uch Penrhos;
Ym Môn, i mewn ei hynys,
8   Ydd ym lleddir â llafn glas.

Dielid Mab Duw dygn alaeth—Hywel,
Hawl Echel, och arfaeth!
Am ledrad frad freuolaeth:
12 Ef a'i frodyr, mawrwyr, maeth.

Llas arth yn y gyfarthfa,
Llas nerth gwŷr, eryr aerfa,
Llas Hywel wyn fab Owain,
16 Llas gŵr mirain uch morfa.

Llas gyda Hywel, hawl amddyfrwys—lew,
Llew trylew, traul diffwys,
(Ple do dial dywal dwys?)
20 Plant Cedifor wyn Wennwys.

Lladd Brochfael wyn a gwynaf,
Lladd Aearddur, a'n cur cof,
A lladd Rhirid, a'm llid llif,
24 A lladd Iddon ac Addaf.

Brochfael ac Iddon, brodorion—Hywel,
A holynt gerddorion;
Rhy llas â llafnau rhuddion
28 Ar lles draig yn llys dragon.

Can eddyw Aerddur yn arddyfrwys—fâr
Yn nhrydar, Dâr diffwys,
Ciliai rhag ei lu Loegrwys,
32 Cadr fab Cedifor Wennwys.

Am fyned Hywel, hawl diachor—traws,
Doeth tristyd i'm cyngor,
Yn naear franar Fangor
36 Doe, a dau fab Cedifor.

Cryna fy nghalon oherwydd llais arswydus y frân,
[Ar] ddechrau [yr] ymosodiad, dychrynais,
Gwae fi am fy mod wedi ei ddioddef:
40   Gwelais waywffon yn Hywel.

Crawcia brân yn yr ymladdfa,
Nid yw'n darogan unrhyw dda i mi,
Fod mab brenin golau Gwynedd
48   Yn gorwedd ar faes y frwydr.

3

Caradog fab Cedifor,
Gwalch byddin y gwŷr [sy'n gwarchod] y ffin,
Hebog yr osgordd fawr ei pharch [ac] anrhydeddus,
4   Anodd gennym wneud hebot.

>   Fy nghalon a gryn rhag erchlais—y frân,
>   Dechrau gwân, dychrynais,
>   Gwae fi pan 'i harhoais:
> 40   Gwayw yn Hywel a welais.
>
>   Brân a gre yn y gyfarthfa,
>   Ni ddarogan ym ddim da,
>   Bod mab brenin gwyn Gwynedd
> 44 Yn gorwedd yn yr aerfa.

3

>   Caradawg fab Cedifor,
>   Gwalch byddin gwerin goror,
>   Hebawg teulu cu, ceinmyn,
> 4   Anhawdd gennym dy hepgor.

Nodiadau

Seiliwyd y testunau a'r aralleiriadau uchod ar olygiad Morfydd E. Owen yn *Gwaith Llywelyn Fardd I ac Eraill o Feirdd y Ddeuddegfed Ganrif*, gol. K. A. Bramley et al. (Cyfres Beirdd y Tywysogion II, Caerdydd, 1994). Isod tynnir sylw at ddehongliadau neu ddarlleniadau gwahanol yn y golygiad newydd hwn.

Cerdd 1 *(seiliwyd ar GLlF 19)*

Anghyffredin iawn yn Llawysgrif Hendregadredd yw cerdd heb bennawd iddi. Collwyd rhai pan dociwyd dalennau'r llawysgrif gan rwymwr. Y mae eraill yn eisiau am fod dechrau'r gerdd ar goll. Gan fod y ddalen flaenorol yn eisiau, yr olaf sydd yn debygol yn achos y gerdd hon.

4 **trin ddiolaith** Cyfuniad o enw ac ansoddair yn goleddfu 'tri'. Anodd bod yn sicr o union ystyr 'diolaith'. Digwydd gyda'r ystyr 'diatal, dilestair' yn ogystal â'r ystyron mwy llythrennol 'heb osgoi' ac 'na ellir ei osgoi'.

7 **ffo diadlam** Y ffordd symlaf o aralleirio yw '[yn peri] ffoi/ ffoedigaeth di-encil', ond o gymryd mai 'ffo ddiadlam' sydd yma (cf. 'trin ddiolaith' uchod), gellid 'heb noddfa [mewn] ffoedigaeth' a hefyd, efallai, 'heb roi lloches [i'r gelyn] mewn ffoedigaeth', syniad sydd yn digwydd yn yr englyn am fedd Brwyno Hir 'Parth yd fai ni byddai ffo' (*LlDC* 18.148) ac ym Marwnad Owain ab Urien (*CT* X 15–16) 'A rhai ni ffoynt hayach / A oeddynt hyach no raid'.

9 **hwyl ddi-oddef cad** Cymerir bod 'hwyl ddi-oddef' ar batrwm 'trin ddiolaith' uchod. Y mae'r ystyr ychydig yn ansicr, oherwydd, er y gellid deall 'di-oddef' gyda *G* yn gyfuniad o *di-* cadarnhaol + *goddef* 'dioddef, goddef', tybed, a chymaint o enghreifftiau o gyfansoddeiriau yn cynnwys *di-* negyddol yn y llinellau blaenorol, a ddylid aralleirio 'di-oddef' (heb oddef) h.y. yn gwrthod, yma?

11 **coll gyfaddef** Cyfuniad arall o enw ac ansoddair ar yr un patrwm â 'trin ddiolaith' uchod. Dilynir *G* a chymryd mai ansoddair 'addefedig, amlwg, diamau' yw 'cyfaddef'.

Cerdd 2 *(seiliwyd ar GLlF 21)*

3   **Dygi im dygen ofwy** Y mae'r llinell fel y'i ceir yn y llawysgrif, 'dug ym y dygn ofwy', yn amlwg yn llwgr. Awgrymir yma mai'r darlleniad gwreiddiol oedd 'dygy ym dygen ouwy' ond bod y copïwr neu un o'i ragflaenwyr wedi cymysgu'r ffurf ferfol ac wedi deall y ffurf ddeusill 'dygen' fel 'dygn'.

5–8   **Difiau in diau leas**... I gyd-fynd â llau. 41–4 isod, dehonglir yr englyn hwn yn betrus fel darogan yn cael ei ddefnyddio fel dyfais ddramatig. Y mae naill ai'r bardd neu Hywel ei hun yn proffwydo'r lladdfa 'yn y penrhyn uch Penrhos' a'r ffaith y byddai ef ei hun yn cael ei glwyfo neu ei ladd yno. Gw. ymhellach, N. A. Jones, 'The Mynydd Carn "Prophecy": a Reassessment', *CMCS* 38 (1999), 88–9.

9–12   **Dielid Mab Duw ... Hywel ... am ledrad frad freuolaeth ...** Gall mai hen ffurf 3 un.pres./dyf.myn. yw 'dielid' yma yn hytrach na ffurf orchmynol 3 un. Cymerir mai 'Hywel' yw gwrthrych y ferf a bod 'dygn alaeth' yn ei oleddfu.

10   **och arfaeth!** Cymerir mai ebychiad sydd yma a'r bardd yn gresynu at farwolaeth Hywel cyn iddo fedru cyflawni ei 'arfaeth'.

15   **Hywel wyn** Y mae i'r ansoddair nifer o ystyron posibl: 'a gwallt golau, o bryd golau; sanctaidd, bendigaid, gwynfydedig, da, dedwydd; gwych, rhagorol, prydferth, teg, dymunol; hoff, annwyl' ond gw. sylw J. Lloyd Jones (*G* 743) mai 'golau o bryd (o wallt)' yw'r ystyr arferol gydag enwau personol.

18   **traul diffwys** Cymerir mai'r ystyr 'dinistr' yn hytrach na 'gwariant' sydd i 'traul' yma gan ei fod yn cyd-fynd yn well gyda 'diffwys' (ofnadwy, aruthr, anferth, dirfawr). O ddarllen 'traul ddifwys', gellid 'un aruthr [ei] ddinistr'.

30   **Yn nhrydar, Dâr diffwys** Cymerir mai cyfeiriad at 'Dâr' = Darius, brenin Persia a ymladdodd yn erbyn Alecsander Fawr sydd yma, Tebyg mai ato ef hefyd y cyfeiria Gwalchmai yn Arwyrain Owain 'Ac angerdd anwar gnaws Dar dan ias'. Posibilrwydd arall yw 'dâr' (derwen) a gall fod chwarae yma ar y ddau ystyr: gw. Marged Haycock, 'Some Talk of Alexander and Some of Hercules: Three Early Medieval Poems from the Book of Taliesin', *CMCS* 13 (1987), 12 a n.27.

33   **hawl diachor traws** Y mae modd cadw darlleniad y llawysgrif o gymryd mai enw gwrywaidd yw 'hawl' yma. Cymerir bod y ffaith fod 'traws' yn air cyrch yn esbonio'r diffyg treiglad iddo.

39   **Gwae fi pan 'i harhoais** Ceir yn *GPC* sawl enghraifft o 'gwae fi pan' gyda'r ystyr 'yn wyneb y ffaith (fod), o ystyried (bod)' ac ati.

Cerdd 3 (wedi ei seilio ar GLlF 20)

Tair cadwyn o englynion yn unig o blith gwaith Beirdd y Tywysogion sydd yn cynnwys englyn neu englynion cyrch, sef cerdd 2 uchod (2 englyn), *GCBM* i, cerdd 8 (2 englyn) a *GLlF* cerdd 5 (5 englyn). O gynnwys yr englyn hwn yn y gyfres uchod, rhesymol fyddai ei osod rhwng llau. 24 a 25.

Mynegai

Aber 76
Aberffraw 42, 76
Abernodwydd 22
Aberteifi, brwydr 9n50, 69
'Achau Brenhinoedd a Thywysogion Cymru' 4
Adeliza de Clare 67, 98
'Afallennau Myrddin' 100
Afon Lliw 119
Afon Menai 73–4
Angharad, gwraig Gruffudd ap Cynan 8
aisling 122
Aislinge Oenguso 34
Alis *gw.* Adeliza
Anarawd ap Gruffudd ap Rhys 10, 15, 65, 66
Anhuniog, cwmwd 10n56
Annales Cambriae 3–4, 11, 74, 75
Arfwl Melyn 124n87
Arwyreiniau 49n113

Bangor, eglwys 12, 44
Bardd Teulu, y 46, 92–3
Beirdd y Tywysogion 48–53
Bernard, esgob Tyddewi 42, 43
Bernart de Ventadorn 98
Bertran de Born 118n51
Bodynolwyn, Môn 48
'Breuddwyd a welwn neithiwr' 100
Brut Aberpergwm 23
Brut y Tywysogion 3–4, 9–12, 44, 70, 77

Cadell ap Gruffudd ap Rhys 9–10, 70–1
Cadfan ap Cadwaladr 10, 71
Cadwaladr ap Gruffudd ap Cynan 9–10, 32, 64–71, 81, 98
Cadwallon ab Owain Gwynedd 5
Cadwallon ap Madog ab Idnerth 7, 17, 51, 124
'Cadwedigaeth Cerdd Dannau' 35
Caer, iarllaeth 72–3
Caer Efa 47, 124
Caerfyrddin 69–70
Caerliwelydd 123–4
Caer Lliwelydd 37, 47, 124
Canu Cadfan Sant 16
canu gwirebol, y 103
'caraf' 118
Casnodyn 19, 136
   Mawl i Wenllïant 18, 95n40, 136–7
Castell Cynfal 68
Castell Gwallter 10–11, 71n43
Castell Hwmffra 41–2, 71
Castell Hywel 21, 42, 71
Caswallon ap Hywel ab Owain Gwynedd 80
Cas-wis, castell 39, 70
Cedifor Wennwys 7–8
Cedifor Wyddel 7–8
'cefais' 90n19, 117, 146
Cefn Rhestr Main, brwydr 39, 40, 71
ceffylau 40–1, 142
cerdd dant 35
cerddi llatai 95–6, 141–2
Ceredigion 9–11, 65–7, 69–71, 90, 121–2
Ceri, cwmwd 124
cestyll 41–2, 142–4
Chrétien de Troyes 98, 102, 144
Clare, teulu 65–6, 69–70
Clogyrnach 178
Coed Gorfynwy 73
Coed Penarlâg 73
Cristin, gwraig Owain Gwynedd 6, 12

Cronica de Wallia 3
Cronicl Gervaise o Gaer-gaint 74n60
Cronicl Robert o Torigni 74n60
Cuhelyn Fardd 19n100
'Culhwch ac Olwen' 51, 99–100
Cunedda ap Cadwallon 64
Cwnsyllt, brwydr 121
cyfraith Hywel Dda 45–6
Cynganeddion Cymysgedig 173
Cynghanedd Lusg 172
Cynghanedd Sain 163–71
Cyhydedd Fer 162–3, 171, 187
Cyhydedd Hir 158–60, 185
Cyhydedd Nawban 156–8, 166–8, 184
'Cymer Deuddyfr' 76, 122–3
Cynan ab Owain Gwynedd 5, 6, 11, 68, 75, 77
Cynddelw Brydydd Mawr 17, 89, 135, 149, 177–8
    Awdl Serch 51, 88–9, 94, 95–6, 102–3
    Canu i Hywel 2, 11, 12–13, 14–15, 16, 41, 68–9, 72, 76, 89n16, 178–9
    Marwnad Ithael ap Cedifor 8
    Rhieingerdd Efa 17, 50–1, 90–1, 93, 95–6, 100–1, 124, 137, 148, 149, 179
Cynwrig ab Owain Gwynedd 5
Cywydd y Fost 112–13, 135

Dafydd ab Owain Gwynedd 6, 8, 11, 12, 14–15, 23–4, 75, 79, 98, 125
Dafydd ap Gwilym 19, 90, 117, 140–8
Dafydd Benfras 32, 118
Daniel ap Llosgwrn Mew 16, 49
Davidus Scottus, esgob Bangor 42, 44
Davies, Dr John 2n2, 17, 19–20
Dewi Sant 43
Diarmait Mac Murchada 40
'Difregwawd Taliesin' 44
Dinas Basing 75
Drottkvætt 36
Dulyn 6, 32–3, 34
dulliau ymladd 40–2

Edward Jones 'Bardd y Brenin' 19
Efa ferch Madog ap Maredudd 17, 51, 124
'Englynion y Beddau' 118
eiddig 34, 102–3, 116
Einion ap Caradog 81
Einion ap Gwalchmai 22
    Marwnad Nest ferch Hywel 89, 93–4, 118
Einion ap Gwgon 114
Einion Clud 7, 124
Einion Offeiriad 19

Elfael 7, 124
eos 103n87, 122
Epithalamia 51, 94–5

Fenton, Richard 22

Ffynnod Wyddeles 5–6, 8, 32, 61

Garwy Hir 145–6
Gerallt Gymro 7–8, 14, 33–5, 40–1, 44, 53, 74, 78, 101, 104, 125, 126
Gilbert fitz Gilbert 69
Giraut de Borneil 126n98
Gododdin, Y 119
'Gogledd' 118–19
gorhoffedd 113, 117, 127
'Gorhoffedd Hywel' *gw*. Hywel ab Owain Gwynedd
Goronwy ab Einion ap Llywarch 124
Gramadegau'r Penceirddiaid 19, 50, 93
Gruffudd ab yr Ynad Coch 134
Gruffudd ap Cynan 5–6, 8, 9, 31, 32, 35, 62
Gruffudd ap Hywel ab Owain 22–3, 47–8, 80
Gruffudd ap Rhodri ab Owain 81
Gruffudd ap Rhys 9, 65–6
Gruffudd ap Tudur Goch 122, 135
Guilhem IX o Acwitain 98
Guto'r Glyn 148
Gwalchmai 16–17, 49, 68, 74, 177, 178
    Awdl i Efa 51
    'Gorhoffedd' 52, 89–90, 117–18, 120, 123
Gweirydd ap Rhys 24
Gwelwgan Gohoywgain 121
Gwenllïan ferch Gruffudd ap Cynan 10, 65
Gwenllïant wraig Syr Gruffudd Llwyd o Arfon 136–7
Gwilym Ddu o Arfon 119, 135
Gwilym o Malmsbri 44
Gwilym Ryfel 121
gwylanod 121n64, 140–1

Harri II, brenin Lloegr 11, 73–5
heiti 36–7
Hen Ogledd, yr 118–19
Hervé, esgob Bangor 42
Historia Gruffud vab Kenan 4, 7, 9, 32–3, 34, 47, 62
'Hoffedd Hywel ab Owain' 19, 35
Hugh, iarll Caer 39
Hywel ab Owain Gwynedd

addysg 45
agwedd haneswyr ato 23–4
awdlau serch 17–18, 93–6
canu mawl 17–18, 49–50, 72–5, 89, 98
disgynyddion 22–3, 47–8, 80–1
dylanwad Cyfandirol 96–100, 145–6
dylanwad Cynddelw 49–51, 89–90, 178
dylanwad Gwalchmai 16–17, 49n, 178
dylanwad y traddodiad Lladinaidd 103–4
ei ladd 11–15, 79
enwogrwydd fel bardd 19–21
'Gorhoffedd' 52–3, 76, 89, 90–2, 112–27
mesurau ei gerddi 17, 152
nawdd i feirdd 15–16
perthynas â'i dad 9–11
perthynas â'r Normaniaid 39–40
pryd a gwedd 8–9
safle yn y deyrnas 77
stori werin amdano 21–2
teulu maeth 7–8, 12, 33–4, 79
tras a theulu 5–8
y cof amdano 21–22
ymgyrchoedd milwrol 9–11, 39–42, 68–75, 121–3
yr olyniaeth i Owain Gwynedd 77–80
Hywel Sais 98

Ieuan ap Rhydderch 19, 13–14, 135
Ieuan ap Sulien 43
Ieuan Llwyd 2, 135, 140
Ioan o Fynyw 44
Iocyn Ddu 114
Iolo Goch 19, 138–40
Iolo Morganwg 5n17, 23–4
Iorwerth Beli 135
Iorwerth Drwyndwn 5, 48–9
Ithael ap Cedifor Wyddel 8
Iwerddon 6, 32–5

Jones, Owain (Meudwy Môn) 24
Jones, T. Gwynn 20n111, 24

kenningar 36–7
Kormákr 37, 38

Lai de Laüstic 103
Le Chevalier de la Charrette 144
Lincoln, brwydr 10, 68
Longes mac nUislenn 34

Llanbedr Pont Steffan, castell 7
Llanddewi Cipeddeg 42
Llanfigel, Môn 48, 80
Llanrhystud, castell 10, 71
Llawysgrif Hendregadredd 1–3, 7, 8, 17–20, 112–13, 135–6, 138–40, 148–50
Lleucu 94
Lliwelydd 124
Lloyd, J. E. 23
Llychlynwyr 31–2, 34, 36–8
Llyfr Coch Hergest 2n2, 18, 19, 136, 139
Llygad Gŵr 114–5
Llywarch Brydydd y Moch 2, 16
    Canu i Ddafydd 12, 14
    Marwnad i Ruffudd ab Hywel 22, 48, 80
    Mawl i Wenllïan ferch Hywel 91, 135
Llywelyn ab Owain Gwynedd 5, 8
Llywelyn ap Gruffudd 21
Llywelyn ap Iorwerth 78, 80
Llywelyn ap Madog ap Maredudd 15
Llywelyn Fardd I 16, 48–9
Llywelyn Goch ap Meurig Hen 138

Mabudrud, cwmwd 69
mabwraig 94
Macsen Wledig 122
Madog ab Idnerth 7, 17
Madog ap Maredudd 63–4, 68, 121
Maelgwn ab Owain Gwynedd 6
Maelienydd 7–8 a n33, 124
Marcabru 118n51
Maredudd ap Gruffudd 9, 70–1
Maredudd ap Rhisiart ap Cadwaladr 81
Marie de France 103
Meilyr Brydydd 7, 16, 116
Meirionnydd 6, 10–11, 16, 63, 65, 68–9, 122–3
Minnesänger 96
Morrisiaid Môn 21–2
Muirchertach ua Briain 35
Myvyrian Archaiology of Wales 20, 23

Natureingang 97, 117–18
Normaniaid 38–44, 97–8

Odericus Vitalis 39, 42, 43–4, 68
odl fewnol 172–3
Ofydd 45, 103–4, 125–6, 146
Ogrfan Gawr 48, 99n64, 144
'O Oes Gwrtheyrn' 4, 74
Owain Cyfeiliog 17, 18, 45, 90, 149
Owain Gwynedd 9–11, 32–3, 44, 45, 48–9, 61–8, 72–5
Owen, Goronwy 1, 20, 20n111

Mynegai   243

Pedair Cainc y Mabinogi 97, 99, 101, 145
Pencader, castell 69
Pencerdd, y 46
Pen-gwern, castell 71n43
Penmon 42
Penrhos 79
Penrhyn 79
Penteulu, y 46, 47
Pentraeth 12, 14, 22, 79
Peredur 102
Peredur ap Mael 6
Peryf ap Cedifor 2, 7,12, 14, 17, 49, 79
'Plant Gruffudd ap Kynan' 5–6 a n20
Powel, David 23
Price, Thomas (Carnhuanawc) 8n35, 24
Prydydd y Moch, *gw.* Llywarch Brydydd y Moch
Pyfog 5n17, 23

Ragnhildr 32
Ranulf II, iarll Caer 67, 68
Reginald, iarll Cernyw 11
Richard fitz Gilbert 65
Richard o Benfro, iarll Gwent 40
rígbard 34

Rhagnell, mam Gruffudd ap Cynan 32
Rhamantau Cymreig, y 47, 102
Rhanillt ferch Gruffudd ap Cynan 6, 7, 32
Rheged 124
rhieingerdd 51n121
Rhirid ab Owain Gwynedd 6
Rhisiart ap Cadwaladr 81
Rhodri ab Owain 8, 12, 79–80, 81
Rhuddlan 72–4, 179
Rhufawn 117–18, 119
Rhun ab Owain Gwynedd 5, 8
Rhydderch ab Ieuan Llwyd 135, 138
Rhys ap Gruffudd 9, 10, 11, 39–40, 45, 70–2, 78
Rhys, Ernest 24

Seisyll Bryffwrch 48
  Marwnad Iorwerth Drwyndwn 23
  Mawl Rhys ap Gruffudd 10, 39
serch cwrtais 51, 99, 146
Sgald 36–8
Sieffre o Fynwy 43, 44, 104
Simeon, archddiagon Bangor 42
Skallagrimson, Egil 37–8
Sofraniaeth 119–20
Steffan, brenin Lloegr 63
Steingerðr 37–38
Stephens, Thomas 20, 24
Sulien, meibion 43, 104

Taliesin 118, 126
Tangwystl, gwraig Llywarch Olbwch 47
Tâl Moelfre, brwydr 74 a n59
Tegeingl 6, 11, 37, 53, 68, 72–5, 124–5
Toddaid 158–60, 168–9, 185
Toddaid Byr 160–2, 170–1, 186
Trefadog, Môn 80
Trioedd Ynys Prydain 121, 124n87
Tri Overveird Enys Prydein 19n100
Trwbadwriaid 38, 45, 96, 98–9, 145
Trwferiaid 96, 98
Tyddewi 43–4
Tŷ-gwyn, y 44

Vaughan, Robert 112–13

Warrington, William 23
Wiliam Llŷn 2, 17
William fitz Gerald 39, 70
Williams, Ifor 20–1
Williams, Jane (Ysgafell) 24

Yslani ferch Gruffudd ap Cynan 6, 32
Ystrad-fflur 2–4, 44